C·H·Beck
PAPERBACK

Uwe Schultz

Giacomo Casanova
oder Die Kunst der Verführung

Eine Biographie

C.H.Beck

Umschlaginnenseiten: Plan von Venedig, kolorierter Kupferstich, von Frans Hogenberg. Aus: Georg Braun und Frans Hogenberg, Civitates Orbis Terrarum, Köln 1582, 215. f. 1, 43; London, British Library (© akg-images / British Library)

Frontispiz: Giacomo Casanova, Holzstich nach einer Zeichnung von seinem Bruder Francesco Casanova, Paris, Bibliothèque Nationale (© akg-images)

Originalausgabe

Satz, Druck und Bindung: Druckerei C.H.Beck, Nördlingen
Umschlagentwurf: Kunst oder Reklame, München
Umschlagabbildung: «Das Menuett» von
Giovanni Domenico Tiepolo (1727–1804), Ausschnitt;
© ullstein bild / Heritage Images / Fine Arts Images
Printed in Germany
ISBN 978 3 406 69725 8

www.chbeck.de

Ich habe die Frauen bis zum Wahnsinn geliebt, aber stets zog ich ihnen meine Freiheit vor. Wenn ich mich in Gefahr befand, sie einzubüßen, gelang es mir stets, wenn auch mit knapper Not, mich zu retten.

Giacomo Casanova, Geschichte meines Lebens, Buch III, 11. Kap.

Man darf aber aus der Treue und Intensität der Bindung nicht die Erwartung ableiten, daß ein einziges solches Liebesverhältnis das Liebesleben der Betreffenden ausfülle oder sich nur innerhalb desselben abspiele. Vielmehr wiederholen sich Leidenschaften dieser Art mit den gleichen Eigentümlichkeiten – die eine das genaue Abbild der anderen – mehrmals im Leben der diesem Typus Angehörigen, ja die Liebesobjekte können nach äußeren Bedingungen, z. B. Wechsel von Aufenthalt und Umgebung, einander so häufig ersetzen, daß es zur *Bildung einer langen Reihe* kommt.

Sigmund Freud, Beiträge zur Psychologie des Liebeslebens,
Gesammelte Werke, Bd. VIII, Frankfurt am Main 1978, S. 69

Friedrich der Große im Gespräch mit Casanova: «Der König begann zu lachen: ‹Sie sind also ein Abenteurer?› – ‹Ja. Sire, und wenn ich das Glück beim Schopfe greife, werde ich es nicht mehr loslassen.›»

Le roi se mit à rire: «Vous êtes donc un aventurier?» – «Oui, Sire, et si je rattrape la fortune par son toupet, je ne la lâcherai plus.»

Prince de Ligne, Fragment sur Casanova, Paris 1998, S. 38

Inhalt

Vorzeichen

Unordnung im Stammbaum?

Die Suche nach seinem leiblichen Vater hat Giacomo Casanova noch im Alter von 57 Jahren in Venedig umgetrieben. Zumindest geht das aus seiner Streitschrift «Weder Liebe noch Frauen» («Nè Amori, nè Donne») hervor. Darin erklärt er sich provozierend zum Halbbruder des Adligen Giovanni Carlo Grimani, dem er ebenfalls eine illegitime Abstammung unterstellt und sich dadurch in dessen Rang erhebt. Aber im Alter von 65 Jahren, als er in der Einsamkeit des böhmischen Schlosses Dux seinen zwölfbändigen Lebensrückblick «Die Geschichte meines Lebens» zu schreiben begann, ließ er den Stammbaum mit seinen Eltern Gaetano Casanova und Zanetta Farussi enden, ganz wie es die amtlichen Dokumente nahelegten. Es wäre nicht nur für seine Schwester Maria Magdalena und seine ebenfalls noch lebenden beiden Brüder Francesco und Giovanni Battista, sondern für die gesamte Familie Casanova ein Skandal gewesen, wenn er die 1776 gestorbene Mutter posthum des Ehebruchs beschuldigt hätte.

Und doch spricht einiges für die Möglichkeit, dass Casanovas leiblicher Vater der Adlige Michele Grimani gewesen ist, war dieser doch nicht nur Eigentümer des Teatro San Stefano, wo Gaetano Casanova und dann seine Frau als Schauspieler auftraten, sondern auch des Opernhauses San Giovanni Grisostomo. Als Indiz für diese Hypothese gilt die ungewöhnliche Großzügigkeit, mit der Michele Grimani sowie seine beiden jüngeren Brüder Alvise und Zuan sich nach dem Tod Gaetano Casanovas im Jahr 1733 nicht nur um dessen Witwe, sondern auch um die sechs Kinder aus dieser Ehe kümmerten. Zudem bestanden enge, nahezu freundschaftliche Beziehungen zwischen den Familien Grimani und Casanova, die es dem jungen Giacomo erlaubten, sich wie ein Familienmitglied im Kreis der Grimani zu bewegen.

Um die Nähe, zu der beide Familien trotz des Rangunterschieds gelangt waren, zu begründen, ist eine weitere Variante des Ehebruchs – eine Generation zuvor – nicht auszuschließen. Im Palast der Grimani lebte die Dienerin Marzia Farussi, die mit dem einfachen Schuster Geronimo Farussi verheiratet war. Der Vater von Michele Grimani, Zuan Carlo Grimani, der dem Luxusleben überaus zugewandt war und sein Opernhaus zu der in Europa führenden Bühne gemacht hatte, könnte kurz vor seiner Eheschließung oder auch danach mit Marzia jenes Kind gezeugt haben, das auf den Namen Giovanna Maria getauft wurde und unter dem Künstlernamen Zanetta eine Theaterkarriere begann, die zu einem Jahrzehnte fortdauernden Engagement in Dresden führte.

Ob als Sohn oder als Enkel wäre Casanova damit ein illegitimes, aber leibliches Mitglied der Familie Grimani gewesen – blutsmäßig zum Adel gehörig, doch in der strengen Rangordnung der oligarchischen Adelsgesellschaft Venedigs davon ausgeschlossen. Wann hat der junge Giacomo von dieser verdeckten Verwandtschaft mit dem Hause Grimani – selbst wenn es nur Gerüchte gewesen sein sollten – erfahren? Hat er, nachdem er davon Kenntnis erlangt hatte, daraus den persönlichen Ehrgeiz abgeleitet, mit allen Mitteln die amorphe Masse der Nichtadligen, zu denen auch die Schauspieler zählten, hinter sich zu lassen und in die Schicht der Nobili von Venedig oder der Aristokratie in ganz Europa aufzusteigen? Hat ihm dieser veritable oder imaginäre Anspruch auf Adelszugehörigkeit die innere Legitimation verschafft, die Standesschranken zu überschreiten, wofür der von ihm selbst erfundene Adelstitel Chevalier de Seingalt ein Indiz sein könnte? Ist dieser verinnerlichte Aufstiegswille, der ihn immer wieder die Geselligkeit, wenn schon nicht Zugehörigkeit der Adelsgesellschaft Europas suchen ließ, sogar ein Teil der Motivation gewesen, durch die Länder des Kontinents zu reisen – als ein nicht nur geographischer Grenzgänger?

Die Unordnung oder auch nur Unklarheit seines Stammbaums, die ihm gewiss zur Kenntnis gelangt ist, hat er jedoch in seiner umfangreichen Lebensgeschichte allenfalls angedeutet, aber nie als tragische Ungerechtigkeit des Lebens empfunden. Denn als Grenzgänger des persönlichen Glücks war sein Wegweiser stets die sich selbst zubemessene Freiheit: «Der Mensch ist frei; doch er ist es nicht, wenn er nicht auch daran glaubt.»[1] Diese Freiheit schloss das

Abenteuer der Täuschung auf Gegenseitigkeit ein, zu der sich Mann und Frau zusammenfanden – «wenn die Liebe im Spiel ist».[2] Und es kam zur Täuschung des Bräutigams oder Ehemanns, wenn es galt, einem illegitimen Kind eine reputierliche Abkunft zu verschaffen. Dafür hat Giacomo Casanova, um seine persönliche Freiheit zu wahren, auch in so manchem Stammbaum seiner Geliebten für Unordnung gesorgt.

1. *Kindheit und Jugend*

Familiärer Hintergrund

Genau acht Jahre und vier Monate war Giacomo Casanova alt, als seine Großmutter mütterlicherseits, Marzia Farussi, ihn von einer mysteriösen Krankheit heilte. Aus seiner Nase floss regelmäßig Blut, und sein Erinnerungsvermögen hatte sich seit seiner Geburt am 2. April 1725 nicht entwickelt. Die Großmutter, die ihn seit seiner Geburt an Stelle seiner Mutter aufzog, wählte den spiritistischen Weg – das Kind wurde auf die Insel Murano zu einer «Hexe» mit einem schwarzen Kater auf dem Arm gebracht, die es in eine Holztruhe sperrte. Die Enge sowie die auf die kleine Dunkelkammer niedergehenden Schläge lösten zwar Furcht und Schrecken bei dem Kind aus – wieder befreit aber war es nach kurzer Frist von seiner Krankheit geheilt. Erst jetzt konnte seine schulische Erziehung beginnen.

Diese Szene, die der alte Casanova an den Anfang seiner umfangreichen «Geschichte meines Lebens» stellte, hat er als pseudomedizinisches Spektakel respektvoll und ohne spöttisches Urteil beschrieben. Schließlich war es – nach Fehlschlägen der traditionellen Medizin – die mutige und wohl auch verzweifelte Tat jener Ersatzmutter gewesen, «deren Liebling ich war»,[1] wie er nicht ohne Dankbarkeit in der späten Rückschau eingesteht.

Zu diesem Zeitpunkt hatte seine krankhafte Spätentwicklung ihn bereits von seinen Eltern entfernt, denn «mein Vater und meine Mutter sprachen nie mit mir»,[2] nicht nur weil beide in Venedig auf der Bühne standen. Der Vater Gaetano Casanova, 1697 geboren, hatte – fasziniert und verführt von der Schauspielerin Fragoletta – sein Zuhause in Parma verlassen. «Die kleine Erdbeere», wie ihr Künstlername lautete, stellte eine feste Soubrettenrolle in der Commedia dell'Arte des 17. Jahrhunderts dar. Mit bürgerlichem Namen hieß Fragoletta Giovanna Balletti und war Prinzipalin einer Wandertruppe. Obwohl bereits 53 Jahre alt, zog sie Gaetano Casanova derart in ihren erotischen Bann, dass auch er Schauspieler und Tänzer wurde. Nachdem die Leidenschaft jedoch erloschen war, machte er sich nach Venedig auf, wo er Mitglied einer Theatertruppe wurde, die im Teatro San Samuele auftrat. Dort verliebte er sich, gleichsam über die Straße hinweg, in die Tochter des Schusters Geronimo Farussi und seiner Frau Marzia. Die beiden heirateten, und schon ein Jahr nach der Geburt Giacomos lockte ein Theaterengagement die Eltern nach London. Allerdings behielt das Ehepaar seinen Wohnsitz in Venedig – ein vierstöckiges Haus, das sogar einen kleinen Theatersaal aufwies.

Das Jahr 1733 brachte dem jungen Casanova nicht nur die Überwindung seiner Krankheit und den Beginn einer sich normal entfaltenden Schulbildung, sondern auch den frühen Tod seines Vaters – im August fand die mysteriöse Zeremonie in Murano statt, im Dezember starb der Vater, nur 36 Jahre alt. Gaetano Casanova dürfte nicht nur ein simpler Theaterartist gewesen sein, sondern darüber hinaus ein Mann mit naturwissenschaftlichen Ambitionen, berichtet sein Sohn doch, er sei «vom Publikum und vor allem vom Adel, der ihn über seinen Stand hinaus achtete, sowohl wegen seines Benehmens als auch wegen seiner physikalischen Kenntnisse betrauert»[3] worden. Der Vater scheint auch – wahrscheinlich aufgrund einer Erbschaft – nicht ohne Vermögen gewesen zu sein, und das Streben nach der Achtung des Adels hat er gleichsam seinem Sohn vererbt.

Kurz vor seinem Tod hatte Gaetano Casanova aus Sorge um die Zukunft seiner Familie auch die drei Brüder des Adelsgeschlechts Grimani, zu denen ein freundschaftliches Verhältnis bestand, an sein Sterbebett gerufen, «um diesen nahezulegen, unsere Gönner zu werden».[4] Hier begann die langjährige, bisweilen spannungsreiche und am Ende explosive Beziehung zu dem Geschlecht der Grimani, an deren Bühnen Vater und Mutter Casanova als Schauspieler aufgetreten waren.

Mit dem Tod des Vaters lockerten und lösten sich die familiären Bindungen zwischen Giacomo und seinen drei Brüdern. Der zwei Jahre jüngere Francesco wurde später ein europaweit renommierter Schlachtenmaler, und der 1730 zur Welt gekommene Giovanni Battista, der sich ebenfalls der Malerei zuwandte – zunächst studierte er bei dem Maler Anton Raphael Mengs, dann unterrichtete er die Malerin Angelika Kaufmann –, avancierte 1764 zum Direktor der Akademie der Künste in Dresden. Es war kaum zufällig die Stadt, in der seine Mutter die Höhepunkte ihrer Theaterkarriere erreichte und wo sie auch starb. Dem jüngsten Bruder Gaetano Alvisio, der 1734 geboren wurde, brachte Giacomo nur offene Verachtung entgegen und machte später sogar dessen Geliebte zu der seinigen.

Ähnlich fern stand er auch der Schwester Maria Magdalena (1732 geboren), die ihrer Muttter nach Dresden folgte und dort den Hofmusiker Peter August heiratete. Ihr Sohn Carlo Angiolini stand dem sterbenden Casanova in Dux zur Seite, und dessen Sohn Carlo wiederum verkaufte im Jahre 1821 das Originalmanuskript der «Geschichte meines Lebens» an den Verleger Friedrich Arnold Brockhaus. Das sechste Kind des Ehepaars Casanova, das 1731 geborene Mädchen Faustina, starb schon im Alter von fünf Jahren. Zeitlebens zeigte Casanova gegenüber den Mitgliedern seiner Familie, einschließlich seiner Mutter, eine auffällige Gleichgültigkeit – eine Distanz, die sich in seine generelle Haltung möglichst weit reichender Bindungslosigkeit gegenüber Frauen einfügte.

Ausbildung in Padua

Den Befreiungsprozess, der den jungen Casanova aus seinem frühpubertären Dämmerzustand herausführte, brachte ein Freund seines Vaters namens Giorgio Baffo in Gang – ein Patrizier und Dichter, der frivole Sujets in seinen Versen bevorzugte. Er besorgte die Diagnose eines renommierten Arztes, nach der Giacomo dickflüssiges Blut hatte und sein Körper dieses zudem übermäßig bildete. Ein Aufenthalt in Padua sollte die völlige Genesung und zugleich den Beginn einer ordentlichen Schulbildung bringen. Am 2. April, seinem neunten Geburtstag, reiste Casanova, begleitet von der Mutter und dem Abate Alvisio Grimani, auf dem Burchiello, einem Schiff mit kammerähnlichen Aufbauten, die Brenta stromaufwärts nach Padua. Dort wurde er in eine Pension gebracht, die mit halbwüchsigen Jungen überfüllt war und in der es von Wanzen und Flöhen nur so wimmelte. Bitter bilanzierte er: «So also entledigte man sich meiner Person.»[5]

Die Konfrontation mit der krassen Realität jener gesellschaftlichen Basis, in der um das Minimum des Lebensunterhalts mit einem Maximum an mitmenschlicher Brutalität gekämpft wurde, hat Casanova in dieser desaströsen Unterkunft in aller Härte erfahren und als Schock empfunden. Doch galt es, in einer Schule die elementaren Grundlagen der Bildung zu erwerben, nicht zuletzt das Lesen und Schreiben. Dazu diente die kleine Privatschule – nur dreißig Schüler – von Antonio Maria Gozzi, einem Pfarrer an der Kirche im nahen Cantarama, der offenbar gutmütig und glaubenssicher war.

Nach nur wenigen Monaten erreichte Casanova das Ziel der Grundausbildung, stieg zum Aufseher seiner Mitschüler auf und fand das Vertrauen des Doktor Gozzi. Er wurde sogar in dessen Haus aufgenommen, nachdem seine Klagebriefe über die schlechte Unterkunft die Großmutter als Retterin auf den Plan gerufen hatten. Im Haushalt seines Lehrers lebte er fast wie ein Familienmitglied, was sogar so weit ging, dass er «bei ihm (dem Pfarrer Gozzi) in seinem Bett schlafen könne, das sehr breit sei».[6]

Im familiären Umfeld des Doktor Gozzi nahm dessen erst dreizehnjährige Schwester Bettina, offensichtlich ein hübsches und temperamentvolles Mädchen, eine besondere Stellung ein, öffnete sie doch dem jungen Casanova erstmals die Tür zu jener Gefühlswelt, in der sich die beiden Geschlechter in immer neuen Varianten begegnen. Er hat im Rückblick eingestanden, dass sie es war, «die nach und nach die ersten Funken jener Leidenschaft in meinem Herzen entfachte, die in meinem späteren Leben vorherrschen sollte».[7] Sie, die Ältere, führte ihn mit kundiger Hand zu jener Gefühlssteigerung und ihrem Gipfel, den er danach immer von Neuem suchen und später in seinen Memoiren mit einer Klarheit und Natürlichkeit beschreiben sollte, die frei von jeder detaillierten Schilderung des Sexuellen ist – ein kunstvoller Balanceakt der Diskretion. Das Mädchen, das weiße Strümpfe für ihn gestrickt hatte, wollte selbst die Anprobe vornehmen, weshalb seine angeblich schmutzigen Schenkel gewaschen werden mussten: «Bettina, die auf meinem Bett saß, trieb ihr Reinlichkeitsstreben zu weit, und ihr Vorwitz bereitete mir eine Wonne, die erst aufhörte, als sie unmöglich noch stärker werden konnte.»[8]

Damit war in dem jungen Casanova jenes männliche Verlangen freigesetzt, das ihn von nun an für sein ganzes Leben zum abenteuerlichen Eroberer der Frauen werden ließ. Bettina bereitete ihm allerdings auch die erste Niederlage auf diesem Weg; sie verweigerte sich ihm nämlich und wandte ihre Gunst einem anderen Pensionsgast im Haus des Doktor Gozzi zu, einem brutalen Bauerntölpel, den noch der alte Casanova so herabwürdigt, wie es die Eifersucht seiner jungen Jahre verlangte. Auch der Kampf um die Frau, listig oder handgreiflich geführt, kommt schon in der ersten Episode dieser Art voll zur Entfaltung: nächtliches Belauern, mitleidslose Prügelei, die ihn zum Opfer hatte, und allseitiges Verstecken der wahren Gefühle.

Das kapriziöse Mädchen steigerte ihre Verstellung bis zu furioser Teufelsbesessenheit, deren Heilung zwei kirchliche Exorzisten vergeblich versuchten. Casanova durchschaute zwar Bettinas Doppelspiel, entzog ihr aber seine Zuneigung trotzdem nicht. Schließlich geriet das Spiel außer Kontrolle und eskalierte in einer lebensgefährlichen Fieber- und Hauterkrankung, die ihm, da er das Mädchen mitpflegte, allerdings «acht oder zehn Pusteln [bescherte], von denen drei in meinem Gesicht unauslöschliche Spuren hinterlassen haben».[9]

Nach der Genesung des Mädchens und dem Ende aller Versteckspiele kam es zwischen beiden zu einem offenen Liebesbekenntnis. Aus Respekt vor ihrer weiblichen Ehre zögerte er jedoch, «die Blume zu pflücken, die das Schicksal, vom Vorurteil unterstützt, für die Ehe aufgespart hat».[10] Der Verzicht, den ihm, wie er bedauert, die gesellschaftliche Konvention auferlegt hatte, verwehrte ihm die Erfüllung dieser Liebe und ihr das Glück, das sie in der Ehe mit einem Schuster nicht fand, der sie zudem der Armut auslieferte. Seine Rücksichtnahme hat Casanova im Rückblick in Zweifel gezogen: Gab es nicht ein höheres Recht der Gefühle, das die Konvention der geschlechtlichen Unberührtheit vor der Ehe in Frage stellte? In mehr als einem Fall hat er dies in seinem Leben bejaht.

Im Jahr 1738 kehrte Casanovas Mutter, die als Mitglied einer italienischen Theatertruppe in Sankt Petersburg aufgetreten war, nach Venedig zurück – die Zarin Anna Iwanowna, eine Nichte Peters des Großen, hatte das Programm der Truppe als nicht ausreichend unterhaltsam empfunden. Es war jedoch die Zeit, in der Venedig ganz

Europa mit Theatertruppen der italienischen Komödie versorgte, und so erhielt die Zanetta umgehend ein Angebot des Kurfürsten August III. von Sachsen, der zugleich König von Polen war, das ein Engagement auf Lebenszeit einschloss. Da sich abzeichnete, dass ein Teil der Familie Casanova seinen Lebensmittelpunkt von Venedig nach Dresden verlagern würde, wurde der älteste Sohn gleichsam zu einem Abschiedsbesuch von Padua in die Lagunenstadt beordert. Dort verfügte die Mutter, dass Giacomo seine Studien in Padua fortsetzen und abschließen sollte, während sie ihren drittgeborenen Sohn Giovanni Battista mit nach Dresden nehmen wollte. Die Trennung von ihrem dreizehnjährigen Sohn dürfte ohne tragische Gefühle verlaufen sein.

Giacomo, so wurde bestimmt, sollte Advokat werden, was das Studium der Rechtswissenschaft, und zwar in Kombination mit der Theologie, einschloss. Dazu kehrte er für drei weitere Jahre nach Padua zurück und promovierte ebenso wie der Pfarrer Gozzi, in dessen Haus er weiterhin wohnte, zum Doktor beider Rechte (utriusque iuris). Das Thema seiner Dissertation in Zivilrecht behandelte Details des Testaments und dasjenige im Kirchenrecht die Frage, «ob die Juden neue Synagogen bauen können» («Utrum hebrei possint construere novas Synagogas»).[11] Mit sechzehn Jahren hatte er diesen akademischen Grad erreicht und damit die Verspätung seiner ersten Jahre aufgeholt – in jener Epoche bildete eine Promotion in so jungen Jahren keine Ausnahme.

Glücklich war er freilich nicht, hatte er den Berufsweg zum Juristen doch nicht selbst gewählt, sondern vielmehr dem familiären Druck von Mutter und Großmutter sowie dem des Vormundes Alvisio Grimani nachgegeben, die verlangten, «daß ich mich weiterhin der Rechtswissenschaft widmen sollte, gegen die ich eine unüberwindliche Abneigung empfand».[12] Der Beruf eines geistlichen Advokaten war jedoch auch deshalb ausgesucht worden, weil man bei ihm eine besondere «Gabe der Rede»[13] festgestellt hatte. Dieses Urteil schien durchaus treffend, wie seine glamouröse Rhetorik in der Öffentlichkeit später ebenso bestätigte wie seine literarische Begabung, die sein Werk «Geschichte meines Lebens» überdeutlich dokumentiert.

Sein Interesse hatte der Medizin gegolten, in der er sich autodidaktisch mehr als amateurhafte Kenntnisse aneignete und diese in herausfordernden Situationen geschickt zur Anwendung brachte – meist mit finanziellen Vorteilen. Auch auf dem Karrierevorteil der Medizin vor der Jurisprudenz hat er später bestanden: «Ich wäre Arzt geworden, wo mit Scharlatanerie noch mehr zu erreichen ist als im Advokatenstand.»[14] Treu geblieben ist er der Scharlatanerie, jener Intrigenkunst, die er perfektionierte und in der er es zu immensen Einkünften brachte.

Während des Studiums in Padua, das er im Alter von zwölf Jahren begonnen hatte, geriet auch er in die Versuchungen und Abgründe eines freizügigen Studentenlebens, das sich im Umfeld der Universität voll entfaltete. Diese hatte allerdings ihren hohen akademischen Rang, den sie zur Zeit Galileis besessen hatte, längst eingebüßt. Von Doktor Gozzi war ihm das Recht gewährt worden, allein und nach Belieben auszugehen, was er reichlich genutzt hatte und dabei in so manche Vergnügungsfalle geraten war, allerdings nicht in die Fänge der «berufsmäßigen Straßendirnen».[15] Über seine abenteuerlustigen Studienkumpane jedoch bekam er Zugang zum Kartenspiel mit hohem Einsatz, eine Leidenschaft, die ihn wie die Liebe lebenslang begleiten sollte. Als ahnungsloser Anfänger wurde er schnell um das wenige Geld gebracht, das er besaß, und da er sich der suchtartigen Illusion hingab, das verlorene Geld mit Geld auf Ehrenwort zurückgewinnen zu können, geriet er immer tiefer in die Abhängigkeit seiner dubiosen Freunde: «Ich verkaufte oder verpfändete alles, was ich besaß, und machte Schulden, die ich nicht bezahlen konnte.»[16]

In seiner Not offenbarte er sich seiner Großmutter, die sofort nach Padua eilte, seine Schulden bezahlte und ihn mit nach Venedig nahm. Damit war auch der Abschied von Doktor Gozzi vollzogen, der seinem Zögling so manche Kenntnisse vermittelt hatte, darunter auch das Geigenspiel, das er schon bald für seinen Lebensunterhalt nutzen konnte. Zwar kehrte er zwei Jahre später noch einmal nach Padua zurück, um die Formalitäten seines Doktorats zu erledigen, aber in Venedig begann nun sein Berufsleben als Kleriker. Er wurde Giovanni Tosello zugeordnet, dem Pfarrer an der kleinen Kirche San Samuele, der Kirche, in der seine Eltern getraut und er selbst getauft worden war. Im Februar stellte man ihn dem Patriarchen von Venedig vor, der ihm eigenhändig die Tonsur schor und vier Monate später die vier niederen Weihen erteilte, womit der Abate Casanova geboren war.

Abate mit Ehrgeiz

Nun, wenigstens mit seinem Status eines Abate fest in das Sozialgefüge Venedigs integriert, konnte er in der Stadt ein unbekümmert angenehmes Leben beginnen, zumal ihm das mütterliche, nun nahezu leere Haus mit seinen üppigen Räumlichkeiten als sehr respektabler Wohnsitz zur Verfügung stand. Als Abate zwischen zukünftiger kirchlicher Karriere und gestundeter gesellschaftlicher Freiheit wandelnd, tauchte er in das flirrende Treiben des vergnügungsreichen Venedig ein, das die Adligen und Geldadligen sich erlaubten. Schnell machte sich der junge Abate, groß und stattlich gewachsen, dunkle Hautfarbe, üppiges Blondhaar an Stelle einer Perücke und lateinische Zitate seines Lieblingsdichters Horaz großzügig um sich streuend, in den oberen Gesellschaftskreisen beliebt und fand auch die gnädige Gunst hochgestellter Damen, deren Salons er mit geistvoller Konversation zu bereichern wusste.

In diesem Ambiente von Eleganz und Geist glaubte er nicht zu Unrecht, sein Auftreten mit erlesener, wenn nicht gar grell-modischer Kleidung auf das Niveau seiner Gastgeber heben zu dürfen oder gar zu müssen. Diesem Hang zu eleganter Garderobe, von parfümierter Frisur über hörbar an der Weste klimpernden Golduhren bis zu schwungvoll geschnittenen Beinkleidern und goldbetresstem Rock, sollte er, zumindest solange ihm dafür das Geld zur Verfügung stand, treu bleiben. Pfarrer Tosello jedoch missfiel eine derartige Aufmachung, und als Casanova auf dessen Ermahnungen, dem kirchlichen Stand mit bescheidener Kleidung gerecht zu werden, nur mit souveräner Rabulistik reagierte, schritt der Geistliche eines sehr frühen Morgens – Giacomo lag noch im Bett – zur Tat. Ein schneller und scharfer Schnitt quer über den Kopf von Ohr zu Ohr zerstörte seine stolze Haarpracht, noch bevor er richtig erwacht war. Sein Bruder Francesco, der im Nebenzimmer wach und untätig in seinem Bett lag und Zeuge dieser Überraschungsaktion wurde, weigerte sich, die Attacke zu verhindern. Selbst Träger einer Perücke, da es ihm an üppigem Haarwuchs fehlte, konnte er seine Missgunst gegen den älteren Bruder ausleben, zumal er, wie dieser bitter bilanziert, «zeitlebens neidisch war, es aber verstand, ich weiß nicht wie, Neid mit Freundschaft zu verquicken».[17]

Im ersten Zorn über den Gewaltakt des Pfarrers war Casanova entschlossen, eine Klage gegen den ihm vorgesetzten Geistlichen vor Gericht einzureichen, doch dann ergab sich eine Gelegenheit zur Rache. Es wurde nämlich ihm und nicht Tosello die Ehre zuteil, eine Festpredigt in dessen Kirche zu halten. Dem Pfarrer blieb nur die Bedingung, vorher den Text der Predigt kontrollieren zu dürfen und seine Zustimmung davon abhängig zu machen. Es kam wie es kommen musste: Der junge Abate, der während seiner Studienzeit zu einem leidenschaftlichen Anhänger der antiken Dichter Roms geworden war, hatte in den Mittelpunkt ein Zitat seines Lieblingsdichters Horaz gestellt: «Ploravere suis non respondere favorem speratum meritis» («Sie beklagten sich bitter, daß die erhoffte Gunst nicht ihren Verdiensten entspreche»),[18] womit er den Undank des Menschengeschlechts gegenüber den Gaben Gottes zum Ausdruck bringen wollte. Tosello verweigerte die Freigabe, woraufhin Casanova seinen Unmut in die Salons der feinen Gesellschaft trug, wo ihm allerdings nur halb Genugtuung zuteilwurde. Vielmehr musste er auch hören, dass Horaz «sehr kluge Sachen gesagt habe, jedoch ein großer Wüstling gewesen sei».[19]

Nachdem – so der Kompromiss – das Zitat des heidnischen Poeten durch das eines heiligen Kirchenvaters ersetzt worden war, wobei keine Rücksicht darauf genommen wurde, ob es in den Zusammenhang des unveränderten Predigttextes passte oder nicht, konnte Casanova die Kanzel der Kirche San Samuele besteigen. Sein in den feinen Kreisen Venedigs erprobtes Redetalent ließ ihn nicht im Stich. Er hatte Erfolg, man sparte nicht mit Beifall, und seine Eitelkeit wurde durch die hohe Summe im Beutel des Sakristans zufriedengestellt. In dem Beutel fanden sich indes nicht nur reichlich Münzen, sondern auch «ein paar Liebesbriefchen».[20] Daran dürfte sich der alte Casanova gern erinnert haben, wobei man an dieser Stelle seiner so umfangreichen Rückschau auf den verräterischen Hinweis stößt, dass er sein literarisches Selbstbildnis zwar nicht frei von düsteren Flecken malte, dabei jedoch eine Auswahl zu seinen Gunsten traf. Von einem der anonymen Liebesbriefchen glaubte er, die Absenderin erkannt zu haben, und wurde tätig – ein Vorgehen, das ihn «einen Fehler begehen ließ, den ich dem Leser ersparen möchte».[21] Es dürfte kaum zu seiner Ehre gereicht haben.

Nun schien sich die Berufsperspektive eines grandiosen Kanzelredners weit zu öffnen, und Casanova überließ sich einer übertriebenen Selbstsicherheit. Für die zweite Predigt vernachlässigte er die Vorbereitung und erlaubte sich sogar, kurz vor deren Beginn an einer üppigen Mittagstafel teilzunehmen, die so ausgedehnt war, dass ein Geistlicher erscheinen musste, um ihn an seinen nahen Auftritt zu erinnern. Dann nahm das Missgeschick seinen Lauf: Auf der Kanzel fehlten ihm alsbald die Worte, er versprach sich und wusste nicht weiter. Einige Gläubige gingen, andere lachten, und er selbst, die Katastrophe vor Augen, flüchtete sich in einen Sturz auf den Boden der Kanzel. Sein Leben lang erhielt er sich eine gewisse Vagheit über diesen blamablen Vorfall, an der er, um Nachsicht bittend, den Leser beteiligt: «Ich habe nie genau gewußt, ob ich nur so tat, als fiele ich in Ohnmacht, oder ob ich tatsächlich das Bewußtsein verlor.»[22] In jedem Fall zog er eine eindeutige Bilanz: «Predigen kam für mich nicht mehr in Frage.»[23]

Das spannungsreiche Verhältnis zu Tosello hinderte Casanova nicht daran, die Reize von Angela, der Nichte des Pfarrers, zu entdecken und ihr seine Liebe zu gestehen. Das Mädchen, das – sogar einer Ehe zustimmend – bei der Arbeit am Stickrahmen ihrem Anbeter lauschte, wollte jedoch ihre Jungfräulichkeit nicht vor der Heirat preisgeben und war zudem auch nicht bereit, ihm, wie Bettina, wenigstens im Vorspiel entgegenzukommen. Er schmachtete vergeblich, und die Einladung der Contessa di Montereale, den Sommer auf ihrem Landgut Pasiano in erlesener Gesellschaft zu verbringen, dürfte für ihn eine wahre Befreiung gewesen sein.

Dort ergab sich jedoch die dritte Variante jenes Verzichts, den Casanova einem jungfräulichen Mädchen entgegenbrachte. Die Begegnung mit Lucia, der Tochter des Gutsverwalters, einem Naturkind von verführerischer Offenheit, steigerte schnell die gemeinsamen Gefühle zunehmender Zärtlichkeit. Aber auch diesmal zögerte er aus Respekt vor der kirchlich geforderten Unschuld, was er alsbald bedauerte: «Ich tat nicht den letzten Schritt, gerade weil sie mir nicht den geringsten Widerstand entgegensetzte. Das war meine Schwäche.»[24] Auch Lucia war, wie er voll Trauer ein Jahr später feststellen musste, in die Hände eines groben Verführers gefallen, der sie ins Unglück stürzte. Dabei muss die Frage offenbleiben, was denn aus ihr und Casanova geworden wäre, resultierte seine Zurückhaltung doch, wie er selbstkritisch festhält, aus «einer panischen Angst vor den möglichen Folgen für mein zukünftiges Leben».[25]

Zurück in Venedig bei Angela an ihrem Stickrahmen, deren abweisende Haltung ungebrochen war, nahm Casanova an ihrer Seite zwei Freundinnen wahr, die er in seiner blinden Verliebtheit vorher nicht näher betrachtet hatte. Beeindruckt von der bisher übersehenen Schönheit der beiden Schwestern Martina und Nanette, schritt er zu ihrer Verführung, wobei die Verführung, die die beiden ebenfalls noch jungfräulichen Mädchen an ihm vollzogen, kaum geringer war. Von Liebesbriefen über ein Diner mit Zypernwein bis zu anschließenden Küssen ging alles seinen natürlichen Gang. Zu dritt gemeinsam im Bett verlor auch Casanova seine männliche Unschuld und erlernte zugleich die Maxime seiner Verführungskunst, dass es leichter sei, zwei Frauen als eine zu erobern, da die eine «meine Liebkosungen geduldet und dadurch ihre Schwester zur Nachahmung ermuntert hatte».[26]

Der Abate Casanova, von stattlicher Erscheinung und bis an die Grenze der Taktlosigkeit ein unbekümmerter Causeur, fand Zutritt zu so mancher Adelsfamilie Venedigs. Bei einer Einwohnerzahl von 150 000 betrug der Anteil der Nobili etwas über zwei Prozent, also etwa 3500 Personen, deren Namen im «Goldenen Buch» eingeschrieben waren und die eine Kaste für sich bildeten. Zu dieser Oligarchie zählte der Senator Alvise Gasparo Malipiero, dessen Familie zwei Dogen gestellt hatte und hohes Ansehen genoss – sein Reichtum erstrahlte in der Pracht des Palazzo Malipiero am Campo San Samuele. Pfarrer Tosello, der den Senator gut kannte, hatte Malipiero den jungen Casanova vorgestellt, und der Senator, der glaubte, früh die Talente von Jugendlichen entdecken zu können, hatte ihm und zugleich der jungen Teresa Imer, der Tochter des renommierten Schauspielers Giuseppe Imer, sowie einer Ballettschülerin namens Gardela sein Haus geöffnet.

Die freizügige Einladung an die Tafel des Senators schloss das beliebige Verweilen in seinem Palazzo ein, auch wenn der betagte Herr, der zugleich ein weise verzichtender Verehrer junger Mädchen war, sich nach dem Mittagsmahl dem Schlaf der Siesta überließ. Umso unbekümmerter konnten im Nebenraum Teresa und Giacomo ihre heitere Konversation fortsetzen – bis zu dem Grade, dass «in unserer arglosen Fröhlichkeit uns die Lust ankam, den Unterschied unserer leiblichen Beschaffenheit zu vergleichen. Wir waren gerade im spannendsten Augenblick unserer Prüfung, als ein heftiger Stockhieb auf meinen Hals niedersauste.»[27] So blieb nur die Flucht, und es folgte das Verbot, den Palazzo Malipiero je wieder zu betreten. Damit wurde dem jungen Casanova zum ersten Mal die Aufnahme in jene von ihm so erstrebte Gesellschaftsschicht des Adels verwehrt, die seit Jahrhunderten die Geschicke Venedigs gestaltete.

Die aristokratische Republik

Diese exklusive Schicht der Nobili basierte auf der Staatsform der Republik, die es im damaligen Europa nur zweimal gab: einmal die Oligarchie der Aristokraten in Venedig, zum anderen die Oligarchie erfolgreicher Kaufleute in der Republik der Vereinigten Niederlande, die den Rang eines Adligen nicht kannte. Ihren Aufstieg verdankte die Republik Venedig einem Adel, der in krassem Gegensatz zum Feudaladel in Frankreich oder England stand. Der Edelmann der zentraleuropäischen Monarchie war nur zum Waffendienst verpflichtet, lebte von den Einkünften seines Grundbesitzes und durfte keiner wirtschaftlichen oder gar handwerklichen Tätigkeit nachgehen. Dagegen entwickelte der Adel Venedigs eine risikoreiche und hochprofitable Handelsaktivität, die die «Serenissima» vom 12. bis zum 16. Jahrhundert zu einer europäischen Großmacht aufsteigen ließ. Merkantiler Expansionsdrang und militärische Machtentfaltung hatten die einst vor den Hunnen und Langobarden vom Festland auf die sumpfigen Inseln geflüchteten Veneter zur dominierenden Handelsmacht im gesamten Mittelmeerraum werden lassen.

Auch hier war der Ausgangspunkt dieser gloriosen Entwicklung ein kleiner Ort, der langsam zusammenwachsende Rialto, um den sich eine Vielzahl kleiner Inseln gruppierte. Zunächst in der Abhängigkeit von Byzanz, wurde im Jahr 764 von der örtlichen Bevölkerung erstmals ein Dux von Venetien als höchster Beamter gewählt; ab 1172 war dies allerdings allein der wohlhabenden Oberschicht vorbehalten, den Nobili, deren Zahl anfangs nur vierzig Personen aufwies. Früh wandelte sich der Name Dux in der venezianischen Mundart zu Doge. Zu diesem Zeitpunkt, im Jahr 828, hatte der Doge Justinian bereits in Alexandria die Gebeine des heiligen Markus geraubt und in seinem Amtshaus just an der Stelle versteckt, an der heute der Markusdom steht. Es galt, den lokalen Schutzpatron, den heiligen Theodor, durch den Evangelisten Markus zu ersetzen; denn dem stetig wachsenden Machtanspruch sollte eine möglichst große religiöse Legitimation verschafft werden. Damit stieg Venedig nicht zuletzt zum Ausgangspunkt der Kreuzzüge ins Heilige Land auf, die Kreuzritter wurden gewinnreich – nicht nur mit Schiffen – militärisch ausgestattet.

Am Ersten Kreuzzug nahmen die Venezianer sogar selbst aktiv teil, sie eroberten Haifa und nahmen 1104 Akkon in Besitz. Genau ein Jahrhundert später eroberte und plünderte das Heer der Kreuzritter Konstantinopel. Den Löwenanteil des immensen Reichtums dieser Metropole konnten die Venezianer als Kriegsbeute an sich reißen, und der Doge Dandola, dessen Nachkomme im Leben Casanovas eine größere Rolle spielen sollte, gestaltete sogar die dortigen Machtverhältnisse neu. So wurde Graf Balduin von Flandern zum lateinischen Kaiser erhoben und in der Hagia Sophia gekrönt. Das Reich, das einst Venedig in seiner Abhängigkeit hatte emporkommen lassen, versank in Armut. Die Venezianer sicherten sich drei Achtel des Landbesitzes von Konstantinopel, zudem das alleinige Handelsmonopol im östlichen Mittelmeer und eine hohe Summe als Kriegsentschädigung. Jahrelang transportierten venezianische Schiffe die Kostbarkeiten Konstantinopels in die Lagunenstadt – als sichtbares

Symbol ihrer Macht auch die vier Bronzerosse, die Kaiser Konstantin der Große am Hippodrom hatte aufstellen lassen. Die Bronzen stehen heute über der Vorhalle des Doms von San Marco. Es war der beutereichste Kriegszug Venedigs in seiner Geschichte.

Die Stadt war damit zur Großmacht aufgestiegen und betrieb eine intensive Kolonialpolitik bis hin zur Krim, Handelsgeschäfte sogar bis nach Mittelasien. Parallel dazu wurde rigoros das gegenüberliegende Festland, die Terra ferma, erobert, und um 1400 kam es zur Unterwerfung Paduas; dies war der Beginn eines grundlegenden Wandels. Venedig war nun zwar zur Landmacht geworden, zugleich jedoch begann sein Niedergang als Seemacht. In den Jahren 1497 bis 1499 umsegelte Vasco da Gama Afrika und eröffnete den direkten Seeweg von Portugal nach Indien. Zuvor schon, 1492, hatte Christoph Columbus auf der Suche nach Indien Amerika entdeckt. Die Folge war, dass sich die Handelswege zum Atlantik hin verlagerten und die «Serenissima» ihren Rang als dominierende Handelsmacht Europas verlor. Nachdem die Türken 1453 Konstantinopel erobert hatten und zum neuen Gegner Venedigs im Mittelmeer aufgestiegen waren, gingen zudem nach und nach die Kolonien verloren: erst Zypern, dann Kreta und schließlich Dalmatien. So bedeutete der grandiose Sieg der christlichen Flotte unter Don Juan de Austria über die Türken in der Seeschlacht von Lepanto 1571 nur ein letztes Aufbäumen. Immerhin war das Arsenal Venedigs in der Lage gewesen, in nur zwei Monaten hundert Galeeren für die christliche Armada zu bauen.

Parallel zu der Ausdehnung auf die Terra ferma wandelte sich die Struktur der oligarchischen Führungsschicht: Waren es vorher Reeder und Kaufleute, die sich nicht scheuten, über Jahre bei persönlicher Abwesenheit von der Stadt in fernen Regionen ihre Geschäfte zu betreiben, übernahmen nun bürokratische Funktionsträger der städtischen Magistratur die Regierungsverantwortung. Dieser Mangel an wirtschaftlicher Vitalität ging einher mit der Verlagerung des Lebenszentrums der reichen Oligarchen auf das nahe Festland, wo Andrea Palladio ihnen private Prachtbauten errichtete. Deshalb stagnierte die Zahl der Einwohner Venedigs seit dem 16. Jahrhundert und erfuhr bis zum Ende der Republik im Jahr 1797 keine Erhöhung, während die Städte auf dem Festland ansteigende Bevölkerungszahlen aufwiesen. Entsprechend kam es im 18. Jahrhundert zu einem Autoritäts- und Prestigeverlust des Stadt-Staates auch auf internationaler Ebene, zumal seit den letzten Türkenkriegen ein Großteil der Flotte demobilisiert worden war. Die Staatskasse war nicht länger in der Lage, größere militärische Aktionen zu finanzieren, da die in die Ämter drängenden Adligen zusätzlich hohe Kosten verursachten.

Über Jahrhunderte hatte es Venedig verstanden, sich über die Zuwahl neuer Mitglieder in den «Großen Rat» – die letzte und höchste Instanz der Republik – zu erneuern und finanziell zu verstärken. Die Aufnahme eines weiteren Geschlechts, das zu Reichtum und Ansehen gelangt war, war mit der Zahlung einer hohen Summe bis zu einem Betrag von 100 000 Gulden verbunden. 1704 und 1716 fanden die letzten Zuwahlen (Aggregazione) statt: Unter den Gewählten waren zum Beispiel die Bagnioli, die ihr Vermögen mit großen Druckereien erworben hatten, und die Grassi, die am Canal Grande den letzten prächtigen Palast errichteten, bevor die Lagunenstadt mit dem Einmarsch der französischen Truppen ihre staatliche Unabhängigkeit verlor. Doch die Attraktivität, Mitglied des «Großen Rats» zu werden, nahm stetig ab.

Die aristokratische Republik, inzwischen zur ältesten Staatsform Europas geworden, war in ihren Strukturen erstarrt. Neben dem «Großen Rat», in dem die wichtigsten Entscheidungen getroffen wurden, gab es den dem höchsten Wahlgremium sowie der Administration zuarbeitenden Senat mit etwa dreihundert Mitgliedern. Die exekutive Spitze bildete der «Rat der Zehn», dessen Mitglieder in engen Zeiträumen wechselten. Darunter waren die beiden besonders einflussreichen Staatsinquisitoren, als deren Opfer sich Casanova kurz danach fühlte und deren Spitzel er viel später zu werden bereit war.

Schon der ständige Wechsel der Mitglieder des «Rats der Zehn» gründete auf dem Argwohn der republikanischen Aristokraten, irgendeine Machtfülle entstehen zu lassen, die zur Usurpation des Staates führen könnte. Dasselbe galt für den Dogen, der keine ausländischen Diplomaten empfangen und keinen gewichtigen Administrationsakt vollziehen konnte, ohne dass Mitglieder des «Rats der

Zehn» anwesend und beteiligt waren. Dennoch verfügte er über beträchtliche Autorität, war er doch gleichsam die Verkörperung der «Serenissima», was etwa einschloss, dass er einmal im Jahr am Himmelfahrtstag vom Prachtschiff Bucintoro einen Ring in die Lagune werfen durfte – die feierliche Vermählung Venedigs mit dem Meer. Bevor der 120. und letzte Doge Ludovico Manin, dessen Familie erst 1651 in das «Goldene Buch» eingeschrieben worden war, 1797 sein Amt niederlegte, erblühte die Lagunenstadt zu einer von kultureller Opulenz und verschwenderischem Luxus dominierten Metropole, die ganz Europa in ihren Bann zog, vergleichbar etwa der Belle Époque in Paris ein Jahrhundert später. Es war ein glanzvoller Niedergang, der starke Persönlichkeiten in fast allen Künsten zur vollen Entfaltung brachte: den Maler Canaletto, dessen kristalline Klarheit seinen Gemälden von zahlreichen Großstädten Europas eine metaphysische Reinheit verschaffte, seinen Kollegen Francesco Guardi, der von denselben Städten eine realistische Ansicht vermittelte, oder Vater Giambattista und Sohn Giovanni Battista Tiepolo, die es zu Auftragsarbeiten von Paris bis Würzburg trieb – sie alle trugen den Ruf Venedigs weit über die Grenzen Italiens hinaus. Es war deshalb ein symptomatischer Zufall, dass Casanovas Bruder Francesco gerade in seinen Jugendjahren bei Guardi einquartiert war und später zu einem gesuchten Schlachtenmaler aufstieg, dessen Renommé das seines älteren Bruders weit übertraf.

Theater und Musiktheater gelangten zu Glanzleistungen, nicht zuletzt nachdem Claudio Monteverdi mit «Orfeo» beide zur Oper vereinigt hatte. 1613 wurde er zum Kapellmeister am Markusdom von Venedig berufen und brachte dort die kirchliche Chormusik zu besonderer Blüte. Es war nicht allein ein ästhetisches Vergnügen, das reiche Adlige wie die Grimani sich verschafften, indem sie Theater- und Opernbühnen erbauen ließen und Schauspielertruppen engagierten, es war vor allem auch der wirtschaftliche Gewinn, der bei erfolgreichen Aufführungen lockte und den eigenen Reichtum steigern konnte. Antonio Vivaldi war im nahen Mestre geboren, Händel, Mozart und Gluck kamen in die Lagunenstadt wie später Richard Wagner. Mit volksnahen Komödien wetteiferten die Theaterautoren Carlo Goldini und Carlo Gozzi, hinzu kam Pietro Chiari, dessen

Feindschaft sich Casanova in dem Maße zuzog, dass dieser von ihm als krasse Karikatur des jungen Lebemanns skizziert wurde. Später in Wien und Prag begegnete er dem Mozart-Librettisten Lorenzo Da Ponte, der, ebenfalls aus Venedig stammend, in seinen Memoiren auch kein schmeichelhaftes Porträt Casanovas zeichnete. Und schließlich war es das Theater in der Lagunenstadt, das seiner Mutter eine glanzvolle Karriere ermöglicht hatte: von Venedig über London und Sankt Petersburg bis nach Dresden. In seinen späten Jahren, auf der fast verzweifelten Suche, sich in seiner Heimat eine finanzielle Basis für seinen Lebensunterhalt zu schaffen, versuchte Casanova ebenfalls mit dem Theater Geld zu verdienen, als Impresario einer Schauspielertruppe wie auch als Kritiker mit einem eigenen Theaterjournal – beides vergeblich.

Feste und Kurtisanen

Casanovas frühe Jahre in der Lagunenstadt gehörten seiner fast unbegrenzten Lebensfreude, welcher die Stadt mit immer neuen Verführungen entgegenkam. Der Karneval, der fünf Monate dauerte und ein spielerisch-erotisches Verstecken und den Sprung über die Standesgrenzen erlaubte, bot mit seinem Maskenwechsel auch ein Vagabundieren durch ganz andere Identitäten. Dieses Jonglieren mit Varianten der eigenen Existenz fand vor allem im Ridotto statt, einem Zentrum des Glücksspiels, das der Patrizier Marco Dandola 1638 in seinem eigenen Palazzo errichtet hatte. Alle Spieler waren verpflichtet, eine Maske zu tragen, nur die Bankhalter, die Adlige sein mussten, blieben unmaskiert, zudem in ihrer Amtstracht gekleidet: rote oder schwarze Robe. Sein Leben lang wurde Casanova von diesem Ort und dem Glücksspiel geradezu magisch angezogen. Immer wieder gewann und verlor er hohe Summen. Diese Stätte, an der sich die Spieler bis zum Einsatz ihrer wirtschaftlichen Existenz dem Glück oder dem Falschspiel aussetzten, wurde 1774 geschlossen, eine Maßnahme, die dazu diente, weitere Patrizier vor dem Ruin zu bewahren.

Zum nahezu permanenten Festtaumel, der Venedig im letzten Jahrhundert seiner staatlichen Souveränität erfasst hatte, gehörte der

Kult um die Kurtisanen. Schon 1580 hatte Michel de Montaigne auf der traditionellen Kavaliersreise durch Italien über einen Katalog der renommiertesten «Damen von Venedig» verfügt, der nicht weniger als 150 Adressen aufwies. Ihre Garderobe erreichte mühelos einen Grad an Luxus, den selbst die Gemahlinnen der reichen Patrizier sich nicht erlauben konnten, und auch der Grad ihrer Bildung überstieg nicht selten den der verheirateten Adelsdamen. So war Montaigne erstaunt, von der seinerzeit berühmtesten Kurtisane, Veronica Franca, ein Exemplar ihrer gesammelten Gedichte durch Boten übermittelt zu erhalten. Er dankte dem Überbringer mit zwei Talern und wich der Einladung aus, nicht ohne später ein gewisses Bedauern zu äußern, «die Gesetze des Ehestandes strenger gehalten zu haben, als ich es versprochen und gehofft hatte».[28]

Kaum überraschend war es deshalb, dass der sechzehn Jahre alte Casanova der achtzehnjährigen Giulietta vorgestellt wurde, deren Schönheit und Luxus in Venedig Aufsehen erregten, auch weil schon ein spektakulärer Aufstieg hinter ihr lag. Ein Marchese Sanvitale aus Parma hatte nicht weniger als hunderttausend Taler für ihre Gunst aufgewendet, obgleich sie nur die Tochter eines Fleckenreinigers war und deshalb «Cavamachie», Fleckenreinigerin, genannte wurde. Bald jedoch bevorzugte sie den Namen Giulietta und wechselte zu einem Juden, der sie reichlich mit Diamanten ausstattete. In Wien, wo sie als Schauspielerin mittleren Talents ihre körperliche Ansehnlichkeit zusätzlich mit kulturellem Ansehen bis zur Kultfigur zu steigern verstand, erfuhr sie sogar die höchste Auszeichnung, die Kaiserin Maria Theresia in solchen Fällen zu vergeben hatte – die Ausweisung. Ein Graf Spada brachte sie nach Venedig zurück, wo Casanova sie, ihre Lippen, Zähne, Haut, ihren Busen und manches mehr in so kritischen Augenschein nahm, dass seine Schätzung ihres Wertes weit geringer ausfiel als die des Marchese Sanvitale: «Ich hätte nicht eine einzige Zechine gegeben.»[29]

Obgleich dieses Urteil, das er sehr freizügig und wenig galant in den feinen Salons der Stadt zum Besten gab, ihr natürlich zu Ohren gekommen war, bat sie ihn trotzdem wenig später, für ein Fest über den Saal im Haus seiner Mutter verfügen zu können, was er geschmeichelt gewährte. Das Fest erreichte seinen furiosen Höhepunkt, als Giulietta auf die Idee kam, mit Casanova die Kleidung zu tauschen und damit bei ihren Gästen einen Überraschungseffekt zu erzielen. Das gemeinsame Auskleiden im Nebenraum geriet fast zum gegenseitigen Entkleiden, die weitere Annäherung blieb Casanova indes versagt, auch wenn die Kurtisane sich vor dem Festpublikum dem unvermeidlichen Verdacht eines Seitensprungs ausgesetzt sah, was sie als Wirkung offensichtlich nicht ausreichend bedacht hatte und bedauerte.

Als Casanova, der wegen dieses Verdachts allseits bewundert wurde und dies stumm als Triumph genoss, beim Rücktausch der Kleidung mit der schönen Giulietta den Verdacht in die Tat umsetzen wollte, markierte deren Hand einen derart roten Fleck auf seiner Wange, dass nun er vor den Festgästen als Verlierer dastand – zu ihrem höheren Ruhm und zum Vergnügen aller Anwesenden. Krasse Komödien wurden seinerzeit nicht nur von Goldoni auf den Bühnen Venedigs präsentiert, auch Casanova hat im fernen und stillen Dux mit der Erinnerung an die heiter-hitzigen Eskapaden seiner Jugend sein Blut noch einmal in Wallung gebracht und sich dabei wohl ein wenig der burlesken Stilmittel Goldonis bedient.

Bald konnte er sich mit dramaturgischem Vergnügen eine weitere komödiantische Szenerie aufbauen, obgleich der Anlass ihn eher betrübt haben dürfte. Es war der Tod der Großmutter, die ihn sehr geliebt und aus dem krankhaften Dämmerzutand seiner frühen Jahre befreit hatte. Die Mutter, die inzwischen in Warschau zu einem anerkannten Mitglied des Theaterensembles aufgestiegen war, sah ihre schauspielerische Zukunft nicht länger in Venedig und gab dem Abate Grimani, der die Rolle eines Schutzpatrons für die Familie Casanova übernommen hatte, den Auftrag, das große Haus, in dem ihre Kinder lebten, aufzugeben und dessen Möbel zu verkaufen. Nur hatte der älteste Sohn bereits den größten Teil des Mobiliars einschließlich der Teppiche und des Porzellans verkauft und den Ertrag in seinen Lebensstil investiert, der, besonders was seine prätentiöse Kleidung betraf, von einigem Aufwand war. Er begründete diese eigenmächtige Bereicherung mit dem Anspruch auf das Erbe seines Vaters, über das nur er und nicht seine Mutter frei verfügen könne – den Anteil seiner Geschwister zog er besser gar nicht in Erwägung.

Der Abate Grimani, über das egoistische Agieren Casanovas aufgebracht, ließ das Haus durch seinen Beauftragten namens Antoni Lucio Razzetta versiegeln, der dem selbstherrlichen Vermarkter des elterlichen Hausstandes streng entgegentrat. Das reichte für einen abgründigen Hass, den Casanova in subtiler Rache auszuleben gedachte. Doch trug Grimani dem ungezügelten Temperament des jungen Mannes schnell Rechnung: Um ihn unter Kontrolle zu bringen, unterwarf er ihn der kirchlichen Aufsicht. Casanova wurde in das Priesterseminar San Cipriano auf der Insel Murano gesteckt, wo er für diverse Streiche sorgte, nicht zuletzt für den, dass er des Nachts in das Bett eines befreundeten Seminaristen wechselte. Es dürfte eine harmlose Begegnung gewesen sein, die aber, da streng verboten, als homosexuelle Eskapade geahndet werden musste – mit dem erwünschten Rauswurf aus der ehrwürdigen Lehranstalt.

Doch kaum in Freiheit, sah sich Casanova auf der Piazetta von San Marco von robusten Gardisten umringt und aufgefordert, unauffällig in eine Gondel zu steigen und sich der Überfahrt zum Castel Sant'Andrea am Ausgang der Lagune zum offenen Meer nicht zu verweigern. Auf der Festungsinsel in eine Art Ehrenhaft genommen, die ihm allerlei Scherze mit den dort stationierten Söldnern der Republik gestattete, erlebte er nicht nur das Liebesglück mit einer schönen Griechin, sondern auch zum ersten Mal das Liebesmissgeschick einer Geschlechtskrankheit. Diese musste in mehreren Wochen mit Spagyrie, einem alchemistischen Heilmittel gegen venerische Krankheiten, auskuriert werden und hatte den zusätzlichen Nachteil, den zu einem Besuch herbeigeeilten Schwestern Martina und Nanetta nicht mit der von ihnen ersehnten Zärtlichkeit begegnen zu können; mühsam versteckte er sich hinter dem Vorwand, es bestehe Gefahr, entdeckt zu werden.

Den theatralischen Höhepunkt, auf den Casanova offensichtlich sein Leben lang stolz war, bildete ein raffinierter Racheakt gegen Razzetta. Eine Beinverstauchung simulierend, um vorgetäuschte Magenkrämpfe ergänzt, die den Festungsarzt herbeizwangen, stieg er um Mitternacht heimlich aus dem Fenster seiner Kammer in eine Gondel, die ihn unbehelligt nach Venedig brachte. Er erreichte Razetta, der in sein Haus heimkehren wollte, vor dessen Haustür und ließ einen Knüppel auf seinen Kopf niedersausen. Zur Verdunkelung seiner Tat schlug er auch auf den Arm eines Nachbarn ein, der mit einer Laterne zur Hilfe herbeigeeilt war, und beförderte zusätzlich mit einem Stoß sein Opfer in den nahen Kanal. Unbemerkt gelangte er in der Gondel zurück auf die Festungsinsel und in sein Bett. Damit hatte er sich ein lupenreines Alibi verschafft, fanden die Bewohner von Sant'Andrea ihn doch am nächsten Morgen weiterhin bettlägerig und über heftige Schmerzen klagend vor. Ganz Venedig sprach von dem Vorfall und seinem angeblichen Helden, der selbst in seiner Jahrzehnte späteren Bewertung nicht den geringsten Gedanken darauf verschwendete, er könnte seine Rache vielleicht unrechtmäßig oder auch nur unverhältnismäßig gestaltet haben. Dem herbeigeeilten Helfer war «die Hand, mit der er die Laterne hielt, gebrochen … und Razzetta hatte nur die Nase eingeschlagen, drei Zähne verloren und Quetschungen am rechten Arm».[30]

Eine neue Aufgabe

Es schien an der Zeit, den jungen Casanova, der offensichtlich in Venedig dem destruktiven Nichtstun ausgeliefert war, einer sinnvollen Zukunftsgestaltung zuzuführen. Dafür hatte die Mutter im fernen Warschau schon den Anstoß gegeben. In ihrem gesellschaftlichen Umfeld, nicht zuletzt in der Entourage der polnischen Königin Maria Josepha, der Gemahlin von August III., war sie auf einen Mönch des Minimenordens namens Bernardo de Bernardis gestoßen, dem sie die klerikale Laufbahn ihres Sohnes und ihre eigene Unfähigkeit, weiterhin für seinen Lebensunterhalt aufzukommen, schilderte. Der geachtete Bettelmönch versprach, Casanova wie seinen Sohn zu betreuen und zu fördern, wies aber darauf hin, dazu nur in der Lage zu sein, wenn ihm in Italien ein Bistum zufallen würde. Der Einfluss der Zanetta war so groß, dass die polnische Königin ihrer Tochter Maria Amalia Walburga, der Königin von Neapel, eine entsprechende Epistel schrieb, die bei Papst Benedikt XIV. erwirkte, dass der ambitionierte Bettelmönch zum Bischof von Martirano ernannt wurde, einer im südlichen Italien nahe Cosenza gelegenen Pfründe. Ein halbes Jahr später sollte der inzwischen zum Bischof ernannte Mönch auf der Durchreise, so der Plan der Mutter, ihren Sohn in Venedig treffen und mit in den Süden nehmen.

Casanova sah nun endlich eine berufliche Karriere vor sich, obgleich die Zanetta, von Abate Grimani gewiss über sein turbulentes Treiben in Venedig informiert, zumindest den Nebengedanken gehabt haben dürfte, ihn von den zahlreichen Verführungen der Lagunenstadt fernzuhalten. Trotzdem konnte sie auf die enthusiastische Zustimmung ihres Sohnes rechnen, der den «Weg zu den höchsten Würden der Kirche»[31] offen sah und auch erwartete, «in zwanzig oder dreißig Jahren mindestens als Bischof»[32] etabliert zu sein. In der Hoffnung, dass «das große Glück»[33] auf ihn warte, nahm er umgehend in der Vorfreude auf die Reise in den Süden Italiens von seiner Heimatstadt Abschied: «Lebe wohl, Venedig!»[34]

Die Wartezeit vertrieb sich der lebenslustige Abate Casanova in den Armen der ihm in hingebungsvoller Liebe zugewandten Schwestern Martina und Nanetta. Abate Grimani, stets in der freiwilligen Pflicht, für die Kinder der Familie Casanova Sorge zu tragen, quartierte den ältesten Sohn in jenes Haus ein, in dem auch die «Tintoretta» von ihm untergebracht worden war, trat sie doch als Primaballerina in einem der Theater der Grimani auf. Ihr Künstlername leitete sich aus dem Beruf ihres Vaters, eines Färbers («tintore»), ab. Als Kurtisane des Fürsten Karl Friedrich von Waldeck verstand sie es, ihre Schönheit gleichermaßen auf den Theaterbrettern wie in den Armen ihres Gönners zu vermarkten. Ihr machte Casanova formvollendet seine Aufwartung, was ihm den Zutritt zu den Empfängen in ihrem Salon verschaffte. Dort vermochte er jedoch nicht recht zu reüssieren, denn «sie sprach mit mir Französisch, das ich nicht verstand, und ich bat sie, doch in unserer Muttersprache zu reden. Sie war sehr erstaunt darüber, daß ich das Französische nicht beherrschte, und meinte mit enttäuschter Miene, dann würde ich in ihrem Haus keine gute Figur machen, weil sie nur Ausländer empfange. Ich versprach, es zu lernen.»[35] Sie wies ihm den Weg über Venedig und Italien hinaus, dem er später willig folgen sollte – bis zu der sprachlichen Fähigkeit, seine «Geschichte meines Lebens» in Französisch zu verfassen, der lingua franca Europas bis zur Französischen Revolution.

Als sich der verheißungsvoll angekündigte Bischof von Martirano der Lagunenstadt näherte, erachtete es der Abate Grimani als wenig schicklich, wenn der hochrangige Kirchenmann seinen Schutzbefohlenen im Haus einer Kurtisane anträfe. Ein erneuter Umzug und das einem Examen gleichende Verhör durch den inzwischen eingetroffenen Bischof machten Casanova nicht die geringste Mühe. Trennungsschmerz stellte sich nicht ein, als es endlich galt, Venedig hinter sich zu lassen: «In meinem Herzen spürte ich keinerlei Bedauern über all das, was ich aufgab, wenn ich meine Heimatstadt verließ.»[36]

Diese Unabhängigkeit, sich ohne Mühe von fast jedem Ort lösen zu können, verschaffte ihm als Reisendem eine souveräne Beweglichkeit. Auch die Trennung von den beiden Schwestern Martina und Nanetta vollzog er nicht mit Bedauern, sondern in Dankbarkeit, hatte er in der Begegnung mit diesen beiden jungen Frauen doch jenes Glück gefunden, das nicht zu steigern war und trotzdem nicht dauern konnte: «Diese Liebe, die meine erste war …, war vollkommen glücklich, niemals durch irgendein Zerwürfnis gestört oder durch den geringsten Eigennutz getrübt. Wir hatten alle drei oft das Bedürfnis, unsere Herzen zur ewigen Vorsehung zu erheben und ihr für den unmittelbaren Schutz zu danken.»[37]

Den Augenblick der Trennung hat Casanova meist ohne Trauer durchlebt. Schließlich hatte ihn der Senator Malipiero, bevor es zum Eklat in dessen Haus kam, mit stoischen Maximen versorgt, von denen er behauptet, sie im Glück wie im Unglück lebenslang beachtet zu haben: «sequere Deum (Folge dem Gott)» und «fata viam inveniunt (Das Schicksal findet den Weg)».[38] Er wahrte damit die Freiheit, dem wechselvollen Schicksal stets freiwillig zu folgen.

2. *Karriere in der Kirche?*

Reise nach Kalabrien

Da der Bischof es eilig hatte, sah der Reiseplan in das ferne Bistum Martirano in Kalabrien getrennte Wege vor. Der ehemalige Mönch setzte seine Reise von Venedig in den Süden unmittelbar fort – wohl auch, um sich nicht mit Casanova als Reisegefährten zu belasten –, während dieser gemächlich unterwegs sein wollte; trotzdem hatten die beiden vor, in Rom zusammenzutreffen. Für Casanova ergab sich zudem die Gelegenheit, im Gefolge des venezianischen Gesandten, der seinen Posten in Konstantinopel antreten sollte, per Schiff nach Ancona zu gelangen, wo allerdings eine Quarantäne von achtundzwanzig Tagen zu absolvieren war, angeblich, weil die Pest aus Messina bis an die Grenze zwischen Kirchenstaat und Venedig eingeschleppt worden war.

Aber bereits auf der Insel Chioggia, die Venedig wie ein Schutzwall gegen das Meer vorgelagert ist, wurde die Fahrt unterbrochen, und Casanova, der für die lange Reise mit Kleidung und Geld gut ausgestattet war, geriet erneut in die Falle des Glücksspiels. In Padua hatte seinerzeit die Großmutter den Studenten von seinen Spielschulden befreien können, nun aber war er seinem Schicksal allein überlassen. Obgleich er von einem Doktorkollegen aus Padua vor Ort freundschaftlich vor einem Falschspieler, zudem noch einem Jakobinermönch, gewarnt worden war, ließ er sich von ihm und seinen Spießgesellen zu einer Pharaobank verleiten, zu dem im 18. Jahrhundert beliebtesten Glücksspiel. In zwei kurzen Spielrunden brachte er sich nicht nur um seine sämtlichen Barmittel, sondern auch um diverse Kleidungsstücke, die er, weil er auf Ehrenwort gespielt hatte, einem Pfandleiher überlassen musste, der ihn fast väterlich drängte, wenigstens «drei Hemden, Strümpfe und Taschentücher»[1] zu behalten. Derart mittellos, gab sich Casanova trotzdem «nicht einen einzigen Augenblick dem Gedanken hin, nach Venedig zurückzukehren».[2]

Nunmehr war er nicht nur mittel-, sondern auch schutzlos. Glücklicherweise stieß er an Bord des Schiffes, das nun auf hoher See in der

Adria langsam der Zwischenstation Ancona entgegensegelte, auf einen Rekollektenmönch, dessen Orden sich auf die strikte Armut des Franz von Assisi berief: Einzig Betteln um Nahrungsmittel sollte den minimalen Lebensunterhalt sichern. Auf diese Art zu leben und sogar durch ganz Italien zu wandern, verstand sich Bruder Stefano vorzüglich. Da er gemäß seiner Ordensregel ohne jede Geldmittel war, hatte ihn der Schiffseigner aus religiöser Großherzigkeit kostenlos an Bord genommen. Aber in der Kutte dieses Bettelmönchs, die viele versteckte Taschen aufwies, fanden sich so reichlich Nahrungsmittel, dass weder er noch Casanova dem Hunger ausgeliefert war. Ursprünglich hatte sich der Mönch dem Abate angeschlossen, um auf dessen Kosten nach Rom zu gelangen – nun geschah es umgekehrt.

Zunächst jedoch landeten sie in der Quarantänestation Anconas, wo Casanova den Zwangsaufenthalt zu einer Tändelei mit einer griechischen Sklavin nutzte. Man kam sich aber im wörtlichen Sinne nur bis zur Hälfte des Körpers näher, da ein Stockwerk sie trennte und Casanova die willige Schöne nur bis zur Taille vom unteren Stockwerk auf seinen Balkon emporziehen konnte. Ihrem Vorschlag, dem türkischen Eigentümer der Sklavin ein Kästchen mit Diamanten zu entwenden und gemeinsam ein sorgloses Leben zu beginnen, mochte er nicht folgen und begründete seine Entscheidung damit, dass ein solcher Diebstahl eines «wahren Christen»[3] unwürdig sei. In diesem Fall war Casanova seine Konfession, die auch die der Griechin war, außerordentlich nützlich, um keine ihn bindende Verpflichtung mit dieser Frau einzugehen.

Aus der Quarantäne entlassen, taten sich Casanova und Bruder Stefano zu einer trostlos-komischen Wandergemeinschaft zusammen, um den Apennin zu überwinden, fehlte beiden doch das Geld für einen Platz in einer Postkutsche. Während Casanova drängte, schnell nach Rom zu gelangen, hatte der Bettelmönch nicht die geringste Eile; man stritt sich, trennte sich, prügelte sich, begegnete sich erneut, vertrug sich und kam nur langsam durch eine Region von äußerster Armut vorwärts. Auf dieser erzwungenen Fußreise führte die eigene Mittellosigkeit Casanova wie niemals später in seinem Leben bis in die Abgründe jenes Milieus, in dem die Menschen zwischen Verhungern und Verbrechen willenlos dem Untergang entgegentaumeln.

Schließlich fanden die beiden Wanderer Unterschlupf in einer Strohhütte, in der ein sterbender Greis mit zwei heruntergekommenen Huren hauste. Selbst in dieser Extremsituation unterwarf Casanova sein Verhalten einer aufmerksamen Selbstkontrolle, und mag es auch erst im Rückblick bei der Niederschrift seiner Memoiren geschehen sein. Der Attacke, die eine der Huren auf dem für alle gemeinsam hergerichteten Strohlager in der nächtlichen Dunkelheit gegen ihn unternahm, konnte und mochte er sich am Ende nicht länger erwehren. Er vermochte sich auch der Erkenntnis nicht zu widersetzen, dass der aus den Adagia des Erasmus entliehene Satz seine banale Richtigkeit hatte: «Sublata lucerna nullum discrimen inter mulieres» («Ist die Lampe erloschen, sind alle Frauen gleich»).[4] Aber im Erschrecken darüber, dass damit der sexuelle Umgang mit welcher Frau auch immer bis zur Beliebigkeit herabgewürdigt werde, fügt er sogleich die Korrektur hinzu, die seinem Verhältnis zu Frauen erst Würde und Rang verschaffen konnte und sollte: «Aber ohne die Liebe ist diese große Handlung nur eine schmutzige Angelegenheit.»[5] Er blieb dieser Einschätzung, die Achtung und Selbstachtung verband, bis auf wenige Ausnahmen stets treu.

Verspätet in Rom angelangt, wartete dort nur der Gewährsmann des Bischofs von Martirano, und zwar mit der Aufforderung, dem Bischof über Neapel bis nach Kalabrien nachzureisen. So entschloss sich Casanova nicht ohne Bedauern, auf die Gelegenheit, «mir Rom anzusehen»,[6] zu verzichten, und setzte seine Reise, nun allerdings in einer Postkutsche, nach Neapel fort. Bei seiner Ankunft fand er nicht einmal eine Nachricht oder gar Geld für die Fortsetzung seiner Reise vor und musste sich zu Fuß auf den weiteren Weg nach Süden machen, wenigstens bis zum nahen Portici, das am Westhang des Vesuvs am Meer liegt. Nachdem er dort ziemlich unbekümmert Quartier in einem Gasthof genommen und gut gespeist hatte, begegnete er zufällig auf einem Spaziergang einem orientalisch gekleideten Händler aus Zante, der südlichsten der Ionischen Inseln. Mit diesem redlichen Handelsmann begann er jenes Spiel, das ihm lange Zeit immer erneut gelang und mit ausreichenden Geldmitteln versorgte, so dass er keiner regelmäßigen Tätigkeit oder gar Arbeit nachgehen musste.

Dem reichen Kaufmann, der stolz auf seine Waren von Mineralien bis zu Weinen verwies, machte er das Angebot, Quecksilber aus dessen Bestand zu kaufen, im Bewusstsein, nicht über den geringsten Betrag für die Bezahlung zu verfügen, aber in der Gewissheit, eine nützliche Formel aus seinen Chemie-Studien von Padua im Hinterkopf zu haben. Diese erlaubt es, das Quecksilber mit Blei und Wismut quantitativ zu amalgamieren und bis zu einem zusätzlichen Viertel der Menge anzureichern, ohne dass das Quecksilber seine qualitative Reinheit einbüßt. Es gelang Casanova zu seinem eigenen Erstaunen, dem Kaufmann, dem das Verfahren nicht bekannt war, dieses listig zu verkaufen, und er versagte sich zunächst jeden Skrupel, garantierte es dem Käufer doch unabsehbaren Gewinn.

Diesem Wissen, im rechten Augenblick aus dem Gedächtnis abgerufen, verdankte er alsbald eine beträchtliche Summe, die seine Weiterreise reibungslos gestaltete. Doch zog er trotzdem eine selbstkritische Bilanz zu seiner eigenen Entlastung: «Betrug ist gemein; eine rechtschaffene List ist jedoch nichts anderes als eine geschickt angewandte Klugheit, und das ist eine Tugend. Allerdings sieht sie oft einer Gaunerei ähnlich, aber das muß man hinnehmen. Wer sie nicht anzuwenden versteht, ist ein Tropf.»[7] Diese überaus strapazierfähige Moral, die ihn von jeder Schuld freistellte und aus der sogar eine gewisse Rechthaberei spricht, sollte er wiederholt zum Einsatz bringen. Reichlich Geld verringerte seine Gewissensbisse, so dass er fast hochmütig in einer bequemen Kutsche seine Reise fortsetzen konnte: «Ich war im Besitz von etwa hundert Zechinen, in bester Verfassung und stolz auf meinen Streich, bei dem ich mir, wie mir schien, nichts vorzuwerfen hatte. Mein geschicktes Vorgehen beim Verkauf meines Geheimnisses konnte nur einer Spießermoral mißfallen, die im praktischen Leben keinen Platz hat.»[8]

Über Cosenza gelangte er schließlich in eine fruchtbare, aber nur von wenigen Bauern bevölkerte Region und fand Bischof Bernardo de Bernardis in seinem Palais an einem einfachen Holztisch vor. Das Gebäude war heruntergekommen, das Bistum verarmt, und die wenigen Personen, die das Gefolge des Bischofs bildeten, waren ohne jede Kultur oder auch nur gutes Benehmen. Der Ort mochte im Hochmittelalter eine gewisse Bedeutung besessen haben, wenigstens gab es dort im Jahr 1242 ein ausreichend gesichertes Gefängnis, in dem König Heinrich VII. von seinem Vater, dem Staufer Friedrich II., gefangen gehalten wurde und seinem Leben ein Ende setzte. Heute zählt der Ort nur noch 913 Einwohner und ist fast von der Landkarte verschwunden.

Mit der desaströsen Lage des Bischofs konfrontiert, machte Casanova dem kümmerlich ausgestatteten Kirchenfürsten einen radikalen Vorschlag: «Verzichten Sie auf das Bistum zugunsten derer, die Ihnen ein so übles Geschenk gemacht haben»,[9] und lud ihn zu dem Kraftakt ein, sich gemeinsam eine Zukunft zu erschließen: «Ich versichere Ihnen, daß wir unser Glück machen werden.»[10] Der Bischof jedoch verharrte standhaft in seinem Glauben, so dass sich Casanova allein auf die Suche nach seinem Glück machte, ohne die Richtung zu kennen.

Über Neapel nach Rom

Nur sechzig Stunden hatte sein Aufenthalt in Martirano gedauert. Nun reiste er zurück nach Neapel, wo ein Empfehlungsschreiben des Bischofs ihm die Türen der gehobenen Gesellschaft öffnete. Die Stadt, die ihm schon bei seiner Quecksilber-Manipulation günstig gesinnt gewesen war, erwies sich erneut als Ort des Gelingens, und wäre er zur Sesshaftigkeit entschlossen gewesen, hätte diese Stadt seinen Wünschen entsprochen: «Hätte mich mein Schicksal in Neapel gelassen, ich hätte dort mein Glück gemacht.»[11] Dieses Glück, dem ständig seine Suche galt, ohne dass er es näher zu schildern verstand, an dessen Gelingen er jedoch stets glaubte, ist ihm hier auch später gewogen gewesen. Zu beglückenden Augenblicken der Liebe kehrte er dorthin zurück und bewahrte in der Rückschau eine Dankbarkeit, die er keiner anderen Stadt auf seinen endlosen Reisen durch Europa entgegenbrachte: «Neapel hat mir immer Segen gebracht.»[12] Aber Rom lockte.

Den Weg dorthin legte er gemeinsam mit einem neapolitanischen Advokaten und dessen junger Frau Lucrezia sowie deren Schwester Angelica in einer Postkutsche zurück. Hinter Lucrezia verbarg er ihren richtigen Namen Anna Maria Valatti, geborene d'Antoni. Schon während der Reise und danach wiederholt in Rom, zumal in den umliegenden Parks der Renaissancevillen, gelang es Casanova, sich mit der jungen Frau jene Momente der Vereinigung zu verschaffen, die er stets als Höhepunkte seiner Existenz empfand: «Wir wurden in einem Augenblick zu einem einzigen Leib – im höchsten Glück und im Rausch der Befriedigung ...»[13] Das Gelingen der Vereinigung mit einer Frau war das eine wesentliche Element seines Glücks.

Das andere Element, das ihm das Glück seiner Existenz verschaffen sollte, war eine gesellschaftliche Karriere, und auch für deren Realisierung erschien ihm Rom als der richtige, wenn nicht gar der einzige Ort; schließlich war er Abate und die Stadt am Tiber der glanzvolle Sitz der höchsten Autorität seiner Konfession. Zudem fühlte er sich, von der Natur mit einnehmender Gestalt und geistigen Talenten wohlversorgt sowie überdies in einem Alter, diese Gaben nunmehr als erwachsener Mann zum Einsatz zu bringen, zu großen Hoffnungen berechtigt: «Es war nicht Schönheit, was ich vorzuweisen hatte, sondern etwas Wertvolleres; ich weiß nicht, was es war. Ich fühlte mich zu allem fähig, ich wußte, daß Rom die einzige Stadt war, wo schon oft ein Mensch, mit nichts beginnend, die höchsten Höhen erreicht hatte.»[14]

Jahrhundertelang und nicht zuletzt in der Epoche Casanovas galt die Karriere in der katholischen Kirche als die einzige, die einem jungen Mann, der weder von Adel war noch über Reichtum verfügte, offenstand. Im Bewusstsein der Zeitgenossen war die Kirche darüber hinaus jener hochgeachtete Stand, der sich zumindest als gleichrangig, wenn nicht gar höher als die weltlichen Adelsränge bis zum Monarchen einschätzte und dazu auch berechtigt schien. Die Empfehlungsschreiben, die er aus Neapel mitbrachte, erlaubten ihm, unmittelbar in die höchsten Kreise der Kurie und sogar bis zum Pontifex maximus vorzudringen.

In Kardinal Acquaviva, dem spanischen Gesandten, von dem es in Rom hieß, sein Einfluss sei größer als der des Papstes selbst, fand er einen Gönner. Der hohe Kirchenfürst war beeindruckt von der geistigen Gewandtheit des jungen Venezianers und machte ihn zu seinem Sekretär, der sogar Wohnung im Palazzo der spanischen Gesandtschaft nehmen durfte. Allerdings wurde von ihm verlangt, eiligst Französisch zu lernen, eine Forderung, der er sich nicht länger entzog. Der ihm empfohlene Sprachlehrer war ein römischer Advokat namens Dalacqua, der dem Palazzo di Spagna gegenüber wohnte. Wenn der sprachkundige Advokat erkrankt war, übernahm seine Tochter Barbaruccia den Unterricht, ein blutjunges Mädchen, dem Casanova verzichtenden Respekt entgegenbrachte, war die junge Frau doch bereits in Leidenschaft einem jungen mittellosen Mann zugetan.

Der spanische Kardinal eröffnete ihm vor allem den Zugang zu jenen Kirchenfürsten, die mehr ihren politischen Ambitionen nachgingen und sich eher an erlesener Konversation erfreuten, nicht zuletzt auch den literarischen Wettstreit pflegten, gelehrt-witzige Verse zu verfassen, als an den Ritualen ihrer Religion teilzunehmen, was Casanova weniger kritisch als lakonisch registrierte: «Es gibt keine christliche und katholische Stadt auf der Welt, in der sich ein Mensch in religiösen Dingen weniger Zwang auferlegen muß als in Rom.»[15] So mancher Kardinal hatte sich eine hochadlige Dame zugeordnet, deren Stellung als Geliebte nahezu offiziell anerkannt war – die Ebene ihrer Begegnungen war die reigenhafte Abfolge von Empfängen, Festen und Theateraufführungen. Casanova drang sogar so weit in der Gunst einer Marchesa vor, dass deren huldvoller Blick ihm viel versprach und er vor diesem «gesellschaftlichen» Glück erschrak: «Zum ersten Mal hatte ich es mit einer Dame aus der vornehmen Gesellschaft zu tun.»[16] Dieses Glück des gesellschaftlichen Aufstiegs verwirrte und faszinierte ihn immer wieder, auch wenn es eine Fata Morgana blieb.

Der Horizont einer großen Kirchenkarriere schien sich zu öffnen, «als Kardinal Acquaviva und der Papst selbst ernsthaft daran dachten, meinem Leben einen sicheren Halt zu geben».[17] Denn bis zu Benedikt XIV., der theologische und literarische Bildung mit Schlagfertigkeit zu verbinden verstand, war er geradezu mühelos vorgedrungen. Dieser Papst, der die Enzyklika erfand, Feind der Jesuiten war, den Bann gegen Nikolaus Kopernikus aufhob und zugleich die Marienverehrung förderte, plauderte höchst angeregt mit dem vorwitzigen Abate, der sich nicht nur in der traditionellen Demut zum Pantoffel-Kuss auf den Boden warf, sondern danach sogleich mutig um zwei Dispense bat: zum einen, alle verbotenen Bücher, die von der Kirche auf den Index gesetzt worden waren, lesen zu dürfen, und zum anderen, von der Fastenkost befreit zu werden. Gnädig wurde der erste gewährt, obgleich Seine Heiligkeit vergaß, ihm den Dispens schriftlich zuzustellen. Auch der zweite wurde ihm bewilligt, allerdings mit der Einschränkung, dass der Verzicht auf die Fastenkost nicht den Verzicht auf das Fasten generell einschließe.

Dann aber, in den Weihnachtstagen des Jahres 1744, «sollte mein Geschick eine ganz andere Wendung nehmen»,[18] die ihn um jede weitere Aussicht auf eine kirchliche Karriere brachte. Der Liebhaber der Barbaruccia stürzte verzweifelt in sein Zimmer, denn seine Geliebte war schwanger und wagte nicht, ihrem Vater unter die Augen zu treten. Wenig später erschien auch die junge Frau, als Abate verkleidet, bei ihm und bat um ein Versteck, da der Entführungsplan des Paares verraten worden war: die Sbirren Roms standen bereits vor dem Palazzo d'Espagna. Sich sehr wohl des großen Risikos seiner eigenen Diskreditierung bewusst, hätte Casanova sie vor die Tür setzen müssen: «So hätte ich tatsächlich handeln müssen, und ich dachte sogar daran, aber ich brachte es nicht übers Herz. Was mich daran hinderte, waren ihre Tränen.»[19] Diese Haltung, gegenüber einer Frau in Not nicht hartherzig abweisend zu sein, sondern sich zur Hilfe verpflichtet zu fühlen, ließ Casanova auch später zu einem Verteidiger der Frauen werden. Es war eine generöse Selbstverpflichtung, deren Preis in diesem Fall hoch war.

Seine Hilfe reichte aus, sie während der Nacht im obersten Stockwerk des Palazzo zu verstecken, aber dem Verdacht, an dieser turbulenten Flucht des unglücklichen Liebespaares Mitwisser, wenn nicht gar Mittäter zu sein, konnte er nicht entgehen. Da der Vorfall sich zum öffentlichen Skandal ausweitete, war es Kardinal Acquaviva nicht länger möglich, seine schützende Hand über seinen Sekretär zu halten, sondern sah sich «gezwungen, Sie zu bitten, nicht nur mich, sondern Rom zu verlassen».[20] Gnädig gewährte ihm der Kirchenfürst, die Wahl seines zukünftigen Aufenthaltsortes selbst zu treffen. In verzweifelter Trotzhaltung nannte Casanova Konstantinopel als sein Ziel, was den Kardinal erstaunte, aber nicht daran hinderte, ihm Empfehlungsschreiben und reichlich Geld mit auf den Weg zu geben. Aber Casanovas Bilanz fiel bitter aus: «Ich fühlte mich um alles Glück betrogen»,[21] zumal «ich Rom liebte, sah ich mich nun, mitten auf dem besten Weg zum Glück, zu Fall gebracht ... alle meine schönen Hoffnungen waren zunichte».[22]

Die Kastraten

Auf dem mühseligen Weg von Rom nach Ancona, den er in der Gegenrichtung mit so wenig Geld, aber so vielen Hoffnungen zurückgelegt hatte, kehrte er nun mit wohlgefüllter Börse in der kommoden Postkutsche zurück und stieg am Zielort im besten Gasthof der Stadt ab. Dort stieß er auf eine Familie von Schauspielern, eine Mutter mit vier Kindern, von denen eines als Primadonna am städtischen Opernhaus engagiert war. Dieser etwa siebzehn Jahre alte Jugendliche war Kastrat, was ihm gestattete, in der zentralen Frauenrolle der Oper aufzutreten, da den Frauen die Übernahme von Frauenrollen im Kirchenstaat verboten war. Ancona gehörte seit 1532 zum Kirchenstaat und blieb es bis zur politischen Einigung Italiens im Jahre 1860.

Casanova war fasziniert von der Schönheit dieser Person, aber zugleich irritiert von deren weiblich wohlgestalteten Formen. Sehr bald hegte er den Verdacht, dass Bellino, wie der Kastrat in der Familie genannt wurde, eine Frau sei. In einem finessenreichen Versteckspiel verweigerte Bellino den kundigen Händen Casanovas, die ihn immer wieder bedrängten, den Zugriff auf jene Stelle seines Körpers, dessen Kenntnis allein für die nötige Klarheit sorgen konnte. Dieses Spiel der raffinierten Täuschung fand auch auf der rhetorischen Ebene statt, denn Casanova, der eine schöne Frau zu entdecken und auch zu erobern hoffte, zeigte sich zum respektvollen Rückzug bereit, sollte er etwas berühren, «das geeignet ist, mir Abscheu einzuflößen».[23]

Deutlich bis zur Verachtung drückt er seine Haltung zur Homosexualität aus, «zum Abscheulichsten, was es zwischen Männern gibt»,[24] und Bellino darf sich, so will es das ausgedehnte Rededuell mit Casanova, leidenschaftlich gegen diese «Verirrung der Natur»[25] zu Wehr setzen, denn geradezu als Sakrileg erscheint ihm «das Eindringen in einen unverletzlichen Tempel, dessen Pforte von der weisen Natur nur als Ausgang vorgesehen ist».[26] Auf seinem wechselvollen Lebensweg erfuhr Casanova auch diese Variante der körperlichen Vereinigung, ließ sie jedoch allenfalls gleichmütig geschehen.

Auf der Fahrt von Ancona nach Rimini in Senigallia, einer Zwischenstation, wohin Bellino zu einem Engagement an der dortigen Oper reiste, gab der angebliche Kastrat sein Geheimnis preis und wurde die hingebungsvolle Geliebte Casanovas, deren wirklicher Name Angela Calori war. Der Memoirenschreiber schützt auch in diesem Fall seine damals noch lebende Geliebte mit dem Pseudonym Teresa, die nun auch ihre wahre Geschichte erzählt. Weil ihre Mutter Lanti sich in Ancona mit ihren eigenen und den Theaterengagements ihrer Kinder durchschlagen musste, hatte Angela die Identität ihres früh verstorbenen Bruders angenommen und war in die Rolle eines Kastraten geschlüpft.

Den geschlechtlichen Rollenwechsel hatte der Kastrat Felice Salimbeni arrangiert, der als Sänger vor allem in Berlin und Dresden auftrat und hohes Ansehen genoss. Er katte die künstlerische Ausbildung von Angela Calori übernommen und sie zu seiner Geliebten gemacht. Die Verwandlung von Teresa in Bellino hatte ihm erlaubt, mit ihr am Dresdner Hof, dessen Königin Elisabeth Maria Josepha von Polen auf strenge Respektierung der Sitten hielt, ungestört ein gemeinsames Leben zu führen.

Teresa gestand Casanova nun auch ihre enge Verbindung mit Salimbeni, der ihren künstlerischen Aufstieg so großzügig gefördert hatte, dass sie sich zu besonderem Dank verpflichtet fühlte: «Mein Lohn für ihn war, was ihn seine zärtliche Liebe von mir zu erbitten trieb; ich fühlte mich nicht erniedrigt, ihm diesen Dank zu gewähren, denn ich betete ihn an.»[27] Salimbeni war als einer der talentiertesten Zöglinge aus der Schule des Komponisten Nicola Porpora hervorgegangen, der am Conservatorio die Poveri di Jesu Christo in seiner Heimatstadt Neapel die fünf wichtigsten Kastraten der Epoche ausgebildet hatte und lebenslang ihr tyrannischer Freund blieb: Carlo Broschi (Künstlername Farinelli), Gaetano Majorano (Künstlername Caffarelli), Giuseppe Appiani (Künstlername Appianino), Antonio Uberti (Künstlername Porporino) und eben Salimbeni. Neapel war das Zentrum der künstlerischen Entdeckung und Ausbildung dieser hochgeachteten Sänger mit der Falsettstimme, aber eben auch das der Kastration, der jährlich bis zu 4000 männliche Kinder – nicht selten mit Zustimmung ihrer Eltern, die von einer glanzvollen Künstlerkarriere zu profitieren hofften – unterzogen wurden.

Denn der Bedarf an Kastraten war an den Höfen Europas groß, außerdem schrieben die Komponisten von Metastasio bis Mozart spezielle Werke für die Kastratenstimme. Im Kirchenstaat, in dem sich Casanova während seines Aufenthalts in Ancona befand, war die Situation zwiespältig: Einerseits war die Kastration strengstens verboten, andererseits war dort der Bedarf an Kastraten besonders groß, durften doch Frauen in den Kirchen wie auch in den Opernhäusern Roms nicht auftreten. Da Kastraten zu populären Gesangsstars in ganz Europa aufsteigen und hohe Gagen fordern konnten, war der Verzicht Teresas auf ihre Rolle mit erheblichen finanziellen Einbußen verbunden. Aber sie hatte auch die Schattenseiten ihrer zwiespältigen Existenz erfahren müssen, sahen doch viele Männer in den Kastraten willige Lustknaben, besonders wenn deren künstlerische Karriere misslungen war und sie aus ihrer Verstümmelung einen Broterwerb machen mussten: «Am schlimmsten quälten mich jene Entarteten, die mir als Kastraten, als den ich mich ja ausgebe, ihre schmutzige Liebe antragen. Ich fürchte …, ich werde noch einen von ihnen erdolchen.»[28]

Am berühmtesten als Künstler, aber auch als politischer Mitgestalter wurde Farinelli. Für ihn schrieb Metastasio spezielle Rollen, und beider Hochachtung füreinander währte ihr ganzes Leben lang. Farinelli sang in nicht weniger als sechzig Opern und absolvierte Gastspiele in Rom, Wien und London. Den Höhepunkt seiner Karriere erreichte er in Madrid, an dessen königlichen Hof ihn Elisabeth Farnese, die Gemahlin Philipps V., gerufen hatte. Schon ihre Vorgängerin, Königin Marie-Anne von Neuburg, hatte versucht, ihrem schwermütigen Gemahl Karl II. mit verführerisch-entrückendem Gesang zu neuer Gesundheit zu verhelfen. Der Kastrat Mattencio, der den Beinamen «Die Nachtigall von Neapel» trug, hatte von ihr den Auftrag erhalten, mit seiner makellos reinen Stimme das Leben des schwerkranken Monarchen zu verlängern.

Die gleiche Anweisung bekam Farinelli, der den Bourbonen, der höchst widerwillig die Parkidylle von Versailles verlassen hatte, mit reinen hohen Tönen aus der Tiefe seiner Melancholie befreien sollte, damit er wenigstens die wichtigsten Regierungsgeschäfte – beispielsweise Regierungserlasse zu unterschreiben – erledigen konnte. Philipp V. war eigensinnig und willensschwach, schrie und weinte bei jeder Unterschrift, die er nur nach endlosem Palaver leistete, zudem nur des Nachts und in seinem Bett, das er auch am Tage nicht verließ. Seinen Körper zu waschen oder waschen zu lassen, hatte er aufgegeben, und auch der Rasur entzog er sich. Frisiert wurde er lediglich im Abstand von Monaten. Seine Bettlaken waren voll Blut, Urin und Exkrementen.

Farinelli, für den ein Appartement neben den Gemächern des Königs eingerichtet worden war, sollte mit seinem Gesang, der reich an Trillern war und damit die Vision von Vögeln in den Gärten von Marly hervorrief, den Monarchen aus seiner Umnachtung befreien oder diese zumindest für kurze Dauer mildern. Die Kraft seiner Stimme, die in der hohen Oktavenlage stets dieselben Arien immer wieder neu erklingen ließ, bewirkte eine Verwandlung des Königs. Schließlich war er bereit, sich waschen und rasieren zu lassen und sogar sein Bett zu verlassen, allerdings nur für kurze Zeit.

So stieg Farinelli zum einflussreichen Günstling am Hof von Madrid auf, der, eine Seltenheit in der Epoche der allgemeinen Bereicherung an den Höfen Europas, seinen Einfluss jedoch nicht dazu nutzte, sich die eigenen Taschen zu füllen. Als hochgeachteter Ratgeber des Herrschers leitete er nach seiner aktiven Karriere das Opernhaus in Madrid und legte als Gartenarchitekt weitläufige Parkanlagen an. Nachdem Karl III. 1759 den Thron bestiegen hatte, zog sich Farinelli nach Bologna zurück, vergrößerte seine Sammlung historischer Musikinstrumente und widmete sich dem Gesang der Vögel in seinen Volieren, um damit nun seinerseits die eigene Melancholie zu bekämpfen.

Diese Melancholie hatte ihre Abgründe nicht nur in der Einsamkeit seines späten Lebens, wie Casanova 1772 in Bologna selbst feststellte: «Er war sehr reich und bei bester Gesundheit; dennoch war er unglücklich, da er nichts zu tun hatte und sich langweilte. Jedesmal wenn er sich an Spanien erinnerte, weinte er.»[29] Außerdem hatte sich der siebzigjährige Kastrat in eine fatale Leidenschaft verstrickt, die ihn in die Niederungen einer mehrfach widersinnigen Zuneigung fallen ließ. Er hatte seinen Neffen zum Erben seiner Reichtümer ausersehen und ihn mit der Tochter einer adligen Familie in Bologna verheiratet, nicht zuletzt um ihn mit Hilfe seines Reichtums in der nächsten Generation zum Begründer einer Adelsfamilie aufsteigen zu lassen.

Doch er verliebte sich in die junge Frau, wurde eifersüchtig auf seinen Neffen und schickte diesen auf Reisen. Da sie sich seinen Annäherungen verweigerte, «hielt ... er sie bei sich wie eine Gefangene, nahm ihr die Diamanten fort, die er ihr geschenkt hatte, und ging nie aus, um sie nicht aus den Augen zu lassen».[30] Casanova urteilt ohne jedes Mitgefühl über diese prekäre Situation, «wie ein alter Dummkopf seines Schlages sich schmeicheln konnte, daß sie ihn ihrem Gatten vorziehen würde, der ein vollwertiger Mann war».[31] Er ist auch voll Verständnis für die Verachtung, die die junge Gattin dem Kastraten entgegenbrachte: «Ein Verschnittener, der eine Frau liebt, die ihn verabscheut, wird zum Wüterich.»[32]

Schon die Zeitgenossen des Rokoko fanden keine klare Antwort auf die Frage, ob und in welchem Maße ein Kastrat in der Lage war, sich bei einer Erektion in gleicher Weise wie ein nicht kastrierter Mann mit einer Frau zu vereinigen. Zwar war seine Zeugungskraft durch die Zerstörung der Hoden oder die Durchtrennung des Samenstrangs nicht mehr gegeben, aber die männliche Libido war uneingeschränkt wirksam. Zudem schloss die Vereinigung mit einem Kastraten für die Frau das Risiko der unerwünschten Schwangerschaft aus. So ist es wohl auch zwischen Maria Antonia Walpurgis von Bayern und dem Kastraten Gaitano Guadagni sowie zwischen Anna von Österreich und Atto Melani zu sexueller Intimität gekommen, zumal die Kastraten, die gerade durch die weiblichen Rollen auf der Bühne mit der Psyche des weiblichen Geschlechts vertraut waren, zu einer großen emotionalen Nähe zu einer Frau bereit und in der Lage waren.

Der Heirat knapp entgangen

Casanova legt seiner Teresa ebenfalls das Bekenntnis in den Mund, mit dem Kastraten Salimbeni zu einer emotionalen und – einer völlig gelungenen? – sexuellen Vereinigung gelangt zu sein: «Als ich mich ihm hingab, machte er mich glücklich, und zwar auf eine solche Weise, daß ich glauben darf, auch ihn glücklich gemacht zu haben.»[33] Wenig später gestand sie dennoch, dass sie mehr empfunden habe, als sie sich Casanova hingab: «Ich fühle, daß ich erst wirklich Frau geworden bin, seit ich das vollkommene Glück in deinen Armen genoß.»[34]

Dieses gemeinsame Glück erlebten sie während der Nacht in Senigallia auf der Strecke von Ancona nach Rimini, und es kam sogar dazu, dass sie ein gemeinsames Leben planten. Casanova stand nun zum ersten, aber nicht zum letzten Mal vor der Entscheidung, eine Ehe einzugehen; in den Armen Teresas war er sich des Glücks sicher – wenigstens für eine begrenzte Zeit: «So entschloß ich mich, ihr Schicksal mit dem meinen zu verbinden, oder mein Schicksal mit dem ihren, denn unsere Lage war ungefähr die gleiche. Als ich diese Gedanken noch weiter verfolgte, wurde mir klar, daß ich dieser Verbindung das eheliche Siegel aufdrücken mußte.»[35]

Mochte er gegenwärtig über Geld verfügen, finanziell gesichert war seine Zukunft nicht. Teresa dagegen reiste mit ihm nach Rimini, um dort ein festes Engagement anzutreten, und konnte, selbst nachdem sie die Scheinrolle eines Kastraten aufgegeben hatte, nun auch in Frauenrollen auftreten, zumal in Rimini nicht das strenge Recht des Kirchenstaates zur Anwendung kam. Als sie sich großzügig bereit erklärte, im Fall seiner Mittellosigkeit auch für ihn und seinen Lebensunterhalt aufzukommen, machte er Bedenken geltend, die er seinem männlichen Stolz schuldig zu sein glaubte: «Die Liebe stellt mich zu tief unter dich, und das in einem Augenblick, da du mir besonders begehrenswert erscheinen möchtest, indem du mich über dich stellst ..., aber es demütigt mich.»[36]

Noch bevor es zu der beabsichtigten Eheschließung in Bologna kam, wurde das Paar in Serano von Soldaten um seine Pässe gebeten. Teresa konnte den ihren vorweisen, Casanova aber den seinen nicht, den er offensichtlich verloren hatte. Er wurde darauf in Haft genommen, während sie die Reise fortsetzen konnte. Zwar gelang es Casanova, der zwischen die Fronten des Österreichischen Erbfolgekrieges geraten war, in dessen Verlauf sich Österreich / England und Frankreich / Spanien auch in Mittelitalien gegenüberstanden, durch einen zufälligen Sprung auf das Pferd eines Offiziers von der spanischen zur österreichischen Frontlinie zu wechseln und selbst bis Rimini vorzudringen, wo er sogar mit Teresa wieder zusammentraf, aber es drohte die erneute Verhaftung. So brach er nach Bologna auf, um sich dort einen neuen Pass ausstellen zu lassen. Doch damit war beider Trennung vollzogen, und ihre Wege sollten sich erst viel später und eher zufällig wieder kreuzen.

An dieser Stelle scheint es unumgänglich, die Diskrepanz zwischen Casanovas «Geschichte meines Lebens» und den historischen Fakten sichtbar werden zu lassen. Der Memoiren-Schreiber im fernen Dux hat die junge Frau Teresa, die doch eher ein Kind war, um mindestens vier Jahre älter erscheinen lassen. Desgleichen hat er den Tod des Kastraten Salimbeni bereits zu dem Zeitpunkt, als er mit Calori-Teresa zusammentraf, als zurückliegend geschildert, obgleich der Kastrat erst 1750 starb. Besonders für die Jahre 1742 bis 1745 hat er, wie sein detektivischer Biograph J. Rives Childs in langjährigen Recherchen ermitteln konnte, «den Lauf der Ereignisse durcheinandergebracht».[37] Dieses Durcheinander der Fakten war vermutlich nicht seinem altersschwachen Gedächtnis geschuldet, sondern hatte durchaus Methode: Einerseits wollte er einen dramaturgisch geordneten Verlauf seines Lebens arrangieren, andererseits dürfte der Causeur Casanova auch geneigt gewesen sein, seine Darstellung der Ereignisse bei den Auftritten in den aristokratischen Salons rhetorisch glanzvoll zu gestalten – nicht zuletzt, um sich selbst vorteilhaft zu präsentieren.

Als Teresa ihm aus Rimini mitteilte, dass sie ein Angebot des Herzogs Castropignano aus Neapel erhalten habe, an der dortigen königlichen Oper San Carlo aufzutreten, einschließlich der Übernahme der Reisekosten und einer hohen Gage, will er den Entschluss gefasst haben, ihr nicht zu folgen. Angeblich sah er die Gefahr, «im schönsten Zeitpunkt meiner Jugend alle Hoffnungen auf das große Glück, für das ich geboren zu sein glaubte, fahren zu lassen».[38] Nicht sehr galant hat er sogar ihren künstlerischen Rang als Sopranistin, der sie über London bis nach Dresden führen sollte, abgewertet: «Ich sah voraus, daß Teresas Erfolg mehr von ihrer Schönheit als von ihrem Talent bestimmt sein würde.»[39]

Er entschied sich jedoch anders, reiste ihr nach und musste, wie sein deutscher Übersetzer Heinz von Sauter lakonisch erläutert, «in Neapel feststellen, daß sie sich an die gegenüber dem Herzog übernommenen Verpflichtungen hielt, eine für ihn neue Erfahrung, die er in den Memoiren verschweigt».[40] Mochte seine Absicht gewesen sein, die guten Kontakte, die er bei seinem Aufenthalt in der Stadt geknüpft hatte, zu erneuern und zu erweitern – Teresa jedenfalls, die mit dem Opernengagement auch die seinerzeit in solchen Fällen übliche Liaison mit dem Herzog eingegangen war, wollte diese einträgliche Verbindung nicht gefährden. Die «neue Erfahrung», die er in Neapel machen musste, mag nicht Eifersucht gewesen sein, wohl eher Enttäuschung und die Selbsterkenntnis: «... wie ich mich kannte, wußte ich auch, daß ich niemals ein bequemer Liebhaber und Gatte sein könnte».[41]

Einerlei ob er in Bologna auf Teresa wartete oder von Neapel ohne sie dorthin zurückkehrte, es galt, in jedem Fall Bilanz zu ziehen, ob die bisherige Karriere für ihn die richtige gewesen war, denn «anscheinend konnte ich im Stand und Gewand eines Geistlichen mein Glück nicht machen».[42] Unverzüglich und radikal orientierte er sich um und machte sich daran, als Militär eine neue Laufbahn zu beginnen. Sie sollte ihm einen prächtigen Auftritt gewähren, um «mit den Insignien der Soldatenehre in meine Heimat zurückzukehren».[43] Mochte das Gewand des Abate ihm nur bescheidene Eleganz erlaubt haben, dem selbsternannten Offizier – dieser Rang stand jedem kampffähigen Mann seinerzeit offen – waren in Auftreten und Ausstattung keine Grenzen gesetzt: «Die Uniform selbst war weiß, der Waffenrock aus blauem Stoff, die Schulterstücke aus Silber und Gold und das Degengehänge dementsprechend. Sehr zufrieden mit meinem neuen Aussehen, ging ich in das große Café, trank eine Schokolade und las zerstreut in einer Zeitung.»[44] Mehr Freiheit in der Selbstgestaltung war kaum möglich.

3. Am Bosporus

Als Offizier nach Konstantinopel

Nach Venedig zurückgekehrt, wo er seine Karriere als Kleriker begonnen hatte, bereitete Casanova nun in aller Ruhe seinen zweiten gesellschaftlichen Aufstiegsversuch vor: als Militär jene hohen und höchsten Ränge zu erreichen, die er für seinen Ehrgeiz als einzig würdig erachtete. Abate Grimani, der weiterhin seine Rolle als Beschützer des neunzehnjährigen Rückkehrers ausübte, blieb nur das stumme Erstaunen über den rasanten Berufswechsel seines Schutzbefohlenen. Ebenfalls in Erstaunen versetzte der prachtvoll uniformierte Casanova die Schwestern Nanetta und Martina – aber nicht nur in Erstaunen: «Ich las die Freude in den Gesichtern meiner kleinen Frauen, die von neuem ihre Rechte auf mein Herz gewannen, obwohl jederzeit das Bild Teresas vor meiner Seele stand.»[1] Wieder gestaltete sich das Arrangement im Haus ihrer Tante insofern günstig, als Casanova im Nebenzimmer der beiden jungen Frauen einquartiert wurde. Nur ein Brett in der Wand, das sich leicht entfernen ließ, war das geringe Hindernis für die nächtliche Wiederbegegnung, die sorgsam eingeteilt wurde: «In der ersten Nacht schliefen beide mit mir, und in den folgenden wechselten sie sich ab.»[2]

Aber nun galt es, die Uniform des Offiziers mit dem realen Rang in einer Armee zu verbinden, wofür sich der Eintritt in die Dienste Venedigs empfahl. Es fand sich auch schnell eine Offizierscharge, die, wie in jener Epoche üblich, gekauft werden musste. Ein erkrankter Leutnant übertrug sie Casanova. Der Kriegsminister gab ebenfalls seine Zustimmung, allerdings mit der Einschränkung, dem neuen Offizier zunächst nur die Stellung eines Fähnrichs zuzugestehen, die Beförderung sollte Ende des Jahres 1745 erfolgen. Umgekehrt stellte aber auch Casanova eine Forderung, die ihm gewährt wurde, nämlich sechs Monate Urlaub. Er hielt an seinem Plan fest, nach Konstantinopel zu reisen und dort den Empfehlungsbrief des Kardinals Acquaviva zu überreichen, was immer sich an Chancen mit dieser Reise eröffnen würde. Zudem ließ sich arrangieren, dass er dem

Regiment Bala zugeteilt wurde, das auf der Insel Korfu stationiert war – schon ein gutes Stück auf dem Weg nach Konstantinopel.

Die Überfahrt nach Korfu hielt indes ein dramatisches Abenteuer bereit, das Casanova in Lebensgefahr brachte, wobei die Ursache seine eigene Leichtfertigkeit war. In einem Sturm, der mehrere Tage anhielt, beschwor ein abergläubischer Priester, der auf dem Schiff die offizielle Funktion eines Kaplans ausübte, den Teufel in den sich ballenden Wolken und verängstigte damit die Matrosen, anstatt sie zur Rettung des Schiffes anzufeuern. Casanova widersprach dem leidenschaftlich und erklärte, dass es keinen Teufel gebe und der Priester verrückt sei. Damit setzte er sich nicht nur dem Vorwurf aus, Atheist zu sein, sondern auch der Gefahr, über Bord geworfen zu werden. Denn der Priester, dem die Matrosen inzwischen hörig waren, behauptete, der Sturm werde sich erst dann legen, wenn der Teufelsleugner dem Meer übergeben sei. Daraufhin griff ihn ein Matrose an: «Er versetzte mir einen Schlag mit dem Tau, der mich unweigerlich über Bord werfen mußte. So geschah es auch; aber der Arm eines Ankers verfing sich in meinem Gewand und verhinderte meinen Sturz ins Meer. Man kam mir zu Hilfe und rettete mich.»[3]

Schließlich in Korfu angekommen, galt es, die innerhalb eines Monats erwartete Ankunft des Cavaliere Francesco Venier abzuwarten, der als Botschafter der Serenissima nach Konstantinopel weiterreisen und Casanova mitnehmen sollte. In der Zwischenzeit verfiel er erneut dem Glücksspiel, das ihn wie eine Sucht gänzlich in Abhängigkeit geraten ließ, wie er im Rückblick selbstkritisch bis zur eigenen Beschämung eingesteht: «Restlos dem Pharaospiel verfallen, erlag ich durchaus zu Recht dem Mißgeschick, dem ich hartnäckig trotzte. Nie ging ich mit dem Trost nach Hause, gewonnen zu haben, und niemals hatte ich die Kraft, Schluß zu machen, solange ich nach Verlust meines ganzen Geldes noch Wertgegenstände besaß. Meine eigene Dummheit bestand darin, daß der Bankier selbst mich jedesmal einen guten Spieler nannte, wenn ich eine entscheidende Karte verlor.»[4]

So war es eine Art Befreiung, als der Cavaliere Venier endlich eintraf. Wie in Venedig vereinbart, nahm er Casanova zu dessen sechsmonatigem Urlaub nach Konstantinopel mit: «Bei stets günstigem

Wind gelangten wir in acht oder zehn Tagen zu den Dardanellen.»[5] In Konstantinopel begab sich der junge Venezianer sofort zum Haus von Ahmed – fälschlich von ihm Osman genannt – Pascha, dem Adressaten des Empfehlungsbriefes, den ihm Kardinal Acquaviva mitgegeben hatte. Hinter dem türkischen Namen des Empfängers verbarg sich eine berühmte und umstrittene Gestalt, an die sich zu wenden auch Papst Benedikt XIV. Casanova bei dessen Abreise aus Rom geraten hatte: «Er trug mir auf, ihn zu grüßen und ihm zu sagen, es tue ihm leid, daß er ihm nicht seinen Segen schicken könne.»[6] Denn Ahmed Pascha war 1730 zum Islam übergetreten, nachdem er als Claude Alexandre de Bonneval ein tapferes und turbulentes Soldatenleben geführt hatte, das durch Heldentaten in der Schlacht wie auch durch abenteuerliche Frontwechsel bestimmt gewesen war. Casanova trat ihm deshalb in fast devoter Verehrung entgegen, da ihm, wie er bekannte, «die Ehre zuteil wird, Eure Exzellenz kennenzulernen, einen Mann, von dem ganz Europa sprach, spricht und noch lange sprechen wird».[7]

Claude Alexandre de Bonneval

Der Mann, dem sich Casanova vorstellte, war mit seinen 69 Jahren «ein untersetzter bejahrter Edelmann in französischer Kleidung»,[8] zudem «ein schöner Mann, wenn auch von großer Körperfülle. Wegen eines Säbelhiebes trug er über dem Bauch eine Silberplatte, um einen Bruch zu halten.»[9] Er mokierte sich ein wenig über die wohlwollende Erinnerung, die ihm der Kardinal und auch der Papst in Rom bewahrt hatten, lud den jungen Venezianer generös in sein Haus ein und machte ihn alsbald mit einigen seiner türkischen Freunde bekannt. Es war die Gelassenheit eines Mannes, der die letzte, zudem mit Luxus reichlich ausgestattete Station seines Lebens erreicht hatte, das 1675 im Limousin begonnen hatte. Geboren als jüngerer Sohn einer Familie von altem Adel, war er auf diese Abstammung lebenslang bis zum Hochmut stolz.

Mit dreizehn Jahren war er in das königliche Marinekorps eingetreten und mit sechzehn Jahren in der Armee bis zum Kommandanten eines Infanterieregiments aufgestiegen. Im Rang eines Obersts nahm er unter Nicolas de Catinat, François de Villeroy und Philippe de Vendôme während des Spanischen Erbfolgekriegs an den italienischen Feldzügen teil, die ihm erstmals Gelegenheit boten, sich durch besondere Tapferkeit, aber auch durch mancherlei Ausschweifungen einen ambivalenten Ruf zu verschaffen; bereits zu jener Zeit dürfte er die Aufmerksamkeit der Kurie erregt haben. Sodann kämpfte er in den Niederlanden. Stets als militärischer Stratege bewundert und von seinen Soldaten verehrt, brachten ihn jedoch seine beleidigenden Äußerungen sowohl gegen Michel Chamillart, den Kriegsminister Ludwigs XIV., wie auch gegen Madame Françoise de Maintenon, die Gemahlin des Sonnenkönigs zur linken Hand, vor das Kriegsgericht, das ihn 1704 zum Tode verurteilte. Sein Bild wurde in contumaciam auf dem Grèveplatz in Paris aufgehängt, zugleich verlor er alle politischen Rechte in Frankreich und sämtliches Eigentum im Limousin. Er selbst war jedoch rechtzeitig geflohen und in das kaiserliche Heer eingetreten.

Durch die Vermittlung des kaiserlichen Geschäftsträgers Ercole de Turinetti in Rom, der später zum Marquis de Prié aufstieg und den er in den Niederlanden mit dubiosen Attacken verfolgen sollte, erlangte er schon 1706 im nunmehr gegnerischen Lager den Rang eines Generalmajors und zog unter Prinz Eugen von Savoyen gegen Ludwig XIV. und sein Vaterland in den Krieg. 1708 erhielt er von Kaiser Joseph I. den Auftrag, die Grafschaft Comacchio, ein ehemaliges Reichslehen des Heiligen Römischen Reiches Deutscher Nation, das damals zum Kirchenstaat gehörte, zurückzuerobern. Bonneval brachte sich spätestens mit diesem Feldzug bei der Kurie in nachdrückliche Erinnerung, die noch zur Zeit Casanovas nicht erloschen gewesen sein dürfte und bei dem Schreiben von Kardinal Acquaviva an Bonneval gewiss ihren Anteil hatte.

Im Spanischen Erbfolgekrieg rückte er zunehmend an die Seite von Prinz Eugen, zumal beider Schicksal den parallelen Weg von Frankreich nach Österreich aufwies. Denn Prinz Eugen, dessen Mutter Olympe Mancini, eine Nichte Mazarins, fast die erste Geliebte Ludwigs XIV. geworden wäre, aber dann die standesgemäße Ehe mit Eugène-Maurice de Savoie – zugleich Graf de Soissons – vorgezogen hatte, hatte bereits einen ähnlich langen und aus Frankreich fort führenden Weg zurückgelegt. Auch ihn, der der fünfte und letzte Sohn war, steckte man wie Casanova zunächst in die Robe des Priesters, wobei sein Anblick keinen gloriosen Aufstieg verhieß: «... ein ungeschickter Knabe und mißraten, so daß man nichts Gutes mit ihm anzufangen weiß. Er hat eine kurze und platte Nase, die Augen sind nicht häßlich. Er zeigt, daß er zu Urteilen fähig ist. Er hat fast immer den Mund geöffnet.»[10]

Der junge Eugène versank in Ausschweifungen, wurde Mitglied des berüchtigten Homosexuellenzirkels «Cabanes du temple», der sich im Umfeld von Versailles gebildet hatte, und erlebte eine tiefe Demütigung, als er, wie es sein Bruder getan hatte, von Ludwig XIV. die Führung eines Regiments erbat. Der Sonnenkönig würdigte ihn keiner Antwort und entfernte sich. Gegenüber Dritten äußerte er: «Niemals hat jemand gewagt, mich mit solcher Unverschämtheit zu betrachten – wie ein Sperber, der seine Beute in den Blick nimmt.»[11]

Der Übertritt ins feindliche Lager, den zahlreiche französische Adlige vollzogen, weil Frankreich sich noch dazu in den achtziger Jahren des 17. Jahrhunderts weigerte, einen gemeinsamen christlichen Verteidigungskrieg gegen die Türken zu führen, war also für Prinz Eugen wie für Bonneval ein Akt der Befreiung und des Aufstiegs. Dieser Frontwechsel, aber auch der mutige Kampf im Schlachtengetümmel bis zu wiederholter Verwundung hat sie verbunden. In den letzten Jahren des Spanischen Erbfolgekriegs führten sie sogar gemeinsam gegen ihr Vaterland Krieg und fügten Ludwig XIV. nicht zuletzt bei der Belagerung und Eroberung von Lille eine demütigende Niederlage zu, war diese Stadt doch die Kriegsbeute seines Devolutionskrieges gegen die Niederlande im Jahre 1667/68 gewesen. Sein Baumeister Sébastien de Vauban hatte sie mit einer pentagonen Zitadelle zu einer der stärksten Festungen Europas ausgebaut – sie war trotzdem gefallen.

So war es unvorstellbar, dass Ludwig XIV. sich bereitfinden könnte, das Todesurteil des Parlaments von Paris gegen Bonneval aufzuheben. Nachdem der Sonnenkönig 1715 gestorben und der kaiserliche Feldmarschall der Infanterie in der Zwischenzeit zum Kriegshelden auf dem Balkan aufgestiegen war, wo er maßgeblichen Anteil an dem Sieg über die Osmanen hatte, konnte er mit Ruhm und Wunden bedeckt nach Paris zurückkehren. Da ihn höchst lebenslustige bis liederliche Abenteuer mit Philippe von Orléans verbanden, der die Regentschaft für den minderjährigen Ludwig XV. ausübte, konnte die Rehabilitierung des einstigen Frondeurs stattfinden, zumal der Regent sich durch diesen Gnadenakt Prinz Eugen zu verpflichten hoffte, der wiederum sich damit seinen heroischen General verpflichtete.

Im Januar 1717 wurde das Todesurteil in einer finessenreichen Zeremonie annulliert, und im Mai 1717 heiratete Bonneval Judith-Charlotte de Gontaut-Biron, deren Familie dem Hause Orléans eng verbunden war. Offensichtlich von seiner Mutter gedrängt, die sich von der Verbindung vergeblich finanzielle Vorteile erhoffte, sprach er von der «Torheit meiner Mutter»,[12] war aber selbst auch bestrebt, seinen Rang in der Hierarchie des französischen Hochadels zu erhöhen. Schon zehn Tage nach der Eheschließung verließ er die Gemahlin, die dem Charme des Kriegshelden erlegen war, ihm lebenslang die Treue hielt und ihm durch eine lange Korrespondenz verbunden blieb, obgleich sie ihn nie wiedersah.

Aber es war nicht nur die schwer zu bändigende Lust an Ausschweifungen, die er uneingeschränkt ausleben wollte. Er wurde auch zum geachteten Mitgestalter der Politik des Prinzen Eugen und organisierte dessen kulturelles Leben auf Schloss Belvedere. Sein Feldherrntalent und seine diplomatischen Fähigkeiten konnten sich zu jener Zeit, die als der glanzvolle Höhepunkt seiner Karriere bezeichnet werden kann, entfalten. Mit dem französischen Gesandten in Wien entwickelte er bereits früh das strategische Konzept einer Aussöhnung von Bourbonen und Habsburgern, das später im «Renversement des alliances» von 1756 unter Ludwig XV. politische Realität wurde.

Als wacher Beobachter der kulturellen Ambitionen des Prinzen Eugen, der sorgsam seine Kunst- und Büchersammlungen aufbaute, nahm Bonneval teil am aufblühenden Geistesleben Wiens; so ist etwa ein Briefwechsel zwischen ihm und dem Philosophen Gottfried Wilhelm Leibniz erhalten. Vom Prinzen Eugen ausgehend, aber von Bonneval organisiert, wurde Leibniz gebeten, ein Gutachten über den rechtlichen Charakter der Reichslehen in der Toskana zu erstellen, zudem entwarf er den Plan, eine Akademie der Wissenschaften in Wien einzurichten. Die Kontakte zu Leibniz waren schon früh und lange vor der Eheschließung Bonnevals in Paris entstanden.

Die eilige Rückkehr nach Wien, die vor allem durch das erneute Aufflammen des Türkenkriegs bestimmt war, machte es möglich, dass er am Kampf um Belgrad teilnehmen konnte, an dessen siegreichem Ausgang er maßgeblich beteiligt war; so fielen ihm nicht weniger als 50 000 Taler als Anteil an der Kriegsbeute zu. Nach dem Frieden von Passarowitz im Jahre 1718 wurde er in Wien in den Hofkriegsrat, das höchste militärische Entscheidungsgremium, dem Prinz Eugen seit 1703 vorstand, berufen. Dies dürfte seinem stets hochstrebenden Adelsstolz eine gewisse Genugtuung verschafft haben, obgleich er auch weiterhin nicht darauf verzichtete, in schlechter Gesellschaft an deftigen Gelagen teilzunehmen und in guter Gesellschaft seiner Verspottung der katholischen Kirche freien Lauf zu lassen.

Die Unzufriedenheit, ja der Unmut über ein Leben, in dem der Krieg ihm nicht mehr die Erhöhung zum Helden erlaubte, trieb den unruhigen Bonneval auf einen anderen Weg. Er hatte sich stets für technische Erfindungen interessiert und auch an den merkantilistischen Gründungen jenseits von Europa Anteil gehabt; so soll er 1720 gemeinsam mit seiner Frau 500 000 Livres bei einer fragwürdigen Aktion am Mississippi gewonnen haben. Nun ließ er sich vom Kaiser ein Privileg für die Stahlerzeugung in den Erblanden ausstellen und wandte sich den südlichen Niederlanden zu, die gerade österreichisch geworden waren. Dort am westlichen Außenposten im belgischen Mons, wo sich der Kontinent über seine Häfen dem Welthandel öffnete, stand sein Regiment, das von dem ihm ergebenen Oberst Latour, der als sein natürlicher Sohn galt, geführt wurde. Bonneval zögerte nicht mit der Gründung von Fabriken, die sowohl Eisenblech und Eisendraht als auch Nadeln, Gläser, Spiegel und Kristalle produzieren sollten.

Als er 1724 selbst vor Ort erschien, verstrickte er sich sofort in einen Skandal, der seinen Aufenthalt in Belgien bereits nach einem Jahr wieder beendete. Im Umgang mit den kaiserlichen Beamten, an deren Spitze der Marquis de Prié – seinerzeit sein Fürsprecher –

stand, kam es zu Konflikten. Bonneval erschien die Förderung seiner Wirtschaftsaktivitäten durch die kaiserliche Administration nicht schnell und wirksam genug, weshalb er sich mit der lokalen Hocharistokratie, die in Opposition zu den neuen Machthabern stand, solidarisierte. Zu ihnen zählten zum Beispiel die Fürsten de Ligne, mit deren berühmtestem Mitglied Casanova später in enge Beziehung treten sollte. Bonneval suchte die Konfrontation, für die er einen Eklat geradezu willkürlich inszenierte.

Sein finessenreiches Intrigenspiel hatte zum Ziel, sowohl die Autorität des kaiserlichen Statthalters vor Ort zu untergraben als auch dem Ruf des Prinzen Eugen zu schaden. Dabei wagte er zu viel, und sein nachfolgender Niedergang wies folgende Etappen auf: Hausarrest in Brüssel, Gefängnis in der Zitadelle von Antwerpen und schließlich Inhaftierung auf der Festung Spielberg in Brünn. Prinz Eugen, der gegen ihn einen Prozess am Hofkriegsgericht anstrengte, lehnte jede Entschuldigung seines einstigen Günstlings strikt ab. Wegen Ungehorsam gegen kaiserliche Befehle sollte das Urteil sogar auf die Todesstrafe lauten, doch Eugen plädierte auf Entzug sämtlicher Ämter und Gefängnisstrafe. Karl VI. entschied schließlich auf einjährige Haft in Spielberg, aus der Bonneval 1727 entlassen wurde. Als er jedoch in Holland ein wüstes Pamphlet über seinen Konflikt veröffentlichte und diese Schrift auch auf der Wiener Pfingstmesse verbreitet wurde, kam es auf dem Wiener Neumarkt zu deren Verbrennung durch den Henker – die parallele Szene hatte sich 23 Jahre zuvor auf dem Grèveplatz in Paris abgespielt. Bonneval wurde des Landes verwiesen, ein zweites Mal hatte er seine glanzvolle Karriere als Kriegsheld selbst zerstört und stand erneut vor dem Nichts.

Im Folgenden wich er für längere Zeit nach Venedig aus, nicht zuletzt in der Hoffnung, die Republik könnte ihn, den erfahrenen Kriegsstrategen, in ihre Dienste nehmen. In der Lagunenstadt, die noch immer das Zentrum der diplomatischen Aktivitäten wie auch der faszinierenden Feste war – nicht nur zur Zeit des Karnevals –, traf er 1728 mit dem jungen Charles de Montesquieu zusammen, der schon die satirischen «Lettres persanes» geschrieben hatte und Material für sein staatstheoretisches Hauptwerk «De l'esprit des lois» sammelte. Wieder, wie seinerzeit in der Begegnung mit Leibniz, war

Bonneval auch für Montesquieu ein gesuchter Gesprächspartner, zumal er diverse Projekte zur Verhinderung von Überschwemmungen, zum Ausbaggern von Häfen und natürlich zu militärischen Reformen, etwa was die Ausrüstung der Artillerie oder die Techniken der Belagerung betraf, entwickelt hatte. Darüber hinaus war der Philosoph des modernen Staatsrechts von der facettenreichen Persönlichkeit Bonnevals fasziniert.

Die Rolle eines hochrespektierten Causeurs in der Lagunenstadt ertrug der weiterhin angesehene Militär, den eine tiefe Rachsucht gegen Österreich umtrieb, jedoch nicht lange. 1729 bestieg er überraschend, nur begleitet von sechs Mitgliedern seines alten Regiments, das Postboot nach Ragusa an der dalmatinischen Küste und erreichte von dort Sarajewo, die Hauptstadt Bosniens, die unter türkischer Herrschaft stand. Sein kühner Plan bestand offensichtlich darin, sich mit türkischer Unterstützung eines Teils von Ungarn zu bemächtigen, ja Österreich auf seine Erblande zurückzudrängen und sich selbst eine staatliche Basis zu schaffen, durch die die Karte Südosteuropas hätte neu gezeichnet werden müssen.

Doch Ibrahim Pascha, der osmanische Großwesir, zögerte, den abenteuerlichen Kriegsmann nach Konstantinopel kommen zu lassen. So saß Bonneval in Sarajewo in einer Art Ehrenhaft fest und befand sich damit auch in der Nähe des kaiserlichen Herrschaftsbereichs, von dem aus sich seine Entführung leicht hätte bewerkstelligen lassen. In dieser prekären Situation entschloss sich der französische Edelmann, der zu seiner Verwandtschaft stolz den Allerchristlichsten König zählte und zum Kriegshelden gegen die Ungläubigen des Islam aufgestiegen war, nun selbst Muslim zu werden. Dem befreundeten Fürsten de Ligne schrieb er, der sich stets als Freigeist auch seiner Distanz zum katholischen Glauben gerühmt hatte: «Ich bin Mohammedaner wie ich Christ war; ich trage die Uniform meines Herrn und ich glaube an den Koran wie ich an das Evangelium glaubte. Ich habe nur gelernt, Krieg zu führen und ein Edelmann zu sein.»[13]

Nachdem er 1730 die Konversion vollzogen hatte, stieg Bonneval in der Türkei zum maßgeblichen Instrukteur der Armee auf, übte als politischer Ratgeber des Sultans Einfluss aus, wurde Gouverneur von Karaman und Rumelien, erzielte hohe Einkünfte und entfaltete in seinem Palast allen Glanz des Orients – wie es Casanova beobachten konnte. Überdies hatte er die Genugtuung, 1738 im erneut ausbrechenden Krieg zwischen Österreich und dem Osmanischen Reich eine demütigende Niederlage des Kaiserreichs zu erleben, musste Wien doch im Vertrag von Rodosto den jungen Fürsten Rákóczi als Fürsten von Siebenbürgen und Ungarn anerkennen. Er dürfte nur bedauert haben, dass sein einst von ihm hochgeachteter und dann grenzenlos verachteter Förderer Prinz Eugen bereits 1736 gestorben war.

Voltaire hat diesen langjährigen Kampf Bonnevals gegen Prinz Eugen, der von der unaufhebbaren Distanz des Ranges bestimmt war, in einem Brief kommentiert: «Was mich erstaunt, ist, daß er (Voltaire nennt ihn «votre Bascha», d. A.), nachdem er nach Kleinasien exiliert ist, nicht weiter zog, um dem Sophi von Persien, Thamas Kouli-Kan, zu dienen; er hätte auch das Vergnügen haben können, nach China zu gehen, um sich dort mit allen Ministern zu streiten; sein Kopf, so scheint mir, hätte eher Gehirnmasse als einen Turban nötig gehabt. Es war eine ziemliche Verrücktheit, gegen den Prinzen Eugen zu kämpfen.»[14]

Homoerotik und Heiratsangebot

Als Casanova Bonneval in Konstantinopel begegnete, war dessen politische und militärische Rolle im Osmanischen Reich bereits beendet. Er scheint sich, wie es die Gespräche mit dem jungen Venezianer beweisen, ziemlich gelangweilt zu haben, offensichtlich so sehr, dass seine permanente Unruhe ihn zu einem erneuten Frontwechsel – zurück zum Christentum – zu verleiten drohte. Gerade zu dieser Zeit entfaltete sich ein gewagtes Doppelspiel zwischen Bonneval und der Kurie. 1743 war ein Franziskaner bei Benedikt XIV. mit einem Kassiber aus Konstantinopel erschienen, dass Ahmed Pascha seinen Religionswechsel bedaure und die Rückkehr in die katholische Kirche anstrebe. Das bedeutete Hochverrat mit dem Risiko einer grausamen Hinrichtung, wäre der Plan von den Türken entdeckt worden. Der Papst war dennoch bemüht, dem reuigen Rückkehrer zu verzeihen und ihm sogar eine wirtschaftliche Basis durch die Gunst des französischen Königs zu erwirken.

Vor diesem Hintergrund war es ein Akt besonderer Intrigenfinesse, dass Kardinal Acquaviva, der ohne Zweifel von dem verdeckten Agieren der Kurie wusste, das Empfehlungsschreiben, das er dem jungen Venezianer mit auf den Weg nach Konstantinopel gab, ausgerechnet an Bonneval richtete. Auch der Gruß, den der Papst bat, an Bonneval zu übermitteln: «... es tue ihm leid, daß er ihm nicht seinen Segen schicken könne»,[15] dürfte ein ironisch verschlüsselter Kassiber gewesen sein. Casanova hat das Doppelspiel nicht durchschauen können – zu seinem Glück, denn dessen Enthüllung im Augenblick seiner Anwesenheit in der Stadt am Bosporus hätte auch ihn mit in den Abgrund reißen können. So ist das letzte Abenteuer Bonnevals, der 1747 im Alter von 72 Jahren starb, dem jungen Venezianer verborgen geblieben, auch als er ein halbes Jahrhundert später das Alter von Bonneval erreicht hatte und in Dux Rückschau hielt.

Den abgründigen Hass auf Prinz Eugen ließ Ahmed Pascha gegenüber dem venezianischen Besucher nur in abgeklärtem Spott anklingen, als er die Gewissheit äußerte, er «werde ganz ruhig sterben ... wenn meine Stunde schlägt, gewiß weit glücklicher als Prinz Eugen».[16] Seine Flexibilität beim Wechsel der religiösen Front schien unbegrenzt, machte er Casanova doch das Bekenntnis: «Wenn das jüdische Volk beschlossen hätte, mich an die Spitze von fünfzigtausend Mann zu stellen, hätte ich auch Jerusalem belagert.»[17]

Der militärische Abenteurer trat zu diesem Zeitpunkt hinter dem genießenden Lebemann zurück, und da ihm im Brief des Kardinals Acquaviva angekündigt war, in Casanova einen «Mann der Feder» zu empfangen, erlaubte er sich eine amüsante Irreführung seines Gastes. Er schlug vor, ihm seine Bibliothek zu zeigen, die sich im Nebenraum in vergitterten Schränken befinde. Dort zog er die Vorhänge zur Seite, und statt Büchern standen in den Regalen die verschiedensten Weinflaschen. Bonneval offenbarte mit der gelassenen Geste eines französischen Edelmanns seine Altersweisheit: «Das ist meine Bibliothek ... und zugleich mein Serail, denn da ich alt bin, würden die Frauen nur mein Leben verkürzen, während der gute Wein es mir bewahren oder wenigstens angenehmer machen kann.»[18] Selten ist Casanova einer Person so nah gewesen, die Mitgestalter der politisch-militärischen Veränderungen in Europa gewesen ist, und zugleich einem souveränen Abenteurer, der in absoluter Freiheit die geographischen, politischen, moralischen und religiösen Grenzen überschritten hat.

Aber Bonneval vermittelte dem jungen Venezianer auch den Zugang zu einem hochgestellten Türken namens Ismail Effendi, der sein Land als Außenminister vertreten und sich ebenfalls den Genüssen eines politisch beruhigten Lebens zugewandt hatte – nicht dem Wein, sondern jungen, schönen Frauen. Seine Neigung galt darüber hinaus indes auch jungen, schönen Männern, und als ein solcher konnte Casanova mit seinen neunzehn Jahren ohne jeden Zweifel gelten. So führte beider Spaziergang durch die Gärten des Effendi konsequent in eine Laube, wo den Hausherrn «die Lust auf etwas überkam, das nicht nach meinem Geschmack war. Ich erklärte ihm lachend, ich sei kein Liebhaber solcher Dinge.»[19] Trotzdem unternahm Ismail einen weiteren Versuch, der Casanova zur brüsken Ablehnung und zum Verlassen des Hauses zwang, obgleich der Hausherr betonte, «nur einen Scherz gemacht zu haben».[20]

Eher pikiert erzählte Casanova Bonneval von der Attacke, der er im Haus des Effendi ausgesetzt gewesen war, und erklärte seine Absicht, «ihn nie mehr zu besuchen».[21] Doch Ahmed Pascha begründete dessen Verhalten mit dem Brauch des Landes, dem gemäß «Ismail mir nach türkischer Sitte einen großen Beweis seiner Freundschaft habe geben wollen».[22] Im Übrigen habe er, der den Frauen zugetan sei, in seinem Haus ausnehmend schöne und junge Sklavinnen zur Verfügung seiner rein männlichen Wünsche. Auch würde es der Türke als Mangel an Höflichkeit empfinden, wenn Casanova ihn nicht wieder besuche.

Die Schönheit dieser Sklavinnen setzte Ismail bei einem weiteren, eher widerwilligen Besuch Casanovas ein und verstand es, obgleich sein Gast die Männerliebe «für unmoralisch»[23] hielt, dennoch ans Ziel seiner Wünsche zu gelangen. Die nackten Frauen plantschten bei Mondschein in einem Bassin und posierten verführerisch. Ismail und Casanova konnten von einem Versteck aus dem munteren Treiben unentdeckt zuschauen und wurden in einen Zustand erhöhter Sinnlichkeit versetzt, was der Hausherr überaus raffiniert arrangiert hatte: «Ismail frohlockte, als er notgedrungen, einfach weil er zur Hand war, das entfernte Objekt ersetzte, das ich nicht erreichen konnte.»[24] Diese Mischung aus visueller Erregung durch eine Frau und der sexuellen Hinwendung zu einem Mann hat Casanova, zumal ihm nicht erspart blieb, dem Türken «den gleichen Dienst zu tun»,[25] als ein seltenes und seltsames Abenteuer empfunden. Der ursprüngliche Widerstand war einem verwirrenden Glücksgefühl gewichen: «Nie in meinem Leben war ich so verrückt und hingerissen.»[26]

Er dürfte über diese Ekstase, die ihn lustvoll mit einem Mann verband, so erschrocken gewesen sein, dass «ich kein zweites Mal hingegangen bin und das Erlebnis auch niemandem erzählt habe».[27] Selten setzte sich Casanova später einer homoerotischen Begegnung aus und wich dieser sexuellen Variante in der Regel aus, zeigte jedoch eine tolerante Gelassenheit gegenüber der Liebe zwischen Männern, der er häufig als Beobachter begegnete. Aber seine leidenschaftliche Hinwendung galt ausschließlich den Frauen, mit ihnen und nur mit ihnen empfand er ein Gefühl, das er keinem Mann entgegenbrachte – die Liebe.

Noch einer Versuchung ganz anderer Art war Casanova in Konstantinopel ausgesetzt, die seinem Leben eine ganz andere Richtung hätte geben können. Zu den Besuchern Bonnevals, mit denen der Hausherr seinen Gast vertraut machte, zählte ein reicher Kaufmann namens Jussuf Ali. Er war sechzig Jahre alt, von dezent-würdiger Haltung und hatte sich ausgiebig religiösen und moralischen Fragen zugewandt, deren Maximen er in seinem Lebensstil befolgte. Zwischen ihm und Casanova entwickelte sich eine freundschaftliche, fast väterliche Beziehung, die Jussuf Ali in langen Gesprächen über die Differenzen zwischen Christentum und Islam, über Opium und Alkohol und den rechten Weg zum Glück des Lebens zu vertiefen verstand.

Das Vertrauen des Türken weitete sich bis zur Preisgabe seiner familiären Verhältnisse aus, wodurch Casanova erfuhr, dass der kultivierte Kaufmann nicht nur zwei erwachsene Söhne hatte, die bereits wirtschaftlich unabhängig außerhalb seines Hauses lebten, sondern auch eine Tochter namens Zelmi, die fünfzehn Jahre alt war und der nach seinem Tod sein ganzes Vermögen zufallen sollte. Jede nur mögliche Ausbildung hatte er ihr zuteilwerden lassen, zugleich «kann sich kein Mann auf der ganzen Welt rühmen, jemals ihr Gesicht gesehen zu haben».[28] Der Vater schilderte ausführlich ihre Vorzüge und Fähigkeiten: «schöner Wuchs und sanftes Gemüt»[29] sowie ihre Kenntnisse des Griechischen und Italienischen und schließlich einen Charakter, der sie «immer heiter»[30] sein lasse. Ihrem Gatten würden seine Reichtümer zufallen und somit ein Leben ohne finanzielle Sorgen und in unbegrenztem Luxus.

Nach langen vertraulichen Unterredungen, in denen sich der Venezianer als gewandter und gebildeter Gesprächspartner gezeigt hatte, glaubte der reiche Kaufmann, in Casanova den idealen Gatten für seine Tochter gefunden zu haben. Er bot sie ihm zur Heirat an, allerdings zu Bedingungen, die Casanovas Lebenslauf radikal verändert und zum Stillstand gebracht hätten: «Du kannst Zelmi haben, wenn du ein Jahr in Adrianopel bei einem Verwandten wohnen und dort Sprache, Religion und Sitten unseres Landes erlernen willst. Nach einem Jahr wirst du zurückkehren, und sobald du dich als Musilman bekannt hast, wird meine Tochter deine Frau werden.»[31] Dezent ließ der Türke seinem erwählten Ehekandidaten Zeit für seine Entscheidung und auch die freie Wahl der Antwort, was dessen Schweigen als Variante einschloss.

Casanova sah sich einer großen Versuchung ausgesetzt, zumal der Vater ihm offenbart hatte, dass seine Tochter ihn bei seinen Besuchen beobachtet habe und er ihrer Liebe gewiss sein könne. Aber wie stand es um die Liebe Casanovas, der die junge Türkin bisher nicht gesehen hatte und auch nicht sehen durfte: «Ich war ganz davon überzeugt, daß ich ohne Zögern Türke geworden wäre, wenn ich mich in sie verliebt hätte.»[32] Aber ohne das Gesicht und die Gestalt einer Frau gesehen zu haben und den gegenseitigen Blickaustausch war für ihn keine Liebe möglich. Der islamische Grundsatz, die Braut dem Bräutigam nur verhüllt zuzuführen, erwies sich als Hindernis für die Verbindung, das Jussuf Ali entsprechend seinen Glaubensgrundsätzen nicht beseitigen konnte.

Casanova, der dieses Eheangebot lange und intensiv bedachte, konnte schließlich auch ein anderes Hindernis nicht überwinden – die Preisgabe seiner Freiheit gegenüber einer Frau, in deren wirtschaftliche Abhängigkeit er wie im Fall Teresas geraten wäre. Da ihm mit neunzehn Jahren noch alle Horizonte offen standen, wollte er sein Recht auf eine freie Lebensgestaltung nicht preisgeben: «Ich konnte mich nicht zum Verzicht auf die Hoffnung entschließen, inmitten gesitteter Nationen berühmt zu werden, ob in den schönen Künsten, ob in der Literatur oder in einem anderen Stand. Außerdem war mir der Gedanke unerträglich, daß ich meinesgleichen die Triumphe überlassen sollte, die vielleicht mir vorbehalten waren, wenn ich weiterhin in ihrer Gesellschaft lebte.»[33] Eitelkeit und Ehrgeiz bestimmten ebenso seine Entscheidung, und vor die Alternative gestellt, zwischen seiner Freiheit und der Ehe mit einer Frau, auch wenn er ihr in tiefer Liebe zugetan war, sich entscheiden zu müssen, wählte er lebenslang die Freiheit.

Aufenthalt in Korfu und Rückkehr nach Venedig

Reich versehen mit Gastgeschenken seines väterlichen Freundes Jussuf, dem er mit seinem fortgesetzten Schweigen die diskrete Antwort gegeben hatte, nicht sein Schwiegersohn werden zu wollen, reiste Casanova an Bord eines Schiffes, das einen Gesandten der Serenissima zurück in seine Heimat brachte, von Konstantinopel ab. In seinem Reisegepäck hatte er ein Schreiben Bonnevals an Kardinal Acquaviva, das er mit einem Begleitbrief nach Rom schickte und danach nicht ohne Bitterkeit vermerkte, dass ihn der hohe Kirchenfürst keiner Antwort gewürdigt habe. Es könnte ihn indes berührt haben, dass nicht nur der französische Edelmann, der Europa als militärischer Abenteurer durchstreift hatte, 1747 im Alter von 72 Jahren starb, sondern im selben Jahr auch Kardinal Acquaviva, der nur 52 Jahre alt wurde. Dem Kardinal in Rom hätte er auch kaum eine schlüssige Antwort auf dessen Frage geben können, warum er als Etappe seiner Karriere Konstantinopel gewählt hatte, war er doch in der osmanischen Metropole keinen Schritt weitergekommen, was sein künftiges Leben betraf.

Nun segelte er zurück nach Korfu, wo er den militärischen Dienst eines Fähnrichs fortsetzen musste. Er nutzte die eher monotone Tätigkeit in der dortigen Flottenbasis vor allem dazu, sich heftig in Signora F. zu verlieben, deren authentischen Namen er verschweigt. Die Casanova-Spezialisten haben sie jedoch als Andriana Foscarini identifiziert, die jedoch nicht, wie Casanova angibt, erst siebzehn Jahre alt war, sondern bereits fünfundzwanzig. Da die Dame ihm zunächst Hochmut und Missachtung entgegenbrachte, vollzog sich dieser Werbungsprozess in kleinen und mühseligen Etappen.

Da dürfte er die Kaprice eines französischen Soldaten, den er als Diener verpflichtet hatte, um seine Sprachkenntnisse zu verfeinern, als erfrischende Ablenkung empfunden haben. Dieser ehemalige Perückenmacher, den Casanova als «Taugenichts, Trunkenbold und Weiberheld»[34] beschreibt, erlaubte sich einen Spaß, der die Standeshörigkeit der venezianischen Offiziere zum Ziel hatte. Er gab vor, sterbenskrank und angesichts des nahen Todes bereit zu sein, dem Beichtvater seine hochadlige Familienzugehörigkeit zu bekennen. Nicht weniger als «François VI., Charles Philippe Louis Foucault, Prince de La Rochefoucault»[35] behauptete er zu sein. Beglaubigt werden sollte seine Aussage durch den eigenen Tod, denn erst danach, so trug er dem Kaplan auf, dürfte dieser das Geheimnis lüften. Er lüftete es jedoch schon, als der Franzose das Koma vortäuschte, und so konnte der Spaßvogel seine alsbald einsetzende Wiedergenesung dazu nutzen, die devote Verehrung der Offiziere sowie ihrer Damen huldvoll entgegenzunehmen und an der Tafel der höheren Militärs genussfreudig Platz zu nehmen.

Casanova, der als Sekretär von Kardinal Acquaviva in Rom ausreichend in die Stammbäume des europäischen Hochadels geschaut hatte, mochte bei dieser Maskerade nicht mitspielen. Er erklärte seinen Diener zum Hochstapler, wodurch der weitere Verlauf vorgezeichnet war. Der Franzose ohrfeigte ihn vor der feinen Gesellschaft, worauf er seinerseits diesen in einer dunklen Gasse derart verprügelte, «daß es nicht meine Schuld ist, wenn er nicht starb».[36] Der Verhaftung für diese grobe Tätlichkeit entzog er sich, indem er in einem Boot auf die Insel Vico, die nicht weit entfernt von Korfu war, flüchtete. Seine mitgenommenen Besitztümer, die aus den Münzen bestanden, die er als Abschiedsgeschenke der Türken erhalten hatte, erlaubten ihm, unter den dort lebenden Bauern eine Verteidigungstruppe zu rekrutieren und die jungen Frauen vor Ort als Näherinnen seiner Hemden zu verpflichten – aber nicht nur dazu, denn er konnte sich in den «Besitz aller Mädchen, die mir gefielen»,[37] setzen und damit «ein wahrhaft glückliches Leben»[38] führen. Dieser Idylle war eine begrenzte Zeit beschieden, traf doch schließlich in Korfu die aus Venedig erbetene Auskunft über die Genealogie der La Rochefoucault ein, woraufhin Casanova dorthin und in die feine Gesellschaft zurückkehren konnte – nun als gefeierter Held.

Die Belagerung der Signora F. nahm nun ihren Fortgang, und es kam beiderseits zu endlosen Liebesbeteuerungen, sogar zur Bereitschaft zu «allen Spielen, die unseren Sinnen gefallen. Lassen wir allen Künsten freie Bahn! Verschlinge mich, aber laß mich auch mit dir alles machen, was ich will!»[39] Aber bitte, so forderte sie von ihm, er solle mit dem letzten Schritt «noch etwas warten».[40] Schließlich errang der nächtelang sie bedrängende Casanova einen Pyrrhussieg: «Sie leistete keinen Widerstand, sie ließ mich in das Heiligtum eindringen, und endlich schwamm meine Seele im Glück; aber ihre Hingabe war nur von kurzer Dauer»:[41] Sie brach den Triumph ihres Liebhabers, der doch auch der ihre hätte sein sollen, abrupt ab und zog sich zurück. Voll Verzweiflung konnte Casanova ihr nur entgegenschleudern: «Sie werden mich vielleicht nie wiedersehen.»[42] Die Ursache, warum die heißbegehrte Frau, die ebenfalls von exzessiver Leidenschaft erfasst war, sich plötzlich verweigerte, lässt Casanova im Dunkeln, nicht jedoch die Folgen, die sich aus dem «verhängnisvollen Zwischenfall»[43] ergaben.

Kaum aus ihrem Haus entflohen, irrte er durch die Spätsommernacht der mediterranen Landschaft und ließ sich in die Arme einer vom Balkon aus ihn einladenden Kurtisane locken. Dort fand er den vollendeten Liebesrausch, den die Signora F. ihm verwehrt hatte. Aber er fand bei ihr auch eine weitere, diesmal seine vierte Geschlechtskrankheit, die er wenige Tage später fast auf die Signora F. übertragen hätte. Es unterblieb, und er gestand später der angebeteten Frau, wie nah sie am Abgrund des Verlustes ihrer Gesundheit und Ehre gewesen war. So war beider Trennung die natürliche Konsequenz – sie zeigte ihm ihre Verachtung, die er als Folge seiner Unbeherrschtheit nur akzeptieren konnte.

Die Rückkehr nach Venedig konnte seine Niedergeschlagenheit nur vergrößern. Denn auch die Zukunftsperspektive einer militärischen Karriere hatte sich als Fata Morgana erwiesen, fand doch die Ernennung zum Leutnant, die ihm nach der Bezahlung des Offizierspatents fest zugesagt worden war, nicht statt. Daraufhin zog er die Uniform aus und hatte damit nach der Preisgabe der klerikalen Laufbahn auch die militärische aufgegeben. Erneut auf die Hilfe und Unterstützung der Familie Grimani angewiesen, wurde er im Orchester des Teatro Samuele als Geiger eingestellt, die leidliche Handhabung dieses Instruments hatte ihm der Doktor Gozzi in Padua beigebracht. Derart in der bürgerlichen Hierarchie abgesunken, geigte er unbemerkt im Orchestergraben, wohlwissend, dass sein Vater als Schauspieler auf den Brettern dieser Bühne bis zu dem Grade brilliert hatte, dass ihm Zanetta in der Schönheit ihrer Jugend zugefallen war. Aus Scham beschloss er zudem, nicht wieder in jenen Salons Venedigs zu erscheinen, in denen er vor seiner Reise nach Konstantinopel mit seiner ungewöhnlichen Rhetorik Aufsehen erregt hatte. Aber die Hoffnung auf einen Neuanfang und einen Horizont voll glänzender Perspektiven wollte er nicht aufgeben: «Da ich auf das Glück nicht Verzicht geleistet hatte, glaubte ich noch, darauf zählen zu können. Ich wußte, daß es allen Sterblichen hold ist, ohne sie zu fragen, wenn sie nur jung sind; und ich war jung.»[44]

Mit dieser Maxime gibt sich Casanova als alter Mann in Dux zu erkennen, der täglich viele Stunden mit der Niederschrift seiner Lebensgeschichte beschäftigt war. Deren Darstellung erfuhr freilich eine brutale Unterbrechung. Denn eine Dienerin des Grafen Waldstein hatte drei Hefte seiner Aufzeichnungen «für den Haushalt» und damit wohl zum Feuermachen verwendet. Ihre «Entschuldigung» war, «daß die Papiere abgegriffen und bekrittelt waren, vieles sogar durchgestrichen; deshalb habe sie geglaubt, sie könne sie für ihre Zwecke eher nehmen als die sauberen weißen, die noch auf meinem Tisch lagen.»[45] Sein Wutausbruch war beträchtlich und wurde nur gemäßigt durch die Einsicht, dass die Frau aus Dummheit gehandelt habe, an der sie schuldlos sei, eine Entlastung, die er ihr im Falle von

Bosheit nicht hätte zuteilwerden lassen. Auch tröstete ihn die Einsicht, dass sein Temperament schnell in Wallung gerate, aber ebenso schnell zur Mäßigung zurückfinde.

Es galt also, eine zweite Fassung über die Reise nach Konstantinopel zu schreiben, und die Versuchung dürfte groß gewesen sein, die Ereignisse und ihre Abfolge neu zu ordnen. Eine solche Neuordnung könnte verursacht haben, was J. Rives Childs lebhaft beklagt: «Die Chronologie von Casanovas Leben für die Jahre 1742–1745 ist reichlich verworren.»[46] Die Recherchen dieses Experten, die hier nicht ausgebreitet werden können, waren akribisch, etwa dass er an gewissen Orten mehrfach nachweisbar ist und auch seine Reisewege keineswegs so verliefen, wie er sie geschildert hat.

Doch könnte die von Childs beklagte Unordnung nicht eine bewusste Neuordnung gewesen sein, die nicht seinem gelegentlich unzuverlässigen Gedächtnis geschuldet war, sondern einem künstlerischen Gestaltungswillen? Hat er nicht immer wieder Ereignisse, Namen und Altersangaben so geändert, dass sie sich organisch in die Gesamtdarstellung einfügten? Ist hier außer dem Memoralisten Casanova, der unendlich viele Details historisch korrekt präsentiert hat, auch der kreative Schriftsteller am Werk gewesen? Und wird nicht heute seine «Geschichte meines Lebens» keineswegs nur als soziographischer Detailreport der vorrevolutionären Epoche gelesen, sondern vor allem auch als das stilistisch brillante Epos eines Schriftstellers, der nicht nur seinen Lebensweg dokumentieren, sondern mit ihm auch ein literarisches Werk von Rang schaffen wollte? Sein Lebensziel, «inmitten gesitteter Nationen berühmt zu werden, ob in den schönen Künsten, ob in der Literatur oder in einem anderen Stand»,[47] hat sich langsam und mit der Verspätung von mehr als einem Jahrhundert schließlich doch erfüllt.

4. *Die Chiffren der Zukunft*

Ein väterlicher Förderer

Sein 21. Lebensjahr begann Casanova, nunmehr nur ein Geigenspieler im Theater und auf Hochzeiten, nahezu willen- und orientierungslos, denn «ich ließ meinen Ehrgeiz ruhen».[1] Diese Ziellosigkeit führte unter anderem zu spätpubertärem Schabernack wie dem, die Türglocken an den Häusern abzuschneiden und Hebammen des Nachts zu beliebigen Bürgersfrauen zu schicken, die gar nicht schwanger waren. In einer Gruppe von acht Unruhestiftern, zu der auch sein Bruder Francesco gehörte, durchstreifte Casanova die Stadt auf der Suche nach immer neuen Streichen, die bis zu kriminellen Aktionen gesteigert wurden, zu denen auch die kollektive Vergewaltigung einer hübschen Frau zählte.

In Begleitung ihres Mannes wie zwei weiterer Männer saß diese friedlich beim Wein in einem Wirtshaus, in das die maskierten Gewalttäter eindrangen, angeblich mit dem Auftrag des «Rates der Zehn», die Männer zu verhaften und abzuführen. Nachdem ihre Begleiter weggebracht worden waren, wurde die nunmehr schutzlose Frau von jedem der Gruppe mit einem «Liebesdienst»[2] versorgt, dem sich einzig sein Bruder Francesco verweigerte. Casanova versucht, das Verbrechen an der ehrbaren Bürgersfrau durch den Umstand abzumildern, dass sie sich heiter und somit zustimmend in ihre Situation gefügt habe. Erst als das Gericht der Stadt 500 Dukaten für die Entdeckung der Täter als Prämie aussetzte und die Gefahr bestand, dass sich ein Verräter in der Truppe finden könnte, brach die Serie der nächtlichen Abenteuer ab – die Kumpane vertrauten einander nicht länger.

Eine Zufallsbegegnung, die aber sein weiteres Leben bestimmen sollte, riss Casanova aus der selbstgewählten Lethargie. Auf dem Heimweg von einer Hochzeit, bei der er als Geiger aufgespielt hatte, sah er einen Senator in seine Gondel steigen, dem dabei aus der Tasche seiner roten Robe ein Brief fiel. Diesen aufzuheben und auszuhändigen war eine gute Gelegenheit, sich gegenüber dem hohen

Herrn gefällig zu zeigen. Eine Gefälligkeit verlangt die andere, und so bestand der Senator darauf, den Geigenspieler in seiner Gondel nach Hause zu bringen. Doch nach wenigen Minuten befiel den Senator eine plötzliche Gefühllosigkeit im Arm wie im Bein, und Casanova sah, dass «sein Mund bis zum linken Ohr verzerrt war».[3] Es war ein Schlaganfall.

In dieser prekären Situation zeigte sich Casanova als schnell handelnder Helfer und holte einen Arzt aus dem Bett, der den geschwächten Senator zur Ader ließ: «Ich selbst zerriß mein Hemd, um ihm einen Verband anzulegen.»[4] Schließlich wurde der Kranke in seinen Palast getragen, fast schon leblos, so dass der eilig herbeigerufene Priester seinen unmittelbaren Tod erwartete. Einzig die Atmung gab Gewähr, dass noch Leben in ihm war. Casanova hätte jetzt, da Arzt und Priester an der Seite des Patienten waren, sich entfernen können – ja müssen. Doch «ich setzte mich neben sein Bett und hielt es nun für meine Pflicht, mich nicht mehr zu entfernen».[5]

Auch während der Nacht blieb er am Bett des Kranken, allen anderen Helfern gegenüber geradezu besessen von einer erstaunlichen Zuversicht: «Ich wisse genau, daß der Kranke, wenn ich fortginge, sterben würde, und ebenso sicher sei ich, daß er nicht sterben könne, solange ich hier bliebe.»[6] Es war eine seltsame Obsession, die Casanova sich selbst auferlegte und deren Motive zunächst im Dunkeln blieben, möglicherweise trieb ihn seine ursprüngliche Berufsneigung, Arzt zu werden, dazu. Tatsächlich hatte er während seines Studiums in Padua einige medizinische Kenntnisse erworben.

Senator Matteo Giovanni Bragadin, der Mann, den Casanova langsam aus dem Koma zu führen verstand, war eine herausragende Persönlichkeit in der Politik Venedigs gewesen. Zu jenem Zeitpunkt fünfzig Jahre alt, hatte er, der wegen seiner Beredsamkeit wie seiner diplomatischen Geschicklichkeit großen Einfluss ausgeübt hatte, sich aus der aktiven Mitgestaltung der Administration Venedigs zurückgezogen. Gemeinsam mit seinen gleichaltrigen und ebenfalls adligen Freunden Enrico Dandola und Marco Barbaro, alle drei wohlsituierte Junggesellen, die in ihrer Jugend kaum auf Liebesaffären und standesgemäße Vergnügungen verzichtet hatten, lebte er nun in souveräner Muße. Es gab jedoch für diesen lebensklugen

Mann noch eine diskrete Passion, der er geradezu irrational verfallen war: die Geheimnisse der Kabbala.

Als Bragadin, stets umsorgt von Casanova, langsam genas, war sein Erstaunen groß darüber, dass er seine wiedererlangte Gesundheit nicht einem Arzt, sondern einem Geiger aus dem Theaterorchester San Samuele zu verdanken hatte. Dieses Erstaunen war mit dem Verdacht verbunden, sein junger Lebensretter müsse über geheimnisvolle Kräfte verfügen und mit übernatürlichen Mächten im Bunde stehen. Derart herausgefordert, schlüpfte Casanova in die Rolle eines gelehrten Naturheilers, ließ seiner Phantasie freien Lauf und dozierte über medizinische Themen, was nicht zuletzt hieß, dass «ich Autoren zitierte, die ich niemals gelesen hatte».[7] Er wurde zum Scharlatan und war sich dessen uneingeschränkt bewusst.

Nun zögerte er nicht länger, den Senator und seine beiden Freunde, die sich gleichfalls als Adepten der Kabbala verstanden, in den Bann seiner angeblichen Geheimwissenschaft zu ziehen. Schon die Begegnung mit Bragadin habe ihn, auf die Stunde genau, seine Pyramide angezeigt, die er sich drei Wochen zuvor gestellt habe. Auch eine Frage, die der Senator ihm stellte, um Informationen zu erhalten, die Casanova nicht bekannt waren, wusste er so auslegungsoffen zu beantworten, dass ihm Vertrauen, ja Bewunderung entgegenschlugen. Er verwandelte Buchstaben in Zahlen und überführte sie, neu geordnet, in Buchstaben zurück. Diese Chiffren entschlüsselten die zukünftigen Ereignisse, wie unbestimmt auch immer ihr Eintreffen sein mochte.

Daraufhin glaubten die drei Jünger der Kabbala, den unmittelbaren Beherrscher der Elementargeister sowie den Besitzer des Steins der Weisen vor sich zu haben, und Casanova erfand, als er nach der Herkunft dieses Geheimwissens gefragt wurde, sogleich eine feingesponnene Ausrede. Ein Eremit, den er auf dem Monte Carpegna kennengelernt habe, nachdem er von der spanischen Armee gefangen genommen worden sei, habe ihn in das Geheimwissen eingeführt und ihm zudem den Schlüssel dazu gegeben, in seinem Inneren diese übernatürlichen Kräfte freizusetzen. Natürlich verlangten die drei neugierigen Herren, nun ihrerseits darin eingeweiht zu werden. Aber auch dagegen vermochte sich der selbsternannte Magier mittels seiner nahezu unbegrenzten Fabulierkunst geschickt zu wehren: «Der Eremit habe mich gewarnt, ich würde, wenn ich vor Erreichen des fünfzigsten Lebensjahres irgendjemanden darin unterwiese, drei Tage später eines plötzlichen Todes sterben.»[8] Erschrocken wichen die drei Senatoren zurück – den Mann, der einem von ihnen gerade das Leben gerettet hatte, in den Tod zu schicken, erlaubte nicht einmal ihre grenzenlose Neugier, möglichst alles über die Kabbala und damit über die eigene Zukunft zu erfahren. Auf diese Weise vermochte Casanova seine Stellung als einziger Vermittler der tiefsten Geheimnisse des Lebens zu behaupten und die drei Kabbala-Adepten in seiner Abhängigkeit zu halten.

Doch seine Prophetenkunst war keineswegs so spontan aus der Phantasie des Augenblicks entsprungen. Als er bekannte, «vor drei Wochen meine Pyramide gestellt»[9] zu haben, gab er preis, sehr wohl über die Arkana der Kabbala zu verfügen. Dieses Wissen verdankte er seiner vielseitigen Neugier, die ihn lebenslang zu immer neuen Buchkäufen verleitete und mit Detailwissen auf den verschiedensten Gebieten versorgte. Schließlich hatte er schon in Rom von Papst Benedikt XIV. erbeten, die verbotenen Bücher zu lesen, und der Verdacht, dem er in Venedig ständig ausgesetzt war, bezog sich nicht unbegründet auf den Besitz unerlaubter Schriften, die keineswegs nur religionskritischen Inhalts waren. Denn die Grenze zwischen christlichem Glauben und kabbalistischem Geheimwissen war nicht scharf zu ziehen, zumal die okkulte Magie sehr wohl die christlichen Dogmen respektierte, ja zum Fundament ihres eigenen kosmologischen Systems machte.

Agrippa von Nettesheim, Magier und Wunderheiler

Im Fall der Pyramide, die er, so gesteht er ein, sich selbst erstellt habe, ist die Quelle seines Wissens, auch wenn er sie nicht preisgibt, sondern sorgsam verbirgt, historisch eindeutig feststellbar. Er kannte die «Drei Bücher über die Magie» des Universalgelehrten der Renaissance, Agrippa von Nettesheim, die 1531–1533 unter dem Titel «De occulta philosophia» veröffentlicht wurden. Dort wird anhand des Alphabets bis ins Detail demonstriert, dass «den Buchstaben selbst gewisse göttliche Zahlen zugrunde liegen, durch welche wir aus den Eigennamen der Dinge, wenn ihr Zahlenwert in eine Summe vereinigt wird, Verborgenes und Zukünftiges zu erfahren imstande sind».[10] Werden die Zahlen und Buchstaben in gegenseitigen Austausch gebracht – wobei es in der Entscheidung des Magiers liegt, ob er sich des hebräischen, griechischen oder lateinischen Schriftzeichens bedient –, kann das Resultat dem Zufall überlassen, aber auch kontrolliert und manipuliert werden. In dieser «Kunst» der Wahrsagung, die Agrippa von Nettesheim Arithmantie nannte, nehmen die Zahlen den höheren Rang ein, denn «in den Zahlen liegen noch weit größere, verborgenere, erstaunlichere und wirksamere Kräfte, da ja die Zahlen an sich formaler, vollkommener, im Himmlischen begründet, nicht aus verschiedenen Substanzen gemischt sind und in der nächsten und einfachsten Beziehung zu den Ideen der göttlichen Vernunft stehen, von denen sie ihre wirksamsten Kräfte erhalten».[11]

Das Universum, wie es der Neuplatoniker Agrippa von Nettesheim entwirft, weist die Gestalt einer Pyramide auf: An der Spitze steht Gott, die reine Vernunft, als göttliche Substanz und bis in den letzten Winkel des Kosmos wirkende Allmacht. Ihm unterstehen als Helfer zunächst die Engel, dann die Dämonen, dann die Geister, dann die Menschen, soweit es ihre Vernunft betrifft, dann die tierischen Lebewesen, dann die Pflanzen, dann die Mineralien, dann die Elemente, eben alles, aber alles in hierarchisch geordneter Abhängigkeit. Die kosmische Ordnung wird einzig durch Zahlen bestimmt, und in jeder verbirgt und entfaltet sich eine vielfältige Kraft.

Jeder Zahl schreibt Agrippa von Nettesheim einen großen Wirkungsradius zu, etwa der Eins: «Es ist Ein Gott, Eine Welt Eines Gottes, Einer Welt Eine Sonne, auch nur Ein Phönix in der Welt, Eine Königin bei den Bienen, Ein Leiter der Herde … Unter den Gliedern des Körpers ist eines das vornehmste, von welchem die übrigen regiert werden, sei dies Eine nun das Haupt, oder wie andere wollen, das Herz.»[12] Jede Zahl bestimmt eine Vielzahl von Elementen in der vielgestaltigen Schöpfung, aber die Eins enthält alles, denn sie ist die Quelle der Entstehung des Weltalls, die Kraft des «höchsten Gottes, der, selbst eins und unzählbar, doch Unzählige aus sich hervorbringt und in sich enthält».[13]

Zwangsläufig, so verkündet es Gott nämlich bereits in der Bibel, fällt der Zahl sieben eine besondere Rolle zu, denn Gott ruhte, nachdem er die Welt in sechs Tagen geschaffen hatte, am siebenten aus. Aber ihre Ordnung, wie sie eben nur Magier enthüllen können, bestimmt das Leben von der Geburt bis zum Tod: «Wenn der erzeugende Samen im weiblichen Schoße aufgenommen worden und derselbe in den ersten sieben Stunden nicht wieder abfließt, so ist anzunehmen, daß er Leben erweckt hat. In den nächsten sieben Tagen gerinnt er dann zusammen, wird zur Annahme der menschlichen Gestalt geschickt und bringt nach sieben Monaten reife Kinder hervor, welche, wenn sie alsdann zur Welt kommen, Siebenmonatskinder genannt werden. Ob nach der Geburt ein Kind fortleben werde, entscheidet die siebente Stunde ... Nach sieben Tagen wirft das Kind die Überreste der Nabelschnur ab; nach zweimal sieben fangen die Augen an, nach dem Licht sich zu bewegen ... nach sieben Wochen beginnt das Zahnen ... nach dreimal sieben Monaten beginnt es zu sprechen; nach viermal sieben Monaten steht es fest auf den Beinen und geht ... nach sieben Jahren fallen die ersten Zähne aus ... Nach zweimal sieben Jahren fangen die Knaben an, mannbar zu werden; nach dreimal sieben Jahren wächst der Mensch in die Länge, der erste Bart kommt während dieser Zeit zum Vorschein ... Bis zu viermal sieben Jahren wächst der Mensch in die Breite, und er wird von da an nicht mehr größer ... Mit sieben mal sieben Jahren hat auch sein Verstand seine Reife erlangt ... Unser Leben währet siebzig Jahre. Die größte Länge, welche der Mensch erreicht, ist sieben Fuß.»[14] Alles muss sich der Macht der Zahlen fügen, selbst wenn sich die Realität dem arithmetischen Zwang gelegentlich verweigert.

Der Zahlenordnung sind nicht zuletzt die Planeten unterworfen, sie fügen sich zu Zahlenquadraten zusammen und unterwerfen ihrerseits alle Materie und jeden Menschen ihrer Macht. Dies geschieht mittels der «heiligen Planetentafeln, ... die sehr viele und sehr große himmlische Kräfte besitzen, insofern sie jene göttlichen Zahlenverhältnisse, die nach den Ideen des göttlichen Geistes durch die Weltseele in die himmlischen Dinge gelegt sind, ... darstellen, nach Maßgabe der die übersinnlichen Intelligenzen bezeichnenden Bilder».[15] Die Weltseele, die über Ideen auf die Planeten einwirkt, die ihrerseits auf alles Lebendige und sogar das Materielle einwirken, steht für einen Gottesbegriff, der auch die Gläubigkeit Casanovas bestimmt haben dürfte. Denn diese pantheistische Gottesabhängigkeit, wie sie der Neoplatonismus der Renaissance entwickelt hatte, erlaubte dem eher naiven Katholiken Casanova, einem fast radikalen Fatalismus zu vertrauen, der ihm, wie sein guter Stern, eine herausragende Karriere bestimmt habe, auf die er trotz aller beruflichen Fehlschläge zu hoffen nie aufgab; er sprach in so mancher schwierigen Situation stets von seinem «Schicksal».

Diese geistige Konstruktion des Kosmos schloss das Vermögen des Menschen ein, in die geheimen Geschehnisse und Gesetze einzudringen, wenn er sie denn schon nicht ändern konnte. Nicht das eigene Agieren rückte damit in den Vordergrund, sondern die Enthüllung vorbestimmter Abläufe, also die Entdeckung der zukünftigen Geschehnisse mit Hilfe magischer Kräfte. «Das Prinzip und der Schlüssel aller magischen Operationen ...» setzt voraus, dass die Magier sich «der fleischlichen Begierden und der materiellen Leidenschaften unserer Sinnlichkeit entledigen ... und sich zur reinen, mit göttlichen Kräften ausgestatteten Geistigkeit erheben können.»[16] Hier verbindet Agrippa von Nettesheim geschickt die Askese antiker Magier mit der dogmatischen Keuschheit der christlichen Mönche, das heißt heidnische Götterbeschwörung mit katholischer Gottesanbetung. Mochte Casanova die den Kosmos mit ihren Gesetzen durchdringende und bestimmende Weltseele als für ihn lebbare Glaubensorientierung akzeptieren, die rigide Seelen- und Sittenreinheit dürfte er eher belächelt haben.

Für seine Rolle als Magier, der das Publikum mit Exempeln des Wunderbaren beeindrucken musste, um Respekt, ja Bewunderung für seine alchimistischen Experimente zu erzwingen, waren die zahlreichen Beispiele des Widernatürlichen, die Agrippa von Nettesheim in seinem Werk ausführlich darstellt, sicherlich von Nutzen. So setzte der Alchimist der Renaissance die Gesetze der Natur durch Beschwörung außer Kraft: «Von der Erde soll man durch Worte und Bitten erlangen können, daß sie ungewöhnliche Bäume hervorbringt, und die Bäume sollen sich bewegen lassen, die Stelle zu wechseln und in einem fremden Boden fortzuwachsen.»[17] Auch in der

Tierwelt vollziehen sich geheime Vorgänge, die für den nüchternen Verstand ein Rätsel bleiben: «So fürchtet der Löwe den Hahn, weil die Sonnenkraft dem Hahn mehr zukommt als dem Löwen.»[18] Mit einer ähnlichen Gewalt vermag ein kleines Tier sogar die Gesetze des Meeres außer Kraft zu setzen: «Ein kleiner Fisch, der Saugefisch genannt, bezähmt derart die Wucht der Winde und des aufgeregten Meeres, daß wenn auch der Sturm noch so sehr tobt und der Wind alle Segel anschwillt, jenes Fischchen im Stande ist, durch bloße Berührung die Schiffe zum Stehen zu bringen.»[19]

Auch der Arzt Agrippa von Nettesheim verfügt über Methoden, die Heilung als Wunder erscheinen lassen: «Wenn man ein frisch herausgenommenes, noch warmes und lebendiges Tierherz einem an viertägigem Fieber Leidenden anhängt, so wird dieser von dem Fieber befreit.»[20] Eine ähnliche Prozedur verhilft sogar zu außergewöhnlichen Fähigkeiten: «Wer das noch lebende und klopfende Herz eines Wiedehopfs, oder einer Schwalbe, oder eines Wiesels, oder eines Maulwurfs verschluckt, der erhält ein gutes Gedächtnis, scharfen Verstand und die Gabe der Weissagung.»[21] Derartig blutige Sezierungen, denen die Tiere unterzogen wurden, sollten über die Heilung hinaus auch Geheimnisse enthüllen, die ein Mensch verbarg: «Das Herz einer Kröte auf die linke Brust eines schlafenden Weibes gelegt, soll bewirken, daß sie alle ihre Geheimnisse offenbart.»[22] Agrippa von Nettesheim gesteht, gelegentlich sogar persönlich an derartigen Operationen beteiligt gewesen zu sein.

Casanova fand bei Agrippa von Nettesheim so manche Methode, die einer Person zu einer wundersamen Verjüngung verhelfen sollte, etwa durch einen Brei «aus Nieswurz, Vipern und dem Fleisch ähnlicher Tiere».[23] Darüber hinaus besitzt der Magier die Kraft, «Seelen, die gewissermaßen schon von ihren sterblichen Leibern getrennt sind, in dieselben zurückzubringen».[24] Die Mittel, die dabei zur Anwendung kommen wie Kräuter oder Schlangenhaut, bewirken sogar bei getöteten Kriegern, «daß sie selbst nach mehreren Tagen wieder lebendig seien».[25] Spätestens mit diesen Techniken der Verjüngung und Totenerweckung setzte sich Agrippa von Nettesheim dem Verdacht aus, mit dem Teufel im Bunde zu sein und über Hexenkünste zu verfügen.

Schließlich versuchte Agrippa, zu dessen Lebzeiten Astrologie und Astronomie noch nicht getrennt waren, in der Konstellation der Sterne jene Ereignisse vorauszusehen, die in der Zukunft zwar noch verborgen, in der Sternen- und Planetenordnung aber schon vorbestimmt waren. Besonders die Mächtigen jener Epoche mussten daran interessiert sein, über kosmische Abhängigkeiten etwas zu erfahren, zumal sich um ihr Schicksal sogar die Weltseele, sprich Gott, besorgt zeigte und darauf Einfluss nahm: «Denn die Sorge der Himmlischen für die Fürsten, Völker und Länder ist so groß, daß ihnen durch Gestirne, durch Wunderzeichen und außerordentliche Erscheinungen Vorbedeutungen und Mahnungen erteilt werden … So gingen bei der Geburt oder bei dem Tode vieler ausgezeichneter Männer und Könige Wunderzeichen voraus.»[26] Folgerichtig wurde Agrippa von Nettesheim wiederholt aufgefordert, Horoskope zu erstellen. Nur widerwillig folgte er solchem Ersuchen und sagte beispielsweise zum Entsetzen von Luise von Savoyen die Niederlage ihres Sohnes Franz I. in der Schlacht von Pavia im Jahre 1525 voraus, in der der französische König in Gefangenschaft geriet.

Reich war das Wissen und Geheimwissen der Kabbala und anderer okkulter Lehren von der Antike bis zu seiner Zeit, das Casanova durch Agrippa zur Verfügung stand. So manches Experiment mit Planeten oder auch Tieren, denen jener noch Wunderkräfte zu entlocken versuchte, hat der Venezianer als folgenloses Phantasieprodukt bewertet, wusste es allerdings trotzdem als nützliches Hilfsmittel zu schätzen, um aus dem Aberglauben seiner Zeitgenossen beträchtlichen Gewinn zu ziehen.

Auch das Leben des deutschen Universalgelehrten konnte Casanova fast spiegelbildlich auf sich beziehen, war doch das seine wie das eigene von zahlreichen Ortswechseln und permanenter Suche nach einer festen, finanziell abgesicherten Position bestimmt. Freilich verfügte der gut zweihundert Jahre vor Casanova lebende Agrippa nicht nur über eine breitere Bildung – so beherrschte er acht Sprachen, sechs davon sprach er sogar fließend –, sondern auch über eine breitere berufliche Basis, war er doch zugleich Theologe, Jurist, Arzt, Philosoph, Schriftsteller und zudem noch Agent, Soldat und Festredner. Er wurde 1486 in Köln geboren und stammte aus einer verarmten Adelsfamilie, hatte aber eine fundierte Ausbildung in den klassischen Humaniora erfahren und sich schon früh der magischen Philosophie zugewandt, die ihn in die hermetischen Texte der Antike, die Praktiken der Kabbala und in die orphischen Hymnen eindringen ließ. Zugleich besaß er Kenntnisse in Mechanik, Optik, Geometrie und nicht zuletzt Medizin, die er wiederholt als praktizierender Arzt auf seinem stationenreichen Lebensweg zur Anwendung brachte.

Die geographischen Fixpunkte dieses unruhigen Sanguinikers waren Paris, Pavia, Metz, Freiburg (Schweiz), Genf, Dôle, Lyon, Mechelen und immer wieder Köln. Er starb 1535 in Grenoble, erst 48 Jahre alt. Häufig stand er im Zentrum der politisch-religiösen Umbrüche seiner Zeit, verkehrte mit John Colet in England, nahm 1511 am Konzil von Pisa teil und kämpfte 1512 als Offizier im Heer Kaiser Maximilians I. gegen die Venezianer und wurde noch auf dem Schlachtfeld zum Ritter geschlagen. In Metz verteidigte er die einfache Bauersfrau Josette Corbin in einem langen Hexenprozess, an dessen Ende er der Frau das Leben gerettet, sich aber zugleich die lebenslange Feindschaft der Dominikaner zugezogen hatte.

Von seinen Schriften bot vor allem «De occulta philosophia» ausreichend Angriffsfläche für den Vorwurf, er sei ein Schwarzkünstler und Ketzer. Seine magische Philosophie, die in kühner Symbiose hermetisches und kabbalistisches Geheimwissen mit einem pantheistischen Christentum verband, faszinierte jedoch zugleich durch die Gratwanderung zwischen Glauben und Aberglauben. So war er als grenzgängerischer Freigeist auch im Spannungsfeld der Reformation umstritten, trotz seiner Kontakte zu Luther, Erasmus von Rotterdam und Ulrich von Hutten.

Agrippa von Nettesheim heiratete dreimal – eine Italienerin, eine Genferin und eine Niederländerin – und war Vater von sieben Kindern. Schließlich besaß er auch einen schwarzen Hund, der als sichtbares Zeichen seiner schwarzen Magie galt. Dieses harmlose Tier stieg literarisch variantenreich über das Volksbuch «Doktor Faustus» und Marlowes Drama «The Tragical History of Life and Death of Doctor Faustus» bis zum Pudel in Goethes «Faust» auf. Damit hat der umstrittene Humanist seinen Anteil an der Gestaltung des unruhig-unaufhaltsam in Wissen und Wirken vordringenden faustischen Menschen.

Besonders eine Schrift des Kölner Universalgelehrten könnte die zusätzliche Aufmerksamkeit Casanovas gefunden haben: seine Lobpreisung der Frau mit dem Titel «De nobilitate et praecellentia foeminei sexus» («Vom Adel und Vorrang des weiblichen Geschlechts»). Voll Stolz behauptet Agrippa, dass zwar viele über die Vorzüge der Frau geschrieben hätten, keiner aber habe es bisher gewagt, «ihren Vorrang vor den Männern zu behaupten».[27] Noch bevor er im Detail zu belegen sucht, dass «der ruhmreiche Stamm der Frauen dem harten Männergeschlecht fast grenzenlos überlegen»[28] sei, sucht und findet er den Beweis in der biblischen Legitimität, und zwar schon im Namen der ersten menschlichen Geschöpfe. Adam bedeute «Erde», Eva aber «Licht», und da das Licht im Rang die Erde übertreffe, sei dieser Rangunterschied bereits von Gott bestimmt und am Anfang der Bibel festgeschrieben. Verstärkt werde dies zudem dadurch, dass Gott den Mann aus einfacher Erde, die Frau jedoch aus etwas bereits Lebendigem, der Rippe des Mannes, geschaffen habe. Also «stellt die Frau die letzte Schöpfung und ihr Ziel, die vollkommenste Krönung aller göttlichen Werke und die Vollendung des Universums selbst dar».[29]

Sodann aber reklamiert Agrippa von Nettesheim ihre Vorrangstellung aufgrund ihrer «Reinheit und wunderbaren Schönheit ... Da nämlich Schönheit nichts anderes ist als des göttlichen Antlitzes und Lichtes Abglanz, der den Dingen innewohnt und durch schöne Körper widerscheint, wählte dieser Glanz gewiß die Frauen vor den Männern.»[30] Auf diese Schönheit des weiblichen Körpers stimmt er einen detailreichen Hymnus an: «Daher ist der Leib der Frau höchst lieblich anzusehen und zu berühren, ihr Fleisch ist so zart, ihre Farbe hell und weiß, die Haut schimmernd ..., ihr Haupt schön, ihre Locken höchst anmutsvoll, ihre Haare weich, glänzend und üppig, ist ihr Antlitz herrlich, ihr Anblick heiter, ihr Gesicht das allerschönste.»[31] Lange findet er kein Ende, alle Körperteile der Frau mit makelloser Ansehnlichkeit zu versehen, um dann schließlich die vollendete Schönheit herauszustellen, mit der sie ihren Körper dem harmonischen Bewegungsrhythmus unterwirft.

Auch weiß er die «besondere Würde und Schicklichkeit» der Frau zu betonen, da «die Haare der Frau nämlich so lang sind, daß sie alle intimen Körperteile zuzudecken vermögen».[32] Zu der ihr von Gott gewährten Schicklichkeit zähle auch, «daß die Natur das Geschlecht der Frauen nicht hervortretend wie bei den Männern angeordnet hat, sondern innen an verschwiegenem, sicherem Ort versteckt».[33] Die Unschönheit der Männer offenbare sich zudem darin, dass ihr Kopf im Gegensatz zu dem von Frauen von Kahlheit befallen werden könne. Am Kinn des Mannes liege genau das Gegenteilige vor, weil die Bartstoppeln den Mann hässlich machten, während die Frauen dort von jedem Haarwuchs verschont würden. Zwischen exakter Naturwissenschaft und naturmystischer Spekulation bewegen sich schließlich viele Einzelheiten zu Zeugung, Schwangerschaft und Gebären, die Agrippa zum Vorteil der Frau sowie ihrer Kinder ermittelte.

Skrupel und Spielsucht

Es war das Werk Agrippas von Nettesheim, das dem jungen Casanova, der sich dessen trickspielerisch bediente, die Gunst und Gelder der drei reichen Senatoren Venedigs verschaffte, und es machte ihn wenige Jahre später durch vorgebliche Verjüngungsexperimente zum reichen Mann. Sogar an seinem Lebensende, als er ziel- und erfolglos durch Mitteleuropa irrte, um irgendwo einen sicheren Platz zum Schreiben und auch zum Sterben zu finden, öffnete es ihm eine Tür, hinter der sich soziale Sicherheit befand.

Damals, im Jahre 1784, gelang dieser Schritt, wie der Fürst de Ligne, der wie sein Neffe Graf Waldstein an einem Diner in Wien teilnahm, berichtete: «Mein Neffe erlag Casanovas Anziehungskraft, als sie zusammen beim venezianischen Botschafter dinierten. Mein Neffe gab vor, an Magie zu glauben und sie auch zu praktizieren, er sprach von Salomons Schlüssel, über Agrippas ‹Magische Werke› und dergleichen mehr, und er schien sich damit gut auszukennen. – ‹Wem sagen Sie das alles?›, rief Casanova. ‹O! che bella cosa, cospetto! Das alles kenne ich genau!› – ‹Dann›, sagte Waldstein, ‹kommen Sie mit mir nach Böhmen, Ich reise morgen ab.›»[34]

Ob bei der geheimnisvollen Quecksilbervermehrung in Neapel oder bei der Verwendung der Kenntnisse des magischen Philosophen Agrippa von Nettesheim, sein Spezialwissen verschaffte Casanova meistens finanzielle Vorteile. Auch bei der trickreichen Anwendung seines Kabbala-Wissens gegenüber den drei Senatoren fragte er sich, ob es rechtens sei, seinen Vorteil aus vorgetäuschten Wahrheiten und dem Aberglauben seiner Opfer zu ziehen. Im vollen Bewusstsein, eine gezielte Irreführung zu betreiben, zögerte er nicht, großzügig das blinde Vertrauen der würdigen Herren gegen den Nutzen zu verrechnen, der ihm daraus zufallen würde.

Es hat seinen besonderen Reiz zu beobachten, wie Casanova sich im Rückblick kasuistisch exkulpiert, um nicht als banaler Betrüger zu erscheinen: «Um ein ganz reines Gewissen zu haben, hätte ich, so sagt man, mich nicht mit ihnen befreunden dürfen oder sie aufklären müssen.»[35] Die drei Senatoren aufzuklären wäre aber, wie er fortfährt und ihnen ein Selbstverschulden zuschiebt, in jedem Fall vergeblich gewesen: «Sie hätten über mich gelacht, mich als Dummkopf behandelt und fortgeschickt. Sie hätten es mir nicht gelohnt, und ich fühlte mich nicht berufen, den Apostel zu spielen.»[36] Sie aus ihrem glücklichen Wahn zu reißen, hätte «die Moral eines Misanthropen gebraucht, die Moral eines Feindes der Menschen, der Natur, der Höflichkeit und meiner selbst».[37] Damit machte er sich zum Wohltäter der mit falschem Wissen Betrogenen, aber, wie er sanft hinzufügt, auch zum Wohltäter seiner selbst.

Schließlich bediente er sich eines Arguments, das er in solchen Situationen immer wieder bemühen musste, um sich wenigstens als der bessere Gauner – aber immerhin Gauner – zu empfehlen: Wie hätte er «so grausam sein dürfen, die drei ehrenwerten Personen den Betrügereien irgendeines unredlichen Gauners auszusetzen, der sich in ihre Gesellschaft gedrängt und sie ruiniert hätte».[38] Dies zu verhindern, empfand er als humane Hilfe, denn mit der Wahrheit, der Offenlegung seiner betrügerischen Tricks, hätte er sich auch «ihrer Freundschaft als unwürdig»[39] erwiesen, woran ihn nicht zuletzt die eigene Höflichkeit hinderte. Außerordentlich geschmeidig wand er sich aus jedem Schuldvorwurf.

Nun galt es, nach vorn zu schauen und endlich an sich selbst zu denken: «Ich wählte den schönsten, edelsten und einzig natürlichen Weg, nämlich den, dafür zu sorgen, daß ich das Nötige nicht mehr entbehrte; und was mir nötig war, konnte niemand besser beurteilen als ich selbst. Mit der Freundschaft dieser drei Persönlichkeiten wurde ich zu einem Mann, der in seiner Heimat zu Ansehen und Einfluß kommen mußte.»[40] Blanken Egoismus verstand Casanova mit unbegrenztem Vitalismus zu einer opportunistischen Ethik zu verbinden, möglicherweise hat er bei der Niederschrift dieses rabulistischen Freispruchs in Dux doch ein wenig gelächelt.

Das Vertrauen, das der Senator Bragadin dem vorgeblich hochbegabten Mediziner und begnadeten Magier Casanova entgegenbrachte, war derart groß, dass er ihn fortan wie seinen Sohn aufnahm. Das schloss standesgemäße Vergünstigungen ein: Wohnrecht im Palazzo, einen Platz an der reichgedeckten Tafel, Diener, Gondel, üppiges Taschengeld. Derart versorgt, stieg Casanova zu einem betuchten Müßiggänger auf, dem sein Gönner einen einzigen Auftrag gegeben hatte – einen überaus angenehmen: «Sorge dich nicht um die Zukunft! Geh deinen Vergnügungen nach und mache mich zu deinem Vertrauten ...»[41] Somit konnte der junge Mann sein unbekümmertes Leben, das ihn, solange er der arme Geiger gewesen war, zu eher rüpelhaften Abenteuern geführt hatte, nun als wohlsituierter Lebemann fortsetzen, und das hieß Abenteuer im Glücksspiel und Eroberungen in der Liebe.

Schon bald geriet er in die Fänge eines Grafen Rinaldi, der als Lockvogel eine schöne, zudem ausländische Gräfin an seiner Seite hatte. Man spielte in feiner Gesellschaft, man spielte hoch, und Casanova verlor viel. Als alles Bargeld der Glücksgöttin, der Graf und Gräfin nachgeholfen hatten, verspielt war, spielte er weiter – auf Ehrenwort. Das Geld, das er nicht hatte, hoffte er beim großzügigen Bragadin zu finden. Der lebenskluge Senator war in der Tat bereit, die hohe Summe von fünfhundert Zechinen für seinen Schützling auszugeben, allerdings gegen dessen Versprechen, «nie mehr auf Ehrenwort zu spielen. Das schwor ich ihm; ich küßte ihm die Hand und ging zufrieden spazieren.»[42]

Den Schwur sollte er nicht lange halten, konnte ein lebenslang süchtiger Glücksspieler wie er doch auf das Ehrenwort als letzten

Einsatz nicht verzichten. Aber Bragadin erteilte ihm noch eine weitere Lektion. Am nächsten Tag traf nämlich ein Paket des Grafen Rinaldi ein, das die Summe, die Casanova in bar verloren hatte, enthielt und die Versicherung, «daß unser Spiel auf Ehrenwort in der vergangenen Nacht nur ein Scherz war».[43] Der Senator hatte seine schützende Hand über seinen Adoptivsohn gehalten, die harte Hand eines mächtigen Mannes in Venedig, dessen Unmut sich kein Berufsspieler erlauben konnte.

Schließlich demonstrierte der Senator seinem Schützling, und nicht nur ihm, nach welchen Regeln in Venedig Gunst gewährt und auch wieder entzogen wurde. In der Stadt war ein Franzose namens L'Abadie aufgetaucht, dessen Bekanntschaft Casanova sogleich gemacht hatte. Der Mann bewarb sich um den Posten des Inspektors der Landtruppen in der Armee der Serenissima. Casanova hatte diesen Aspiranten sogar dem Senator Bragadin vorgestellt, wohl nicht zuletzt in der Absicht, dass L'Abadie auf dessen Stimme bei der Abstimmung im Senat rechnen könne. Großzügig hatte der Senator versprochen, seine Stimme zu dessen Gunsten abzugeben.

Es hatte sich eine derart freundschaftliche Beziehung zwischen dem Franzosen und Casanova entwickelt, dass dieser, als er wieder einmal verschuldet war, seinen neuen Freund um die Summe von hundert Zechinen bat. Der Inspektor in spe weigerte sich jedoch, ihm diese Summe zu leihen – natürlich mit allen Floskeln der seinerzeit hochentwickelten Höflichkeitsrhetorik. Daraufhin erzählte Casanova seinem Schutzpatron von dieser Enttäuschung, der ihm eine Überraschung bereitete. L'Abadie wurde nicht ernannt, Bragadin hatte mit dem Argument gegen ihn gesprochen, dass diese Position keinem Ausländer anvertraut werden dürfe. Den eigentlichen Grund teilte er nur seinem Schützling mit: «Kann er ein gutes Urteil besitzen und dir hundert Zechinen verweigern?»[44] Der Einfluss des Senators reichte weit, und Casanova sollte wissen, dass Einfluss zur erfolgreichen Lebensgestaltung in Venedig notwendig sei. Diese Belehrung legte dem jungen Casanova nahe, sich ebenfalls um Autorität und Einfluss in der Stadt zu bemühen.

Das erste Duell

Aber der Flaneur, nun aller finanziellen Sorgen ledig, suchte auch weiterhin nicht, eine geachtete Position in der Lagunenstadt zu erlangen, sondern überließ sich dem reizvollen Spiel der Zufallsbekanntschaften. Eine solche ergab sich mit der Contessa A. S., die vor ihrer Familie aus der Provinz nach Venedig geflohen war, um von einem Leichtfuß namens Zanetto Steffanie sein schriftlich gegebenes Eheversprechen einzufordern und ihn, falls er sich weigern sollte, mit einem Stilett zu töten. Der Mann war jedoch, nachdem er ihr die Jungfräulichkeit genommen hatte und geflohen war, in seiner Heimatstadt Venedig unauffindbar. Daraufhin entfaltete Casanova gegenüber der hilflosen jungen Frau den facettenreichen Charme eines uneigennützigen Beschützers, eine Rolle, an die er selbst glaubte. Wenig später aber stellte sich dennoch jenes männliche Verlangen ein, dem er sich nicht entziehen konnte, war es doch der «unmittelbare Eingriff der ewigen Vorsehung, der göttlichen Fügung unserer gütigen Schutzengel, und so verliebten wir uns ineinander».[45]

Um dieser Liebe nicht allzu schnell wieder verlustig zu gehen und ausreichend Zeit zu haben, damit «Amor mit uns machte, was er wollte»,[46] inszenierte Casanova eine etappenreiche Versöhnung mit ihrer Familie. Dennoch nahm die rauschhafte Gemeinsamkeit mit der Contessa ihr zwangsläufiges Ende, wobei die Gefahr, dass ihre Leidenschaft in einer Ehe hätte enden können, durch den Standesunterschied gebannt war, den ihre Liebe nicht hätte überwinden können. Diese Einsicht in den Verzicht auf eine dauerhafte Bindung überließ Casanova großzügig und zugleich egoistisch seiner Geliebten: «Die Contessa war fest davon überzeugt, daß ich sie nicht von mir gelassen hätte, wenn mein Stand dem ihren gleich gewesen wäre.»[47]

Bevor er ein weiteres Mal die Rolle eines hilfreichen Beschützers übernahm, absolvierte er sein erstes Duell mit einem Falschspieler namens Graf Medini, dem er wiederholt auf seinen Reisen quer durch Europa begegnen sollte – stets in unversöhnlicher Feindschaft. Nachdem er offensichtlich im Spiel betrogen worden war, kam es zum nächtlichen Klirren ihrer Degen mit dem Resultat, dass «ich bei

Mondschein das Glück hatte, ihn an der Schulter zu verletzen».[48] Sein Gegner konnte den rechten Arm nicht mehr heben und musste – alles exakt nach dem traditionsreichen Kodex des Duells – um Pardon bitten.

Auch die zweite Begebenheit mit Casanova in der Rolle eines fürsorglichen Frauenhelden entsprang einer Zufallsbekanntschaft. Nachdem er die Contessa A. S. am Ponton bei der Ankunft des Postschiffes aus Ferrara kennengelernt hatte, traf er nun in einer Gondel nach Mestre eine junge reiche Bäuerin, von der er nur den Vornamen Cristina preisgibt. Diese war ebenfalls auf der Suche nach einem Ehemann, der aber noch nicht gefunden war. Casanovas Hilfe bei der Suche nach einem ihrer und ihres Reichtums würdigen Mann führte auf so manchem Umweg dann doch dazu, dass er selbst zunächst die Rolle des Gesuchten übernahm: «Wir überließen uns einander.»[49] Er schien entschlossen, sogar mit Hilfe seiner Orakeltalente im Kreis der drei Senatoren den Beweis zu erbringen, «daß meine Heirat im großen Buch des Schicksals verzeichnet stand».[50]

Doch noch rechtzeitig vor jeder verpflichtenden Bindung wählte er die Variante des eleganten, ja großzügigen Entweichens: «Bereits am nächsten Tag entschloß ich mich, Cristina glücklich zu machen, ohne sie zu heiraten.»[51] Das Glück dieser Geliebten zu bewerkstelligen erforderte einigen Aufwand, doch schließlich wurde, nicht zuletzt mit Hilfe des Senators Dandola, ein ehrbarer Kandidat gefunden, der der schönen Bäuerin zu ihrem ersehnten Eheglück verhalf. Um ihre Ehre zu garantieren und sich nicht selbst mit einer verdeckten Vaterschaft zu belasten, vermerkt Casanova, dass sie «erst nach Ablauf eines Jahres»[52] einen Sohn gebar. Auch in diesem Fall stellte er fest, dass eine grenzenlose Liebe in einer eingrenzenden Ehe enden zu lassen, für ihn eine Gefahr darstelle. Die logische Konsequenz daraus gab er in seltener Klarheit preis: «Meine Eigenliebe überwog … Ich konnte mich nicht entschließen, durch Heirat auf alle Aussichten zu verzichten, die mein in jeder Weise ungebundener Stand bot.»[53]

Seine Freiheit, der er gegenüber jeder Frau den Vorzug gab, verführte ihn in jenen Jahren auch zu fragwürdigen Frivolitäten. Neben dem generösen Liebhaber, der die Sorgen einer Frau zu seinen eigenen machte, existierte jener Grenzgänger der einfachsten Moral, der seine Freiheit bis zur Willkür trieb. Aller Geldsorgen ledig, schien er auf der hilflosen Suche zu sein, seiner Freiheit einen Sinn und seinem Leben eine klare Richtung zu geben. Selbst eine heitere Landpartie geriet so zu Willkür und Gewalt. Von einem Freund bei einer fröhlich auf dem Lande dahinlebenden Familie eingeführt, wo man sich mit harmlosem Schabernack und Gesellschaftsspielen die Zeit vertrieb, hatte er sich jener Regel zu fügen, nach der auch der Verlierer in das Gelächter seiner Gegner einstimmen musste, wenn ein Überraschungscoup gelungen war. An diesem Treiben nahm Casanova unbekümmert teil, fühlte sich aber im Übermaß hereingelegt, als er beim tänzelnden Überqueren eines Grabens ein angesägtes Brett nicht bemerkte und in das modrige Wasser stürzte – mit der Folge, dass die exquisite Kleidung, mit der er sich ausgestattet hatte, Schaden nahm: «Ein ganz neuer, mit Pailletten bestickter Anzug, Spitzen, Strümpfe, alles war hin.»[54]

Zu dem Gelächter über seine Opferrolle an diesem Spaß war er gerade noch fähig, sann jedoch sogleich auf Rache an dem griechischen Gewürzhändler, der, wie Casanova ermitteln konnte, ihm die Falle des angesägten Brettes gestellt hatte. Angeblich hatte der Grieche die Gunst einer Kammerzofe verloren, die den Mann mit den glitzernden Pailletten vorzog. Dieser nutzte eine Beerdigung, die gerade im Dorf stattgefunden hatte, um in der folgenden Nacht den Toten auszugraben, ihm einen Arm abzuschneiden und sich damit unter dem Bett des Gewürzhändlers zu platzieren. Wiederholt zog er ihm die Bettdecke weg, bis der am Schlafen gehinderte Mann dem Spaß schließlich ein Ende machen wollte, nach der Hand griff, die ihm die Decke entzog – und den Arm des Toten in der Hand hielt. Der Schreck fuhr ihm derart in die Glieder, dass sein Körper mit Ausnahme der Augen, aber einschließlich seines Sprachvermögens in Starre fiel, und zwar lebenslang. Casanova blieb nichts anderes übrig, als vor der Verachtung der nun nicht mehr heiteren Spaßgesellschaft zu flüchten.

Nach Venedig zurückgekehrt, sah er sich von einem Gericht vorgeladen, das im Ruf strenger Rechtsprechung stand. Die Anklage, die von einer Mutter vorgetragen worden war, lautete auf Vergewaltigung eines Mädchens, das von Schlägen geschunden im Bett liege. Casanova klagte nun seinerseits auf Nichterfüllung einer mit der Mutter getroffenen Absprache. Danach sei ihm die Tochter von der Mutter gegen einen stattlichen Betrag zur sexuellen Verfügung gestellt worden. Sie habe sich jedoch der Vertragserfüllung heftig widersetzt und sei deshalb seinen derben Stockschlägen ausgesetzt gewesen. Es mutet seltsam an, dass er sich mit Geld die Gunst eines beliebigen Mädchens erkaufen musste, obgleich er doch gleichzeitig «drei oder vier schon länger andauernde Verhältnisse hatte, die mir alle am Herzen lagen».[55]

Da ihm Anklagen wegen Leichenschändung und Vergewaltigung drohten, riet ihm sein Gönner Bragadin, die Stadt zu verlassen, zumindest für ein Jahr, bis sich die juristische Bedrohung allein durch die verstrichene Zeit erledigt haben sollte: «Alles regelt sich in Venedig, wenn die Stadt eine Geschichte einmal vergessen hat.»[56] Drei Jahre zuvor war er als Abate aufgebrochen, um als Kleriker in der katholischen Hierarchie Karriere zu machen, dann hatte er die Stadt verlassen, um als Soldat zu hohen Ehren aufzusteigen – beides war misslungen. Nun flüchtete er als exzessiver Lebemann aus seiner Heimatstadt, ohne jede berufliche oder persönliche Perspektive.

5. *Große Liebe – große Diskretion*

Geister und Glücksspiel

Casanova reiste nach Mailand, wohl versehen mit Geld, aber ohne Empfehlungsschreiben, die seinem dortigen Aufenthalt eine sinnvolle Kontaktaufnahme oder gar eine weiterführende Tätigkeit verschafft hätten. Der Laune des Augenblicks folgend, ging er in die dortige Oper und begegnete Marina, der jüngeren Schwester von Bellino-Teresa. Sie trat als Groteskänzerin auf, hatte sich aber in ihrer sexuellen Generosität einem Grafen Celi ausgeliefert, der sie als Lockvogel für sein Metier eines Falschspielers ausnutzte. Fast zwangsläufig kam es zum Streit und zum Duell zwischen den beiden. Es floss jedoch kein Blut, denn Celi, mit der blanken Klinge Casanovas konfrontiert, «rannte Hals über Kopf davon».[1]

In Mantua, wohin Casanova Marina aus Liebenswürdigkeit, aber ohne Liebesbeziehung begleitete, verfiel er erneut dem Glücksspiel und auch zwei «Luderdirnen».[2] Aus Gleichgültigkeit, woran vermutlich auch der Alkohol seinen Anteil hatte, wurde er seltsam willenlos das Opfer der einen: «Ich ließ sie gewähren und war ihr zu Willen.»[3] Die Folge stellte sich alsbald ein – eine weitere Geschlechtskrankheit, die ihn zu einer sechswöchigen Kur mit Salpeterwasser zwang, vor allem aber zum Verzicht auf intimen Umgang mit Frauen, was ihm besonders schwerfiel. Stattdessen begegnete er einer ehemaligen Schauspielerin, die ihre verwelkten Brüste zur Schau stellte, auf denen ein großes Muttermal in Form einer Erdbeere prangte. Stolz verwies sie damit auf ihren Künstlernamen «Fragoletta», und Casanova musste mit Erschrecken zur Kenntnis nehmen, dass diese Person, die einst von hinreißender Schönheit gewesen sein musste, seinen Vater verzaubert und zum Theater verführt hatte. Ohne sie wäre er nicht von seiner Familie in Mantua fortgegangen, wäre nicht nach Venedig gekommen und wäre nicht Giacomos Vater geworden. In theatralischer Sentimentalität erklärte sich die Fragoletta zur Fast-Mutter Casanovas, der konsequent einer zweiten Begegnung auswich.

Schon zeichnete sich der Plan ab, wieder nach Neapel zu reisen, wo, wie er hoffte, Donna Lucrezia und auch Bellino-Teresa gleichermaßen von einem Wiedersehen entzückt sein würden. Aber da ergab sich die Zufallsbegegnung mit einem Beamten des dortigen Kirchenrechtamtes, der über ein Kabinett von magischen Kuriositäten verfügte und wie der Senator Bragadin darauf versessen war, tief in die Geheimnisse der Geisterwelt einzudringen. Zu den historischen Raritäten der Sammlung zählte ein rostiges Schwert, mit dem, wie sein Besitzer behauptete, Petrus, nach dem Evangelium Johannes 18,10–11, dem Malchus ein Ohr abgeschlagen habe.

Diese Reliquie ließe sich, wie Casanova dem keineswegs begüterten Kirchenjuristen in Aussicht stellte, dem Papst teuer verkaufen, aber nur zusammen mit der dazugehörigen Scheide. Beides zusammen sei der Schlüssel, um einen Schatz von 2 Millionen Zechinen aus der Erde des Kirchenstaates zu heben, der dort in einer Kassette seit sechshundert Jahren vergraben sei. Gottfried von Bouillon habe ihn Mathilde, der Markgräfin von Toskana, entrissen, um Papst Gregor VII. bei der Finanzierung des ersten Kreuzzuges zu helfen. Dieser Papst, selbst ein großer Magier, habe den Schatz vergraben, aber «in einer Vollmondnacht könnte ein kundiger Magier ihn zur Erdoberfläche steigen lassen, wenn er sich in einen magischen Kreis stellt».[4]

Dieser Magier konnte selbstverständlich nur Casanova selbst sein, der sich kurzfristig die Legende vom verborgenen Schatz in der Bibliothek von Mantua angelesen hatte. Nun nahm die Zeremonie der Geisterbeschwörung ihren Lauf, galt es doch, die Bewacher des Schatzes – diverse Geister – mit magischen Formeln zu dessen Preisgabe zu zwingen. Als Ort, an dem die Schatzkassette tief in der Erde verborgen sein sollte, wurde Cesena ermittelt und dort – nicht verwunderlich – das Anwesen eines befreundeten Landwirtes namens Francis, der zudem Vater einer hübschen, jungfräulichen Tochter namens Genoveva war. Deren Unschuld musste, so verlangte es das Ritual, in der Nacht der Schatzhebung geopfert werden. Auch dieses Vergnügen wusste Casanova als unerlässlich in die Prozedur der Schatzhebung zu integrieren.

In besagter Nacht vollzog der selbsternannte Magier, der bereits seit seiner Jugend derartige übernatürliche Kräfte als Hokuspokus belächelte, sich aber ihrer zur Verbesserung seiner finanziellen Situation mit hoher Geschicklichkeit immer wieder bediente, das Zeremoniell mit jener Präzision, die er Agrippa von Nettesheim verdankte. Dessen Werk «De occulta philosophia» kam bis zu den kleinsten Details zur Anwendung, wobei auch in diesem Fall Casanova die Quelle mit keinem Wort preisgibt. Ein plötzlich auftretendes mächtiges Gewitter, das sogar Casanova selbst in Schrecken versetzte, zerstörte jedoch den magischen Kreis, so dass die okkultistische Szene am Ende missriet und die Geisterbeschwörung auf ein anderes Datum verschoben werden musste. Großzügig verzichtete der Venezianer in dem Gewitterdonner auch auf das Opfer von Genovevas Jungfräulichkeit, konnte sich indes trotzdem um einen stattlichen Betrag bereichert zurückziehen. Die von ihm selbst hergestellte Schwertscheide war dem der Magie verfallenen Kirchenbeamten nämlich eine hohe Summe wert.

Henriette

Nun war Casanova frei für die geplante Reise nach Neapel. In seinem Gasthof in Cesena wurde er früh von einem lauten Krach geweckt, der aus dem Nachbarzimmer drang, und geriet alsbald als Augenzeuge in ein wildes Spektakel. Die Sbirren des Bischofs der Stadt – denn Cesena war Teil des Kirchenstaates – waren, geführt vom Wirt des Gasthofes, gewaltsam in das Zimmer eingedrungen – auf den Verdacht hin, dass dort ein Paar nächtige, das nicht verheiratet sei. Aufrecht im Bett sitzend, beklagte sich lauthals ein Gast von etwa sechzig Jahren über das ungehörige Eindringen in die Intimität des Schlafzimmers. Allerdings trug er das Ganze in lateinischer Sprache vor, so dass er nur von Casanova verstanden wurde. An seiner Seite lag eine junge Frau, von der der gestörte Gast behauptete, dass ihr Geschlecht keinesfalls weiblich sein müsse, sei sie doch immer in Männerkleidung aufgetreten, und schließlich gehe es niemanden etwas an, ob es sich um seine Ehefrau oder seine Geliebte handele.

Langsam klärten sich die ungewöhnlichen Verhältnisse. Es handelte sich um einen ungarischen Offizier in Diensten der österreichischen Kaiserin, der von Kardinal Alessandro Albani in Rom beauftragt worden war, Guillaume-Léon Dutillot, einem Minister des Herzogs von Parma, ein versiegeltes Paket zu überbringen. Casanova machte alsbald die Sache des Offiziers zu seiner eigenen und drang bis zu dem die Stadt kommandierenden General vor, in seiner scheinbar selbstlosen Aktivität einzig davon bestimmt, die Ehre des kaiserlichen Offiziers zu retten, in Wahrheit jedoch von der Neugier getrieben: «Was mich so streitbar machte, war ein viel stärkeres Motiv. Ich stellte mir das Mädchen, das bei ihm lag, als sehr begehrenswert vor und brannte darauf, ihr Gesicht zu sehen.»[5] Schließlich wurde die Decke ein wenig gelüpft, und sichtbar wurde «ein lachendes, frisches und verführerisches Gesicht mit zerzausten Haaren».[6]

Nachdem es dem angeblich selbstlosen Verteidiger des exotischen Paares gelungen war, den Streit mit einem Sieg über den Wirt und dessen Demütigung zu beenden, kleidete sich die junge Frau in eine Phantasieuniform von großer Eleganz und erwies sich als Französin. Ihre Schönheit schlug den Venezianer «sofort in Bann»,[7] und «in diesem Augenblick beschloß ich, mit ihnen nach Parma zu fahren».[8] Die Geliebte des Ungarn, der Casanova den Vornamen Henriette gibt, entwickelte bei Tisch «eine Art von Geist, der mir überaus gefiel und den man in Frankreich häufig, in Italien jedoch selten findet».[9] Aber sie sei, so vermutete er zunächst, wohl doch einer «jener Charaktere, welche eine Liebe nicht ernst nehmen und sich leicht nach den Umständen richten; sie passen sich an und gehen alle möglichen Bindungen ein, die ihnen der Zufall bietet.»[10]

Die Umstände, die zu jener Zeit den Lebensweg Henriettes bestimmten, waren verworren und undurchsichtig, und mochte der alte Casanova in Dux auch ihren wahren Namen gekannt haben, geheimnisvoll und unerklärlich dürften für ihn auch später die Umstände ihres abenteuerlichen Auftauchens und die Abgründe ihres Charakters geblieben sein. Eine gewisse Aufhellung, zumindest ihrer jüngsten Vergangenheit, konnte ihm der ungarische Offizier verschaffen, der von ihrer ersten Begegnung in Civitavecchia, wohin ihn eine Ausflugsfahrt von Rom geführt hatte, seltsame Einzelheiten berichtete. Sie sei, so hatte er durch das Fenster des Nachbarzimmers in dem zufällig gemeinsam gewählten Gasthof beobachten können, an der Seite eines alten Offiziers am Tisch gesessen, der ihr seine Gleichgültigkeit bis zum Verzicht auf jede Konversation gezeigt habe – später sollte Casanova erfahren, dass es ihr Schwiegervater gewesen war, aber die Einzelheiten der innerfamiliären Konflikte zwischen diesem und ihr sowie zwischen den strittigen Ehepartnern blieben auch ihm versagt.

Der Ungar berichtete, dass sein Cicerone in Civitavecchia den Kontakt zu der jungen Frau hergestellt und er ihr zehn Zechinen für «ein Stelldichein von einer einzigen Stunde»[11] angeboten habe, was nicht auf ihre Ablehnung stieß; dieses Stelldichein aber sollte in Rom stattfinden. Kurz vor seiner Abreise nach Parma, so berichtete der Ungar weiter, habe er seinen Cicerone zu der geheimnisvollen Frau mit der Information geschickt, dass die verabredete Begegnung in den nächsten zwei Tagen stattfinden müsse, da er danach von Rom abreise. Nach einem gemeinsamen Diner sei es dann auch zu der geplanten Intimität gekommen, und zwar zu seiner vollsten Zufriedenheit: «Sie war mir gegenüber so gefällig, wie ich es mir nur wünschen konnte.»[12] Zu seinem Erstaunen jedoch habe sie die Annahme der versprochenen zehn Zechinen verweigert und den Wunsch geäußert, mit ihm nach Parma zu reisen, «wo sie etwas zu erledigen habe».[13] An der verabredeten Torausfahrt von Rom habe sie auf seinen Wagen gewartet, der sie beide über den Apennin und eben nach Cesena gebracht habe.

Trotz der intimen Nähe, in der Henriette auf der Reise mit dem Ungarn lebte, hatte sie einen engen Kreis der Diskretion um sich gezogen, und auch ihr persönlicher Kontakt blieb begrenzt, stellte die sprachliche Barriere doch ein hohes Hindernis dar. Er sprach außer Ungarisch und Deutsch nur Latein, das seinerzeit in Ungarn noch als Umgangssprache in Gebrauch war, während sie sich nur französisch äußern konnte. Zudem hatte sie sich geweigert, «über ihre Lebensumstände zu berichten».[14] Auch gegenüber Casanova betonte Henriette ihre entschiedene Zurückhaltung, mehr über sich und «die Wechselfälle ihres Lebens»[15] preiszugeben. Außerdem hatte sie von ihrem Reisebegleiter gefordert, ihr einen speziellen Wunsch zu erfüllen, wenn sie in Parma eingetroffen seien: «Ich wünsche …, daß er mich ganz allein ein Quartier suchen läßt, wo es mir gut dünkt, und mich so vollständig vergißt, daß er sich in Parma nicht erkundigt, was aus mir geworden ist, noch ein Wiedererkennen zeigt, wenn er mir zufällig irgendwo begegnet.»[16]

Casanova war nicht nur von der Schönheit dieser Frau, sondern auch von ihrem Taktgefühl fasziniert, mit dem sie jedermann und nicht zuletzt ihm begegnete. Aber seine Neugier verlangte, mehr über die seltsam eigenwillige und zugleich verborgene Gestaltung ihres Lebens zu erfahren. Aus diesem Grund war er bereit, dem Ungarn seine Verliebtheit in Henriette einzugestehen und ihn zu fragen, «ob er etwas dagegen habe, wenn ich sie zu überreden suche, meine Geliebte zu werden».[17] Diesem Begehren mochte sich der Ungar nicht widersetzen, zumal er, wie er selbstkritisch eingestand, «sich wohl nicht einbilden durfte, er habe sie unsterblich in sich verliebt gemacht»,[18] ganz abgesehen davon, dass nach der Übergabe des Pakets an den Minister in Parma sein Weg ihn weit nach Osten in die österreichische Armee führen werde.

Nun schien das neue Arrangement gesichert, das Casanova in der Rolle ihres neuen Geliebten, der ihre Zustimmung eher beiläufig, als Akt der Freundschaft, erhielt, und den Ungarn als geduldet-generösen Reisegefährten auf der Fahrt nach Parma zeigte. Aber der Venezianer verband seine emphatische Liebeserklärung mit dem Wunsch, ja der Forderung, nicht ebenfalls über den Lebensweg seiner neuen Geliebten im Unklaren gelassen zu werden und nicht genauso gezwungen zu sein, sie in Parma dem geheimen Verschwinden zu überlassen. Dazu gehörte auch ihr Verlangen, ihn umgehend zu vergessen: «‹Vergessen Sie mich›, das ist leicht gesagt. Es mag sein, daß ein Franzose nach Belieben vergessen kann, aber ein Italiener, wenn ich nach mir urteile, besitzt diese seltsame Fähigkeit nicht.»[19] Schließlich endete dieses Gesprächsgefecht, das er mit leidenschaftlicher Rhetorik führte, sie dagegen lächelnd bis zum Ende im Ergebnis offenzuhalten verstand, in ihrer verführerischen Einladung, der er sich nicht widersetzen mochte: «Kommen Sie mit nach Parma!»[20]

Kurzes Glück

Also reisten sie zu dritt ab, und in Reggio Emilia, wo sie der Ungar verließ, verbrachten Casanova und Henriette die erste gemeinsame Nacht. Es war der Anfang jener großen Liebe, die er stets als den Höhepunkt seines Lebens betrachtet hat: «Was für eine Nacht! Was für eine Frau, diese Henriette, die ich so geliebt habe! Die mich so glücklich machte!»[21] Nach der Ankunft in Parma zogen sie sich in ein Leben zurück, das ganz ihrer Liebe und Leidenschaft gewidmet war. Die Zurückgezogenheit war zugleich eine Vorsichtsmaßnahme, denn Henriette fürchtete, erkannt zu werden, wenn unter den zahlreich nach Parma strömenden Franzosen sich auch ein Provenzale aus ihrer Heimat befinden sollte. Die Stadt erlebte gerade einen Herrschaftswechsel: Nach dem Vertrag von Aachen war sie an den spanischen Infanten Don Philippe gefallen, der die Ankunft seiner französischen Gemahlin, der Prinzessin Louise-Elisabeth, der ältesten Tochter Ludwigs XV., in Begleitung zahlreicher Franzosen erwartete.

Trotzdem wollte es sich Casanova nicht versagen, seine schöne Geliebte nun als elegante Frau auftreten zu lassen. So wurden feine Hemden, Kleider und Umhänge in Auftrag gegeben, deren Herstellung eine kundige Händlerin übernahm. Ihr gegenüber gab sich Casanova als Henriettes Ehemann aus und erklärte, «sie ist vier Jahre jünger als ich».[22] Die Casanova-Detektive haben inzwischen herausgefunden, dass sie sieben Jahre älter war als er und bereits Mutter von einem 1744 geborenen Sohn und einer 1746 geborenen Tochter. Die Anonymität des Paares ging so weit, dass er, als er in Parma, der Heimatstadt seines Vaters, auf Verwandte von dessen Schwester stieß, seine Identität nicht preisgab.

Dennoch verlangte sein Stolz, Henriette als schöne und geistvolle Frau der feinen Gesellschaft von Parma nicht vorzuenthalten und sich selbst an ihrer Seite zu sehen, nicht zuletzt um zu zeigen, dass er die Gunst einer Dame von Rang erobert hatte, denn ihren Stand als Adlige verbarg Henriette keineswegs. Der für sie als Italienischlehrer bestellte Valentin de La Haye, dem Casanova später wiederholt begegnete, hatte bereits festgestellt: «Sie kennt alles. Madame ist hochgebildet.»[23] Die Faszination, die von ihrem Wissen und Witz auf den jungen Venezianer ausging, übertraf sogar die ihrer Sinnlichkeit: «Die Freude, die meine Seele überflutete, wenn ich mich am Tage mit ihr unterhielt, war weit größer, als wenn ich sie während der Nacht in meinen Armen hielt.»[24]

So mietete er eine Loge in der Oper, und sie nahmen auch an einem Hauskonzert teil, bei dem sie ihre besondere Meisterschaft im Solopart eines Cello-Konzerts zu erkennen gab. Die Begeisterung Casanovas ließ ihn in Tränen ausbrechen und führte zu einem ekstatischen Ausbruch seines Selbstwertgefühls: «Wer konnte diese Henriette sein? Welcher Schatz war mir zuteil geworden? Es schien mir unmöglich, daß ich der glückliche Sterbliche sein sollte, der sie besaß.»[25]

Zusätzliches Erstaunen hatte die Wahl des Instruments ausgelöst, mit dem Henriette brillierte: das Cello. In jener Epoche galt es nämlich noch als unschicklich für eine Frau, ihre Beine zu spreizen und sich weit über den Corpus des Instruments zu beugen. Sie selbst erklärte die Erlaubnis, es spielen zu dürfen, mit dem Einverständnis des Bischofs, der sie der Äbtissin des Klosters gab, in dem sie aufwuchs. Es war eine Ausnahme und musste es bleiben, denn «als fromme Braut unseres Herrn behauptete sie, ich könne dieses Instrument nicht halten, ohne eine anstößige Haltung einzunehmen».[26]

Beim Besuch eines nächtlichen Gartenfestes, das der Infant Don Philippe seiner Gemahlin und der Hofgesellschaft gab, kam es dann doch zur befürchteten Entdeckung Henriettes. An der Seite des Herzogs von Parma stand nämlich sein Kammerherr, der provenzalische Adlige Graf d'Antoine-Placas. Nun zerbrach der magische Zirkel ihrer großen Liebe, die Trennung wurde unausweichlich. Henriette musste ihrem Geliebten gestehen, dass «Monsieur d'Antoine meine ganze Geschichte und meine Fehler kennt, aber auch meine Beweggründe».[27] Der mit ihrer Familie befreundete Adlige fühlte sich nun verpflichtet, Henriette mit ihrem Gemahl auszusöhnen. Dessen Name, den Casanova nicht erwähnt, war Jean-Baptiste-Laurent Boyer de Fonscolombe, und Henriette alias Jeanne-Marie d'Albert de St. Hippolyte war mit ihm seit 1744 verheiratet. Der Name war Casanova zu jenem Zeitpunkt unbekannt und wurde von ihm auch nicht ausgeforscht, wie sie es von ihm verlangt hatte.

Ihm blieb nur noch die geringe Gunst, sie bis Genf begleiten zu dürfen. In Sänften gelangte das Paar den Mont Cenis hinauf und nach Überqueren des Passes auf Schlitten ins Tal hinab. Es war wohl der richtige Zeitpunkt ihrer Trennung, waren doch die Geldmittel Casanovas, nicht zuletzt aufgrund der luxuriösen Einkleidung Henriettes und beider aufwendigen Lebensstils, erschöpft. So leistete er keinen Widerstand, als Henriette ihm über einen Bankier tausend Louisdor zukommen ließ und ihm selbst fünf Rollen mit je hundert Louisdor zusteckte. Sie hatte früh erkannt, dass sein zur Schau gestellter Reichtum nicht von Dauer sein würde, auch dürfte seine hektisch-wechselvolle Lebensweise ohne realistische Karriere-Perspektive ein ausreichendes Motiv für sie gewesen sein, sich nicht auf Dauer an ihn zu binden.

So zog sie sich erneut hinter einen Vorhang der Diskretion zurück, die sie von ihm respektiert sehen wollte: «Sie bat mich, ich möge mich nicht nach ihr erkundigen und vorgeben, sie nicht zu kennen, falls ich ihr jemals auf einer Reise durch Frankreich irgendwo begegnen sollte.»[28] Einen Brief von ihr sollte er nach ihrer Trennung noch in Genf abwarten, und als dieser nach ihrer für beide schmerzhaften Abreise eintraf, enthielt er nur das eine Wort: «Adieu.» In der Fensterscheibe des Hotelzimmers, in dem sie die letzte Nacht verbracht hatten, fand er, eingeritzt von einem Diamanten, die Worte: «Du wirst auch Henriette vergessen.» («Tu oublieras aussi Henriette.»)[29]

Noch Jahrzehnte später in Dux hat sich Casanova gegen das Vergessen gewehrt und ihrer beider Liebe als das Gelingen des Glücks bezeichnet, dessen Suche sein Leben bestimmt habe: «Nein! Ich habe sie nicht vergessen, und es ist stets Balsam für mein Herz, wenn ich mich an sie erinnere. Wenn ich bedenke, daß ich jetzt im Greisenalter mein Glück vor allem in der lebendigen Erinnerung finde, stelle ich fest, daß mein langes Leben mir wohl mehr Glück als Unglück gebracht hat.»[30] Was aber bedeutete das Glück der Liebe in der Epoche Casanovas, war es doch in seinem Gefühlsgehalt und seiner sozialen Einschätzung weit von dem der nachrevolutionären und somit auch unserer Epoche entfernt?

Sinnlichkeit und Langeweile

Glück, wenn es auf den Geschlechtsverkehr begrenzt wurde, war «im Rokoko ein Konsumartikel wie Essen und Trinken ohne besondere gefühlsmäßige Anteilnahme. Nachher trennte man sich, als ob nichts gewesen wäre.»[31] Vergleiche mit den Zeitgenossen jener Epoche haben erbracht, dass die Anzahl der sexuellen Begegnungen Casanovas mit Frauen keineswegs eine exorbitante Ausnahme darstellte, es war vielmehr, soweit es die Schicht der finanziell unabhängigen Zeitgenossen betraf, ein Vergnügen von mittelmäßigem Unterhaltungswert. Aber es war, soweit es die Mitglieder des Adels betraf, neben der Jagd und dem Glücksspiel fast das einzige Vergnügen der Männer, für die Frauen häufig das alleinige. Denn der Edelmann, der selten seiner gesellschaftlichen Funktion nachgehen musste, als Militär für den Monarchen in den Krieg zu ziehen, kannte keinen bedrohlicheren Feind als die Langeweile.

Gegen diesen existentiellen Ennui, der zu Lethargie und damit zur persönlichen Infragestellung führen musste, gab es – quantitativ und qualitativ ausgelebt – als einziges Gegenmittel nur die sexuelle Sinnlichkeit. Der quantitativen Dimension zu verfallen war kaum des Aufhebens wert; auch Casanova hat ihr in seinem Leben einen hohen Anteil eingeräumt. Dagegen galt es vor allem für die Mitglieder des Adels als Herausforderung, die qualitative Dimension zu erkunden und zu erweitern, ja bis zur künstlerischen Erhöhung zu treiben. Insbesondere die literarischen Wortführer arbeiteten sowohl fiktional als auch real an dieser Kunst der stetigen Verfeinerung. So entfaltete die Epoche des Rokoko ein Feuerwerk der galanten Literatur, das erst von der Revolution abrupt beendet wurde. Vor diesem Hintergrund ist das vielzitierte Wort Charles Maurice de Talleyrands zu verstehen: «Diejenigen, die das Ancien Régime nicht gekannt haben, können niemals wissen, was die Süße des Leben ist.» («Ceux, qui n'ont pas connu l'ancien régime, ne pourront jamais savoir ce qu'était la douceur de vivre.»)

Mochte das Mahnmal eines moralischen Heroismus, wie es Marie-Madeleine Madame de La Fayette in ihrem Roman «La Princesse de Clève» ihren Zeitgenossen präsentierte, noch von der Tugend des

Verzichts künden, so demonstrierte spätestens Louis-François Du Plessis duc de Richelieu mit der freimütigen Offenlegung seiner realen Liebesabenteuer den Freiraum der Libertinage. Bis zu welchen brutalen Extremen die sexuellen Experimente zu treiben möglich schienen, um zu ganz neuen Dimensionen der Sexualität zu gelangen, stellte Donatien Alphonse François Marquis de Sade etwa in seinem Werk «Justine» dar. In der numerischen Übersteigerung folgte ihm mit seiner «Anti-Justine» alsbald Nicolas Edme Restif de la Bretonne – bis zur unbegrenzten Beliebigkeit der Sex-Kombinationen.

Pierre Choderlos de Laclos führte dagegen in den «Liaisons dangereuses» («Gefährliche Liebschaften») die erotisch-sexuelle Abhängigkeit wie im Psycholabor bis zur Zerstörung des Opfers und zur Selbstzerstörung der Arrangeure, so dass die Grenzwerte von Moral und Verbrechen sichtbar wurden. Auch die Gesellschaftskritik bediente sich der sexuellen Intimität, beispielsweise in den «Bijoux indiscrets» («Die geschwätzigen Kleinode») Denis Diderots, und Crebillon fils hat mit dem satirischen Roman «Sopha» dieselbe Indiskretion sogar einem Möbelstück zugestanden. Dagegen war Jean-Baptiste de Boyer Marquis d'Argens, der Freund und Kammerherr Friedrichs des Großen, in seiner «Thérèse philosophe» bemüht, die Auswüchse der entfesselten Sexualität wieder zu mäßigen. Dabei ging es ihm unter anderem um die Abwendung aller negativen Folgen für die gesellschaftliche Ordnung und die Verhinderung unerwünschter Kinder. Sogar der Arzt und Philosoph Julien Offray de La Mettrie, den der Preußenkönig ebenfalls an seinen Hof zog, pries in «L'art de jouir» die Idylle himmlisch-harmonischer Liebesvereinigung – bis zu lyrischen Ekstasen.

In einem Werk jedoch, vom Umfang her minimal, ist das Ideal der ars amandi jener Epoche in nahezu spiegelbildlicher Klarheit Literatur geworden: in dem kurzen Text «Point de lendemain» («Kein Morgen») von Vivant Denon. Hier entfaltet sich ein filigranes Netz der gegenseitigen Täuschung, ein raffiniertes Verstecken und damit Verfeinern der Gefühle und schließlich die heitere Versöhnung aller mit allen, das Ganze arrangiert und dominiert von einer Frau, der adligen Madame de T.

Sie, die mit allen Gesetzen und Geheimnissen der Pariser Gesellschaft vertraut ist, entdeckt den Ich-Erzähler, der im Alter von dreißig Jahren über seine Rolle mit zwanzig Jahren Klarheit gewinnen will, in der noch leeren Opernloge neben der ihren und entführt ihn auf ein nahes Schloss. So betrügt sie ihre Freundin, die Contessa, die zur selben Zeit den Erzähler betrügt. Die rasende Fahrt durch das «sehr wollüstige Zwielicht»[32] der Nacht lässt Madame de T und den sich gefällig zeigenden Geliebten ihrer Freundin im Geschaukel der Karosse zum gemeinsamen Bewundern des Nachthimmels kommen, selbstverständlich nur durch das offene Fenster der einen Wagentür: «… wie durch Zufall hielt ich sie plötzlich in den Armen. Wonach wir in dieser Haltung noch Ausschau halten sollten, weiß ich nicht.»[33] Eine spielerische Ironie flirrt über der nächtlichen Ausfahrt.

Sie endet im Schloss von Monsieur T, das seine Gemahlin vor acht Jahren verlassen hat und in das sie nun zum vorgeblich feierlichen Akt der Versöhnung zurückkehrt, wie ihn die finanzielle Ordnung der Adelsfamilie nach Monaten der Verhandlungen erforderlich gemacht hat. Diese neue eheliche Gemeinsamkeit beginnt Madame de T mit der pikanten Provokation, dass sie den noch jugendlichen Erzähler als Gast, vielleicht auch als ihren neuen Liebhaber auftreten lässt, der ihr Distanz zur mühsam reparierten Ehegemeinsamkeit verschaffen soll. Monsieur de T, ein in seiner Vitalität ermatteter Edelmann, der seine Jugend mit erlesenen Liebesabenteuern kultiviert zu ruinieren verstand, weiß die Kaprice seiner widerwillig zurückkehrenden Gemahlin mit grandioser Gleichgültigkeit zu überspielen – er zieht sich mit seiner Milchspeisendiät diskret in seine separaten Gemächer zurück.

Nun gelangt das sich gerade erst arrangierende Liebespaar scheinbar träumerisch, aber zugleich zielgerichtet im Mondschein wandelnd auf die Terrasse des Schlosses, wo eine Bank zum Verweilen einlädt. Den gegenseitigen Geständnissen folgen gegenseitige Küsse, die «zuletzt den Seufzern kaum noch die Chance ließen, sich unseren Mündern zu entringen».[34] Nicht fern wartet ein Pavillon – «ein Heiligtum der Liebe»[35]–, in dem wiederum ein weiches Sofa wartet, auf das niederzusinken das nun dominierende Verlangen mit sich bringt: «Der Mond ging unter, und bald nahm sein letzter Strahl den Schleier der Schamhaftigkeit mit sich fort, der, glaube ich, uns immer lästiger wurde.»[36] Der Autor, kein anderer als der Erzähler, entfaltet das ganze Raffinement des Indiskreten, das er in das heitere Lächeln der Diskretion hüllt.

Auch die Gesetzlichkeit der gegenseitigen Hingabe, wie sie in jener Epoche in immer genaueren Details beschrieben wurde, wird nur in ihrem Rhythmus entfaltet. Der erste «Rausch der Sinne»[37] ist ein zu heftiges Treiben: «Man stürmt dem Genuß entgegen und verdirbt alle Freuden, die ihm vorangehen.»[38] So folgt auf die stürmische Eroberung die souveräne Inbesitznahme: «Man will nicht mehr bloß eine Gunst rauben, Aufschub bedeutet Verfeinerung.»[39] Dabei bleibt es zwangsläufig nicht.

Aber zum Liebesspiel als Artefakt gehört nicht zuletzt das Ritual, «über die Liebe und ihre Freuden zu scherzen».[40] Diese Sprache des Gefühls, die das Gefühl selbst überspielt, wird wortreich bis zur Unwahrheit. Die gegenseitig gewollte Täuschung der Liebessprache überhöht und inflationiert das Gefühl – fast bis zur Entwertung. Schließlich, als der Erzähler Madame de T erneut bedrängt, zerreißt der Vorhang der Täuschung: «Noch einmal? Das kann ich nicht zulassen … Nein, niemals … Und nach langer Stille: Aber du liebst mich ja wirklich.»[41] Für eine Schrecksekunde ist das Liebesspiel zur Liebe geworden, ein Kunstfehler, der Madame de T aus der Rolle ihres raffinierten Arrangements fallen lässt – aber nur für einen Augenblick.

Das Täuschungsspiel setzt sich mit dem gegenwärtigen Liebhaber von Madame de T, dem Marquis, fort, der selbstgefällig von ihr behauptet: «Ich habe ihren Charakter so geformt, daß sie in Paris nun wohl die Frau ist, auf deren Treue man sich am ehesten verlassen kann.»[42] Dieser hochmütige Edelmann, der seinen Freund, den Erzähler, als vorgetäuschten Liebhaber gegenüber Monsieur de T zum Einsatz bringen wollte, ist nun seinerseits der Getäuschte, ohne dass Madame de T ihn aus seiner Illusion befreit. Der Erzähler aber verbeugt sich in stiller Hochachtung: «Ich bewunderte Madame de T …, die mit uns allen spielte, ohne daß die Würde ihres Charakters den geringsten Schaden nahm.»[43]

Das kunstvolle Verwirrspiel von Madame de T ist beendet, und zwar zu aller Zufriedenheit so endgültig, dass es kein Morgen, also keine Fortsetzung gibt und auch nicht geben darf. Sie verabschiedet den Erzähler nicht ohne verdeckte Zuneigung: «Ich verdanke Ihnen große Freude; aber ich habe Sie mit einem schönen Traum belohnt.»[44] Alles soll und darf nur ein Traum gewesen sein. Der Erzähler erwacht aus diesem Traum, der doch mehr als ein Traum für sie und ihn gewesen ist: «Ich suchte nach der Moral dieses ganzen Abenteuers und … fand keine.»[45]

Vivant Denon hat mit dem Titel «Kein Morgen»(«Point de lendemain») eine Barriere der Diskretion um das Geschehen dieser traumhaften Liebe errichtet. Es ist dieselbe radikale Diskretion, die Henriette von Casanova verlangte, indem sie ihm untersagte, ihr nachzureisen oder nachzuforschen. Für beide galt, jene kurze Zeitspanne grenzenlosen Liebesglücks als Ereignis eigener Gesetzlichkeit zu schützen. Auch Henriette hat diese Regel der Diskretion konsequent eingehalten, auch als sie später unerkannt Casanova noch zweimal begegnete und sich vor ihm versteckte. Nichts lag dieser nahezu sakrosankten Begegnung ferner als jede Moral.

Das wechselvolle Leben des Vivant Denon

Vivant Denon hat sich hinter der Erzählung «Point de lendemain», die 1777 in seinem dreißigsten Lebensjahr erstmals veröffentlicht wurde, gleichermaßen versteckt. So steht am Ende des Textes nur die verschlüsselte Buchstabenfolge «Par M. D. G. O. D. R.». Erst im Jahr 1812, als er bereits ein Mann vorgerückten Alters war, las er den Text in seinem Haus am Quai Voltaire Nr. 7 einer erlesenen Abendgesellschaft vor und ließ diesem engen Personenkreis wenige Tage später in kleinem Format und geringer Auflage den gedruckten Text zukommen, wieder unter Verzicht auf den Namen des Autors; erst 1864, neununddreißig Jahre nach seinem Tod, wurde das Geheimnis gelüftet. Zu jenem Zeitpunkt gelang es, die kryptische Autorenangabe zu entschlüsseln: «Von Monsieur de Non, gentilhomme ordinaire du roi.»

Denn Denon wurde 1747 als Dominique-Vivant de Non geboren; sein Vater war Advokat in Givry bei Chalon-sur-Saône in Burgund und von unterstem Adelsrang. Auch de Non wählte, wie Casanova, keinen professionell vorgezeichneten Karriereweg, aber es gelang ihm besser, sich den nicht zuletzt politischen Wechselfällen geschmeidig anzupassen: Abbruch des Studiums der Rechte, stattdessen Ausbildung als Maler und Graveur, dann begnadeter Arrangeur seines Geschicks, das ihn zu einem glücklichen Menschen machte. Tag für Tag stand er in Versailles gerade an der Stelle, an welcher der König vorbeikam, so dass ihn Ludwig XV. schließlich fragte: «Was wollen Sie?» Die Antwort: «Sie sehen, Sire.»[46] Darauf erhielt er, es war das Jahr 1769, eine Anstellung als Konservator des Gemmenkabinetts, das Madame de Pompadour angelegt hatte.

Im selben Jahr schrieb der junge Mann, der nicht besonders groß und eher hässlich war, aber einen überwältigenden Charme besaß, sein erstes und letztes Theaterstück: «Julie ou le bon père». Schließlich hatte er viel Zeit in den Garderoben der Schauspielerinnen verbracht, die sich seiner Verehrung nicht abgeneigt zeigten. Auf der Bühne aber wurde das Stück ein eklatanter Misserfolg, den sogar Diderot ihm in einer harten Kritik bestätigte. So hörte er zumindest auf, literarische Texte zu verfassen. Als Zeichner und Graveur war er erfolgreicher, vor allem nach einem Besuch bei Voltaire, bei dem er fünfzehn Jahre nach Casanova war. Da de Non einen satirischen Kupferstich mit dem Titel «Le Déjeuner de Ferney» schuf, dürfte die Begegnung ebenfalls nicht sehr glücklich gewesen sein. Es zeigt den alten Voltaire, drei Jahre vor seinem Tod, als «ein altes, gelenkiges Gerippe mit feurigen Augen, im Morgenmantel».[47] Voltaire, der durch seinen Spott berühmt geworden war, geriet nun seinerseits und zu seinem Ärger in die Rolle des Opfers, zumal das Blatt weite Verbreitung fand.

Aber bereits 1771 trat de Non in den diplomatischen Dienst ein, und wie Casanova führte sein Weg ihn nach St. Petersburg und Neapel, wo er wegen seiner englandfreundlichen Haltung in Ungnade fiel und nach Paris zurückberufen wurde. Es war bereits am Vorabend der Französischen Revolution, als er dort mit dem Maler Jacques-Louis David Freundschaft schloss, dessen Protektion ihm wenig später Leben und Karriere sicherte. 1793 musste de Non, der sich zu Studienzwecken in Venedig aufhielt und den sein Charme in die Salons wie in die Arme der Gräfin Isabella Albrizzi-Teotochi geführt hatte, die Lagunenstadt verlassen. Der Vorwurf an ihn lautete, ein politischer Freigeist zu sein.

Am Ende desselben Jahres erfuhr er, dass sein Name auf die Liste der Emigranten gesetzt worden war, was den Einzug seiner Güter einschloss. Deshalb kehrte er eilig nach Paris zurück, änderte seinen Namen von de Non in Denon und erlangte durch die Vermittlung Davids nicht nur die Rückgabe seiner Güter, sondern auch den Auftrag, für die republikanischen Amtsträger die neuen Uniformen zu entwerfen. Da er kontaktfreudig und anpassungsfähig war, vor allem wenn es um die jeweilige Regierungsform ging, gewann er schnell auch die Gunst Napoleon Bonapartes und wurde als Zeichner zur Teilnahme an dessen Ägyptenfeldzug eingeladen: einer von wenigstens zweihundert französischen Wissenschaftlern und Künstlern, welche die militärische Expedition begleiteten. Nach seiner Rückkehr verfasste er 1802 das Werk «Voyage dans la Basse et la Haute Egypte» («Reise ins Untere und Obere Ägypten»), das bald auch ins Deutsche übertragen wurde und wesentlichen Anteil an der sich schnell ausbreitenden Ägypten-Begeisterung in Europa hatte.

Im selben Jahr wurde er zum Direktor des heutigen Louvre berufen, dessen Name ab 1804 Musée Napoléon lautete. Als «Raubkommissar» – so sahen ihn die geschlagenen Deutschen – reiste Denon in alle eroberten Gebiete von Rom bis Dresden, um als «Auge Napoleons» – so sahen ihn die siegreichen Franzosen – alles zu beschlagnahmen, was ihm an Gemälden in Museen und Privatsammlungen (allein 300 Bilder aus der Residenz in Kassel), an Statuen (die Quadriga auf dem Brandenburger Tor in Berlin und der Apollo von Belvedere in Rom) oder auch an Handschriften und Wiegendrucken (aus der Bibliothek von Wolfenbüttel sowie aus den Sammlungen des Vatikan) wert erschien, Aufnahme im Louvre und in den französischen Archiven zu finden.

Ziel seiner Mission war es, Paris, das als Hort der Freiheit von den Franzosen gefeiert wurde, auch zum Zentrum der befreiten Weltkunst zu machen. Zu Recht ist behauptet worden, dass der Kunstreichtum des Louvre nie so groß wie in jenen Jahren gewesen sei, als dort die erlesensten Kunstwerke Europas vereint wurden. Übrigens hat Goethe, der als Bewunderer Napoleons mit Denon befreundet war, ihn 1808 in seinem Haus in Weimar bewirtet. Denon verschaffte ihm zum Dank Zutritt zum französischen Hauptquartier und entwarf zwei Medaillen mit den Köpfen von Wieland und Goethe.

1815 wendete sich das politische Blatt erneut, und Denon blieb nur der vergebliche und nicht sehr laute Protest, als die siegreichen Alliierten die geraubten Kunstwerke zurückforderten und Blücher Schadows Quadriga nach Berlin zurückführte. Nachdem der letzte Transport der Raubkunst den Louvre verlassen hatte, erklärte er seinen Rücktritt und zog sich in sein Haus an dem dem Louvre gegenüberliegenden Südufer der Seine zurück. Dort empfing er prominente Reisende aus ganz Europa und präsentierte ihnen ein Kuriositätenkabinett voll erlesener Abstrusitäten – ein Leichenteilchen von Heloise, der Geliebten des Predigers Abaelard, einige Stoppeln vom Bart Heinrichs IV., Knochensplitter von Molière, einen Zahn Voltaires und einen Tropfen Blut Napoleons aus Longwood auf Saint-Helena. Sogar ein Blatt der Weide, unter der der gestürzte Kaiser begraben worden war, bevor sein Leichnam nach Frankreich zurückgeholt werden konnte, fand sich in seinem Nachlass, der 1827, zwei Jahre nach seinem Tod, versteigert wurde. Sein Name wird bis heute geehrt: Der Südflügel des Louvre, direkt gegenüber seiner letzten Wohnung, trägt den Namen Denon.

Der frühe Text «Point de lendemain» indes hatte ein Vorspiel. Als nämlich in einem Pariser Salon über die galante Literatur parliert wurde, speziell über jene Wörter der Sexualität, auf deren Gebrauch diese Literatur angeblich nicht verzichten könne, beklagte eine Dame, dass «wir dann am Ende gar keine Literatur jener Art mehr haben, wie sie uns allen doch bisweilen Vergnügen bereitet, nicht wahr? Wirkliche Liebesgeschichten wird es dann nicht mehr geben.»[48] Sanft protestierte de Non, und als man den Beweis von ihm verlangte, bat er um kurzen Aufschub – und schrieb «Point de lendemain». Die Distanz, die er in seinem kleinen Werk hält, verdankt sich der Distanz zu jedem Detail der sexuellen Intimität.

Nach Paris

War Casanova ebenso diskret, wenn sich die Liebe in körperlicher Leidenschaft auslebte? Auch er lässt der Phantasie einen großen Freiraum, die Ausschweifungen der Sexualität bis zu pikanten Einzelheiten zu imaginieren, aber seine Wortwahl ist von fast banaler Lakonik. Da ist zunächst geradezu eine Flucht in den Militärjargon festzustellen, wenn er die körperliche Liebesbeziehung ein «Scharmützel»,[49] einen «Kampf … mit allen Kräften»[50] oder einen «Strauß»[51] nennt. Da ist sodann die mystische Formel der Vereinigung, «eins zu sein»,[52] «in eines verschmolzen»[53] oder «ein einziger Leib»[54] zu werden. Schließlich fehlt es nicht an Verehrung der griechischen Liebesgöttin Aphrodite, auf deren «Altar … wir bis zum Tod»[55] opferten, oder an der Verantwortung einer männlichen Gottheit, wenn «Amor mit uns machte, was er wollte»,[56] zumal wenn es gilt, «in das Heiligtum einzudringen».[57] Alle diese «Triumphe»[58] aber sind getragen und überhöht durch das große Gefühl des Glücks, das «die Freuden der Sinne»[59] gewähren, und «endlich schwamm meine Seele im Glück».[60] Stilistisch zeigt sich Casanova, wenn es um die Arkana der Intimität geht, eher hilflos; er flüchtet in Metaphern und verweigert jede pornographische Animation.

Es ist nur konsequent, dass in jener Begegnung, die für Casanova den Höhepunkt seines Glücks mit Frauen darstellte, die Diskretion am größten ist. Die erste Nacht ist gleichsam dem Schweigen geweiht: «Wir wußten, wir würden zusammen schlafen; aber wir wären uns taktlos vorgekommen, wenn wir es ausgesprochen hätten.»[61] So fällt in den drei Monaten, die beide «in einem Taumel des Glücks»[62] verbringen, kein Wort über sexuelle Details, und in dem Trennungsbrief, den Henriette nach ihrem Abschied schreibt, nennt sie, wie Madame de T bei der Verabschiedung ihres jungen Liebhabers de Non, ihre Liebesbegegnung «einen süßen Traum», in dem sie sich gegenseitig «vollkommen glücklich machten».[63] Damit hatte Casanova den einen Gipfel seines Glücks erreicht, der sein Lebensziel war, die vollkommene Liebesintimität mit einer Frau. Den anderen Gipfel des Glücks, «inmitten gesitteter Nationen berühmt zu werden, ob in den schönen Künsten, ob in der Literatur oder in irgendeinem anderen Stand»,[64] galt es nun zu erreichen – es sollte ihm lebenslang nicht gelingen, erst posthum.

Nach der Lektüre des Trennungsbriefes sank Casanovas Trauer bis in die apathische Phase eines achtundvierzigstündigen Fastens, nach dessen Überwindung er nach Venedig zurückkehrte. Verschiedene Tändeleien vertrieben ihm dort nur unzureichend die Zeit, und so brach er nach Paris auf. In Lyon wurde er zunächst Lehrling bei den Freimaurern, dann in Paris zum Meister. Dort fand er generös Aufnahme im Zirkel der Schauspielerin Silvia Balletti, der Patronin der italienischen Komödie. Jetzt fand er auch Zeit, seine französischen Sprachkenntnisse zu verbessern, womit er schon in Rom begonnen hatte. Sein Lehrer, der achtzigjährige Schriftsteller Crébillon père, unterrichtete ihn kostenlos, «aber es ist mir nie gelungen, mich von italienischen Wendungen frei zu machen».[65]

Bald fand er auch den Weg in das seinerzeit berühmte «Hôtel Roule», ein Luxusbordell, in dem er nicht nur den streng reglementierten Stundenpreis bezahlte, sondern auch der ersten von ihm «Erwählten … gleich seine Schuldigkeit erwies».[66] Weiter auf dem Weg des persönlichen Liebesglücks unterwegs, betrieb er den gesellschaftlichen Aufstieg nur beiläufig. Dieses zweite Glück seines Lebens erwartete er wie einen zufälligen Glücksfall – eben als Glücksritter.

6. *Die Freiheiten und ihr Verlust*

Am Hof Ludwigs XV.

In den zwei Jahren seines ersten Pariser Aufenthaltes war Casanova bemüht, in die feine Gesellschaft und vor allem in den Hochadel des Hofes in Versailles vorzudringen. Aber bis auf einige spektakuläre Augenblicke gelang es ihm nicht, weiterführende Verbindungen zu knüpfen oder sogar einen festen Platz in der gehobenen Gesellschaft zu finden. Die Schauspielerfamilie Balletti lud ihn ein, sie nach Fontainebleau zu begleiten, wo der gesamte Hof sich im Herbst aufhielt, damit der König in den wildreichen Wäldern der Region seiner Jagdleidenschaft nachgehen konnte.

Natürlich bot das Hoftheater die notwendigen Ablenkungen für die Damen, und Casanova verstand es, im Parkett just unter der Loge von Madame de Pompadour ein paar scherzhafte Bemerkungen zu machen, die kurz die Aufmerksamkeit auf ihn lenkten – nicht zuletzt durch seine sprachliche Ungelenkigkeit, die seinen Aperçus einen unfreiwilligen Doppelsinn bis ins Obszöne gab. Sogar Marschall de Richelieu, der als Hochmeister der sexuellen Galanterie in jener Epoche galt und sich ständig an der Seite von Madame de Pompadour zeigte, würdigte ihn des Gesprächs, aber nicht mehr.

Doch Casanova war ein sehr wacher Beobachter, dem auch das leer-formalistische Hofprotokoll mit seinen komischen Ritualen nicht entging: So saß etwa die Königin, stumm von Nonnen bedient, allein zu Tisch und beehrte einen hohen, hochverdienten Militär nur mit der Bemerkung, dass dem Hühnerragout, das sie gerade verspeiste, der Vorzug vor allen anderen Ragouts zukomme, einer Weisheit, welcher dieser mit steifer Würde nur bestätigen konnte. Maria Leszczyńska war bereits seit 1737 eine vereinsamte Frau, nachdem Ludwig XV. nach der Geburt von zehn Kindern davon Abstand genommen hatte, das eheliche Bett mit ihr zu teilen. Die älteste Tochter Louise Elisabeth hatte Casanova gerade nach ihrer Vermählung mit dem spanischen Infanten Don Philipp bei ihrem Einzug in Parma beobachten können.

Von den zehn Kindern, acht Töchtern und zwei Söhnen, von denen der zweite als Kind starb, lag die dynastische Verantwortung auf dem überlebenden Sohn Louis Ferdinand. Dessen Gemahlin Maria Josepha von Sachsen stand nach zwei Fehlgeburten vor ihrer dritten Niederkunft, einem wichtigen Ereignis, das in ganz Frankreich höchste Aufmerksamkeit erregte. Es war wieder eine Tochter, die schon im Kindesalter starb. Erst 1754 mit der Geburt des späteren Ludwig XVI. war die Dynastie auch in der dritten Generation nach Ludwig XV. gesichert. Dieser hatte jedoch schon nach der Geburt der achten Tochter Louise-Maria dreizehn Jahre zuvor auf die Frage, ob sie den Namen «Madame Huitième» («Madame die Achte») tragen solle, abwehrend geantwortet, besser «La Dernière» («Die Letzte»). Aber auch die Zuneigung, die der König Madame de Pompadour noch im Jahre 1750 entgegenbrachte, ging ihrem Ende entgegen, wandelte sich jedoch in nahezu grenzenlose Vertrautheit bei politischen Entscheidungsfragen und fand erst vierzehn Jahre später mit dem Tod der Favoritin ein Ende.

Casanova bewahrte von der Begegnung mit dem König einen genauen Eindruck: «Der Kopf Ludwigs XV. war hinreißend schön und saß in idealer Weise auf seinem Nacken. Kein noch so geschickter Maler hat je die Kopfwendung des Monarchen auf die Leinwand zu bannen vermocht, wenn er sich jemandem zuwandte, um ihn anzusehen. Man fühlte sich unwillentlich sofort von Liebe zu ihm erfüllt.»[1] Auch die Menschenscheu des Königs hat er bemerkt, die Ludwig XV. unter vollendeter Courtoisie verbarg: «Er war der höflichste unter allen Franzosen, in erster Linie im Umgang mit Damen und auch in der Öffentlichkeit mit seinen Mätressen.»[2]

Schließlich glaubte Casanova das Doppelspiel des Monarchen durchschaut zu haben, dessen Kunst der Täuschung ihm sein Urgroßvater und königlicher Vorgänger mit der Maxime vermacht hatte: «Wer nicht zu täuschen weiß, weiß nicht zu herrschen.»(«Qui ne sait pas dissimuler, ne sait pas regner.»)[3] Diese Täuschung schloss sogar seine Minister ein, denn häufig regierte er nicht über sie, sondern fällte Entscheidungen mit seinem Geheimkabinett «Conseil du Roi». So urteilte der Venezianer voller Hochachtung: «Niemand besaß mehr als er die königliche Gabe der Verstellung, der getreulichen Bewahrung des Geheimnisses.»[4]

Casanovas Aktivitäten während dieses Aufenthaltes in Paris beschränkten sich fast ausschließlich auf unbekümmertes Flanieren und beiläufiges Verführen, zumal er viel Zeit mit Theaterbesuchen, meist in der Comédie italienne oder der Oper, verbrachte. Eine Art Langeweile dürfte ihn auch in die Arme von Mini getrieben haben, der jüngsten Tochter seiner Zimmerwirtin, die er schwängerte. Den juristischen Folgen entzog er sich mit aufwendiger Rabulistik, die ihm stets unbegrenzt zur Verfügung stand. Der Säugling landete in der Anonymität des Hôtel-Dieu, deren sich auch Rousseau bedient hatte. Neben dem Kloster war dies die am häufigsten in Anspruch genommene staatliche Aufnahmestelle unerwünschter Kinder.

Einer Mademoiselle Vesian, die jung, hübsch und hilflos mit ihrem Bruder aus Italien eingetroffen war und orientierungslos durch Paris irrte, verhalf er zu einem Engagement als Tänzerin in der Pariser Oper. Ihr Ziel war zudem, die Geliebte eines alten, reichen Adligen zu werden, und bevor dieser gefunden wurde, nahm Casanova, zum Vergnügen beider, kostenlos dessen Rolle ein.

Beiläufig gelang ihm die Begegnung mit Fontenelle, seinerzeit schon dreiundneunzig Jahre alt, aber noch von weltmännischer Attitüde, die ihm einst die Gunst von Madame de Tencin eingebracht hatte, die, nachdem sie aus dem Kloster entwichen war, in Paris einen Salon der Freigeister unterhielt – Casanovas Unterstellung, das Kind ihrer einstigen Liaison mit Fontenelle sei Jean d'Alembert gewesen, ist falsch, richtig aber ist, dass auch d'Alembert, obgleich ein Kind von Madame de Tencin, als Findelkind ausgesetzt wurde – in diesem Fall auf der Treppe der Kirche Saint-Jean-le-Rond, wo man ihn fand und deshalb mit dem Namen le Rond versah. Auch ihn lernte Casanova in einem literarischen Salon kennen, nur kurz, aber so intensiv, dass er dessen gesellschaftliche Gewandtheit bewundern konnte, hinter der er seine wissenschaftlichen und philosophischen Verdienste meisterlich zu verstecken verstand. Diese Begegnung blieb ebenfalls folgenlos für seinen weiteren Lebensweg.

Marie-Louise O'Murphy

Der Versuch des Venezianers, den künstlerischen Durchbruch seines Bruders Francesco, des Schlachtenmalers, zu fördern, den er nach Paris hatte kommen lassen, blieb ohne Erfolg. Der letzte hochgeachtete Maler des Genres, das in Paris zahlreiche Anhänger hatte und reiche Käufer anzog, war gerade gestorben, und so wurde ein Meister in diesem Fach gesucht. Casanova hatte schon in Fontainebleau den Kontakt zum Marquis de Marigny herstellen können, dem Bruder von Madame de Pompadour, der 1747 zum Direktor der königlichen Gebäude, Gärten, Künste und Manufakturen ernannt worden und nicht zuletzt auch zuständig für die Malerei war.

Diesem einflussreichen Mann, der übrigens als kompetente und keineswegs arrogante Autorität allseits anerkannt war, wollten die Brüder das jüngste Schlachtengemälde, das Francesco soeben fertiggestellt hatte, zeigen. Ort der Präsentation war der Louvre, wo Marigny wohnte und wo die Künstler des Morgens ihre neuen Werke vorstellten. Als sich dort jedoch neugierige Kenner und Käufer höhnisch über Francescos Bild äußerten, zogen die Brüder sich enttäuscht zurück und ließen das Gemälde von einem Diener wegtragen, noch bevor Marigny einen Blick darauf geworfen hatte. Francesco reagierte auf diese Schmach, indem er sein Werk mit zwanzig Degenstichen durchbohrte.

Erfolgreich war dagegen Casanovas erneuter Auftritt als kundiger Kabbalist – diesmal bei Louise Henriette Herzogin von Chartres, geborener Prinzessin von Bourbon-Conti, die 1743 Louis-Philippe, den späteren Herzog von Orléans, geheiratet hatte. Die hochadlige, hübsche und lebenslustige Dame, die 1747 den Herzog von Montpensier zur Welt gebracht hatte – den späteren Louis-Philippe II., der als Philippe Égalité und Mitglied des Konvents seinen königlichen Vetter Ludwig XVI. in der Revolution zum Tode verurteilen und wenig später selbst unter der Guillotine enden sollte –, hatte jedoch einen Makel, der ihre Weiblichkeit beleidigte. Auf ihrem Gesicht und an anderen Körperteilen bildeten sich Pickel, die durch keine Salbe weichen wollten.

Weniger durch sein vorgebliches Geheimwissen der Kabbala als vielmehr durch die banale Verordnung einer strengen Diät gelang es Casanova, die lästigen und hässlichen Pickel zum Verschwinden zu bringen. Doch außer Hochachtung und einer finanziellen Zuwendung brachte ihm die Gunst der Prinzessin nichts ein, auch nicht eine Liebesbeziehung mit der hochgestellten Dame, war die gesellschaftliche Hürde doch zu hoch: «Ich war in sie bis zum Wahnsinn verliebt, aber ich machte ihr nie die geringste Andeutung von meiner Leidenschaft. Eine solche Gunst erschien mir als zu groß; ich hatte Angst, durch eine allzu deutliche Abfuhr gedemütigt zu werden. Vielleicht war ich ein Trottel; ich weiß nur, daß ich es stets bereut habe, mich nicht erklärt zu haben.»[5]

Aber eine Episode, die Casanova zum zufälligen Mitgestalter einer leidenschaftlichen Liaison Ludwigs XV. machte, ließ ihn erneut in das unmittelbare Umfeld des Königs vordringen. Beiläufig machte er die Bekanntschaft einer Schauspielerin namens O'Murphy, einer der vier Töchter eines aus Irland eingewanderten Schusters, die nicht nur ihren eigenen Körper, sondern auch den ihrer jüngeren Schwester vermarktete. Dieses junge Mädchen, das von Casanova Helene genannt wird, trug in Wahrheit jedoch den Namen Marie-Louise.

Nachdem er die verwahrloste Kindfrau eigenhändig gewaschen hatte, war er von der makellosen Schönheit ihres Körpers fasziniert und nahezu entschlossen, einen hohen Preis für ihre Unschuld zu zahlen. Er zögerte jedoch, und inzwischen wählte ein Maler die vollendete Zufallsschönheit der Natur zum Motiv für einen auf Kissen bäuchlings liegenden Akt, der – mit der leicht geöffneten Beinstellung – exakt jener einladenden Lage entsprach, die Ludwig XV. präferierte. Später hat sie auch François Boucher in dieser Stellung gemalt. Auf Umwegen, vermutlich über seinen Kammerherrn, gelangte das kleine Bild in die Hand des Monarchen, der die junge Frau darauf lange als bevorzugte Geliebte in seinen «Parc aux Cerfs» («Hirschpark») aufnahm, ein diskretes Haus in jenem Teil von Versailles, den Ludwig XIII. als Gehege für einen Hirschpark mit ungezähmten Tieren angelegt hatte. Das Gebäude – ein unauffälliger Bau, den Privatleute bewohnen – existiert noch heute.

Der Aufstieg von Marie-Louise O'Murphy war steil und für die Marquise de Pompadour angeblich so besorgniserregend, dass der

Nuntius nach Rom meldete: «Allem Anschein nach geht die Herrschaft der Pompadour ihrem Ende entgegen … Sie ist dem König nach Fontainebleau gefolgt, obwohl man ihr zu verstehen gegeben hat, daß sie nach dieser Reise in Paris und nicht mehr in Versailles wohnen würde. Der neue irische Stern … hat Diamanten und herrliche Kleider erhalten; man erwartet, sie in der Öffentlichkeit zu sehen, aber sie ist wegen Anzeichen von Schwangerschaft noch nicht erschienen.»[6] Der römische Diplomat irrte, was die Pompadour mit ihrem Titel «maîtresse en titre» anging, die bis zu ihrem Tod im Jahr 1764 nicht in Ungnade fiel. Im Hinblick auf die Schwangerschaft irrte der Kirchenmann nicht: O'Murphy kam mit einem Knaben nieder, den Ludwig XV. nicht legitimierte, zog er doch die politische Konsequenz aus der Schwäche Ludwigs XIV., der alle seine Bastarde legitimierte und damit nach seinem Tod die Macht der Monarchie untergrub.

Nach drei Jahren fiel Marie-Louise O'Murphy durch eine Intrige, die von Madame de Valentinois inszeniert war, in Ungnade. Diese legte der «maîtresse sans titre» nahe, doch den König zu fragen, wie er seine Frau behandle, das werde ihn zum Lachen bringen. Auf diese Frage hin erschrak Ludwig XV., der niemandem gestattete, seiner Gemahlin die höchste Achtung zu verweigern, und wandte sich mit den Worten ab: «Unglückliche, … wer hat dich angestiftet, mir diese Frage zu stellen?»[7] Ihre abrupte Verabschiedung fiel dennoch generös aus, wofür dieser Herrscher in Europa berühmt war. Eine hohe Mitgift verschaffte dem ihr ehelich zugeordneten Jacques de Beaufranchet, Graf von Ayat den Rang eines Majors, und Casanova stellte 1783 fest, dass ein Sohn aus dieser Verbindung der einst so verführerischen Mutter derart ähnelte, dass er «deren Ebenbild war».[8] Casanova hat sich gerühmt, die Unschuld von O'Murphy geachtet zu haben, angeblich aus Respekt vor dem König, dem er ihre Jungfräulichkeit zum Geschenk gemacht habe – ein eher fadenscheiniges Selbstlob.

Zurück in Venedig

Seine erste Lehrzeit in Paris war inzwischen abgelaufen, überdies waren seine Geldmittel aufgebraucht. Deshalb reiste er mit seinem Bruder Francesco über Metz, Frankfurt am Main nach Dresden. Das dortige Familientreffen mit der Mutter und der Schwester Maria Magdalena, die den Hofcembalisten Peter August geheiratet hatte, inzwischen jedoch als wohlversorgte Witwe an der Seite ihrer Mutter lebte, lässt Casanova, der sonst den Gefühlsprozessen große Aufmerksamkeit schenkt, ohne nähere Erwähnung. Über Prag begab er sich allein weiter nach Wien, wo endlich ein Wechsel des generösen Senators Bragadin für ihn deponiert war. Dort machte er die Bekanntschaft des europaweit berühmten Opernlibrettisten Pietro Antonio Metastasio, mit dessen Werk er nicht zuletzt durch seine zahllosen Opernbesuche in Venedig und Paris vertraut war.

Sein besonderer Unmut galt der Wiener Keuschheitskommission, die Kaiserin Maria-Theresia installiert hatte. Prostituierte wurden ins ferne Temesvar in Westrumänien verbannt, und Casanova sah sich sogar daran gehindert, sich an einer Straßenecke zu erleichtern. Langatmig warf er der sittenstrengen Kaiserin das Verdikt gegen die «Unzucht» vor, nicht ohne die kinderreiche Herrscherin diskret daran zu erinnern, dass sich nicht einmal ihr hochgeliebter Gemahl, Kaiser Franz I., daran gehalten habe. Doch sein Aufenthalt in Wien gestaltete sich trotzdem angenehm, lernte er doch in den gehobenen Gesellschaftsschichten eine Baronin kennen, in deren Kreis er die «Freuden» ausleben konnte, «die ich mir bei den schönen Fräulein aus der Gesellschaft der Baronin verschaffte».[9] Übrigens existierte schon damals in Wien die Sitte, niemanden ohne einen Titel gesellschaftlich auftreten zu lassen, was Casanova dazu zwang, seinem Namen ein «Baron» voranzustellen.

Venedig aber lockte, und wenig später «war ich glücklich, wieder in der Heimat zu sein»,[10] – gewiss an Welterkenntnis reicher, aber ohne jeden größeren Ehrgeiz: «Ich brannte darauf, meine alten Gewohnheiten wieder aufzunehmen.»[11] Zu diesen zählte neben dem Glücksspiel, das er in häufigem Wechsel von hohem Gewinn und ähnlich hohen Verlusten betrieb, die stetige Eroberung einer neuen

Frau. Die Auswahl blieb wie stets dem Zufall überlassen, der ihm über ihren Bruder die Bekanntschaft von C. C. verschaffte, eines vierzehnjährigen Mädchens, dessen inzwischen entschlüsselter Name Caterina Capretta war. Ihr Bruder, der in vielerlei dubiose Geschäfte verwickelt war, spielte ihm seine Schwester zuhälterisch zu, und auch die Mutter schien seiner Leidenschaft für ihre eher noch kindliche Tochter nicht abgeneigt, zumal er um deren Hand anhalten wollte, «sobald ich mir eine Stellung verschafft hatte».[12] Doch höchst zweifelhaft war, ob der Vater, ein wohlhabender Kaufmann, seine Zustimmung geben würde.

Da mit dieser eher nicht zu rechnen war, schritten die beiden zur Eheschließung mit einem einzigen Trauzeugen, der, wie Casanova seine Angebetete beschwor, unmittelbar zur Verfügung stehe: «Dann heiraten wir doch jetzt in diesem Augenblick vor Gott, in seiner Gegenwart; wir können keinen treueren, keinen achtbareren Zeugen haben als unseren Schöpfer.»[13] Die Umkehr der Reihenfolge ihrer Eheschließung machte nicht die geringste Schwierigkeit: «Wir brauchen keine Dokumente. Geloben wir uns gegenseitig Treue! Vereinigen wir in diesem Augenblick unser Geschick und laß uns miteinander glücklich sein. Wir holen die kirchliche Zeremonie nach, sobald sich alles öffentlich machen läßt.»[14] Es gelang sogar, bei der Entjungferung «den Schmerz zur Wonne»[15] zu machen, nachdem Casanova seiner Bewunderung für den Intimbereich seiner jungen Geliebten fast poetisch Ausdruck gegeben hatte: «Ihre Jugendblüte schimmerte zart durch den Flaum, dessen Ringellöckchen vor der kleinen Pforte zum Tempel der Liebe einen durchsichtigen Flausch bildeten.»[16]

In seltener Hartnäckigkeit zur Heirat seiner charakterlich eher blassen Geliebten entschlossen, deren jugendliches Alter er an Jahren um das Doppelte übertraf, stand Casanova nun vor der Aufgabe, nachträglich die Zustimmung des Vaters zu erhalten. Als Helfer, den ein für das Heiratsprojekt geschickt arrangierter und damit günstig ausgefallener Orakelspruch überzeugt hatte, trat Senator Bragadin in Aktion. Er bürgte dafür, dass es dem Heiratskandidaten gelingen werde, sich «eine auskömmliche Lebensstellung zu schaffen … und für die zehntausend Dukaten, die mir das Mädchen als Mitgift bringen soll».[17] Der würdige Brautwerber stieß jedoch auf den entschiedenen Widerstand des Vaters, der seine Tochter nicht vor ihrem achtzehnten Lebensjahr verehelicht sehen wollte, allerdings die Konzession machte, dass Casanova nach dem Zeitraum von vier Jahren erneut vorstellig werden könne, wenn er zudem zu einer wirtschaftlich stabilen Lebensstellung gelangt sei. Um seine Tochter vor der stürmischen Werbung durch Casanova zu schützen, steckte er sie in ein Kloster auf der Insel Murano, wobei er nicht wusste, dass sie bereits schwanger war.

Dem verhinderten Bräutigam blieb nur, mit seiner minderjährigen «Frau», wie er sie hartnäckig nannte, einen ausgedehnten Briefwechsel zu führen, dessen Originale ihm offensichtlich in Dux noch zur Verfügung standen, und jeden Sonntag in der berechtigten Hoffnung in der Klosterkirche zu erscheinen, dass wenn schon nicht er seine Geliebte, so wenigstens sie ihn sehen könne. Die langen Kassiber aus dem Kloster setzten ihn auch über die überaus liebenswürdige Gesellschaft in Kenntnis, die seine Geliebte dort gefunden habe, vor allem mit einer Nonne, die sie zweimal täglich in Französisch unterrichte und darüber hinaus allseitige Bewunderung errege. Sie selbst «habe die allerschönste Nonne des Klosters wahnsinnig gern»,[18] diese sei erst zweiundzwanzig Jahre alt, aber «wegen ihres Reichtums und ihrer Freigiebigkeit»[19] hochgeachtet. Beider Vertrautheit habe sich bis zur Verliebtheit gesteigert, denn «jene gebe ihr, wenn sie allein seien, Küsse, auf die ich mit Recht eifersüchtig sein würde, wenn sie von dem anderen Geschlecht wäre».[20]

Kontakte ins Kloster

Während C. C. nur mit aufwendiger Hilfe einer vertrauenswürdigen Klostergehilfin die blutige Totgeburt eines Kindes geheimhalten konnte, die sie gesundheitlich in Lebensgefahr brachte, entspannt sich langsam ein Kontakt zwischen Casanova und jener Nonne, die er diskret M. M. nennt. Ihre Identität wurde inzwischen mühsam ermittelt, es dürfte sich um Maria-Eleonora Michiel (oder Micheli) gehandelt haben, die aus einer Patrizierfamilie stammte und deren Mutter eine geborene Bragadin war. Sie hatte den ständigen Besucher der Messe in der Klosterkirche beobachtet und war neugierig geworden.

Unkonventionell stellte sie den Kontakt her, dem bald die persönliche Begegnung im Sprechzimmer des Klosters folgte. Dabei konnte Casanova der mutig-neugierigen Nonne nur Bewunderung entgegenbringen: «Eine vollendete Schönheit, hoch gewachsen, mit weißer, zur Blässe neigenden Haut, edlem, selbstsicherem, zugleich aber gemessenem und scheuem Auftreten, großen blauen Augen, einem anmutigen, lachenden Gesicht und schönen, taufeuchten Lippen, die zwei prächtige Zahnreihen zeigten.»[21] Die unmittelbar entfachte Leidenschaft des Venezianers wurde freilich durch das freimütige Geständnis der schönen M. M. irritiert, dass sie bereits einen Liebhaber habe, dem sie «nie etwas verschweige»,[22] der seinerseits aber über eine seltene Großzügigkeit verfüge: «Er wird entzückt sein, mich mit einem Geliebten, wie Sie es sind, zärtlich und glücklich zu sehen. Das liegt in seiner Art.»[23] Damit offenbarte sie ihm, wer dieser geheimnisvolle Mann, der nicht nur ihr Liebhaber, sondern auch der Voyeur ihrer anderweitigen Leidenschaften war: der in Venedig akkreditierte französische Botschafter François-Joachim Pierre de Bernis.

Das nächste Treffen zwischen den beiden fand in einem luxuriösen Landhaus statt, dessen Schlüssel M. M. ihm freimütig überreichte. Zu nächtlicher Stunde und nach üppigem Souper bei flakkerndem Kerzenschein kam es dann auch zu einer ersten sexuellen Begegnung, bei der zwei Anhänger der Libertinage ihre Kenntnisse austauschten, Casanova sich aber als der größere Kenner erwies: «Ich flog vor Liebe glühend in ihre weißen Arme und gab ihr … sieben Stunden lang die feurigsten Beweise, die wir nur durch ebenso viele Viertelstunden unterbrachen, um uns mit den zärtlichsten Worten anzuspornen. Sie lehrte mich nichts Neues, was den Akt selbst betraf, aber eine ungeahnte Vielfalt an Seufzern, Verzückungen, Ausbrüchen und Sinnesempfindungen, die man nur in solchen Augenblicken erlebt … Staunend erfuhr sie, für welche Wonnen sie empfänglich war, als ich ihr so manches zeigte, was sie für unmöglich gehalten hatte. Ich tat mit ihr, was zu fordern sie nicht gewagt hatte, und ich belehrte sie, daß die geringste Scheu die größten Wonnen schmälert.»[24]

Das Liebesspiel, das Casanova so oft als «Kampf» bezeichnet, hatte diesmal nicht die agonale Aggressivität des Geschlechterkampfes, sondern war eine gegenseitige, harmonisierende und sich stetig steigernde Stimulation – eben ein gemeinsamer Grenzgang des Geschlechtlichen. Hinzu kam die zusätzliche Gefühlsbeteiligung eines Dritten, da der französische Gesandte in einem angrenzenden Geheimkabinett durch eine löcherreiche Holzdekoration den gesamten Ablauf dieses Sinnenrausches beobachtet und an den verbalen Eruptionen indirekt teilgenommen hatte – gewiss nicht ohne exzessive Emotionen. Erst danach gestand M. M. Casanova die Anwesenheit des französischen Gesandten und zögerte umgekehrt nicht, diesem alle zusätzlichen Details zu offenbaren. Der Franzose seinerseits ließ dem neuen Geliebten seiner Geliebten nur eine ernste Mahnung durch sie übermitteln: «Ich habe ihm alles erzählt; aber eine Sache beunruhigte ihn sehr. Er will, daß ich dich bitte, du mögest mich nicht der Gefahr aussetzen, einen Bauch zu bekommen.»[25]

Eine Erweiterung dieser Liebeskultur, für deren raffinierte Gestaltung Venedig seit Jahrhunderten und besonders im 18. Jahrhundert berühmt war, sorgte sodann für eine Beteiligung erst von drei, dann von vier Personen. Zunächst gewährte de Bernis, eine diplomatische Aufgabe vorschützend, Casanova allein eine Nacht mit seinen beiden Geliebten. Gleich zu Beginn bekannten sich M. M. und C. C. freimütig zu ihrer rein weiblichen Neigung, was Casanova amüsierte, zumal er bald das Ende von «diesem Geplänkel» feststellen konnte, «das sie ermüdete, ohne daß sie zum Ziel gelangen konnten».[26] Am Ende aber gerieten alle drei in einen sexuellen Rausch, der sie jedes Risiko einer Schwangerschaft missachten ließ – M. M. sogar mit grenzenloser Vehemenz: «Ungeachtet aller etwaigen Folgen gab sie mir den ausdrücklichen Befehl, sie nicht zu schonen, und ich stellte sie zufrieden.»[27]

Aber das kunstvoll arrangierte Geschenk des französischen Gesandten an Casanova schloss – und das erkannte der Venezianer als Falle – das Gegengeschenk seiner Großzügigkeit ein, auch ihm nun die beiden Damen für eine Nacht allein zu überlassen. So konnte de Bernis sich C. C. nähern und sie schließlich für sich gewinnen. Damit aber zeichnete sich das Zerbrechen des magischen Vierecks ab – gemeinsam zitterte man noch lange in der Ungewissheit, ob nicht eine oder gar beide der Geliebten in die Falle einer Schwangerschaft geraten waren, was jedoch nicht eintrat. Aber auch die Zeit seiner Gesandtschaft näherte sich für de Bernis, der seine Karriere mit großem Ehrgeiz verfolgte, dem Ende. Gegenüber Casanova gab er vor, nur «wegen einer wichtigen Angelegenheit für einige Monate nach Wien reisen zu müssen».[28] Der Venezianer hat die diplomatische Konstellation indes nicht korrekt verstanden, wenn er de Bernis sagen lässt: «Ich habe mit dem Kabinett in Wien einen Vertrag auszuhandeln, von dem ganz Europa sprechen wird.»[29] An der Gestaltung jenes Vertrages, der die Konstellation der Mächte in Europa völlig neu ordnete, war er tatsächlich beteiligt, aber nicht in Wien, sondern in Paris, und nicht als Gesandter, sondern als Außenminister.

François-Joachim Pierre de Bernis

Dieser Mann, der bis in das höchste Machtzentrum der französischen Politik aufstieg und ihr Mitgestalter wurde, hatte einst wie Casanova als Abbé begonnen. Er stammte aus einer alten, aber keineswegs begüterten Adelsfamilie in der Ardèche, die ihm, da Titel und Erbe dem älteren Bruder zugefallen waren, nur den ersten Teil seiner Karriere erleichtern konnte: den Besuch des renommierten Jesuitenkollegs und danach den Studiengang im Seminar von Saint-Sulpice. Danach aber war er ausschließlich auf seine Talente und seinen Charakter angewiesen, den er den nicht sehr günstigen Gegebenheiten anzupassen entschlossen war: «Ich wurde mit extremer Sensibilität geboren. Meine Situation war erniedrigend, ich verschluckte jedoch meine Bitterkeit; denn ich wußte, daß ein trauriges Gesicht die Menschen nur kurze Zeit interessiert und bald ermüdet. Ich hatte jedoch die Kraft, meinen Kummer für mich zu behalten und vor den Anderen nur meinen Phantasiereichtum und meine Fröhlichkeit glänzen zu lassen.»[30] Für diesen kostenlosen Glanz empfahlen sich vor allem Gedichte und geistvolle Gespräche, in welchen Künsten de Bernis bald ein hohes Niveau erreichte.

Sein sanftes und kluges Wesen, das auch feine und finessenreiche Gefühle in gefällige Gedichtform zu fassen verstand, erschloss ihm den Zugang zu höheren Gesellschaftskreisen und vor allem die freundschaftliche Zuneigung adliger Damen, denen er taktvolle Verehrung entgegenbrachte. Die gefälligen Gedichte, die er wie erlesene Blumen nicht nur einzelnen Damen, sondern in Lyrikbänden auch einer ihm bald geneigten Öffentlichkeit übergab, verschafften ihm bereits im Alter von neunundzwanzig Jahren die Mitgliedschaft in der Académie française. Doch als er wenig später aufhörte, Gedichte zu schreiben, und Voltaire ihn nach dem Grund des Verzichts fragte, antwortete er in selbstkritischer Eleganz: «Ich habe verzichtet, als ich erkannte, daß ich nicht hervorragend in einem Genre sein konnte, das das Mittelmaß ausschließt.»[31]

So entschloss er sich, seinen Weg als Höfling in Versailles zu machen, wo der allmächtige Kardinal André-Hercule de Fleury für den noch jugendlichen Ludwig XV. die politischen Geschicke Frankreichs bestimmte. Als der junge Abbé, der wie Casanova die kirchliche Karriere ohne jede innere Berufung gewählt hatte, sich dem allmächtigen Kirchenmann mit der Bitte um eine Pfründe näherte, die ihn aus seiner Ärmlichkeit befreien würde, wurde er schroff abgewiesen: «Solange ich lebe, werden Sie keine Wohltaten erhalten.»[32] Doch der geschmeidige de Bernis war um keine Antwort verlegen und insistierte: «Also gut, Monseigneur, ich werde warten.»[33] Er wartete lange, allerdings spielte ihm zwischenzeitlich die Prinzessin Marie Sophie de Rohan-Courcillon, die ihm heimlich zugetan war, anonym eine Kassette mit 12 000 Francs zu, so dass er seine Schulden bezahlen konnte.

Endlich kam 1745 seine Stunde, als in der Ballnacht des 24. Februar zu Ehren der Hochzeit des Dauphins Ludwig XV. seine Leidenschaft sich erstmals einer Bürgerlichen zuwandte, der verehelichten Madame d'Étioles, die alsbald zur Marquise de Pompadour geadelt wurde und zur mächtigen «maîtresse en titre» aufstieg. Sie wurde die zentrale Figur in seinem Leben – ihre Gunst ließ ihn hoch emporsteigen und ihre Ungunst ließ ihn tief fallen, aber ziemlich weich. Noch in seinen Memoiren zeichnet er ihr Porträt fast ohne Einschattung: «Madame d'Étioles hatte alle Grazie, alle Frische und alle Fröhlichkeit der Jugend: sie tanzte, sang, spielte wunderbar Komödie; ihr fehlte keines der angenehmen Talente. Sie liebte die Literatur und die Kunst. Sie hatte eine hochherzige Seele, einfühlsam und großzügig.»[34]

Allerdings stellte er eine Schwäche fest, die zu beheben er der richtige Mann zu sein glaubte: «Es fehlte ihr an Kenntnis der Menschen und der politischen Geschäfte.»[35] So versäumte er es nicht, in seinen Memoiren seine Rolle als Ratgeber der Familie noch vor ihrer Begegnung mit dem König hervorzuheben – gleichsam als geschickter Arrangeur ihres Glücks. Nach den ersten Schritten ihres Aufstiegs entdeckte er dann noch weitere Schattenseiten der immer höher steigenden Favoritin: «Ich bemerkte eine Eigenliebe, der man leicht schmeicheln und die man leicht verletzen konnte, und ein generelles Mißtrauen, das ebenso leicht zu erregen wie zu beruhigen war … Länger als zwölf Jahre hat sie meine gelegentlich harten Wahrheiten mehr geliebt als die Schmeicheleien der Anderen.»[36] Aber ihre Gunst beschränkte sich zunächst nur darauf, dass sie de Bernis, der immer noch an der Grenze der Armut seine hohen Ambitionen verfolgte, eine Pension von jährlich 1500 Livres und das Recht, im Louvre zu wohnen, verschaffte. Daran änderte sich auch in den folgenden fünf Jahren nichts, bis ihm 1752 das ehrenvolle Angebot zuteil wurde, französischer Gesandter in Venedig zu werden.

Diese Position, so gut sie auch dotiert sein mochte, betrachtete er zwar als «Sackgasse»,[37] zumal es in Europa kein Geheimnis war, dass die Lagunenrepublik, obgleich noch immer ein unabhängiger Staat, sich politisch und wirtschaftlich im Niedergang befand, wie glanzvoll das dortige Leben auch sein mochte. Ehrgeizig wie er jedoch war, wollte er seine Berichte an den Hof in Versailles so gestalten, dass sie «interessanter waren als die jener Minister (d. i. Gesandter, d.A.) des Königs, die an die ersten Höfe von Europa entsandt waren, sowie Wege und Mittel finden, mir alsbald den Ruf eines verdienstvollen Gesandten zu erwerben».[38] Er musste jedoch feststellen, dass seine effektvollen Berichte schon im Büro des Außenministers zu den Akten gelegt wurden, gelesen oder auch nicht. Wenigstens an Glanz sollte es der französischen Botschaft in Venedig nicht fehlen – natürlich mit einem politischen Ziel: «Ich repräsentiere einen großen Herrscher, ich will für Frankreich die Herzen der Italiener zurückgewinnen, die begierig sind nach Spektakeln und allem, was den Anschein der Prachtentfaltung hat.»[39]

Doch gleichzeitig war er angeblich, wie er in seinen Memoiren betont, bemüht, den äußeren Aufwand seines Auftretens in den Grenzen der Respektierlichkeit eines Kirchenmannes zu halten: «Ich wollte, daß mein Haus geführt werde wie das eines Mönches von Chartreux, daß Ruhe und Ordnung regierten ... und daß jede Libertinage verbannt sei.»[40] Er betont, dass sein persönliches Leben in Venedig makellos gewesen sei: «Ich hatte keineswegs Mätressen, und die Abende waren lang. Meine Lektüre und meine Korrespondenz fanden kein Ende, und ich verwandte darauf mehr Zeit als jene in Gesellschaft.»[41] Da sich in seinen Memoiren nicht der geringste Hinweis auf Casanova findet, könnte der Verdacht entstehen, dass der Venezianer die sexuellen Kapricen des Kirchenmannes frei erfunden habe. Doch die Erfindung oder auch Verhüllung dürfte auf Seiten de Bernis' stattgefunden haben, der – hochbetagt und inzwischen entmachteter Gesandter in Rom – der Nachwelt sein Bild als Ideal eines sittenstrengen Kirchenfürsten hinterlassen wollte. Er starb dort 1794, aber seine Memoiren wurden erst im 19. Jahrhundert veröffentlicht. Wären sie zu seinen Lebzeiten erschienen, hätte sich der einsame Mann in Dux eine hintersinnige Heiterkeit verschaffen können.

Nach dem Wechsel de Bernis' nach Paris stieg der einst arme Abbé zum Mitgestalter der französischen Politik auf, was ihm nicht weniger als die Pfründen von fünf Klöstern und eine Rente von 48 000 Livres einbrachte. Er wurde von der Marquise de Pompadour in das Machtspiel einbezogen, das Ludwig XV. am Vorabend des Siebenjährigen Krieges entfaltete. Der Österreichische Erbfolgekrieg, in dem Frankreich und Preußen Bündnispartner gewesen waren, hatte die Konflikte zwischen Frankreich und England nicht beenden und auch Österreich nicht zufriedenstellen können, das nach dem Verlust von Schlesien auf dessen Rückeroberung drängte. Die Karten der Bündnispartner wurden neu gemischt, und der Plan einer Koalition zwischen Frankreich und Österreich, von dem Casanova 1754 in Venedig indirekt Kenntnis erlangt hatte, sollte nun politische Realität werden.

Nachdem sich Frankreich und Österreich seit Karl V. und Franz I. in immer neuen Kriegen gegenübergestanden hatten, neigte Ludwig XV. einer Aussöhnung zu. Folgerichtig wurde die Annäherung der beiden Mächte in Europa als «Umkehrung der Allianzen»(«Renversement des alliances») empfunden – ein Schock, der die bisherige Machtkonstellation in Europa erschütterte. Doch jede der beiden Mächte war mit höchster diplomatischer Finesse darauf bedacht, nicht den ersten Schritt zu tun und bei einer stets möglichen Zurückweisung nicht das Gesicht zu verlieren. Schließlich war es Maria Theresia, die den ersten Schritt wagte. Sie musste sorgsam auswählen, an wen sie sich wandte. Kontakt mit dem König aufzunehmen, wäre zu direkt gewesen, in Frage kamen dessen Geheimkabinett («Secret du Roi»), das der Vertraute Louis François Prinz Conti leitete, oder Madame de Pompadour; mit dieser unterhielt die österreichische Kaiserin schon eine werbende Korrespondenz, von der sie sich später eilig distanzierte. Sie wählte schließlich den Weg über die Favoritin, die zwar nicht mehr die Geliebte des Königs, aber seine Vertraute und einflussreichste Ratgeberin war.

Nun kam de Bernis ins Spiel, der bei seiner Rückkehr nach Paris zunächst zum Sonderbotschafter ernannt wurde und dann am 22. September 1755 an der ersten direkten Begegnung der Vertreter beider Mächte teilnahm. Unter größter Geheimhaltung näherte sich der österreichische Gesandte Georg Adam von Starhemberg zu Fuß dem kleinen Pavillon «Brimborium» im Schlosspark von Bellevue am linken Seine-Ufer, nachdem er seinem Gefolge befohlen hatte, in weitem Abstand zu warten. Von der anderen Seite erschien, wegen seiner Körperfülle verschwitzt und leicht verspätet, der Abbé de Bernis. Im Innern wartete die Marquise de Pompadour, die mit dem Sonderbotschafter abgesprochen hatte, mit keinem Wort und mit keiner Gesichtsbewegung zum Ausdruck zu bringen, ob mit einer Zustimmung oder Ablehnung des Memorandums zu rechnen sei, das Graf Starhemberg «Wort für Wort»[42] vorlas und dem Abbé de Bernis in die Feder diktierte, der es sodann mit dem schriftlichen Wortlaut verglich – kein Stück Papier sollte verraten können, dass Österreich den ersten Schritt getan hatte. In diesem Augenblick waren nur sechs Personen über den für Europa und besonders für Frankreich folgenreichen Bündniswechsel informiert: auf der einen Seite Maria Theresia, ihr Kanzler Kaunitz und Starhemberg, auf der anderen Seite Ludwig XV., de Bernis und Madame de Pompadour.

Der kleine Abbé war – zumindest für kurze Zeit – in der großen Politik angekommen.

Im Juni 1757 wurde er als Höhepunkt seiner Karriere zum Außenminister ernannt. Als sich im Siebenjährigen Krieg nach den glorreichen Anfangserfolgen der französischen Heere eine Wende abzeichnete, in deren Verlauf Frankreich große Gebietsverluste in Nordamerika und Indien hinnehmen musste, kam es auch in Deutschland zu einer prekären Entwicklung. Diese erreichte am 5. November 1757 in der Schlacht von Roßbach mit der katastrophalen Niederlage des französischen Heeres unter Charles de Soubise – ebenfalls einem Günstling von Madame de Pompadour – gegen den preußischen König Friedrich II. einen ersten Höhepunkt. Als Reaktion darauf drang Außenminister de Bernis auf einen separaten Frieden mit Preußen, auch ohne den Bündnispartner Österreich. Ein solcher Schritt hätte die Koalition zwischen beiden Mächten, die nicht zuletzt auch das Werk de Bernis' war, zum Einsturz gebracht.

So folgte 1758 sein Sturz. Ludwig XV. erwirkte am 2. Oktober für ihn beim Papst den Kardinalshut und entließ ihn am 13. Dezember: «Ich befehle, daß Sie sich in eine Ihrer Abteien – die Wahl steht Ihnen frei – begeben, ohne jemanden zu sehen – bis zu dem Zeitpunkt, da ich Ihnen Vollmacht gebe, zurückzukehren.»[43] Nachdem er fünf Jahre in der Abtei Saint-Médard in Soissons verbracht hatte, rief ihn der König 1764 zurück, machte ihn zum Erzbischof von Albi und schickte ihn 1769 ins Konklave nach Rom, in dem Papst Clemens XIV. gewählt wurde. Danach durfte er, nun als Gesandter Frankreichs beim Heiligen Stuhl, bis zum Ausbruch der Französischen Revolution in Rom hochgeachtet ein ungestörtes und durch seine reichen Pfründen abgesichertes Leben in Luxus führen. Als er nach 1789 seiner Einkünfte in Frankreich verlustig ging, kehrte er nicht dorthin zurück und starb, bis zu seinem Tod unterstützt vom spanischen Gesandten José Nicolás de Azara, 1794 in Rom.

Im Visier der Staatsinquisition

Noch lange nach seiner Abreise aus Venedig berichtete M. M., die mit Casanova ungestörte Liebesbegegnungen in seiner luxuriösen Villa genießen konnte, dem ehemaligen Gesandten Frankreichs alle Einzelheiten dieser Leidenschaft nach Paris. Als schließlich eine Rückkehr de Bernis' nach Venedig ausgeschlossen war und sein Hausstand, der reich an kostbarem Geschirr und Möbeln war, aufgelöst und zugunsten M. Ms. verkauft wurde, löste die definitive Trennung von ihm bei ihr eine Krise aus, die sie an den Rand des Todes brachte. Aus grenzenloser Sorge um sie bezog Casanova ein kleines Haus auf Murano in ihrer Nähe, was ihn jedoch nicht hinderte, eine mädchenhafte Haushälterin namens Tonina zu seiner Geliebten zu machen. Bald schon überließ er sie jedoch John Murray, dem englischen Gesandten in Venedig, einem mit vielseitigen Neigungen dem Luxus zugewandten Lebemann, der sie mit Garderobe, Möbeln und Rente ausstattete, was Casanova ihr nicht hatte bieten können – als Nachfolgerin stand ihm ihre Schwester Barbarina umgehend zur Verfügung.

Sein an sexuellen Ablenkungen reiches Leben schien für Casanova einen unabsehbar ungestörten Verlauf zu nehmen, zumal M. M., von seiner Untreue verstimmt, sich zurückgezogen hatte und ihre Freundin C. C. nach dem Tode ihrer Eltern einen geachteten Anwalt heiratete, eine Verbindung, zu der ihr Casanova riet: «Ich hatte keine angemessene Stellung, und nichts deutete darauf hin, daß ich bald eine erhoffen könne.»[44] Seine fast ausschließlich erotischen Exkursionen vorbehaltene Muße erlaubte ihm sogar so manche selbstanalytische Einsicht in sein turbulentes Treiben mit Frauen, etwa dass «das Begehren ein wahrer Quälgeist ist, eine richtige Plage, und man schätzt den Genuß hauptsächlich, weil er einen davon befreit».[45] Die Verpflichtungen diesem gegenüber führten ihn folgerichtig bei jedem neuen Liebesrausch zu der Selbsttäuschung, «daß ich selbst alles neu fand».[46]

In solchen Augenblicken war auch die eigene Schuldfähigkeit gleichsam aufgehoben, und keine Täuschung glaubte er sich vorwerfen zu müssen, wenn er immer wieder «das Versprechen meiner ewigen Liebe»[47] aussprach, «sicherlich ohne jede Absicht, sie (die Frauen, d.A.) zu täuschen».[48] Es finde geradezu eine natürliche Täuschung auf Gegenseitigkeit zwischen Mann und Frau statt, obgleich «wir wissen, daß das, was man nicht sieht, ungefähr das gleiche ist; aber was uns die Frauen sehen lassen, läßt das Gegenteil glauben … Da sie uns gegenüber mit dem Anblick der Reize, die sie mit anderen gemeinsam haben, von Natur aus geizig sind, zwingen sie unsere Einbildungskraft zu der Vorstellung, sie seien völlig verschieden.»[49] Dass diese psychophysischen Erkenntnisse ihm schon in Venedig während seiner jungen Mannesjahre zur Verfügung standen, ist eher unwahrscheinlich.

Derartige Reflexionen über den Gefühlsaustausch zwischen den Geschlechtern fanden jedoch ein abruptes Ende, als er in die eher harmlose Streitigkeit mit einem Theaterschriftsteller verstrickt wurde. Ihn erreichte ein anonymer Brief mit der Warnung, «lieber auf mich selbst zu achten, da mir das größte Mißgeschick bevorstehe».[50] Unbekümmert folgte er seiner Maxime, anonyme Briefe als unehrenhaft zu verachten, aber aus der Altersperspektive in Dux musste er sich eingestehen; «Das war mein Fehler.»[51]

Der mit den verdeckten Praktiken der Justiz Venedigs vertraute Freund Bragadin, der selbst einst Staatsinquisitor gewesen war, bat ihn in väterlicher Sorge inständig, ein weiteres Mal Venedig auf Zeit zu verlassen, bis die Gefahr gebannt sei. Nicht eine einzige Nacht wollte Casanova im Haus des Senators bleiben, das ihn vor dem Zugriff der Sbirren geschützt hätte, denen der Zutritt in das Gebäude eines Patriziers gesetzlich verwehrt war. Bragadin konnte nur die Prophezeiung aussprechen, dass sie sich in diesem Leben nicht wiedersehen würden, was tatsächlich der Fall war, und ihm den Stoikerspruch «Fata viam inveniunt» («Das Schicksal bestimmt den Weg»)[52] als ewig gültige Lebensweisheit anvertrauen – Casanova sollte sie sich lebenslang in schwierigen Situationen in Erinnerung rufen. An jenem Tag jedoch glaubte er, selbst das Schicksal bestimmen zu können, und geriet am nächsten Tag, dem 26. Juli 1756, in das Gefängnis der Staatsinquisition unter den Bleidächern des Dogenpalastes.

7. Verspielte Chancen

Flucht aus den Bleikammern

Den Ausbruch aus dem Gefängnis unter den Bleidächern des Dogenpalastes hat Casanova stets als das größte Abenteuer, ja die größte Leistung seines Lebens betrachtet. Fünfzehn Monate litt er in einer Zelle bei brennender Hitze, da die Sonne die Bleiplatten des Daches glühend heiß werden ließ, und bei eisiger Kälte, da keinerlei Heizung den Dachboden des Dogenpalastes erwärmte. Doch gerade die tiefste Erniedrigung, der sein Körper ausgesetzt war, spornte seinen stets kalt kalkulierenden Verstand fieberhaft dazu an, seine Flucht zu planen.

Zweimal hat er die Einzelheiten des schließlich gelungenen Ausbruchsversuchs für die Veröffentlichung in Buchform niedergeschrieben, und über Jahre zog er wie ein Troubadour mit der extensiven Darstellung seiner Heldentat durch Europa. Ein Abenteurer präsentierte sein größtes Abenteuer mit der rhetorischen Vor- und Verführungskraft eines bedeutenden Schauspielers. Er war ein würdiger Erbe seiner Eltern, mit deren Talenten die Natur ihn wohl ausgestattet hatte.

Ihm selbst ist nicht bis ins Letzte klar geworden und bis heute ist nicht zweifelsfrei erforscht, welches die entscheidende Ursache seiner Inhaftierung war. Es können auch mehrere Motive gewesen sein, alle aber lagen in seinem Verhalten und Charakter begründet. Ihm selbst war die Identität des Spitzels bald bekannt: Giovanni Battista Manuzzi, ein Goldschmied und Edelsteinhändler, der zugleich von 1740 bis 1774 als Spion («confidende») für die venezianische Inquisition tätig war. Er hegte keinen persönlichen Groll gegen Casanova, sondern ging nur dem Gelderwerb nach. Manuzzi konnte den Staatsinquisitoren melden, dass Casanova über diverse verbotene Bücher – Kabbala, magische Beschwörungsriten, Planetentabellen etc. – verfüge und zudem intensiven Umgang mit dem französischen Botschafter de Bernis gepflegt hatte. Dem einfachen Bürger war der Kontakt zu ausländischen Botschaftern nicht verwehrt, den Patriziern jedoch bei Strafe verboten, und Casanova war dem Patrizier Bragadin wie ein Sohn verbunden. Außerdem führte er das Leben eines stadtbekannten Libertins mit Skandalen, die nicht selten großes Ärgernis erregten.

Das Tribunal verurteilte ihn am 12. September 1755 zu fünf Jahren Haft, ohne dass ihm dieser Urteilsspruch mitgeteilt wurde. In seinen Memoiren hat er über dieses Verfahren gleichermaßen ironisch wie nachsichtig geurteilt: «Wenn dieses Tribunal gegen einen Verbrecher einschreitet, ist es bereits davon überzeugt, daß er einer ist; was sollte es also noch mit ihm sprechen? Und wenn es ihn verurteilt hat, welche Notwendigkeit besteht, ihm die schlechte Nachricht von dem Richterspruch zu bringen? Seine Zustimmung ist nicht notwendig; es ist besser, so sagt man, ihn hoffen zu lassen.»[1]

In der Zelle, in die man ihn, noch dazu in der prächtigen Kleidung eines für den Markusplatz herausgeputzten Flaneurs, gesperrt hatte, erlebte er den radikalen Kontrast zu seinem Luxusleben: Dreck, Flöhe, Ratten – zudem war der Raum nur 1,80 Meter hoch, er selbst aber verfügte über eine Körpergröße von 1,87 Meter. Zwischen drohender Hoffnungslosigkeit und unzerstörbarem Widerstandswillen, zusätzlich versehen mit hochsensibler Geistesgegenwart, hat er nie daran gezweifelt, dass ihm ein Ausbruch gelingen würde. Der erste Versuch, bei dem er durch den Fußboden seiner Zelle, den er mit Hilfe eines umgeformten Eisenstabes bearbeitet hatte, entkommen wollte, scheiterte – das Unternehmen wurde im letzten Augenblick entdeckt. Dem zweiten Ausbruchsversuch war am Vorabend von Allerheiligen 1756 Erfolg beschieden. Ein Zellennachbar hatte mit demselben Eisenstab die Decke durchschnitten, durch die sie ins Freie gelangten.

Mit seinem Komplizen, einem eher den Frauen als den klösterlichen Tugenden zugewandten Mönch, konnte er in einer akrobatischen Aktion über das Dach des Dogenpalastes die Freiheit zurückgewinnen, und im Morgengrauen flüchteten beide in einer Gondel über die Lagune in Richtung Mestre. Unterwegs ergriff ihn ein Gefühl der Dankbarkeit und eine unbändige Lebensfreude: «Ich blickte nun hinter mich den ganzen schönen Kanal entlang; als ich … den prachtvollsten Tag sah, den man sich nur wünschen konnte, die ersten Strahlen eines herrlichen Sonnenaufgangs … und dabei an die grauenvolle Nacht dachte, die ich hinter mir hatte, an den Ort, an dem ich noch Tags zuvor gewesen war, und an das Zusammentreffen so vieler glücklicher Umstände, da durchströmte ein Gefühl meine Seele, das sie zu GOTT erhob, in mir die Seiten der Dankbarkeit zum Klingen brachte und mich mit solcher Macht rührte, daß die Tränen sich plötzlich freie Bahn brachen, um das Herz zu erleichtern, das am Übermaß der Freude zu ersticken drohte. Ich schluchzte, ich weinte wie ein Kind.»[2]

Noch galt es, so manches Hindernis zu überwinden, um bis Borgo di Valsugana zu gelangen, das auf dem Herrschaftsgebiet des Bischofs von Triest lag und wo er vor der venezianischen Justiz in Sicherheit war. Danach bewegten sich die beiden Ausbrecher, die sich aus Sicherheitsgründen zwischenzeitlich getrennt hatten, nach Norden – über Bozen nach München. Am Hof des Kurfürsten Maximilian III. konnte Casanova schnell in die höheren Gesellschaftskreise eindringen und erfuhr durch alte Kontakte neue Förderung. Nun zurück auf der «Laufbahn eines Abenteurers» gedachte er, sein Glück «in der einzigen Stadt der Welt» zu suchen, «in der die blinde Göttin (Fortuna) denen ihre Gunst schenkte, die sich ihr völlig anvertrauten».[3] Allerdings hatte er schon in München – zumindest aus der Altersperspektive – die bittere Bilanz gezogen, dass der lange Aufenthalt von vierzehn Monaten unter den Bleidächern zeitlich nicht ausgereicht habe, «alle Schwächen meines Geistes zu erkennen … und zu heilen».[4]

Einstieg in das Lotteriegeschäft

Über Augsburg und Straßburg erreichte er in Begleitung einer hochhonorigen Dame mit ihren Kindern, die ihn großzügig in ihre Reisekarosse einlud und deren älteste, besonders hübsche Tochter er sogar ohne Avancen beließ, obgleich ihre «Reize mein Herz gefangen hielten»,[5] am 5. Januar 1757 Paris. Nach zwei Jahren «war ich wiederum in dem großen Paris und mußte, da ich nicht mehr auf meine Heimatstadt zählen konnte, hier mein Glück machen».[6] An guten Vorsätzen fehlte es ihm nicht, zumal ihm, nachdem sein erster Paris-

Aufenthalt nur dem Vergnügen gewidmet gewesen war, bewusst war, dass nun der unausweichliche Zeitpunkt gekommen war, sich einer seriösen Lebensaufgabe zu stellen, die ihm «die blinde Göttin» zeigen sollte: «Ich erkannte, daß ich, um es zu irgendetwas zu bringen, meine gesamten körperlichen und geistigen Fähigkeiten einsetzen, die Großen und Mächtigen kennenlernen, klaren Verstand behalten und mich allen denen anpassen mußte, deren Wohlwollen mir von Nutzen sein konnte.»[7]

Er war dazu entschlossen, schlechte Gesellschaft zu meiden, auf seine früheren exzentrischen Gewohnheiten zu verzichten und sich sogar seiner «Überheblichkeit»[8] zu enthalten. In seltener Selbstkritik war ihm klar, dass diese ihn schnell in den Ruf hätte bringen können, «für eine ernsthafte Beschäftigung wenig geeignet zu sein». Es galt, die Chancen, die diese seinerzeit größte und berühmteste Stadt der Welt ihm boten, zu nutzen, hatte er doch nun mit zweiunddreißig Jahren die beste Phase seines Lebens erreicht.

Der 5. Januar 1757 sollte ein Datum werden, das in der Geschichte Frankreichs seine Spuren hinterließ. Herzlich aufgenommen von der Familie Balletti, deren Mitglieder auf den Bühnen von Paris Triumphe feierten, machte er sich noch am selben Abend auf den Weg nach Versailles, um den Abbé de Bernis zu treffen, auf dessen Gunst er hoffen durfte. Dort geriet er in den Aufruhr, den das gerade erfolgte Attentat auf Ludwig XV. ausgelöst hatte. Der Königsmord war zwar misslungen, aber eine solche Schockwelle erfasste das Land, dass in Paris zahlreiche Menschen Trauerkleidung trugen. Wenig später konnte er zu de Bernis vordringen, der ihn wie einen alten Freund begrüßte und sogleich mit einer Rolle von hundert Louisdor versah. Diese Summe erlaubte ihm, sich neu und so fein einzukleiden, dass seinem Auftritt in der guten Gesellschaft von Paris sowie am Hof in Versailles nichts mehr im Wege stand.[9]

De Bernis, der – nicht zuletzt durch die Fürsprache der Marquise de Pompadour – kurz vor seiner Berufung zum Außenminister Frankreichs stand, bat ihn sogleich um einen schriftlichen Bericht über seinen Ausbruch aus dem Gefängnis des Dogenpalastes und versprach, dieses Dokument der größten Heldentat Casanovas der «maîtresse en titre» zukommen zu lassen. Sogar eine Audienz bei der einflussreichen Favoritin verschaffte ihm de Bernis, in deren Verlauf Madame de Pompadour huldvoll zu erkennen gab, sich sogar der Lektüre zugewandt zu haben. Sie gewährte ihm ein Gespräch, das alles und nichts versprach: «‹Ich hoffe, Sie haben die Absicht, sich bei uns in Paris niederzulassen!› ‹Es würde das Glück meines Lebens bedeuten, aber ich brauche Protektion …› ‹Ich glaube, Sie können sich alles erhoffen, denn Sie haben gute Freunde. Ich werde mich gern bemühen, Ihnen bei gegebener Gelegenheit behilflich zu sein.›»[10]

Der gute Freund, auf den die Marquise anspielte, war natürlich de Bernis, der ihm bei Regierung und Administration in Versailles mehrere Türen öffnete. Am folgenreichsten war seine Begegnung mit Jean de Boulogne, dem Generalkontrolleur der Finanzen in Frankreich, dessen Amt 1661 in den Rang eines Ministeriums erhoben wurde. Der Zufall wollte es, dass in dessen Amtsräumen zugleich Joseph de Pâris-Duverney anwesend war, ein Mitglied des bürgerlichen Geldadels, eines Milieus, aus dem nicht zuletzt Madame de Pompadour aufgestiegen war. Als Finanzmagnat hatte er gemeinsam mit seinem Bruder Jean de Pâris de Montmartel durch Heereslieferungen ein großes Vermögen angehäuft, das ihn, der nunmehr schon achtzig Jahre alt war, erlaubt hatte, sich in den Adel einzukaufen.

Der Generalkontrolleur und der Finanzmagnat diskutierten gerade erneut ihr gemeinsames Projekt – die Finanzierung der École militaire, die wie die Porzellanfabrikation in Sèvres auf die Anregung der Marquise de Pompadour zurückging. Schon 1750 war Pâris-Duverney zum ersten Intendanten des Instituts ernannt worden, das, so wollte es die Favoritin, 500 Jugendliche zwischen 8 und 11 Jahren aufnehmen sollte – Aufenthalt und Ausbildung kostenlos. Denn bevorzugt sollten Kinder von gefallenen Offizieren berücksichtigt werden, schließlich hatte die Schlacht von Fontenoy im Österreichischen Erbfolgekrieg zahlreiche Kinder zu Halbwaisen gemacht.

Zur Finanzierung des grandiosen Baus am südlichen Rand des Marsfeldes, dessen Pläne Ange-Jacques Gabriel entworfen hatte und mit dem schon 1755 begonnen worden war, standen aus dem durch Krieg arg strapazierten Staatshaushalt keine Mittel zur Verfügung. Es war zwar bereits eine spezielle Steuer auf Spielkarten erhoben worden, die daraus resultierenden Einnahmen aber reichten bei Weitem nicht für die Finanzierung aus. Auch die Marquise hatte schon ihre Privatschatulle zur Verfügung gestellt: «Ich werde nicht vor seiner Vollendung ein Institut zugrundegehen lassen, das den König unsterblich machen, seinen Adel glücklich und meinen Einsatz für den Staat und für die Person seiner Majestät der Nachwelt überliefern soll.»[11]

Man war seit Längerem auf der Suche nach 20 Millionen Livres, um die Militärakademie zu finanzieren. Casanova, der von sich selbst meinte, «von Finanzen keine Ahnung zu haben»,[12] wurde von de Bernis kühn als Finanzfachmann vorgestellt und empfohlen. Danach verstieg er sich zu der halsbrecherischen Behauptung, dem König sogar 100 Millionen Livres beschaffen zu können, und zwar mit Hilfe eines Verfahrens, das den König nichts kosten, die Nation aber zur freiwilligen Zahlung dieser horrenden Summe veranlassen würde. Woran er dachte, wusste er selbst nicht, aber seine vage Behauptung hatte bei Pâris-Duverney die Vermutung ausgelöst, er denke dabei an eine Lotterie, eine Idee, mit der sich der Finanzmagnat seit Längerem beschäftigte – allerdings waren noch nicht alle Risiken geklärt.

So wurde Casanova in den Kreis der Experten für dieses Projekt eingeladen und behauptete sogleich kühn, dass er über eine derartige Idee schon seit Langem nachdenke. Als es sodann um die Details der Gestaltung des Projekts ging, brillierte er wie ein Jongleur mit Zahlen und Kombinationen, die verraten, dass er tief in die mathematischen Kalkulationen der Glücksspiele eingedrungen war. Seine permanente Bereitschaft, sein Geld dem Zufall der Karten auszusetzen – allerdings nicht ohne Berücksichtigung der Wahrscheinlichkeitsgesetze –, hatte ihn mit den komplizierten Regeln vertraut gemacht, dass der Lotterieunternehmer eine solide Chance auf Gewinne besitzt.

Sein rhetorisches Talent ließ ihn einen brillanten Argumentationswirbel entfalten: vor Pâris-Duverney, Giovanni Antonio Calzabigi, dem Spezialisten für das Lotterie-Projekt, dessen Bruder Ranieri Calzabigi im Hintergrund der geniale Mathematiker des Projekts war, und schließlich vor dem Genehmigungsgremium, dem sogar d'Alembert angehörte. Es gelang, ein Dekret zum Betrieb der Lotterie vom Finanzminister zu erhalten. Casanova, der neben Calzabigi zum Gesellschafter ernannt wurde, erhielt wie dieser ein Gehalt von 4 000 Francs und zusätzlich sogar sechs Annahmebüros, von denen er fünf für je 2 000 Francs verkaufte und das sechste in zentraler Lage von Paris zum ertragreichsten Umsatzbüro gestaltete. Er selbst wurde sogar bei seinen Theaterbesuchen als Verkäufer der Lose tätig und verstand es, den Umsatz auch dadurch zu steigern, dass er in vielen persönlichen Begegnungen hohe Beträge bei dem Verkauf der Lose einsammelte und direkt in seinen Anzugtaschen verstaute – gleichsam eine wandelnde Kasse.

Hinrichtung des Attentäters Robert François Damiens

Er war nun ein gemachter Mann und hätte seine geachtete und hochbezahlte Position mit Besuchen und Bewerbungen in den Ministerien und bei Hofe steigern können. Stattdessen jedoch geriet er entgegen seinen guten Vorsätzen alsbald wieder in die schlechte Gesellschaft von Falschspielern und galanten Damen. Mit einem Venezianer namens Graf Tiretta aus Treviso, einer Zufallsbekanntschaft, gelangte er in den Salon einer Kokotte namens Angelica Lambertini, die sich als Nichte des Papstes Benedikt XIV. ausgab. Sie betrog ihren sie generös aushaltenden Geliebten mit Tiretta, der, ausgestattet mit einer überdurchschnittlich großen Männlichkeit, seinerseits von ihr ausgehalten wurde. Zu dem lebenslustigen Ensemble stieß eine ebenfalls in ihrer körperlichen Blüte schon welke Dame, die von Casanova hoch willkommen geheißen wurde, befand sich doch an ihrer Seite eine junge Nichte. Das junge Mädchen war eben erst aus der Erziehung in einem Kloster entlassen und von einer jungfräulichen Schönheit, der sich Casanova sogleich verehrend und verführend zuwandte. Schnell gelang es ihm, die 15-Jährige, die als Braut für einen bereits anreisenden Kaufmann bestimmt war, zu erobern – wieder mit einem Eheversprechen, dessen Gültigkeit den Augenblick der Preisgabe ihrer Unschuld kaum überdauerte.

Diese vergnügungssüchtige Gesellschaft wollte sich das Spektakel der Hinrichtung von Robert-François Damiens, der das Attentat auf

Ludwig XV. verübt hatte, nicht entgehen lassen, weshalb Casanova einen hochbezahlten Fensterplatz in einem an den Grève-Platz grenzenden Haus reserviert hatte. Die grausame Quälerei, handelte es sich doch um eine Vierteilung, beschreibt Casanova als ein Stunden andauerndes «haarsträubendes Schauspiel. ... Ich sage nichts darüber, denn es würde zu weit führen und außerdem ist es allgemein bekannt.»[13] Aber das Ritual dieser Hinrichtung, das übrigens in dieser Form zum letzten Mal in der französischen Monarchie angewandt wurde, hat die Zeitgenossen aufs Höchste erregt und dürfte sein Gegenmodell vierzig Jahre später in der Guillotine gefunden haben. Deren Erfinder, der Doktor Joseph-Ignace Guillotin, konnte sein Fallbeil als schnell und schmerzfrei arbeitende Tötungsmaschine – geradezu als Humanum gepriesen – den Revolutionären von 1789 erfolgreich andienen.

Die Hinrichtung von Robert-François Damiens wurde allerdings exakt nach jener Prozedur durchgeführt, der 150 Jahre vorher der Attentäter Heinrichs IV., François Ravaillac, unterzogen worden war. Dieser hatte freilich den König mit seinem Messer sogar tödlich verletzt, während Ludwig XV. nur eine geringe Schnittwunde erlitten hatte und am Tag der Hinrichtung seines Attentäters schon völlig geheilt war. Es zählte der Tötungsversuch gegen einen gesalbten Monarchen, die Strafe konnte nicht variiert werden, und so schritt der Henker am 28. März nach langem Prozess, der nicht weniger als fünf Millionen Francs gekostet hatte, zur Tat.

Es war die Aufgabe des Gerichts, der Beichtväter und sogar noch der Henker, dem Delinquenten das Geheimnis seiner eventuellen Mittäter zu entreißen. Hier konnte sich der Abgrund eines politischen Komplotts auftun, und besonders im Jahre 1610 lag der Verdacht nahe, dass Mitglieder des Hochadels als Anstifter beteiligt waren. Noch im Jahr 1589 hatte die Herzogin von Montpensier, die ihren Bruder Heinrich de Guise rächen wollte, den jungen Dominikanermönch Jacques Clément dazu angestiftet, den Letzten der Valois-Könige, Heinrich III., zu ermorden. Dem Boten, der ihr die Nachricht vom gelungenen Attentat überbrachte, fiel sie um den Hals und rief: «Willkommen, mein Freund, ist es auch wahr, ist es wirklich wahr, daß dieser Teufel, dieses Ungeheuer tot ist? Gott, wie bin ich glücklich. Es tut mir nur leid, daß er keine Ahnung hatte, daß ich es war, die ihm den Dominikaner geschickt hat.»[14]

Heinrich IV., der die Dynastie der Bourbonen auf dem Lilienthron begründete, hatte bereits siebzehn Attentate – meist standen politische Gegner im Hintergrund – überlebt, als er am 14. Mai 1610 dem Messer von François Ravaillac zum Opfer fiel. Die Zeitgenossen verdächtigten den Herzog von Epernon, ja sogar Maria von Medici, die Gemahlin des Königs. Doch Ravaillac, der zeitweise die Ordenskutte der Feuillanten getragen hatte, war nur ein geistig verwirrter Grenzgänger jener Umbruchszeit, in der der Hugenotte Heinrich IV. im Jahre 1593 mit seinem Übertritt zum Katholizismus den jahrzehntelangen Konfessionskonflikt beenden konnte.

Bereits nach dreizehn Tagen Prozess und Folter kam es am 27. Mai 1610 zur grausamen Hinrichtung auf dem Grève-Platz, wo der Attentäter reuig bekannte, «er bedauere die Tat begangen zu haben, aber, weil sie für Gott geschehen, werde dieser ihm die Gnade erweisen, bis zum Tode treu am Glauben, an der Hoffnung und an der wahren Liebe festhalten zu können, und er vertraue darauf, Gott werde barmherzig und sein Wille ihn zu retten stärker sein als die Verdammnis, in die ihn seine Tat stürze».[15] Als der ihn verhörende Jesuitenpater Pierre Coton immer erneut auf ihn eindrang, doch seine Komplizen zu nennen, gab er dem Geistlichen eine für diesen lebensgefährliche Antwort: «Geben Sie acht, daß ich nicht Sie bezichtige.»[16]

Auch Damiens wurde immer wieder der Folter unterzogen, um seine vermuteten Hintermänner preiszugeben, aber auch er, der wie Ravaillac ein ungeordnetes und von häufigen Berufswechseln bestimmtes Leben geführt und wiederholt Unterschlupf bei den Jesuiten gefunden hatte, war nicht das Werkzeug einer Verschwörung von hochrangigen Gegnern des Monarchen, sondern ein verwirrter Einzelgänger: «Er habe es getan, damit Gott den König anrühre und ihn dazu bewege, alle Dinge in Ordnung und seinen Staaten Frieden zu bringen und daß einzig und allein der Erzbischof von Paris die Ursache allen Übels sei.»[17] Damit gab er sich als eher hilflos agierender Parteigänger von Parlament und Jansenismus zu erkennen, die seit Jahrzehnten in einen innenpolitischen Machtkampf mit der katholischen Kirche verstrickt waren.

Schon Ludwig XIV. hatte die religiöse Erneuerungsbewegung der Jansenisten leidenschaftlich bekämpft, nicht zuletzt dadurch, dass er das Reformkloster Port Royal im Chevreuse-Tal mit Gewalt auflöste. Im Jansenismus, der den Gläubigen einen Glauben versprach, der ohne den Umweg der katholischen Kirche direkt zu Gott und seiner Gnade führe, sah der Sonnenkönig zu Recht eine gleitende Auflösung des Dogmas vom Gottesgnadentum, einer wesentlichen Stütze seines Throns. So hatte er noch 1713 von Papst Clemens XI. die Bulle Unigenitus erwirkt, die garantieren sollte, dass den Gläubigen die Seligkeit des Jenseits nur durch die Sakramente der katholischen Kirche zuteil werden könne. In den österreichischen Erblanden kam es zur Ablehnung dieser Doktrin, und in Frankreich erkannten zahlreiche Kleriker deren Gültigkeit nicht an.

Schließlich gelang es Ludwig XV., die Bulle beim Pariser Parlament als gesetzliche Verpflichtung durchzusetzen, auch wenn die Parlamentsräte derartigen Widerstand leisteten, dass er sie ihres Amtes entheben und ins Exil in die französische Provinz schicken musste. Doch der Konflikt schwelte weiter, nachdem Monsigneur Vintimille, ein radikaler Gegner der Jansenisten, zum Erzbischof von Paris ernannt worden war. Dieser war entschlossen, die 101 Thesen der Bulle Unigenitus besonders in dem Punkt durchzusetzen, dass kein Priester, der seine schriftliche Zustimmung verweigere, die Sakramente spenden dürfe, vielmehr, wie Voltaire anklagend konstatierte, «von den Sterbenden ein Beichtzettel zu verlangen war, und diese Beichtzettel mußten von solchen Priestern unterzeichnet sein, die sich zu der Bulle bekannten, wo nicht, so wurde weder die letzte Ölung noch das Viaticum erteilt».[18]

Voltaire hat die Fronten geschildert, zwischen denen Damiens hin und her taumelte: «Nun war er 42, war Diener gewesen, Schlosserlehrling, Soldat, Küchenjunge, Hausdiener im Jesuitenkolleg von Paris während fünfzehn Monaten, war vom Kolleg gefeuert worden; ein zweites Mal eingetreten, hatte er sich schließlich verheiratet, Tochter und Sohn gezeugt; letzterer verstarb. Da hat er sein Vagabundenleben wieder aufgenommen; war hier und da, am allermeisten aber in Schankwirtschaften zuhaus; heim fand er selten, aber ins Kolleg zurück. Ein zweites Mal von den Jesuiten entlassen … ging er zu Zeiten der allerheftigsten Auseinandersetzung zwischen Parlament und Geistlichkeit oft zur Großen Kammer ins Palais ... die Heftigkeit der Reden entzündete die Vorstellungskraft des Elenden, bereits zur Genüge erregt.»[19]

Letztendlich richtete sich sein Zorn gegen die katholische Kirche, und er behauptete, «daß der Erzbischof ein Unwürdiger sei, der schlechte Prinzipien verfolge und Skandale verursache».[20] Dennoch führte ihn sein Weg nicht ins erzbischöfliche Palais, sondern nach Versailles zu Ludwig XV., der seine Position schließlich an der Seite des Erzbischofs gesucht hatte. Nach der Tat bereute Damiens leidenschaftlich, den Monarchen mit einem Messer angegriffen zu haben: «Warum bin ich nur so schwachsinnig gewesen, da doch der König so sanft und so gut ist!»[21]

Die Exekution vollzog sich, stets begleitet von der johlenden Zustimmung des Volkes, in jenen gnadenlos grausamen Etappen, deren Schilderung Casanova verweigert. Dieser schloss sich dem bitteren Urteil Voltaires an, dem er noch seinen Alterszorn über die bejubelten Grausamkeiten der Revolutionäre von 1789 hinzufügte: «Das französische Volk, sagt Monsieur de Voltaire, ist das abscheulichste von allen, ein Chamäleon, das alle Farben annimmt und zu allem fähig ist, was ein Anführer im Guten oder Bösen von ihm zu tun verlangt.»[22]

Allerlei Tändeleien

Parallel zu dem makabren Spektakel der Hinrichtung fand ein Satyrspiel der Sexualität statt. Denn die eine der beiden von Casanova eingeladenen Damen, die sich weit nach vorn aus dem Fenster gebeugt hatte, erfuhr eine überraschende Beglückung durch seinen Freund Tiretta – nicht weniger als zwei Stunden lang. Groß war ihr Zorn darüber, dass «sie sich in der peinlichen Lage befunden hatte, sich zu verstellen und zu dulden, was dieser Grobian ihr angetan hatte».[23] Immer wieder beschimpft, gab Tiretta wenig später zu, «er sei eingedrungen, aber er wisse nicht wo».[24] Es bedurfte nur einer demütigenden Entschuldigung des Täters bei dem Opfer, verbunden mit seiner Bereitschaft, sich nicht erneut auf dem Weg zur weiblichen

Intimität zu verirren, was er umgehend unter Beweis stellte. Die nun nicht länger beleidigte, sondern entzückte Dame wurde zu seiner Gönnerin. Alsbald zog er bei ihr ein.

Die junge und nach seinem Urteil außerordentlich hübsche Nichte dieser Dame gelangte nach kurzem, nur formalistischen Widerstand in die Arme Casanovas, dem sie schließlich nachgab, als er sie drängte, sich doch seiner «wesentlichen Huldigung»[25] hinzugeben: «Wir legten uns auf das Kanapee und trennten uns erst im Morgengrauen.»[26] Damit kam Casanova dem bereits anreisenden Bräutigam zuvor, einem Ehrenmann, dem er wenig später seine Achtung nicht verweigern konnte. Er ließ die Schöne mit ihm in die Ferne ziehen – in der melancholischen Gewissheit, dass er sich zum Ehemann gewiss nicht geeignet hätte.

Aber da war noch Manon Balletti, die Tochter der Prinzipalin Sylvia, die «mich liebte und wußte, daß ich sie liebte».[27] Beider Beziehung, lange in der Schwebe gehalten, war von endlosen Gesprächen und leidenschaftlichen Briefen bestimmt, von denen sich zweiundvierzig, die sie an ihn geschrieben hatte, in seinem Nachlass in Dux fanden. Aber seine Gefühlslage war durchaus ambivalent: «Da ich mich von Tag zu Tag mehr in sie verliebte und nicht die Absicht hatte, um ihre Hand anzuhalten, begriff ich jedoch nicht, was ich eigentlich wollte.»[28]

Casanova war zu jener Zeit in allerlei Tändeleien verstrickt, gleichzeitig zeigte er keine Initiative, sich eine gesicherte gesellschaftliche Position zu schaffen. Da fügte es sich, dass ihn sein Gönner de Bernis brieflich aufforderte, bei Abbé Jean Ignace de Laville, dem Staatssekretär für auswärtige Angelegenheiten, vorzusprechen, der einen Spezialauftrag für ihn habe. Es ging um die Überprüfung von acht oder zehn französischen Kriegsschiffen, die vor Dünkirchen vor Anker lagen. Nun zu seriöser Tätigkeit entschlossen, absolvierte er die Fahrt an die Küste ohne jede ablenkende Verführung, ermittelte bei den Seeoffizieren vor Ort ohne Schwierigkeiten die Detailinformationen und leistete sich nur auf der Rückfahrt durch hochmütiges Auftreten in einer nächtlich sorgsam bewachten Festung überflüssige Unannehmlichkeiten.

Zurück in Paris, half ihm de Bernis in zwei Stunden stilistischer

Feinarbeit, die überreichen Floskeln aus seinem Bericht zu entfernen, der dann in Versailles übergeben wurde. Er staunte allerdings nicht wenig über die Unsinnigkeit dieses Auftrags, der die Staatskasse 12 000 Francs kostete, denn «der Minister hätte alles, was ich ihm in meinem Bericht mitteilte, leicht erfahren können, ohne einen Sou auszugeben. Jeder junge Offizier hätte ihm dazu dienen können. Aber so verhielten sich unter der monarchistischen Regierung alle französischen Ministerien. Sie verschwendeten das Geld, das sie nichts kostete, an ihre Kreaturen.»[29] Dieses Urteil, spät im fernen Dux ausgesprochen, hat auch ihn zur Kreatur gemacht – vielleicht war er sich dessen in dem Augenblick noch nicht bewusst, als er die hohe Summe einstrich.

Der Zufall, der ihn durch die Garderoben der Theaterdiven sowie durch die Boudoirs der mondänen Lebedamen treiben ließ, eröffnete ihm über einen Grafen de La Tour d'Auvergne auch den Salon von dessen Tante, der Marquise Jeanne d'Urfé. Sie war eine reiche und einflussreiche Hochadlige, eine späte Nachfahrin des Dichters Honoré de Lascaris d'Urfé, der an der Wende vom 16. zum 17. Jahrhundert mit seinem heroisch-pastoralen Großwerk «Astrée» seine Zeitgenossen fasziniert hatte. Ihre große Leidenschaft war das geheime Wissen der Kabbala, das sie vor allem als praktizierende Chemikerin nutzte, eben exakt jene Wissenschaft, «die mich sehr interessierte, obgleich ich sie für ein Hirngespinst hielt».[30] Dementsprechend pflegte sie intensiven Umgang mit den Geistern, «die die gleichen wie bei Agrippa waren».[31] Hier gibt Casanova einmal die Quelle seiner spiritistischen Kenntnisse preis.

Mit seinem umfangreichen Detailwissen über den Umgang mit Geistern und den stellaren Einfluss auf das Schicksal gelang es ihm schnell, die hochgestellte Dame in seinen Bann zu ziehen: «Ich entführte ihre Seele, ihr Herz, ihren Geist und alles, was ihr an gesundem Menschenverstand noch verblieben war.»[32] Ihr großes Projekt war eine Operation, für die sie die vielfältigen Kenntnisse Casanovas voraussetzte – es ging um nichts Geringeres als «ihre Seele in den Körper eines männlichen Kindes übergehen zu lassen, das der philosophischen Verbindung eines Unsterblichen mit einer Sterblichen, oder der eines Sterblichen mit einem Weib von göttlicher Natur entsprungen sei».[33] Unsterblichkeit und Verjüngung erhoffte sie sich durch den Geschlechtswandel, der sich zugleich als Übergang ihrer Seele in eine andere Person vollziehen sollte. Dass Casanova und nur er für diese radikale Mutation ihres Körpers und ihrer Seele die notwendigen magischen Kräfte besaß, stand für sie außer Zweifel und ließ sie vollständig in seine Abhängigkeit geraten. Daraus kurz- und langfristig Nutzen zu ziehen, war er entschlossen.

Der Finanzstratege

Gleichzeitig aber war er bestrebt, seinen Ruf als Finanzstratege zu fördern, und dafür nutzte er die Idee eines Bankiers, die er auf der Hochzeit seines Bruders Francesco beiläufig erfahren hatte. Sein Bruder, der als belächelter Schlachtenmaler seinerzeit Paris im Zorn verlassen hatte, war dorthin zurückgekehrt und erfreute sich nun der Gunst der Sammler. Das monetäre Manöver sah vor, «königliche Schatzscheine zu angemessenen Bedingungen an eine Handelsgesellschaft in Amsterdam abzutreten und dafür Papiere irgendeiner anderen Macht aufzunehmen, die man, da sie nicht als so unsicher galten wie die französischen, leicht zu Geld machen könnte.»[34]

Die Idee, die er seinem Gönner de Bernis präsentierte, stieß sogar beim Herzog de Choiseul, dem Minister des Äußeren, auf Wohlwollen. Denn Frankreichs Staatspapiere hatten, nachdem das Land mit wenig militärischem Glück in den Siebenjährigen Krieg verstrickt war, an Bonität verloren, womit auch der Staat an ausreichender Liquidität einbüßte. Nicht weniger als zwanzig Millionen Francs sollten auf diesem Weg und bei möglichst geringem Abschlag die Staatskasse aufbessern oder wenigstens deren hohen Schuldenstand verringern. Casanova war zudem von der Marquise d'Urfé mit dem Verkauf von Aktien im Wert von 60 000 Francs beauftragt worden, die von der schwedischen Ostindischen Gesellschaft in Göteborg ausgestellt waren und sich an der Pariser Börse wegen des permanenten Liquiditätsmangels nicht verkaufen ließen. Eilig machte er sich auf die Reise.

Zu seinem eigenen Erstaunen gelang es, nicht zuletzt mit Hilfe des französischen Botschafters in Den Haag, in Amsterdam die

Transaktion erfolgreich abzuwickeln. In dieser Stadt, die seinerzeit das größte Finanzzentrum Europas war, gewann er das Vertrauen eines reichen Handelsherrn namens Mijnheer D. O. Hinter den Initialen verbarg sich der historische Thomas Hope, der bereits 1726 in der Stadt sein Bankhaus gegründet hatte. Noch enger gestaltete sich sein Verhältnis zu dessen Tochter Esther – mit diesem Namen und der Veränderung ihrer verwandtschaftlichen Stellung schützte Casanova die Nichte von Thomas Hope, Lucia. Er wurde generös empfangen und vertrauensvoll integriert, und so bildete der Aufenthalt eine seltene Phase in seinem Leben, in der er Anteil an einem geordneten und von ruhigem Glück bestimmten Familienleben hatte. Zwar hat er es bewundert und beneidet, aber er konnte sich nicht zu einer solchen Lebensform entschließen, auch nicht, als er wenig später noch einmal nach Amsterdam reiste.

Es war wieder die Kabbala, mit der er die Tochter Esther und bald auch den Handelsherrn in seinen Bann zog. Neben trickreichem Jonglieren zwischen Zahlen und Buchstaben überraschte er die junge Frau mit dem magisch inszenierten Fund einer reich gefüllten Börse, die ihr Vater zwischen zwei Treppenstufen versehentlich hatte fallen lassen. Ihren Vater aber überzeugte er restlos von seiner Weissagungskraft mit der gewagten Behauptung, ein auf der Rückreise von Ostindien angeblich untergegangenes Handelsschiff sei keineswegs im Meer versunken, woraufhin Mijnheer D. O. es an der Börse zu nur zehn Prozent seines wahren Wertes kaufte. Statt 300 000 Gulden zu verlieren, gewann er 3 Millionen und beteiligte den Magier des Orakels großzügig mit zehn Prozent. Casanova wurde zu einem reichen Mann.

In den Niederlanden begegnete er erneut Teresa Imer, mit der er einst im Palast des Senators Malipiero erste erotische Erkundungen unternommen hatte, mit der es aber auch auf seinen späteren Reisen wiederholt zu sexuellem Einverständnis gekommen war. Sie präsentierte ihm einen halbwüchsigen Jungen und ein kindliches Mädchen und behauptete, dass er der Vater der beiden sei: «Zu meiner Überraschung hatte das Gesicht des Kindes genau meine Züge.»[35] Die Mutter, der er später erneut in London begegnen sollte, war nicht bereit, ihm diese Tochter, zu der er umgehend Vatergefühle entwickelte, zu überlassen; vielmehr wollte sie ihm nur ihren – und wahrscheinlich keineswegs seinen – Sohn anvertrauen, der verschlagene Charakterzüge aufwies. Aber er hatte bereits die projektierte Transformation von Madame d'Urfé in einen Knaben im Blick, wofür sich dieses leicht missratene Geschöpf dennoch eignen sollte.

So kehrte er als patriotisch beklatschter Finanzmann nach Paris zurück, und de Bernis, der ihn mit den Worten «Sie haben Wunder gewirkt»[36] empfing, schickte ihn sofort nach Versailles weiter, um bei dem Minister Choiseul ähnliche Lobsprüche einzusammeln. Nicht einsammeln konnte er hingegen die Maklerprovision von 200 000 Gulden, die er der Gesellschaft in Amsterdam, welche die französischen Staatspapiere kaufte, nicht abhandeln konnte, aber mit einer gewissen Berechtigung von der französischen Regierung erhoffen, ja erwarten konnte. Seine Enttäuschung über den entgangenen Vermittlungsgewinn, an der auch eine Visite bei der huldvoll lächelnden und ihn höflich hinhaltenden Marquise de Pompadour nichts ändern konnte, führte zu einer tiefen Verbitterung. Eine gewisse Aussicht auf die Vergütung verhieß man ihm nur für den Fall, dass er sich als Franzose naturalisieren ließe. Auch sein Gönner de Bernis konnte ihm nur empfehlen, «Geduld zu haben und sich weiterhin nützlich zu machen».[37]

Missglückte Unternehmensgründung

Derart in seinen Hoffnungen auf eine finanzpolitische Karriere enttäuscht, wandte er sich, zumal er mit Geld reichlich versehen war, seinem persönlichen Vergnügen zu. Schließlich war er auch jenes schlecht erzogenen Sohnes entledigt, den Madame d'Urfé sogleich in das feinste Knabeninternat Frankreichs gesteckt hatte, sollte sein Körper doch später ihre Seele aufnehmen. Der für sein opulentes Luxusleben notwendige Rahmen ließ sich mit der Anmietung eines Landhauses schnell beschaffen. Das ausgedehnte Anwesen namens «la Petite Pologne» lag unmittelbar hinter der Zollbarriere von Paris auf dem flachen Land, erlaubte aber den schnellen Zugang zu allen Vergnügungsstätten in der Hauptstadt. An Räumlichkeiten fehlte es nicht: «zwei Gärten …, drei Herrschaftswohnungen, ein Stall für zwanzig Pferde, Bäder, ein guter Keller und eine große Küche ..., ein Kutscher, zwei Wagen, fünf Pferde, ein Stallbursche und zwei Lakaien mit kleiner Livree».[38]

Galante Feste fanden im «Petite Pologne» statt, das er gleichzeitig auch nicht verheirateten Paaren für intime Begegnungen zur Verfügung stellte. Dieses luxuriöse Ambiente bildete jedoch nur die Kulisse für eine komplizierte Leidenschaft zu Mademoiselle XCV, hinter deren Initialen sich die Tochter einer Griechin namens Anna Gazzini verbarg, die den Engländer Richard Wynne geheiratet hatte und vor seinem Tod zum Katholizismus konvertiert war. Mehrfach reiste sie mit ihrer Familie von Venedig nach London, um trotz der katholischen Konfession das dortige Erbe für ihre Kinder zu sichern. Ihre älteste Tochter Giustiniana-Franca-Antonia, die er bereits 1742 bei seinem ersten Paris-Besuch unter ihrem richtigen Namen bewundert hatte, erregte seine leidenschaftliche Zuneigung. Sie war von dem Venezianer Andrea Memmo schwanger und suchte einen geheimen Helfer, der sie von dieser unerwünschten Last befreien konnte.

Als hilfreicher Vertrauter begleitete er die junge Frau zunächst geduldig zu einer dubiosen Hebamme, um verbotene Abführmittel zu kaufen, was lange Komplikationen mit sich brachte. Schließlich sollte das alte Mittel «Aroph», das sogar die seinerzeit respektierten Autoritäten von Paracelsus bis Herman Boerhaave für die Abtreibung empfohlen hatten, den erwünschten Effekt erzielen. Trickreich fügte Casanova für die Applikation der Salbe an intimer Stelle der Frau die angebliche Vorschrift hinzu, dass der Erfolg der Prozedur nur gewiss sei, wenn gleichzeitig ein männliches Glied mit seinem Sperma das Werk vollende. Zwangsläufig stand nur er dafür zur Verfügung.

So gelangte er, zumal das Verfahren in den folgenden Nächten zu siebenmaliger Anwendung kam, zwar ans Ziel, aber nicht zum Höhepunkt seiner Leidenschaft, vollzog sich doch eine makabre Mechanik: «Sie stellte die offene Büchse zu ihrer Rechten, legte sich auf den Rücken, spreizte die Schenkel, zog die Beine an und beugte sich nach vorn; dann setzte sie beim Schein der Kerze, die ich in der linken Hand hielt, ein kleines Häubchen aus Aroph auf den Kopf des Wichtes, der es zur Mündung bringen sollte, an der die Vermischung stattzufinden hatte. Das Erstaunliche dabei war, daß wir weder lachten noch überhaupt Lust dazu verspürten, so sehr waren wir in unsere Rollen vertieft.»[39] Die Erfolglosigkeit dieses Verfahrens führte schließlich dazu, dass Madame d'Urfé und Madame de Romain, ebenfalls eine Hochadlige, die Casanova mit seinen Kenntnissen der Kabbala fasziniert hatte, das unleidliche Problem auf jene Art und Weise lösten, die in jenen Kreisen der besten Gesellschaft damals üblich war. Die schöne Mademoiselle, von zwei nichts ahnenden Ehekandidaten und ihrer ebenfalls unwissenden Mutter zur Hochzeit gedrängt, verschwand im Kloster Conflans-Saint-Maur. Dort gab sie einem gesunden Knaben das Leben – der sogleich in der diskreten Anonymität verschwand – und konnte ohne Rufschädigung in den Kreis ihrer Familie zurückkehren. Ihre vorgetäuschte Jungfräulichkeit war dadurch garantiert, dass sie behaupten konnte, sich nur der Zwangsheirat entzogen zu haben.

Zeitgleich entschloss sich Casanova, seinen in Holland erworbenen Reichtum noch weiter zu mehren, und gründete «eine Werkstatt für bemalte Seidenstoffe nach Art derer aus Peking».[40] Zwanzig Mädchen im Alter von achtzehn bis fünfundzwanzig Jahren, angestellt um die Stoffe kunstvoll zu bemalen, machten ihn zum Besitzer dieses «Harems».[41] Nachdem er jedoch die Reize der Mädchen wahrgenommen hatte und sich ihrer reichlich bediente, geriet er in einen Strudel ständig steigender Ausgaben: «Ich fand an ihnen Geschmack, und da ich nicht die Geduld hatte, sie mir billig zu verschaffen, ließen sie mich ihrerseits meine Neugier bezahlen. Das Beispiel der ersten genügte allen anderen, sobald sie merkten, daß sie mein Verlangen erweckt hatten. Oft war es nur eine Laune für drei Tage.»[42]

Es kam indes zu weiterer Ablenkung, als er einer hübschen Strumpfverkäuferin begegnete, die unmittelbar vor der Eröffnung eines Ladens in der Rue St. Honoré und ihrer Hochzeit mit einem braven Handelsmann stand. Zunächst beteiligte sich Casanova an der Finanzierung des Geschäfts, dann entführte er die junge Frau – schon von einem betäubenden Liebestaumel erfasst – in sein Luxusrefugium «Petite Pologne»: «Verliebt in sie, wie ich es noch nie, wie ich glaubte, in irgendeine Frau gewesen war.»[43] Dort erfreute er sich nur wenige Tage vor ihrer Hochzeit ihrer Jungfräulichkeit bis zu dem Grade, dass «ich nie den Altar mehr mit Blut befleckt sah».[44] Nahezu automatisch folgte die Verewigung seiner Zuneigung, an deren Dauer er in jenem Augenblick sogar geglaubt haben dürfte: «Ich schwor ihr hundertmal ewige Treue.»[45]

Aber jenseits dieser Treueschwüre, zu denen ihn die verführerische Strumpfverkäuferin verleitete, war er an anderer Stelle sogar zu einem Eheversprechen bereit, denn die über seine Eskapaden gewiss wohlinformierte Manon Balletti drängte auf eine Entscheidung. Sie «zermürbte mich mit ihrer Eifersucht und ihren berechtigten Vorwürfen. Sie sah nicht ein, wie ich die Heirat immer wieder hinauszögern konnte, wenn ich sie wirklich liebte ... Ich versprach ihr aufrichtigen Herzens, sie zu meiner Frau zu machen.»[46] Der Pariser Boden, auf dem er sich eine sichere und geordnete Existenz erhofft hatte, war dieser Erwartung nicht gerecht geworden und er ihm auch nicht. Aber zumindest war die Stadt ein Eldorado gewesen, was seine amourösen Abenteuer anging.

Dagegen hatte er, was seine Seidenfabrik betraf, die nötige Aufmerksamkeit vermissen lassen. Sie wurde die Beute eines betrügerischen Verwalters, der das Stofflager diebisch ausgeplündert hatte und verschwunden war. Prekär wurde Casanovas Situation dadurch, dass er kurz vorher einen Anteil an der Fabrik einem Mann namens Garnier verkauft hatte, der ihn nun nachdrücklich – zu Recht oder zu Unrecht – bezichtigte, mit ihm ein betrügerisches Luftgeschäft abgeschlossen zu haben. Da er die Gerichtsvorladungen nicht beachtete, verhaftete man ihn auf offener Straße in seinem Wagen und brachte ihn in die Strafanstalt von Fort-L'Éveque – er selbst spricht von «vier recht unangenehmen Stunden»,[47] nach den Gerichtsakten waren es zwei Tage.

Briefliche Notsignale gingen sogleich an seinen Bruder, der nicht antwortete, an Manon Balletti, die ihm ihre Ohrringe für seinen Freikauf schickte, und an Madame d'Urfé, die ihn für den nächsten Tag zum Mittagessen einlud, woraus er voreilig schloss, «sie habe den Verstand verloren».[48] Doch am nächsten Tag kam der Gefängniswärter tatsächlich mit der Nachricht, er sei frei und eine Dame erwarte ihn in ihrer Kutsche vor dem Gefängnis. Seine Kabbala-Komplizin hatte auf ihren Namen eingetragene hochdotierte Wertpapiere als

Kaution hinterlegt und damit Garnier aufgefordert, nicht länger mit Casanova, sondern mit ihr zu prozessieren, was nach den juristischen Usancen jener Epoche sich endlos in die Länge ziehen ließ.

Casanova jedoch wollte das turbulente Pariser Treiben beenden, entließ die hübschen Seidenmalerinnen der Fabrik, liquidierte das ganze Unternehmen und fasste erneut eine Grundsatzentscheidung: «In dieser gewalttätigen Stimmung faßte ich den Plan, mir eine gesicherte Existenz zu schaffen, die mir gestatten würde, in aller Ruhe das Leben zu genießen. Ich beschloß, ... eine zweite Reise nach Holland zu machen, um wiederum zu Geld zu kommen, und nach meiner Rückkehr nach Paris das ganze Kapital ... auf Leibrente für zwei Personen anzulegen.»[49] Die zweite Person sollte Manon Balletti sein, «die es kaum erwarten konnte, daß ich mit seiner Verwirklichung begann».[50]

Nach dem Verkauf seiner Möbel und Pferde verblieben ihm immerhin noch «hunderttausend Francs in Wechseln und ebensoviel in Schmuck»,[51] als er sich am 1. Dezember 1759 mit dem Postwagen nach Norden aufmachte. Es war eher eine Flucht als ein Neuanfang, und er musste sich eingestehen, dass die fast drei Jahre seines zweiten Aufenthaltes in Paris ihm etliche Chancen für die langfristige Absicherung seiner Existenz geboten hatten, er sie jedoch verspielt hatte.

8. *Glänzen um jeden Preis*

Der Graf von Saint-Germain

Casanova war sich sehr wohl der Zäsur bewusst, die seine überstürzte Abreise aus Paris darstellte. In Den Haag stieß er schließlich im Gasthof erneut auf den Grafen von Saint-Germain, jenen Mann, der wie er selbst durch Europa reiste, ebenfalls im Ruf eines Abenteurers stand und gegenüber dem er früh eine verdeckte Rivalität entwickelt hatte. Der Graf war von zahlreichen Mysterien umweht: Angeblich war er bereits mehrere Jahrhunderte alt, Erfinder und Produzent des «Lebenswassers», das nicht verjüngte, aber den Prozess des Alterns zum Stillstand bringen konnte, und Chemiker, der Gold herzustellen und Diamanten in ihrer Klarheit zu verfeinern verstand – eine schemenhaft omnipräsente Existenz, die an nahezu allen großen Höfen Europas während des Siebenjährigen Krieges agierte. Unter mindestens dreiundzwanzig Namen suchte er sich zu verbergen und gleichzeitig für seine vielfältige Gegenwärtigkeit zu sorgen.

Bereits in Paris hatte Casanova ihn kennengelernt, als er als Chemiker im Labor von Madame d'Urfé experimentierte und ihr Vertrauter bei der Suche nach neuen, wundertätigen Mineralien war. Bei einem Diner, veranstaltet von einer Hochadligen mit spiritistischen Interessen, hatte er den «berühmten Abenteuerer»[1] aus der Nähe beobachtet: «Anstatt zu essen, redete dieser Mann von Anfang bis Ende der Mahlzeit, und ich hörte ihm mit größter Aufmerksamkeit zu, denn niemand sprach besser als er.»[2] Casanova war sogar zu einer gewissen Bewunderung bereit: «Er hatte eine entschiedene Art zu sprechen, die jedoch nicht mißfiel, denn er war gelehrt, sprach fließend alle Sprachen, war sehr musikalisch, ein großer Kenner der Chemie, besaß angenehme Züge und verstand es, sich bei allen Frauen beliebt zu machen.»[3]

Es war eine seltsame Faszination, die der Graf von Saint-Germain auf den Venezianer ausübte, welche Distanz und Achtung einschloss. Er fühlte sich von dieser mysteriösen Persönlichkeit verführt – bis zur Abwehr aus Selbstschutz: «Dieser überaus merkwürdige und zum frechsten aller Betrüger geborene Mann behauptete ungestraft und nachlässig, er sei dreihundert Jahre alt, besitze die Universalmedizin und treibe mit der Natur, was er wolle; er schmelze Diamanten und mache aus zehn oder zwölf kleinen ohne Gewichtsverlust einen großen von vollkommener Reinheit ... Trotz seiner Prahlereien, seiner Widersprüche und seiner offenkundigen Lügen brachte ich es nicht fertig, ihn unverschämt zu finden; aber ich fand ihn auch nicht achtenswert.»[4]

Wenig später kam es zu einer kurzen Auseinandersetzung der beiden Abenteurer, aus der Casanova, so mochte er es empfunden haben, als Sieger hervorging. Man speiste bei Madame d'Urfé, die «einen großen armierten Magneten am Hals trug. Sie behauptete, früher oder später würde er einen Blitz auf sie ziehen, und sie dann zur Sonne auffahren.»[5] Saint-Germain rühmte sich hierauf, «dem Magneten eine tausendfach größere Kraft zu verleihen, als die gewöhnlichen Physiker ihm geben könnten».[6] Daraufhin behauptete Casanova, der großsprecherische Magier sei nicht einmal in der Lage, die Kraft des Magneten zu verdoppeln, worauf er 20 000 Taler wette. Es war eine eher plumpe Geste, mit der Casanova auftrumpfen und sich mit seinen mindestens gleichwertigen Fähigkeiten in Szene setzen wollte. Die taktvolle Madame d'Urfé verhinderte, dass Saint-Germain die Wette annahm. Später unter vier Augen zeigte sie sich eher um Casanova als um Saint-Germain besorgt, hätte dieser doch gewiss gewonnen. Ihr Vertrauen in die magischen Kräfte jenes Mannes war eben stärker als in die Fähigkeiten Casanovas, der seinen Gegner ziemlich abfällig als «Wunderknaben»[7] bezeichnete.

Es war dem Venezianer allerdings nicht verborgen, dass Saint-Germain hoch in der Gunst des französischen Königs aufgestiegen war. Die Marquise de Pompadour, der er das «Lebenswasser» überreicht hatte, verschaffte ihm eine Begegnung mit Ludwig XV., der sich zur Einrichtung eines chemischen Labors im Trianon verleiten ließ. Der Monarch soll derart von den Erfolgen Saint-Germains überzeugt gewesen sein, dass er ihm 100 000 Francs zur Verfügung stellte, um in Chambord ein weiteres Labor einzurichten. Das prachtvolle Loire-Schloss hatte er nach dem Sieg von Fontenoy im Jahre 1745 dem Marschall Maurice de Saxe zum Geschenk gemacht, der aber bereits 1750 gestorben war. Es galt, mit Chemikalien zu experimentieren, um feine und wasserfeste Stoffe zu produzieren. Casanova hatte oder hätte zumindest allen Grund gehabt, den kometenhaften Aufstieg des Grafen von Saint-Germain mit Respekt, wenn nicht mit Neid zu beobachten.

Er dürfte auch nicht ohne Erstaunen zur Kenntnis genommen haben, dass der mysteriöse Mann sogar seine Geburt zum Geheimnis gemacht hatte, über die die Zeitgenossen unbegrenzt rätseln konnten, und bis in die Gegenwart sorgt ein Rest für Spekulationen. Aber zumindest die Daten seiner Herkunft und die dramatischen Umbrüche seines Aufstiegs sind heute weitgehend bekannt. Geboren wurde er am 28. Mai 1696 als Leopold Georg, Prinz von Transsilvanien (Siebenbürgen), in Klausenburg. Sein Vater war Franz II. Rákóczi, der als Fürst von Siebenbürgen die Unabhängigkeit von Österreich und die Königskrone für sein Land und für sich anstrebte. Es kam von 1703 bis 1711 zu immer neuen Aufständen gegen die absolutistische Herrschaft in Wien.

Fürst Franz II. Rákóczi, der seinem ältesten Sohn als Geste des Ausgleichs mit dem österreichischen Kaiserhaus den Vornamen Leopold gegeben hatte, konnte dem Vernichtungskampf, der von Wien aus gegen seine Familie geführt wurde, nicht ausreichend Widerstand entgegensetzen. 1708 entging er nach einem Pferdesturz nur knapp der Gefangennahme und flüchtete zu Ahmed III., dem osmanischen Sultan, der ihm in einem seiner weißen Paläste am Marmarameer Asyl gewährte. Seine Gemahlin, die deutschstämmige Prinzessin Charlotte Amalie von Hessen-Rheinfels und die zwei anderen Söhne ließ der Kaiser nach Wien in sicheren Gewahrsam bringen.

Als die Kämpfe um die Unabhängigkeit Siebenbürgens eskaliert waren, hatte Fürst Rákóczi seinen ältesten Sohn, den Nachfolger seiner Herrschaftsansprüche, auf höchst abenteuerliche Weise schützen wollen. Der vier Jahre und drei Monate alte Prinz Leopold Georg wurde für tot erklärt und sein Name offiziell in das Sterberegister von Klausenburg eingetragen. Während in seiner Heimat die Totenfeiern zu seinem Ableben zelebriert wurden, gelangte der lebende

Tote wohlbehalten in die Toskana zum Herzog Gastone de' Medici, einem Verwandten mütterlicherseits, der dem Kind den Namen «Bambino» gab. Hier war dem hübschen, geistig wachen und charakterlich großherzigen Jungen eine heitere Jugend vergönnt. An der Seite des Herzogs reiste er durch das sonnenverwöhnte Land – von exzellenten Lehrern aufs Beste ausgebildet in Musik, Geschichte, Naturkunde, Religion und manchem anderen.

Eine dieser Reisen durch die Toskana führte nach Monte Cassino, dem Stammkloster der Benediktiner. Die an Cassino angrenzende Stadt hieß einst «San Germano», hatte dort doch Kaiser Friedrich II. den Friedensvertrag mit dem Papst geschlossen. Mit diesen historischen Daten wohlvertraut, antwortete «Bambino», als ihm bei der Firmung ein neuer Name gegeben werden sollte, er wolle «Germanus» heißen. Der Herzog vermutete, der Junge wolle die deutsche Abstammung seiner Mutter ehren, riet ihm aber, um nicht deutsche Reminiszenzen zu wecken, die französische Variante zu wählen und sich nach dem Schloss Saint-Germain-en-Laye im Westen von Paris «Saint-Germain» zu nennen, worin sich immerhin der «Heilige Deutsche» verbarg.

Unter diesem Namen, den er gelegentlich gegen andere, höchst exotische austauschte, führte er ein windungsreiches Leben, das mit dem heimlichen Entweichen aus dem Internat von Siena begann. Seine ersten Reisen führten ihn nach Mexiko, Persien und in das Osmanische Reich, wo es zu einer Wiederbegegnung mit dem Vater kam, und später zweimal nach Indien. Aber immer wieder tauchte er in den Hauptstädten Rom, London, Paris, Berlin und St. Petersburg auf. Mit der Aufnahme in die Geheimbünde der Freimaurer und Rosenkreuzer, an deren Treffen er häufig teilnahm, verschaffte er sich Zutritt zu verschiedenen europäischen Höfen, als deren Sonderbotschafter oder Geheimagent er häufig zum Einsatz kam.

Überraschend war schon, in wieviel unterschiedlichen Rollen er auftrat. 1744 soll er König Ludwig XV., der in Metz dem Tod nahe war, durch ein Gegengift das Leben gerettet haben. In London gab er Violinkonzerte, und der Casanova-Freund Maximilian Joseph Graf Lamberg, der mit ihm eine Indien- und Tunesienreise unternommen hatte, bewunderte das Multitalent besonders als Musiker: «Der Mann besitzt tausend Talente, er spielt z. B. vorzüglich Geige, und die Zuhörer glauben fünf Instrumente zugleich zu hören … er komponierte Lieder, sang sie und akkompagnierte sich selbst.»[8] Schon im Österreichischen Erbfolgekrieg hatte Kaiserin Maria Theresia ihn 1747 als geheimen Unterhändler zum Herzog von Cumberland auf den Kriegsschauplatz nach Flandern geschickt, um den Friedensschluss vorzubereiten; als Zeichen des Dankes für die erfolgreiche Mission verlieh sie ihm das kaiserliche Kreuz und ernannte ihn zum Reichsgrafen von Mailand.

Intrige und Diplomatie

Nun aber, mitten im Siebenjährigen Krieg, berührten sich in Paris und in den Niederlanden die Wege der beiden Abenteurer, wobei Casanova, der dem Rivalen nicht zuletzt aus Eitelkeit zu schaden bemüht war, nicht bemerkte, dass Saint-Germain weiterreichende Ziele verfolgte als das Verfeinern von Diamanten und Beschaffen von Staatskrediten. Der Graf war eben bis in die Arkana der europäischen Friedenspolitik eingebunden, zu denen der Venezianer keinen Zutritt hatte. Zwar sollte Casanova später als Gesandter der eher am Rande stehenden Nation Portugal zum Friedenskongress nach Augsburg reisen, aber die Entscheidungen der am Siebenjährigen Krieg beteiligten Großmächte fielen woanders; an ihnen hatte er keinen Anteil, wohl aber Saint-Germain. Casanova blieb beim diplomatischen Ringen um den Frieden allenfalls eine Randfigur, Saint-Germain jedoch agierte im Zentrum.

In Den Haag machte der Venezianer zunächst dem französischen Botschafter Louis Augustin d'Affry seine Aufwartung und erfuhr von Saint-Germains Anwesenheit in der Stadt. Dieser hatte zum Verdruss des Botschafters keine Vollmacht des Außenministers Choiseul und auch keinen Brief der Marquise de Pompadour überreicht. Das diplomatische Doppelspiel, das Ludwig XV. mit seinem «Secret du Roi» betrieb, blieb ihm verborgen, denn der Monarch, der seinen Ministern und deren Verschwiegenheit misstraute, hatte ein verdecktes System von Sonderbotschaftern oder Geheimagenten entwickelt, über die er mit den Regenten der anderen Nationen direkt verhandeln konnte, die er aber auch, wenn der Erfolg ausblieb oder die Geheimhaltung zerstört wurde, beliebig desavouieren konnte.

Schließlich kam es, zumal beide im selben Gasthof logierten, zur direkten Begegnung. Saint-Germain fragte, ob Casanova in den Niederlanden sei, «um irgendetwas für unseren Hof zu tun»,[9] und betonte, dass dies, sollte es sich um eine neue Anleihe zur Geldbeschaffung für Frankreich handeln, «Ihnen jedoch schwer fallen wird».[10] Er selbst, so behauptete er überaus selbstgefällig, werde dem König hundert Millionen beschaffen, obgleich der Kredit Frankreichs gefallen sei und der Bankrott des Landes befürchtet werde. Saint-Germain aber hatte keinerlei Zweifel an seinem Erfolg und betonte seine persönliche Nähe zum Monarchen: «Ich habe Ludwig XV., den ich meinen Freund nennen darf, mein Wort gegeben, und in drei oder vier Wochen wird mein Auftrag erledigt sein.»[11] Nicht ohne Hochmut wies er gegenüber Casanova jede Hilfe d'Affrys als überflüssig zurück und gab preis, dass er direkt und allein von Ludwig XV. beauftragt sei: «Mein Kredit genügt. Ich liebe den König von Frankreich, denn im ganzen Königreich gibt es keinen ehrenhafteren Menschen als ihn.»[12] Man trennte sich nicht ohne gegenseitige Respektbezeugung und mit der Absicht, sich in Amsterdam wiederzusehen.

In Amsterdam suchte Casanova sogleich Mijnheer D. O. und dessen Tochter Esther auf – es war ein freundschaftlicher, ja fast familiärer Empfang, zumal beide ihr Vertrauen auf die Kabbala-Künste Casanovas setzten. Es ging darum, ob sich der reiche Handelsherr von seinen französischen Staatspapieren trennen sollte oder nicht, da die Bonität Frankreichs wegen des für das Land ungünstigen Kriegsverlaufs Schaden genommen hatte. Daraufhin gab das Orakel, gleichermaßen von Casanova und Esther zu Rate gezogen, zweimal dieselbe Antwort: Papiere halten. Aber Esther, über die Casanova als Orakel-Autorität «unbedingt die Oberhand behalten wollte»,[13] begann an der Seriosität dieser Schicksalsbefragungen zu zweifeln. Dennoch sprachen beide verliebt von Heirat und drangen bei ihren Liebesspielen bis zu jener Grenze vor, die nach dem Willen Esthers erst nach der Eheschließung überschritten werden sollte. Aus der Perspektive des Alters hat Casanova ein wenig melancholisch geurteilt, dass «ich mit ihr glücklich geworden wäre, hätte ich meine Freiheit nicht über alles geliebt und mich entschließen können, ständig in Holland zu leben».[14]

Bis in diese familiäre Atmosphäre war sodann das kühne Agieren Saint-Germains wirksam, als Mijnheer D. O. von Casanova zu wissen begehrte, ob er sich mit seinen Kollegen an der Amsterdamer Börse auf ein Geschäft einlassen solle, das ihnen ein «angeblicher Freund des Königs von Frankreich»[15] vorgeschlagen habe. Der Venezianer erkannte, dass es sich nur um Saint-Germain handeln konnte, und folgerichtig gab das Orakel die Antwort: «Man VERWEIGERT. Alles verschwindet. Zögere.»[16] Daraufhin gab der Handelsherr die Details des projektierten Geschäfts preis: «Es handelt sich darum, die französischen Kronjuwelen mit hundert Millionen zu belehnen. Dieses Geschäft möchte der König schließen, ohne daß sich seine Minister einmengen, ja ohne daß sie etwas davon erfahren.»[17]

Als Unterpfand für die Glaubwürdigkeit des Geschäfts, dass der Auftraggeber wirklich der König von Frankreich sei, wurde den Handelsherren «der schönste Diamant der Krone»[18] übergeben, so dass Mijnheer D. O. wirklich geblendet war: «Ich habe noch nie einen schöneren Stein gesehen.»[19] Noch bevor es zum Abschluss der finanziellen Großaktion kam, überschlugen sich die Ereignisse. Der bei diesem Projekt an den Rand gedrängte Botschafter d'Affry wurde bei den Generalständen mit der Order des französischen Königs vorstellig, Saint-Germain zu verhaften und nach Frankreich auszuliefern. Als der Gesuchte im Hotel «Stern des Ostens», wo er Quartier bezogen hatte, gegen Mitternacht in Haft genommen werden sollte, stellte sich heraus, dass er wenige Stunden zuvor in Richtung Nijmwegen abgereist war, von wo er später unbeschadet mit dem Schiff nach England gelangte. Casanova, der stolz darauf war, dass die reichen Handelsherren sich nicht vor ganz Europa blamiert hatten, konnte wenig später den vorgeblichen Krondiamanten als Nachbildung entlarven.

Der hochdramatische Hintergrund dieser Aktion, die sich für Casanova nicht aufgehellt hatte, war der Versuch, nach vier Jahren Krieg einen Friedensschluss zu erreichen. Saint-Germain aber war Mitgestalter und auch Opfer bei dem politischen Taktieren hinter den diplomatischen Kulissen. Frankreich, das sich 1756 im Zuge der berühmten «Umkehr der Allianzen» in eine Koalition mit Österreich hatte ziehen lassen, dem vor allem an dem an Preußen verlorenen Schlesien gelegen war, musste verlustreiche Schlachten auf deutschem Boden hinnehmen. Eines der ersten Opfer dieser politischen Fesselung Frankreichs war bereits 1758 der Casanova-Gönner de Bernis geworden, der nach der schweren Niederlage Frankreichs in der Schlacht von Roßbach im November 1757 vergeblich zum Frieden gedrängt hatte. Nun, drei Jahre später, war Ludwig XV. selbst aktiv geworden, um mit Hilfe von Verhandlungen in den Niederlanden einen Ausgleich mit Preußen und England zu finden; allerdings hatte er das nur mit den Mitteln seines «Secret du Roi» und des Mittelsmannes Saint-Germain versucht.

Verspätet, aber umso heftiger reagierte der französische Außenminister Choiseul, der ein Verfechter der Allianz mit Österreich war und später zum politischen Ehestifter für den Dauphin und die österreichische Prinzessin Marie Antoinette wurde. Er entdeckte, dass hinter den Bemühungen, auf dem Boden der Generalstaaten und in deren Bestreben, Frankreich und England zu einem Separatfrieden gelangen zu lassen, als verdeckter Organisator der Bevollmächtigte der Generalstaaten, Wilhelm Graf Bentinck, stand, der nicht nur die Flucht Saint-Germains in letzter Minute organisiert, sondern auch für dessen Pass beim englischen Gesandten Yorke gesorgt hatte. Warnend schrieb der österreichische Gesandte in Den Haag an den Staatskanzler Kaunitz, «daß Herr Graf Bentinck sehr suchet, sich in zukünftiges Friedensgeschäft einmischen zu können».[20]

Die Friedensverhandlungen sollten in Breda stattfinden, aber die Österreich-Fraktion in Versailles mit Choiseul an der Spitze setzte sich gegen Ludwig XV. durch, der seinen geheimen Unterhändler, für den das Projekt der Staatsanleihe sowie der Diamanten nur als Paravent gedient hatte, fallen ließ – wenigstens auf Zeit. Zornerfüllt und enttäuscht schrieb Friedrich der Große am 1. Mai 1760 an seinen Freund Voltaire: «Ein Kongreß in Breda wird nicht stattfinden, und ich lege die Waffen erst nach drei weiteren Feldzügen nieder. Das Pack soll sehen, daß es mein Entgegenkommen mißbraucht hat, und der König von England wird den Frieden nur in Paris und ich in Wien unterzeichnen.»[21]

Das Scheitern dieser Mission des Grafen von Saint-Germain, dessen Präsenz sich an den europäischen Höfen stets dann ergab, wenn Umbrüche in der Politik stattfanden, hinderte ihn jedoch nicht daran, in St. Petersburg gegen Ende des Siebenjährigen Krieges zur Stelle zu sein, als die fünf Brüder Orlow die Palastrevolution gegen Zar Peter III. organisierten – er soll von der Tötung des Zaren abgeraten haben – und Katharina II. auf den Zarenthron setzten. Zu einem der Brüder, zu Alexei Orlow, der im Jahre 1770 als Großadmiral mit einer russischen Flotte von Livorno nach Konstantinopel aufbrach, ist Casanova gereist – es kam jedoch nicht zu einer Teilnahme an dem Flottenprojekt des Russen.

In deutschen Landen

Zurück nach Amsterdam. Dort verlor Casanova zwar das Orakel-Vertrauen von Esther, sie aber blieb trotzdem der okkulten Schicksalsabhängigkeit treu. Zugleich wurde aus ihrer beider Liebe Freundschaft. Eine Enttäuschung erreichte ihn mit dem Empfang der Liebesbriefe, die er an Manon Balletti geschrieben hatte. Sie hatte lange und vergeblich auf die Ehe mit ihm gewartet und gab ihm nun mit der Ankündigung ihrer Verlobung «den Laufpaß»,[22] wie er sich eingestehen musste. Es war wieder einmal Zeit für einen Ortswechsel.

Die Reiseroute, ziemlich beliebig gewählt, sollte ihn zu seinem reinen Vergnügen nach Deutschland führen, danach wollte er nach Paris zurückkehren. Obgleich die Reise nach Holland ihm weder Geschäfte noch Gewinne gebracht hatte, besaß er doch noch immer ein beträchtliches Vermögen – «fast hunderttausend holländische Gulden …, viel wertvollen Schmuck, Ringe und reiche Ausstattung».[23] Über Utrecht gelangte er in der Postkutsche nach Köln, wo er sich umgehend zum französischen Ortskommandanten, Generalleutnant Paul-François de Torcy, begab, denn die Armeen Frankreichs waren tief auf deutsches Gebiet vorgedrungen. Aber nun hatten die Truppen ihr Winterquartier bezogen, und auch der General Friedrich Wilhelm von Kettler, der österreichische Militärattaché, war hier akkreditiert, galt es doch, die militärischen Operationen zwischen den Verbündeten abzustimmen.

Im Komödientheater am Neumarkt, in dem französische Stücke aufgeführt wurden, entdeckte Casanova in einer Loge eine junge schöne Frau, die seine Aufmerksamkeit erregte, und umgekehrt er die ihre. Allerdings saß an ihrer Seite der von Casanova als bärbeißig beschriebene Kettler, der, obschon vorgerückten Alters, als ihr Verehrer nicht von ihrer Seite wich. Die verführerische Schöne, die Casanova «Madame X» nennt, war, wie inzwischen ermittelt werden konnte, Maria Ursula Columba, die fünfundzwanzigjährige Gemahlin des Bürgermeisters Franz Jakob Gabriel von Groote.

Nun verschob Casanova wie schon so oft wegen einer lokalen Schönheit seine für den nächsten Tag geplante Weiterreise, diesmal am Ende sogar um nicht weniger als zweieinhalb Monate. Doch die Eroberung der Dame gestaltete sich schwierig, kam es doch zur Rivalität mit dem General von Kettler, aus der Casanova dank seiner rhetorischen Geistesgegenwart siegreich hervorging.

Den Kölner Erzbischof und Kurfürsten Clemens August von Bayern (aus dem Haus Wittelsbach), der ihn großzügig empfing, beeindruckte er mit dem zwei Stunden beanspruchenden Bericht seiner Flucht aus den Bleikammern des Dogenpalastes, die ihn in Europa inzwischen berühmt gemacht hatte. Er hatte sie sogar in schriftlicher Form festgehalten, beteuerte aber, ihr wahrer Genuss stelle sich nur bei seinem Vortrag ein. Dies dürfte seine Richtigkeit gehabt haben, denn der Abkömmling von Schauspielern konnte stets auf dieses Erbe zurückgreifen und tat es in Köln so erfolgreich, dass der Kurfürst ihm eine goldene Dose mit seinem Porträt-Medaillon schenkte.

Diese Begegnung fand auf einem Maskenball des Kurfürsten in Bonn statt, und Casanova, der auf dem Fest schon als Tänzer brilliert hatte, wollte die Frau des Bürgermeisters, mit der sich bereits ein geheimes Einverständnis abzeichnete, nun durch einen Überraschungscoup ganz gewinnen, der sich seinem Geld verdankte. Eilig organisierte er auf der Rückfahrt der Kölner Damen im Barockschloss Brühl ein gleichermaßen üppiges wie glanzvolles Frühstück für zwanzig Personen. Mit den doch beträchtlichen Kosten war er umgehend einverstanden, denn sein gegenwärtiger Ehrgeiz schien nur ein Ziel zu kennen, wie er dem kulinarischen Arrangeur vor Ort erklärte: «Ich möchte glänzen.»[24] Dies gelang ihm vollständig.

Vollständig gelang ihm schließlich auch die Eroberung der schönen Bürgermeistersgattin, auch wenn sie sich hindernisreich gestaltete. Nur über eine Seitentreppe, die aus der benachbarten Kirche direkt in das Haus des Bürgermeisters führte, konnte das Rendezvous gelingen. Allerdings musste der verliebte Venezianer nicht weniger als fünf Stunden in der düsteren Kapelle ausharren, in der ihn Ratten umkrochen, bis endlich die ersehnte Dame, eine Kerze in der Hand, ihn erlöste und erhörte: «Man mag sich ungefähr vorstellen, welche Wonnen wir in der glücklichen Nacht erlebten, aber man wird sie schwerlich in allen Einzelheiten erraten.»[25] Bei aller Diskretion konnte und musste Casanova die Fülle seiner Gefühle zum Ausdruck bringen und vertraute nicht nur auf seine üppige Wortwahl, sondern auch auf die Verse Ludovico Ariosts im «Rasenden Roland», wo es verheißungsvoll heißt, «an Weiße muß der Schnee den Gliedern (der Frau, d.A.) weichen».[26]

Seine Weiterreise, deren Ziel er nicht angibt, wenn es denn eines gab, führte ihn nach Süden nur bis Koblenz, wo er zufällig auf eine Schauspielerin namens Isabella Toscani stieß, die auf dem Weg nach Stuttgart war, um ihre jungfräuliche Tochter den exzessiven Gelüsten des Herzogs Karl Eugen von Württemberg auszuliefern – trotz des Umstandes, dass der Herzog eine offizielle Mätresse und Zugriff auf alle nicht zuletzt zu diesem Zweck engagierten Balletteusen hatte. Da die Mutter die Unberührtheit ihrer Tochter dem Herzog vorbehalten, genauer sich hoch bezahlen lassen wollte, übrigens mit deren vollstem Einverständnis, «ließe sie es gern geschehen, daß ich getreulich bei ihr das ganze, von ihrer Tochter entfachte Feuer löschte, deren Reize ich ständig vor Augen hatte».[27] Deshalb war er schnell zu einem «Abstecher nach Stuttgart» bereit.[28]

Dort ließ sich der erprobte Abenteurer und versierte Glücksspieler wie ein jugendlicher Anfänger von vier Offizieren zum Konsum größerer Mengen Alkohols verführen, dessen Wirkung durch Betäubungsmittel verstärkt worden war, und in ein ruinöses Kartenspiel verwickeln. Berauscht und betäubt verlor er an einem einzigen Abend und zum größeren Teil auf Ehrenwort viertausend Louisdor. Am Ende sah er sich sogar ausgeplündert, seine Uhren, die er als dekoratives Zeichen seines Reichtums gern präsentierte, und auch seine goldenen Tabakdosen waren verschwunden. Trotz guter Betreuung durch einen Advokaten gelang es ihm nicht, sich aus der banalen Falle zu befreien. Der Herzog stellte sich taub und ließ seinen Offizieren den Freiraum für derartige Räubereien.

Am Ende blieb Casanova, der lediglich bei den dortigen französischen, ihm freundschaftlich verbundenen Schauspielern Unterstützung gefunden hatte, nur die Flucht. Exakt am 2. April 1760, seinem 35. Geburtstag, konnte er auf abenteuerliche Art, aber erfolgreich, durch das Fenster eines Hauses in der Stadtmauer entkommen. In Fürstenberg befand er sich schließlich jenseits der Grenze Württembergs und außer Gefahr, von den Offizieren des Herzogs verhaftet zu werden. Glücklich gelangte er in die Schweiz und fand in Zürich, wo «ich ohne die geringste Absicht … war»,[29] sogar zu einer kritischen Selbstreflexion: «Ich fand, daß ich jedes meiner Mißgeschicke selbst verschuldet und jede Gunst des Schicksals mißbraucht hatte.»[30]

Grundsätzliche Gedanken trieben ihn um. In Dokumenten lässt sich nachweisen, dass Casanova am 24. April in Zürich Kleidung und Schmuck für 80 Louisdor verpfändete, was angesichts seiner selbstsicheren Bilanz, weiterhin «Besitzer von hunderttausend Talern»[31] zu sein, ein wenig überrascht. Außerdem verwundert, dass er bei der Gegenzeichnung zum ersten Mal seinen neuen und zweiten Namen verwendet: «Chevalier de Seingalt».[32] Mit dem Adelsanspruch mochte er eine zusätzliche soziale Sicherheit verbinden, die er sich wenigstens verbal zum Ziel setzte: «Ich beschloß, nicht länger ein Spielball des Schicksals zu sein, sondern mich seinem Zugriff völlig zu entziehen.»[33] Er dürfte in jenen Tagen einen Tiefpunkt seiner Lebenszuversicht erreicht haben, sah doch sein gleichsam gegen seinen eigenen Charakter angestrebtes Ziel vor, «mir eine unabhängige, von allen Wechselfällen gesicherte Stellung zu verschaffen. Ein vollkommener Friede ist das höchste aller Güter.»[34]

Die größte Erniedrigung

In krassem Gegensatz zu seinem bisherigen rastlosen Leben wollte er nun Mönch werden. Eher zufällig war er zu Fuß zu dem Kloster «Einsiedeln» gelangt, fand dort über das Latein in ein Gespräch mit dem Abt – es war der Fürstabt Thomas Fassbind – und fühlte sich am Ziel seiner unruhigen Lebensreise: «Hier war wirklich der Ort, an dem ich bis zu meiner letzten Stunde glücklich leben konnte, ohne dem Schicksal die geringste Angriffsfläche zu bieten.»[35] In letzter Sekunde bestand er jedoch auf dem Vorbehalt, sich eine Rückkehr in die Weltlichkeit offenzuhalten, und verlangte ein Noviziat von nicht weniger als zehn Jahren. Aber nicht einen Tag dieser langen Periode seiner Selbstüberprüfung mußte er absolvieren, denn als er am Fenster seines Gasthofs eine Kutsche mit vier Damen vorfahren sah, die auf der Pilgerfahrt nach Einsiedeln waren, genügten «zwei schwarze, sehr schön geschnittene Augen ..., lilienweiße Haut ... und rosige Wangen»,[36] um ihn wieder zum Weltmann werden zu lassen.

Sofort machte er den vier Damen aus Solothurn Avancen, besonders der einen, deren «Zauberbild mir den Verstand raubte».[37] Nachdem er seine «scharlachrote, mit Goldborten verbrämte Weste»[38] unter einer einfachen Küchenschürze versteckt hatte, übernahm er die Rolle des Kellners, der den Gästen in ihrem Zimmer formvollendet servierte. So konnte sein Blick sich direkt den Augen der Schönen zuwenden, die nach dem Erstaunen über diese von ihr schnell entlarvte Maskerade ihm stumm für die diskrete Huldigung dankte und ihm mit ihrem Blick die Erlaubnis gab, sich Hoffnungen zu machen. Also verabschiedete sich Casanova mit den höflichsten Formeln von dem Abt des Klosters «Einsiedeln» und folgte den Pilgerdamen nach Solothurn. Inzwischen hatte er vom Kutscher der Damen erfahren, dass «Madame de ...» – so schützte er die wahre Identität der Baronin Marie-Anne-Louise Roll von Emmenholtz – «kürzlich einen älteren Herrn geheiratet hat».[39]

In Solothurn entfaltete er sogleich seinen Verführungszauber auf kunstvoll indirekte Weise, denn «ich beabsichtigte, mich als höchst bedeutende Persönlichkeit aufzuspielen».[40] Zu diesem Zweck machte er den französischen Botschafter de Chavigny zu seinem Komplizen, indem er Madame d'Urfé, mit der er in ständigem Briefwechsel stand, bat, durch Außenminister Choiseul einen Empfehlungsbrief nach Solothurn zu schicken, damit der französische Botschafter dem Venezianer «im Interesse unseres Ordens (der Freimaurer, d.A.)»[41] jede nur mögliche Hilfe zuteilwerden lasse. Dies geschah vor allem dadurch, dass der Botschafter erlesene Gesellschaftssoireen gab, auf denen Casanova der begehrten Schönen seine Zuneigung bekennen konnte, oder Kutschfahrten arrangierte, in deren Verlauf er, woran die Enge der Kutschen ihren Anteil hatte, sich ihr nähern konnte.

Als Ort ihrer endgültigen Verführung mietete er ein luxuriöses Landhaus, das sich für opulente Diners und Promenaden in verschwiegenen Alleen empfahl. Alles schien auf das Perfekteste arrangiert, und doch schlich sich in seinen grandiosen Plan ein kleiner Fehler ein. Eine der Pilgerdamen, von Casanova lakonisch «F»[42] genannt, erbat sich, gastweise zwei Zimmer mit separatem Ausgang am Ende des weitläufigen Landsitzes zu beziehen, und Casanova, der die hinkende und hässliche Dame schon reichlich bespöttelt hatte, gewährte ihr zögernd am Ende doch das erbetene Gastrecht, besonders um nicht Opfer ihrer bösen Zunge in Solothurn zu werden. Unmittelbar nach der Zusage erfasste ihn das Gefühl, dass er sich selbst «töricht, feige und blöd vorkam».[43]

So nahm das Desaster, das ihm «den größten Kummer meines ganzen Lebens bereiten»[44] sollte, seinen Lauf. Nach einem festlichen Diner verbrachten die Gäste die Nacht in seinem Landhaus, und in tiefster Nacht brach Casanova zum Gemach der heißersehnten Schönen auf. Wollüstige Arme umfassten ihn schon an der Tür, eine Hand gebot seinem Mund strikte Schweigsamkeit, und «ich finde mich am Ziel meiner Wünsche … zwei Stunden … verflogen in wiederholten Beweisen des Feuers, das mich nach der göttlichen Frau verzehrte …, ich fühlte die Gewißheit, daß unter allen meinen Eroberungen diese die erste war, der ich mich zu Recht rühmen konnte».[45]

Die schockartige Ernüchterung folgte am nächsten Morgen, als die widerwillig aufgenommene Mitbewohnerin sich heiter-zynisch verabschiedete – ihre Intrige war perfekt gelungen. Sprachlos zurück ließ sie einen im tiefsten Innern verletzten, sogar vernichteten Mann, der sich «der Selbstverachtung preisgegeben hatte. In diesem Augenblick verurteilte ich mich selbst zum Tode.»[46] Es gab keine Entschuldigung dafür, dass er im Rausch blinder Sexualität die eklatanten Unterschiede zwischen den beiden Frauen nicht gespürt hatte. Seine Verbitterung über diese Erniedrigung war ihm bei der Niederschrift im fernen Dux noch so gegenwärtig, dass er sich auferlegte, das größte Fehlverhalten seines Lebens nun mit größtem Freimut einzugestehen, gleichsam als permanentes Fegefeuer. Darin, dass er seine Schwächen generell und besonders diese nicht verschwieg, sondern sich offen zu ihr bekannte, offenbart sich nicht zuletzt der Rang seiner Memoiren.

Seine Reue war grenzenlos: Die Bilanz dieser Nacht erreichte Extreme, mit denen er bis zu seinem Tode leben musste, wie er als hilflose Entschuldigung «Madame de …» bekannte, die ratlos und vergeblich vier nächtliche Stunden auf ihn gewartet hatte: «… verfluchte zwei Stunden, deren abscheuliche Erinnerung mir bis zum letzten Seufzer diese Erde zur Hölle machen wird».[47] Weder Verständnis noch Verzeihung konnte «Madame de …» ihm und seinem Geständnis entgegenbringen, es blieb sein völlig unerklärliches gefühl- und geschmackloses Agieren in der verhängnisvollen Nacht: «Es kränkt mich, daß der Unterschied zwischen uns beiden ohne jede Wirkung auf Sie geblieben ist. Sie ist kleiner als ich, viel magerer, zehn Jahre älter, und was mich am meisten überrascht, sie hat einen starken Mundgeruch. Sie waren doch nur des Gesichtssinnes beraubt, und alles ist Ihnen entgangen. Das ist unglaublich.»[48] Casanova war zum trostlosen Verlierer geworden, der sich der zärtlichen Liebe einer schönen Frau als unwürdig erwiesen hatte.

Mühsam und trickreich gelang eine gewisse Eingrenzung des Schadens, an der seine Haushälterin namens Dubois, deren Ansehnlichkeit und Einfallsreichtum er nun erst entdeckte, ihren Anteil hatte. Zu allem Unglück hatte ihn die ränkereiche Hässliche mit einer Geschlechtskrankheit angesteckt, die ihn auf Zeit an der Ausübung seiner Männlichkeit hinderte, und diese «Unpäßlichkeit»[49] galt es nun, so riet ihm seine kluge Haushälterin, zu einem Versteckspiel zu nutzen. Der Zufall wollte es, wobei der alte Casanova in Dux vielleicht der Realität mit seiner Phantasie etwas nachgeholfen hat, dass ausgerechnet zu diesem Zeitpunkt sein Diener Leduc von einem Rendezvous mit demselben Souvenir zurückkehrte. Dieser war davon zum ersten Mal ereilt worden, während sein Herr sich schon zum «zwanzigsten Mal»[50] angesteckt hatte. Nun wurde vorgetäuscht, nicht Casanova, sondern sein Diener habe in den mageren Armen der Intrigantin gelegen – eine etwas wackelige Hilfskonstruktion, die aber ausreichend stabil war, um den Ruf Casanovas in Solothurn nicht weiteren Schaden nehmen zu lassen.

Besuch bei Gelehrten

Es wurde ein stilles, einfühlsames Glück, das Casanova bei Madame Dubois, der jungen Witwe mit klugem Verstand und hingebungsvoller Zärtlichkeit, fand. Beider Zusammenleben, zunächst in Solothurn, dann in Bern, gestaltete sich derart harmonisch, dass beide von dem Wunsch nach einer Ehe erfasst wurden. In dieser kurzen Periode fast ehelicher Vertrautheit in Bern wurde Casanova eher zufällig Zuschauer eines sexuellen Abenteuers, das sogar ihn erstaunte. Madame d'Urfé hatte ihn brieflich gebeten, Madame de Saône, einer noblen Dame, deren Name sogar ohne Verschlüsselung blieb, während ihres dortigen Aufenthalts, der einer medizinischen Spezialbehandlung diente, zur Seite zu stehen. Die Dame suchte Abhilfe von einer Erkrankung, die ihr Gesicht durch eine graue Verkrustung völlig entstellt, ihren ansonsten wohlgebildeten Körper aber verschont hatte. Die Verunstaltung war bei der Geburt ihres zweiten Kindes aufgetreten, und in jener Epoche wurde der medizinischen Hypothese Glauben geschenkt, dass bei der Geburt Muttermilch in den Blutkreislauf geraten sein und dies die Ursache für derartige Verunstaltungen bilden könne.

Madame de Saône hielt als hochgeschätzte Patientin, der jedoch von den angeblichen Spezialisten keine Hilfe zuteil wurde, in Bern glanzvoll und heiter Hof, empfing aber nur Männer. Casanova, der in ihre geistvolle Konversation gezogen worden war, hatte die wenig galante Vermutung, dass «nicht einmal alle Soldaten zusammen so viel Mut aufgebracht hätten»,[51] mit ihr das Bett zu teilen – er sollte sich irren. Ein junger Buchhändler, den der Venezianer als stillen Gast an ihrer Tafel antraf, lud ihn zum Beweis des Gegenteils zu einer Wette ein, die er gewann. Der junge Mann machte Casanova nämlich vom Vorzimmer aus zum Voyeur seiner sexuellen Begegnung mit der Dame, der eine Haube den Kopf völlig verdeckte, die aber ansonsten über einen höchst verführerischen Körper verfügte. Das Liebesspiel beider wies hohe Perfektion auf, denn wie Casanova nicht neidisch, aber anerkennend zugunsten des Buchhändlers feststellen musste: «Klein von Wuchs, aber riesenhaft dort, worauf es der Dame ankam.»[52] Wie sein Freund Eduardo Tiretta, der in Paris auf diese Weise diverse Frauen in seine Abhängigkeit gebracht hatte, habe, so lautete alsbald die Fama vor Ort, Madame de Saône den Buchhändler «nach Paris kommen lassen und ihm zu seinem Glück verholfen».[53]

In Bern führte Casanova Madame Dubois wie seine Ehefrau überall ein, und wie ein erprobter Ehemann nannte er sie nun ziemlich banal «meine Beste». Noch schien ihr gegenseitiges Glück ungetrübt, obwohl sie mit dem Angebot bedrängt wurde, die ehrbare Ehefrau von Monsieur Lebel zu werden, dem wohlsituierten Haushofmeister beim französischen Gesandten de Chavigny in Solothurn. Von Bern reiste das Paar getrennt ab: Madame Dubois eilte zu ihrer Mutter nach Lausanne, wo man wieder zusammentreffen wollte, während Casanova einige Etappen bei geistigen Zelebritäten einlegte – den Abschluss sollte ein Besuch bei Voltaire bilden.

Die erste Station war das nahe Murten, in dessen Nähe er dem Arzt Johann Friedrich von Herrenschwand auf dessen Schloss Greng seine Aufwartung machte, nicht zuletzt auf Bitten von Madame d'Urfé, die von ihm eine medizinische Expertise erwartete. Angeregt plauderte Casanova mit dem Spezialisten, der zugleich für die Gesundheit der Schweizer Garde in Paris zuständig war und auch die Position eines Leibarztes bei Ludwig XV. innehatte. Bald konnte der Venezianer mit dessen schriftlichem Gutachten über den Bandwurm weiterreisen, das dem wohlsituierten Mediziner dennoch zwei Louisdor wert war, die Casanova ihm süffisant lächelnd überreichte.

In Roche, einem Ort im Rhônetal kurz vor der Einmündung des Flusses in den Genfer See, suchte er den Universalgelehrten Albrecht von Haller auf. Er begegnete einem großen kräftigen Mann, der mit dem Wissen seiner vielseitigen Tätigkeit als Arzt, Botaniker und Dichter – er war der Verfasser des monumentalen Epos «Die Alpen» – keineswegs prunkte, sondern Casanova in einem konzilianten Gespräch an seinen immensen Kenntnissen teilhaben ließ. Nicht ohne Eindruck blieb auf den Venezianer außerdem, dass von Haller sowohl ein guter Familienvater als auch ein hochgeachteter Bürger seines Vaterlandes war, der in Bern Rathausamtmann, Schulrat und Vorsteher des Waisenhauses war. In Roche hatte er zusätzlich die Position des Direktors der Salzwerke inne. Beeindruckt und bereichert verließ ihn Casanova.

In Lausanne konnte er noch eine zärtliche Nacht mit seiner Geliebten verbringen, dann entschied sich Madame Dubois, auf das Heiratsangebot von Monsieur Lebel einzugehen, obgleich noch Liebe zu Casanova im Spiel war, als sie ihm dankend gestand: «Glaube mir, ich habe nur dich geliebt; du bist der einzige, der mich die Macht der Sinne kennenlernen ließ.»[54] Zudem gab sie ihm, in Absprache mit ihrem zukünftigen Ehemann, die Versicherung, dass, sollte sie schwanger sein, sie seinem Kind jede Pflege und Erziehung zukommen lassen werde. Auch Monsieur Lebel hatte Anteil an der geordneten Zukunftsplanung: «Wir kamen überein, gleich zu heiraten, sobald wir in Solothurn sind; wir werden den ehelichen Verkehr jedoch erst in zwei Monaten aufnehmen und so die Gewißheit haben, daß mein Kind dir gehört, wenn ich es vor April entbinde … Dieser weise Plan stammt von ihm als Unterpfand des häuslichen Friedens …»[55] Es blieb Casanova nur, sie stumm in die Arme zu schließen und abzureisen.

Am nächsten Tag erreichte er Genf und stieg wieder im Gasthof «À la Balance» ab, dem besten der Stadt. Der Zufall oder vielleicht nicht nur der Zufall führte ihn in ein komfortables Zimmer, in dessen Fensterscheibe er die mit einem Diamanten eingeritzten Wörter las: «Du wirst auch Henriette vergessen.» («Tu oublieras aussi Henriette.»)[56] Die plötzliche Wiederbegegnung mit der Vergangenheit löste einen Schock aus: «Meine Haare sträubten sich.»[57] Und es brach aus ihm eine emphatische Liebeserklärung heraus: «Ach, meine teure Henriette! Edle und zärtliche Henriette, die ich so geliebt hatte, wo war sie? Ich hatte nie mehr etwas von ihr gehört und auch niemanden nach ihr gefragt.»[58] Der Schmerz über ihren Verlust war nach dreizehn Jahren noch ungebrochen.

Diese «Wiederbegegnung» mit der großen Liebe seines Lebens empfand er als Zäsur und notierte präzise den Tag: «Es war der 20. August 1760.»[59] Auch zog er eine Bilanz der zwischenzeitlich vergangenen Jahre, die nicht ohne Bitterkeit ausfiel: «Wenn ich mich mit mir selbst vergleiche, fand ich mich nun weniger würdig, sie zu besitzen, als damals. Ich verstand zwar noch zu lieben, aber ich fand in mir weder das Feingefühl jener Zeit, noch den Überschwang, noch eine gewisse Rechtschaffenheit, und endlich was mich tief erschreckte, nicht mehr die gleiche jugendliche Kraft.»[60] Er musste sich eingestehen, dass seine Lebenslinie nicht mehr anstieg, sondern sich zu senken begann.

9. Glücksspiele

Disput mit Voltaire

«Dies ist der glücklichste Augenblick meines Lebens … Endlich sehe ich meinen Lehrmeister; schon seit zwanzig Jahren, Monsieur, bin ich Ihr Schüler.»[1] Ziemlich hochtrabend war dieses Kompliment, mit dem sich Casanova bei Voltaire in dessen Genfer Haus «Les Délices» einführte, wo sich fast täglich neue, teils selbst berühmte Besucher wie Denis Diderot, James Boswell oder Benjamin Franklin einfanden, so dass sich der berühmte Schriftsteller spöttisch als «Herbergsvater Europas» bezeichnete. So hatte er leichtes Spiel, Casanova mit einem süffisanten Bonmot dem Gelächter seiner Gäste preiszugeben, die sich wie zu seinem Hofstaat versammelt hatten. Der mehr als dreißig Jahre jüngere Venezianer, der dennoch bei dem europaweit bewunderten Philosophen glänzen wollte, wagte sogar, Voltaire auf seinem eigensten Terrain herauszufordern – der Literatur.

Als Gegenstand ihrer Rivalität wählten sie Ariosts «Orlando Furioso», und der Hausherr versetzte seinen ehrgeizigen Gast in Erstaunen, indem er zwei lange Gesänge des Werkes auf Italienisch aus dem Gedächtnis vortrug – «ohne auch nur einen einzigen Vers auszulassen, ohne ein einziges Wort metrisch falsch zu betonen».[2] Aber auch Casanova hatte seine Chance und präsentierte einen der Gesänge, wobei er das elterliche Erbe der Schauspielkunst voll zum Einsatz brachte – «nicht deklamierend …Ich trug die Verse wie Prosa vor und beseelte sie durch Ausdruck und Blicke und die zur Verdeutlichung nötigen Schwankungen der Stimme.»[3] Die Anwesenden waren wie er selbst derart hingerissen, dass «meinen Augen die Tränen so stürmisch und so zahlreich entströmten, daß alle Anwesenden ebenfalls Tränen vergossen».[4] Daran dürfte sich jedoch Voltaire kaum beteiligt haben, der seinen Gast zwar anerkennend umarmte, aber dessen theatralische Technik belächelte: «Wenn man zu Tränen rühren will, muß man selbst weinen.»[5]

Ohne dass Casanova seinen Anspruch eines gleichrangigen Kenners aufgab oder aufgeben musste, drangen beide bis zu poetologischen Finessen der italienischen und französischen Literatur vor. So hat er es jedenfalls in seinen Aufzeichnungen festgehalten, die er noch am Abend der letzten Begegnung in seinem Gasthof «À la Balance» niederschrieb. Überraschenderweise hat Voltaire, der ihm nicht ohne Stolz sein Archiv mit rund fünftausend beantworteten Briefen zeigte, seinerseits den Besuch Casanovas mit keinem Wort festgehalten. Die mehrtägige Begegnung, die über weite Strecken eine intensive Leidenschaft beider für die Literatur aufwies, nahm dennoch ein dissonantes Ende.

Eher zufällig gerieten sie in einen politischen Disput über den Aberglauben, den Casanova für unausrottbar hielt, ja geradezu als nützlich für den sozialen Zusammenhalt der Gesellschaft erklärte, «denn ohne ihn wird das Volk nie dem Monarchen gehorchen».[6] Voltaire dagegen wollte, nun im Zorn seiner aufklärerischen Energie, im Aberglauben nichts Geringeres sehen, als «eine wilde Bestie …, die das Menschgeschlecht verschlingt»[7] und von der es zu befreien seine Aufgabe sei – wie es auch die Casanovas hätte sein sollen. Dieser aber beharrte auf deren Notwendigkeit: «Wenn Sie die Menschheit lieben, so müssen Sie sie lieben, wie sie ist … Lassen Sie ihr die Bestie, die sie verschlingt und an der sie hängt.»[8]

Später, bei der Niederschrift dieser Begegnung, die übrigens die einzige Konfrontation mit einem Großen des Geistes in seinem Leben blieb, hat er sein Eintreten für den Aberglauben zwar nicht bereut, wohl aber seine Eruption des «Zorns, … der mir hätte Schweigen auferlegen müssen».[9] So blieb «eine Mißstimmung gegen ihn in mir zurück, die mich veranlaßte, zehn Jahre hindurch alles zu kritisieren»,[10] was Voltaire veröffentlichte, und noch 1779 in Venedig gab er dieser Kritik mit seiner Schrift «Scrutinio del libro ‹Éloges de M. de Voltaire par différents auteurs›» Ausdruck.

Das seltsame Plädoyer Casanovas für den Aberglauben dürfte seine Ursache auch darin gehabt haben, dass er den Aberglauben in Form seiner kabbalistischen Künste zwar selbst für ein Hirngespinst hielt, ihn aber gleichzeitig als Verführung und Niederhaltung des einfachen Volkes für notwendig erachtete. Schließlich war er unverzichtbar für seine spiritistischen Manipulationen, die über Jahrzehnte für seinen finanziellen Wohlstand und sein unbekümmertes Wohlleben sorgten.

Seine ungebrochene Vitalität aber lebte er damals intensiv auf zwei Ebenen aus: einerseits auf derjenigen der geistig ambitiösen Dispute, die er tagsüber mit Voltaire führte, und andererseits auf derjenigen der nächtlichen Liebesspiele. Ein Genfer Syndikus – von diesem Amt gab es seinerzeit vier in der Stadt, und Casanova verbirgt achtsam dessen Namen – hatte seine Bekanntschaft im Hause Voltaires gemacht und lud ihn zu nächtlichen Soupers mit drei jungen Frauen ein. Man dinierte und ließ danach die Kleiderhüllen fallen. Aus Furcht, dass seine jugendlichen Gespielinnen von einer unerwünschten Schwangerschaft heimgesucht werden könnten, musste der Venezianer jeweils auf den Höhepunkt verzichten. Um ihm wenigstens «zu einem Erguß zu verhelfen, den ich wirklich nötig hatte»,[11] «ließen sich die sechs schönen Hände zu diesem Werk herbei, das für jede zur Liebe geschaffene Frau stets eine Kränkung ist, das aber in der Posse, wie wir sie gespielt hatten, keine sein konnte, da ich sie bereitwillig geschont hatte».[12]

Bei einer dieser Gelegenheiten präsentierte der Syndikus der ausgelassenen Gesellschaft mit einigem Ernst ein Mittel, das die Gefahr, der man sich immer erneut bis zum Grenzwert näherte, einschränken sollte. Es handelte sich um «feine englische Präservative».[13] Heiter begutachteten und belachten die hübschen Frauen das «wunderbare Schutzmittel gegen ein Unglück, das eine schreckliche Reue zur Folge haben könne».[14] Sie bliesen es zu einem kleinen Ballon auf, aber es blieb bei diesem heiteren Spiel, denn Casanova zweifelte, ob er sich je «bereitfinden könne, in eine leblose Haut gehüllt mit ihnen glücklich zu werden».[15]

Stattdessen verschob er die Verpflichtung, für den notwendigen Schutz zu sorgen, auf seine reizenden Gespielinnen, denen er je eine kleine goldene Kugel übergab. Sie werde, so seine gewagte These, richtig in der intimsten Tiefe platziert, eine Schwangerschaft verhindern. Der eher als Voyeur mitspielende Syndikus hatte seine Zweifel, und auch Casanova teilte sie am Ende, denn er versprach, «ich würde sie keiner Gefahr aussetzen, und hielt auch wirklich Wort».[16] Trotzdem trieben sie «alle Tollheiten, die meine Phantasie ersinnen konnte»,[17] und man trennte sich in gegenseitiger Dankbarkeit – nicht ohne das Versprechen einer Wiederbegegnung, an das sich der Venezianer hielt.

Vergnügungen auf zwei Ebenen

Dazu sollte es auf der Rückreise von Rom kommen, wohin Casanova – offenbar ohne festen Zeitplan – unterwegs war; auch das Motiv der Reise hielt er lange im Dunkeln. Seine nächste Station in Richtung Süden sollte Chambéry sein, aber er kam nicht weiter als bis Aix-en-Savoie, einem «schmutzigen Nest»,[18] wo er nur zu Mittag essen wollte, sich dann jedoch in die ausgelassene Tischgesellschaft des örtlichen Gasthofes ziehen ließ. Bald entdeckte er die wirklichen Motive der zahlreich versammelten Kurgäste, Piemontesen und Savoyarden, wie ihm als Geheimnis anvertraut wurde: «Die Heilquellen von Aix seien gut, aber niemand von der Gesellschaft, die ich gesehen hätte, sei wegen des Wassers da.»[19] Der wahre Grund, sich während des Sommers in dem Kurort gut zu unterhalten, war das Glücksspiel. Damit war der Spieler Casanova an einen Ort gelangt, an dem man ausschließlich seiner Leidenschaft frönte. Er unterbrach seine Weiterreise auf unbestimmte Frist.

Wie in Genf fand er seine Herausforderung wie sein Vergnügen auf zwei Ebenen und hielt diese beiden Ebenen sorgsam getrennt. Neben den Wechselfällen des Spiels lieferte er sich einer Liebesleidenschaft aus, die wie so oft in seinem Leben zunächst mit der mitmenschlichen Fürsorge für eine in Not geratene Frau begann und sich später in eine heftige egoistische Liebesbeziehung wandelte. Diesmal war es wieder eine Nonne, und als sie «den Schleier lüftete, zuckte ich zusammen; ich erblickte M. M. Ich konnte unmöglich daran zweifeln, denn ich mußte sie ja nur allzu gut kennen.»[20] Er überließ sich dieser Obsession und pflegte sie wie einen Kult.

In Wahrheit war es eine höchst einfache, geradezu naive Frau, die im Kloster von Chambéry von einem hässlichen Mann, der die Mauer des Klostergartens überwunden hatte, geschwängert worden war – angeblich hatte sie ihn nur aus Mitleid erhört. Da ihre Niederkunft sie im Kloster der Schande preisgegeben hätte, hatte sie eine Krankheit vorgetäuscht, die nur mit dem Wasser der Quelle von Aix-en-Savoie geheilt werden könne. Begleitet und streng bewacht wurde sie von einer Laienschwester, vor der es galt, ihre kurz bevorstehende Niederkunft geheim zu halten. Beide lebten zurückgezogen in einem nahen Bauernhaus, wo die Nonne das Vertrauen der Bäuerin bis zu dem Grade gewonnen hatte, dass man gemeinsam die Laienschwester mit Opiaten in lange Schlafphasen versetzte.

Die ihn verwirrende Verwechslung mit der raffiniert-geistvollen M. M. vom Kloster auf der Insel Murano dauerte für Casanova jedoch nur kurz. Diese M. M., die er zu seiner zweiten M. M. erklärte und die nicht blonde, sondern schwarze Haare unter ihrer Haube hatte, forderte ihn mit ihrer Hilflosigkeit derart heraus, dass er alsbald entschlossen war, sie aus ihrer heiklen Situation zu befreien und ihr das Versprechen gab, für sie zu sorgen. «solange ich lebe».[21] So kam es zu einem weiteren Heiratsversprechen und dem Plan, gemeinsam nach Rom zu reisen, um dort vom Papst die Aufhebung ihres Nonnengelübdes zu erwirken, was die werdende Mutter taktvoll, aber entschieden zurückwies.

Mit reichlich Geld für die Bauersfrau und reichlich Skupellosigkeit von Seiten Casanovas gelang es, die Laienschwester in einen Dauerschlaf zu versetzen, der unmittelbar in ihren Tod überging. Ein Geistlicher, der an die ihm angediente Mär einer tödlichen Krankheit glaubte, sorgte für ein korrektes Begräbnis, dem sich gut bezahlte Messen anschlossen. Kurze Zeit später kam M. M.2 mit einem Knaben nieder, den die Bäuerin in das nahe Annecy und dort in die Drehscheibe am Eingang des Klosters trug, wo, wie es in jener Epoche üblich war, unerwünschte Kinder der Anonymität sowie der Pflege der Nonnen übergeben wurden.

Zwischenzeitlich war Casanovas Nächstenliebe in Liebe umgeschlagen, wie er sich eingestehen musste: «Ich verliebte mich jedoch sterblich in sie.»[22] Nun galt es, die zahlreichen Etappen der Verführung zu absolvieren. Denn die Naivität ihres Glaubens und ihre Unkenntnis der Intimität zwischen den Geschlechtern schützten die Nonne lange Zeit, und Casanova wollte sie nur mit ihrer vollen emotionalen Zustimmung erobern. Schließlich gelang es, nicht zuletzt mit Hilfe der Medaillons der ersten M. M., die er stets bei sich trug und die sie sowohl in der Nonnentracht als auch im Glanz ihrer nackten Schönheit zeigten. Die Hingabe von M. M.2 war nunmehr so groß, dass sie durch einen Maler in Chambéry – diesen Auftrag besorgte ebenfalls die Bäuerin – die blonden Haare von M. M.1 mit der Farbe ihrer Haare schwarz übermalen ließ,.

Am Ende verwandelte sich die zunächst praktizierte «väterliche Freundschaft»[23] in einen Liebesrausch, zu dem auch sein Verlangen beitrug, die angeschwollenen Brüste der jungen Mutter bis «zum süßen Rest dieser Milch»[24] abzusaugen. Ihr Einverständnis ging in ihre Initiative über: «... sie preßte ihre Lippen auf die meinen, um meine Seele zu empfangen und mir die ihre zu geben. Ohne diesen seligen Austausch wären wir beide gestorben.»[25] Wenig später präsentierte er ihr, wie es der Syndikus in Genf getan hatte, jene englischen Präservative, die sie vor einer Schwangerschaft schützen sollten: «... eine kleine Hülle aus einer sehr dünnen und durchscheinenden Haut, acht Zoll (24,8 Zentimeter, d.A.) lang, einseitig offen und dort nach Art eines Geldbeutels mit einem schmalen rosa Band versehen».[26]

Sie war sogar willens, ihn mit der nützlichen Hülle zu versehen: «Ich werde sie dir selbst überstreifen.»[27] Sie war aber nicht bereit, auf die naheliegende Frage zu verzichten, warum Casanova diesen Schutz nicht vor dem Rausch ihrer ersten Vereinigung zum Einsatz gebracht habe. Es bedurfte einiger Rabulistik des Venezianers, einen Unterschied zwischen den beiden Liebesbegegnungen zu konstruieren, aber gewiss konnte er nicht sein, dass M. M.2 nicht in jenem Zustand in ihr Kloster zurückkehren würde, in dem sie aus ihm geflohen war. Die Rückkehr dorthin, von der jungen Frau als Sicherheit für ihre Seelenruhe gefordert, fand bald statt, schickte doch die Äbtissin des Klosters zwei Laienschwestern. Wenige Stunden vorher vollzogen beide den letzten Liebesakt so heftig, dass «ich ihn mit meinem Blut besiegelte. Da die erste M.M. es erlebt hatte, sollte es auch die zweite erleben; sie erschrak darüber, aber ich beruhigte sie leicht.»[28]

Von diversen Glücksspielen

Während Casanova dieses Abenteuer des Nachts in aller Diskretion vor den dem Glücksspiel verfallenen Kurgästen auslebte, versagte er sich gleichzeitig während des Tages nicht der Teilnahme an den immer erneut arrangierten Kartenspielen. Hier hatte er Gelegenheit, seine Leidenschaft, die ihn als Anfänger bisweilen an den Rand der Existenzgefährdung geführt hatte, in der Praxis zu verfeinern und uneingeschränkt auszuleben. Denn die Gesellschaft des besten Gasthofes am Ort, in die er sich zögernd integrieren ließ, bestand aus passionierten Spielern, Berufs- und Falschspielern, wobei die Grenze zwischen beiden fließend und nicht erkennbar war. In diesem Kreis konnte er sich mit wechselndem Glück dem von ihm bevorzugten und in jener Zeit höchst populären Kartenspiel «Pharao» zuwenden. Casanova berichtet allerdings nur über seine Gewinne und Verluste, nicht aber über den Verlauf des Spiels und dessen Regeln.

Der Name Pharao war von einer Karte mit dem Bild des ägyptischen Herrschers abgeleitet, die als Glück bringend galt. Man spielte mit zwei Paketen französischer Karten, von denen jedes 52 Blatt enthielt. Als Parteien standen sich der Bankier und vier Pointeure gegenüber. Der Bankier, der eine Summe in barem Geld in jener Höhe einsetzte, bis zu deren Verlust gespielt wurde, bestimmte auch den Mindesteinsatz (point). Jeder der Pointeure erhielt ein Livret, ein «Buch» – die 13 Karten einer Farbe wie beispielsweise Herz oder Karo – und hatte nach Offenlegung seiner Karten auf eine beliebige seinen Einsatz zu setzen, den er beliebig erhöhen konnte, bis zur Höhe des Betrags der gesamten Bank. Dann spielte er «Va banque!», was in den allgemeinen Sprachschatz eingegangen ist.

Der Bankhalter, der über das zweite Kartenpaket (le talon) verfügte, begann das Spiel, indem er seine Karten mischte und einen der Pointeure aufforderte abzuheben. Er bestimmte auch den Mindesteinsatz (point), zeigte den Pointeuren die letzte Karte und zog dann die zwei untersten Karten ab. Die erste Karte verschaffte dem Bankhalter alle Einsätze, die die Pointeure auf seine Karte unabhängig von der Farbe gesetzt hatten, die zweite Karte brachte den Pointeuren, wenn sie darauf gesetzt hatten, den Einsatz zu Lasten des Bankhalters, der ihnen den Betrag auszahlte. Nach 26 Spielzügen war der Talon erschöpft, doch war es einem Spieler mit dem Va-Banque-Einsatz und dessen Gewinn möglich, die Bank zu sprengen.

Seit Blaise Pascal an den Laplace-Würfeln, die an jeder Seite eine Ziffer von 1 bis 6 aufweisen, die Gesetze der Wahrscheinlichkeit erforscht hatte, waren diese auch den Glücksspielern bekannt. Bezogen auf das Pharao-Spiel hieß das, dass, wenn nur lange genug gespielt wurde, nur der Bankhalter gewinnen konnte. Das schloss nicht aus, dass mit einem hohen Einzeleinsatz einer der Pointeure die Bank sprengte.

Dieses Spiel des Glücks, im Pharao oder auch in anderen Kartenspielen bei Chancengleichheit, hat nicht nur die Menschen jener Epoche, aber sie besonders fasziniert. Es sollte ihnen, wenn der Zufall sie begünstigte, die Gewissheit verschaffen, Günstling der Glücksgöttin zu sein und etwa durch die Kühnheit ihres Einsatzes das Schicksal beherrschen zu können. Vor allem die Mitglieder von Adel und Hochadel, die dem strengen Hofritual in Versailles unterworfen waren, benutzten es, um die epidemisch grassierende Langeweile zu vertreiben – einschließlich des Königs.

Am Hofe Ludwigs XIV. gab es wöchentlich neben einem Abend für Tanz und Konzert einen für das Spiel mit Karten und Kugeln, wobei die Grenze zwischen Glücksspiel und Geschicklichkeitsspiel fließend war; so dominierte beim Billard ausschließlich die Geschicklichkeit. Der Salon de Diane in den königlichen Prunkgemächern wurde in Salon de Billard umbenannt, und 1684 ließ der König einen Billard-Tisch sogar in seinen Privatgemächern installieren. Die nicht zuletzt politische Dimension des Spiels wie des Glücksspiels bestand darin, die Langeweile der Hofgesellschaft, die leicht zu Konspirationen führen konnte, durch die Spannung der Spiele zu bannen oder zumindest einzugrenzen. Liselotte von der Pfalz berichtete in ihre deutsche Heimat, dass Versailles zur Spielhölle verkommen sei.

Dieser Eindruck dürfte zumindest entstanden sein, als Ludwig XIV. sogar in den Gemächern der Madame de Maintenon seiner Spielleidenschaft nachging, obgleich seine Gemahlin zur linken Hand das Spiel in ähnlicher Weise wie die Pfälzerin verachtete. Aber das Spiel konnte nicht nur zur Vertreibung der Langeweile, sondern auch zur Unterdrückung des Leidens führen. Als der Sonnenkönig 1701 den Tod seines Bruders Philippe d'Orléans zu beklagen hatte, von dem er sich kurz vorher im Streit getrennt hatte und an dessen Schlaganfall er sich mitschuldig fühlte, zog er sich fluchtartig nach Marly zurück und befahl den Mitgliedern seines engsten Gefolges, sich umgehend an den dortigen Spieltischen einzufinden.

In welchem Maße das Glücksspiel auch hochrationale Menschen erfassen konnte, zeigte sich in der frühen Regierungszeit Ludwigs XV. Am Spieltisch seiner Gemahlin, der Königin Maria Leszczyńska, saß eines Abends im Jahre 1745 auch die Marquise de Châtelet, die wissenschaftlich hochbegabte Übersetzerin von Newtons «Principia mathematica». Es war eine hohe Ehre, an der Seite der Königin Platz nehmen zu dürfen, und dennoch verletzte Madame de Châtelet die höfische Atmosphäre einer liebenswürdig-nichtssagenden Konversation, indem sie sich leidenschaftlich dem Kartenspiel zuwandte. Auch sie, die um die Zufallsgesetze des Glücks im Spiel wusste, wollte es dennoch herausfordern und verspielte leichthändig 400 Louisdor.

Voltaire, der seit 1732 ihr Geliebter und ständig an ihrer Seite war, wurde dringend um einen zusätzlichen Einsatz von 200 Louisdor gebeten, der in Kürze ebenfalls verspielt war. Nun, da die Marquise bis zum Fanatismus dem Spiel zugewandt war, ersuchte sie Voltaire, der jede Art von Glücksspiel hasste, weitere Geldmittel zu beschaffen, was ihm über einen Diener, allerdings zu hohem Zinssatz, schließlich gelang. In dieser angespannten Situation raunte Voltaire seiner Geliebten auf Englisch zu: «Sehen Sie nicht, daß Sie mit Schurken spielen?»[29] Doch in der Runde fand sich ein Mitspieler, der des Englischen – in jener Epoche eine Seltenheit – mächtig war, so dass das Wort die Runde machte. Eine derartige Majestätsbeleidigung zwang Madame Châtelet und Voltaire zur umgehenden Flucht aus den Gemächern der Königin, ja aus Versailles und bis auf das Schloss der Marquise im lothringischen Cirey.

Einen gewissen Gegensatz zwischen Voltaire und Casanova brachte also schon die tiefe Abneigung des Schriftstellers gegen das Glücksspiel mit sich. Der Venezianer dagegen vermochte lebenslang nicht dieser Faszination zu entgehen. In den zahlreichen Runden, in denen er sich mit oft hohen Einsätzen der magischen Hoffnung aussetzte, das Glück werde auf seiner Seite sein, ist er niemals zum Falschspieler geworden. Auch ist er nie im Sumpf der Spielsucht versunken, soweit reichte seine Spielleidenschaft nicht. Schließlich hat er sich stets an den Kodex gehalten, selbst bei hohen Verlusten nicht die Miene souveräner Gelassenheit preiszugeben. Es dürfte ein deutliches Indiz dafür gewesen sein, dass er damit den Nachweis erbringen wollte, ein Mann von Adel zu sein – noch bevor er sich einen fiktiven Adelstitel zulegte.

Diese Haltung lächelnder Gelassenheit wusste Casanova auch in Aix-en-Savoie zu wahren, selbst als zahlreiche Varianten des Spiels zur Anwendung kamen, einschließlich des Falschspiels. Mit kluger Voraussicht übernahm er beim bevorzugten Pharao-Spiel meist die Rolle des Bankhalters, die zwar einige Risiken einschloss, aber das Gesetz der Wahrscheinlichkeit auf ihrer Seite hatte. So geschah es auch an jenem Abend, als in der Spielrunde plötzlich reisende Engländer erschienen und «meine Bank immer mehr verlor».[30] «Selbst als meiner Bank die Gefahr drohte, gesprengt zu werden, machte ich gute Miene dazu …»[31] Sein Glücksgefühl wusste er gut mit den Gesetzen der Wahrscheinlichkeit und sogar mit Gott zu verbinden: «Wenn Gott neutral war, konnten sie (i. e. die Engländer) nur verlieren; und er war neutral. Bei der dritten Runde waren ihre Börsen leer.»[32] Schließlich gelang es ihm sogar, mit gewissen Spielgewinnen seine schon guten finanziellen Verhältnisse weiter zu verbessern, aus dem Bannkreis der Glücks- und Falschspieler von Aix-en-Savoie auszubrechen und seine lange geplante Weiterreise nach Grenoble anzutreten.

Von Grenoble nach Genua

Dort fand er einen Brief von Madame d'Urfé vor, zu der der Kontakt nicht abriss, da sie weiterhin auf das große Experiment ihrer Verjüngung und Geschlechtsumwandlung hoffte. Sie verwies ihn an einen geachteten Baron der Stadt, der ihn in die besseren Gesellschaftskreise einführte. Dort erregte eine Frau von schlichter Schönheit und innerer Würde seine Aufmerksamkeit und Zuneigung. Doch Mademoiselle Roman-Coupier, deren Alter er mit sechzehn Jahren angibt – sie war jedoch schon dreiundzwanzig Jahre alt –, war trotz ihrer Armut nicht bereit, sich seinem heftigen Begehren auszuliefern, und zog mit einem kurzen Satz die Grenze, die er nicht zu überschreiten wagte: «Ach, Monsieur, seien Sie mein Freund und nicht mein Verderber!»[33]

Seine sexuelle Glut konnte er in den Armen von gleich drei jungen Mädchen, den beiden Töchtern des Hausmeisters und ihrer Cousine, löschen, denn er hatte ein luxuriöses Gästehaus samt Personal gemietet. Mademoiselle Roman aber zog er in den Bann seiner Zukunftsprognosen und stellte ihr ein Horoskop, das einzig seiner Phantasie entsprang und doch entscheidend für ihr reales Leben wurde: «Ich entschloß mich, ihr zu prophezeien, ihr Glück erwarte sie in Paris, wo sie die Geliebte des Herrn dieser Stadt werden würde; sie müsse sich jedoch unverzüglich auf den Weg machen.»[34] Sie tat es und wurde tatsächlich die Geliebte Ludwigs XV. Wie im Fall von Marie-Louise O'Murphy erwies sich Casanova ein weiteres Mal als unbezahlter Kuppler dieses Monarchen. Später, in Paris, konnte er die Erfüllung seiner Weissagung überprüfen, auch wenn es bei allem Glanz dieser Mätresse nicht zu deren persönlichem Glück reichte.

Die nächste Station seiner Reise, die ihn bis Rom und Neapel führen sollte, war Avignon, wo er indes seine Aufmerksamkeit keineswegs der alten Papstmetropole zuteil werden ließ, sondern umgehend zur berühmten Quelle von Vaucluse aufbrach. Dort fand er auf einem Felsen noch einige Trümmer von Petrarcas Haus vor, und nicht weit davon, auf einem ähnlichen Felsen, hatte das Haus von Madonna Laura gestanden: «Mit ausgebreiteten Armen warf ich mich auf das Gemäuer, küßte es und netzte es mit meinen Tränen.»[35] Aber nicht nur Tränen flossen aus seinen Augen, aus seinem Mund floss auch der Vers des Dichters: «Morte bella parea nel suo bel viso.» («Der Tod schien schön auf ihrem schönen Antlitz.»)[36]

In einem Theater Avignons stieß er auf eine hurenhafte Schauspielerin, die sich fälschlich den Namen einer Pariser Bühnenberühmtheit zugelegt hatte, und so konnte sich der Wechsel von poetischer Hochstimmung zu sexueller Alltagspraxis schnell vollziehen. Die Freundin der falschen Diva stellte für den erprobten Praktiker der Sexualität allerdings eine Herausforderung dar, handelte es sich doch um eine Bucklige. Der Intimbereich dieser Verwachsenen war bis zur Brust in die Höhe gerutscht, doch trotz dieser anatomischen Anomalie gelang es den beiden Frauen mit akrobatischen Anstrengungen, ihm zum gelingenden Eindringen zu verhelfen.

Schließlich engagierte er in Avignon einen Diener von sechsundzwanzig Jahren namens Gaetano Costa, einen Spanier, der sich als Sekretär empfahl, aber des Schreibens nicht fähig war. Dennoch «hatte er Einfälle, und gerade deshalb war er ein Dummkopf; ich fand das originell und behielt ihn. Ich war dümmer als er.»[37] Casanova sollte es bereuen – dieser Diener erwies sich später als Dieb.

In Marseille, wo ihn das bunte Gemisch des Volkes von Türken und Afrikanern erstaunte, erfuhr er auch, dass das Angebot an sexuellen Varianten besonders groß war: «In keiner französischen Stadt treiben die Dirnen ihre Liederlichkeit ärger als in Marseille. Nicht nur rühmen sie sich, nichts zu verweigern, sondern sie bieten von sich aus den Männern an, was diese nicht immer zu verlangen wagen.»[38] Seine Neigung aber wandte er einer einfachen Zofe namens Rosalie zu, der er reichlich neue Kleidung kaufte und sie zu seiner Reisegefährtin machte. Allerdings wechselte er, da die junge Frau erst fünfzehn Jahre alt war, er aber nun das Alter von fünfunddreißig Jahren erreicht hatte, in die Rolle des väterlichen Freundes, der sich eingestehen musste, dass seine ihr reichlich zugedachten Geldmittel einen nicht geringen Anteil an ihrer Zuneigung hatten.

In Genua, wohin er ein gutes Stück des Weges auf dem Meer in einer Feluke zurückgelegt hatte, trennte er sich von Rosalie, die in einer bürgerlichen Ehe verschwand. Dem Trennungsschmerz stand die Genugtuung gegenüber, seine volle Bewegungsfreiheit als Liebhaber zurückgewonnen zu haben. Statt ihrer, die sich von der Zofe zur würdevollen Begleiterin des reichen Reisenden Casanova gewandelt hatte, nahm alsbald ihre Zofe namens Veronika den freien Platz an seiner Seite ein. Erneut kam es zu jener Gefühlsmischung aus Zuwendung und Zuneigung, doch bestand Veronika zuvor derart auf ihrer finanziellen Absicherung, dass ihre Liebesbeziehung fast in Gefahr geriet. Als sie nach einem Wechselbad der Gefühle schließlich zur Hingabe bereit war, kam es seinerseits zu einem «Mißgeschick, das mir noch nie zugestoßen war».[39] Obgleich «in der Blüte meiner

Jahre»,[40] wie Casanova sich in seiner Selbsteinschätzung zugestand, sah er sich nun einer Situation gegenüber, die «ich nicht begreifen konnte und die mich zur Verzweiflung brachte».[41] Am Ende, nachdem alle neuen Versuche gescheitert waren, verharrten sie nur in gemeinsamer Verlegenheit – wenigstens ihre verbale Verachtung blieb ihm erspart. «Sie verließ mich wortlos.»[42]

In Genua erreichte ihn die ebenfalls demütigende Nachricht eines Gewährsmannes aus Genf, dass sein inzwischen realisiertes Projekt, Voltaires Stück «Die Schottin» zu übersetzen und sogar mit einer Theatertruppe zur Aufführung zu bringen, keine Anerkennung bei dem berühmten Schriftsteller gefunden hatte. Er hatte seine Übersetzung samt höflicher Epistel an Voltaire geschickt, doch war er keiner Antwort gewürdigt worden. Vielmehr lautete die unzweideutige Nachricht aus seinem Umfeld, er habe «meine Übersetzung schlecht gefunden».[43] Aus der Altersperspektive bedauert Casanova, durch diese Zurückweisung «zum Feind dieses bedeutenden Mannes»[44] geworden zu sein, besteht aber weiterhin darauf, dass «Voltaire … mit seinen Schmähungen gegen die Religion unrecht hatte … und doch hätte wissen müssen, daß im Interesse des allgemeinen Friedens der Nation das Volk in der Unwissenheit leben muß».[45]

Audienz beim Papst

In Florenz aber wartete auf ihn eine höchst angenehme Überraschung. Er begab sich in die dortige Oper, um möglichst schnell Kontakt zu den Menschen der Stadt zu finden, ein Verfahren, das er in zahlreichen Städten anwandte. Dabei galt sein Interesse keineswegs dem, was auf den Bühnen gespielt oder gesungen wurde, denn für «Musik … habe ich mich nie besonders begeistert».[46] Ausgenommen davon waren jedoch die Akteure, besonders die weiblichen, die auf der Bühne seine Aufmerksamkeit erregten und denen er sich gern in deren Garderobe näherte. Der Zufall wollte es, dass er an diesem Abend in der Rolle der Primadonna jene Teresa wiedersah, die er siebzehn Jahre vorher als den angeblichen Kastraten Bellino kennengelernt und dann als wieder zur Frau gewandelte Sängerin leidenschaftlich geliebt hatte. Sie hatten sich, als er sich zwischen den spanisch-österreichischen Fronten verirrt hatte, getrennt. Sie wurde die Geliebte eines reichen Gönners in Neapel, aber zu jenem Zeitpunkt war sie bereits von Casanova schwanger, ohne ihm darüber je eine Nachricht zukommen zu lassen.

Nun präsentierte sie ihm einen jungen Mann namens Don Cesarino als ihren angeblichen Bruder, von dem Casanova aber mit einem Blick feststellen konnte, dass er «mein Ebenbild war, außer daß er weniger braun war; ich erkannte ihn sogleich als meinen Sohn.»[47] Beiläufig gibt er preis, dass seine Hautfarbe überdurchschnittlich dunkel war, vor allem aber erfasste ihn die vitale Freude eines Vaters, zumal der junge Mann wohlgestaltet und gut ausgebildet war. Die Mutter, die in Neapel zu Ansehen und Wohlstand gelangt war, hatte für seine vielseitige Erziehung gesorgt. Sie gestand nicht ohne Stolz: «Er ist die glückliche Frucht unserer Zärtlichkeiten … Glücklich, weil er alles besitzt, um es zu sein.»[48] Casanova konnte diesen Tag, an dem er seine seinerzeit leidenschaftlich geliebte Teresa wiedergefunden hatte, die ihm noch dazu als Geschenk einen höchst ansehnlichen Sohn vorführte, an dessen Heranwachsen er weder emotional noch finanziell den geringsten Anteil hatte, nur als «einen der glücklichsten meines ganzen Leben»[49] betrachten.

Nur kurz entdeckten die beiden ihre alte Leidenschaft, denn Teresa hatte gerade einen jungen Römer geheiratet, mit dem Casanova umgehend einen freundschaftlichen Umgang pflegte. Diesem wie den Mitgliedern der Theatertruppe musste die Version vermittelt werden, dass Casanova der Geliebte ihrer Mutter gewesen war. Damit konnte ihr Sohn zu ihrem Bruder avancieren, was bei ihrer jugendlich erhaltenen Schönheit als durchaus glaubhaft erschien. Da Casanova das noch frische Glück Teresas mit ihrem jüngeren Ehemann nicht gefährden wollte, wandte er sich sogleich zwei Schauspielerinnen zu. Allerdings vermochte er nur eine zu erobern, die Figuristin Maria Anna Corticelli, die er später in das Experiment der Wiedergeburt von Madame d'Urfé einbezog. Es trieb ihn aber weiter nach Rom, und man trennte sich mit lebhaften, aber nunmehr respektvollen Gefühlen der Freundschaft.

Seine Abreise von Florenz war indes nicht ganz freiwillig, denn er geriet in den falschen Verdacht, Partner eines Wechselfälschers zu sein – das willkürlich angewandte Gesetz verlangte seine Verhaftung oder seine Verbannung. Als er verhört wurde, gab er als Motiv seiner Reise nach Rom an, vom Papst diplomatische Hilfe zu erbitten, um aus dem Exil in seine Heimat Venedig zurückkehren zu können. In seinen Memoiren aber verwirft er diese Ausrede und gibt als einzigen und wahren Grund an, «zu meinem Vergnügen nach Rom»[50] gefahren zu sein. Damit gesteht er ein, dass er zu jener Zeit keine ernsthaften Pläne verfolgte, um eine gesellschaftlich stabile Position zu erreichen. Es war auch nicht nötig, denn noch reiste er als reicher Mann, der in Florenz seine zwei Diener in die blau-roten Farben seines Gönners Bragadin einkleiden ließ; denn «ich wollte mich nicht aufspielen, aber ich wollte Eindruck machen».[51] Der Unterschied zwischen diesen beiden Attitüden seiner Eitelkeit ist nicht sehr groß.

In Rom traf er auf seinen fünf Jahre jüngeren Bruder Giovanni, der im Haus des Malers Anton Raphael Mengs wohnte und dessen Schüler war. Zugleich war er in die Tochter jenes Wirts verliebt, in dessen Gasthaus Casanova abgestiegen war, und sollte sie, zur großen Missbilligung seines älteren Bruders, ein Jahr später sogar heiraten. Diesem war es, nachdem er erst einmal in das Haus des berühmten Malers eingeladen worden war, der auch das offizielle Staatsporträt von Papst Clemens XIII. schuf, ein Leichtes, schnell Kontakte zu den hochgestellten Amtsträgern der Kurie zu knüpfen. Schließlich war seine Absicht, wozu er ein weiteres Mal Diener und Kutscher in Livree kleiden ließ, «mich seiner Heiligkeit vorstellen zu lassen und in die große Gesellschaft eingeführt zu werden».[52]

Eine Audienz bei diesem Papst, der wie er aus Venedig stammte, wurde ihm schnell gewährt, und Clemens XIII erinnerte sich, dass in jener Zeit, in der er als Bischof die Seelsorge in Padua ausgeübt hatte, «ich aus seiner Kirche … immer verschwunden sei, sobald er den Rosenkranz angestimmt habe».[53] Nachdem er wie alle, die den Segen und das Gespräch mit dem Papst suchten, das Kreuz auf dessen Pantoffel geküsst hatte, bat er um dessen diplomatische Vermittlung, «damit ich frei nach Venedig zurückkehren kann».[54] In einer zweiten Audienz musste er allerdings den indirekt abschlägigen Bescheid entgegennehmen. Der Botschafter Venedigs hatte nämlich nur den Rat gegeben, Casanova möge beim Sekretär des «Rats der

Zehn» vorstellig werden, was seine unmittelbare Verhaftung zur Folge gehabt hätte. Nur ein handgeschriebenes Empfehlungsschreiben des Papstes, so wagte er diesem zu antworten, könne ihn davor bewahren, doch Clemens XIII. ließ diese Bitte ohne Antwort.

Dem Papst war nicht verborgen geblieben, dass sein Geschenk an Casanova, ein Exemplar der Grabrede auf den Prinzen Eugen, nicht ohne Gegengeschenk Casanovas an die vatikanische Bibliothek geblieben war. Es handelte sich um ein Exemplar des «Pandectarum liber unicus», um juristische Entscheidungen des alten Roms, mit denen Casanova nichts anzufangen wusste. Dieser Hochmut, mit Seiner Heiligkeit Geschenke auf gleicher Ebene austauschen zu wollen, blieb Clemens XIII. nicht verborgen, weshalb er den Venezianer sanft rügte: «Sie tragen ein sehr elegantes Gewand und haben es sicherlich nicht angelegt, um zu Gott zu beten.»[55]

Dennoch versprach er ihm ein «Zeichen von Unserer außerordentlichen Zuneigung»,[56] das Ordenskreuz vom Goldenen Sporn, mit dem er als Doktor des bürgerlichen und kanonischen Rechts ausgezeichnet wurde. Obgleich es diskret im Knopfloch zu tragen war, hängte Casanova es sich demonstrativ um den Hals und bereicherte das Kreuz um Diamanten und Rubine. Er war sogar der Überzeugung, eine höhere Ehre erhalten zu haben als der Maler Mengs, dem der gleiche Orden übergeben worden war. Es war üblich, dass der Geehrte fünfundzwanzig Scudi für die Ausstellung der Verleihungsurkunde zahlte, «ich aber habe ihm voraus, daß ich nichts dafür gezahlt hatte».[57] Erst später in Polen legte er das Kreuz ab, als ihm bedeutet wurde, es sei inflationär vergeben worden, und noch später in Dux gestand er selbstkritisch, dass die Gesandten in Rom es an ihre Kammerdiener weiterschenkten.

Durch die Anmaßung, dem Papst ein Buchgeschenk zu machen, hatte er den vatikanischen Bibliothekar, den Altertumsforscher Johann Joachim Winckelmann, kennengelernt und sich mit ihm angefreundet. Einmal kam es zu einer pikanten Situation, als Casanova ihn nicht beim Dechiffrieren antiker Texte überraschte, sondern beim Umgang mit einem «jungen Burschen …, der in aller Eile seine Hose in Ordnung brachte».[58] In aller Freimütigkeit bekannte sich der vatikanische Bibliothekar zu seiner sexuellen Disposition und verwies den venezianischen Lebemann auf die ganz anders gearteten Sitten im antiken Rom, wo Knabenliebe als besonders sittsam galt. So habe Horaz stolz darauf verwiesen, deshalb nie einen Ehebruch begangen zu haben. Casanova mag gelächelt haben, als Winckelmann in diesem Zusammenhang seinen Lieblingsdichter als Kronzeugen erwähnte. Seine Toleranz in diesem Fall schloss aber seinen entschiedenen Verzicht auf homosexuelle Abenteuer ein, wie er den Leser schon früh hatte wissen lassen.

Sich den Frauen zuzuwenden, versäumte er auch in Rom nicht. Im einfachen Milieu der vatikanischen Bediensteten war er auf eine jugendliche Schönheit von siebzehn oder achtzehn Jahren namens Mariuccia gestoßen, die «schön wie ein Engel war».[59] Sie lebte in größter Armut, und Casanova war umgehend entschlossen, sie daraus zu befreien. Ihr Weg in die soziale Sicherheit sollte in eine Ehe führen, zu der allerdings die traditionelle Mitgift fehlte, die dem Bräutigam die Eröffnung eines Ladens für Perücken erlaubt hätte. Erneut kam es zur Mischung von Fürsorge und Verführung, und am Ende konnte Casanova vor dem Bräutigam ihre Unschuld beseitigen, zumal «Venus vollkommen von ihr Besitz ergriffen hatte … Die Wollust macht noch den Schmerz zu etwas Köstlichem».[60] So glaubte er am Ende ihrer Versicherung, «sich weit mehr aus Liebe als um ihres Vorteils [wegen] hingegeben» [61] zu haben.

Vater und Tochter

Aus Rom, das er einst nach dem Zusammenbruch seiner kirchlichen Karriere enttäuscht verlassen hatte, konnte er nun in voller Genugtuung abreisen – in Richtung Neapel, wo «ich achtzehn Jahre zuvor auf der Rückkehr aus Martirano mein Glück gemacht hatte».[62] Der Grund seiner Reise nach Neapel war wohl ein Versprechen, das er in Paris dem Herzog von Matalone gegeben hatte. Nun wurde er in dessen Palazzo überschwänglich willkommen geheißen, sogar die Ehre, vom Herzog geduzt zu werden, wurde ihm zuteil. Umgehend ließ ihn der Hochadlige auch in seinem Palazzo Quartier nehmen und weihte ihn in seine extravaganten Familienverhältnisse ein. Verheiratet mit einer Prinzessin, die ihm sogar einen Sohn geboren hatte – die Vaterschaft wurde jedoch diskret im Vagen gehalten –, hielt er sich allein aus Standesgründen eine Mätresse. Zum Schein zeigte er sich ihr gegenüber sogar so eifersüchtig, dass ihr verboten war, Besucher zu empfangen. Alles war zu aller Zufriedenheit geregelt: «Meine Frau kann nicht eifersüchtig sein, denn sie weiß, daß ich bei allen Frauen der Welt impotent bin, außer bei ihr.»[63]

Alsbald konnte Casanova die ohne körperliche Zuwendung ausgehaltene Mätresse im Theater kennenlernen und sah sich einem «Wundergeschöpf»[64] gegenüber, das den Namen Leonilda trug. Schön und geistvoll zog sie ihn in ihren Bann; «aber mir fiel nicht ein, an wen sie mich erinnerte».[65] So tauchte er unbekümmert in die zahlreichen Vergnügungen Neapels ein: in das Kartenspiel um höhere Summen, bei dem er, da er nicht die Rolle des Bankhalters übernommen hatte, viel Geld verlor, oder in die feinen Soupers und opulenten Feste des Hofes, wo ihm die Ehre zuteilwurde, dem jungen König Ferdinand IV. die Hand küssen zu dürfen; für diese Gala «zog ich meinen Rock aus rosarotem geschorenem Samt an, der mit Goldflitter bestickt war».[66] An seinem Glanz sollte es in der glanzvollen Gesellschaft nicht fehlen.

Seine Zuneigung zu der Mätresse des Herzogs führte schnell zu leidenschaftlicher Verehrung, der jedoch die Verführung nicht unmittelbar folgen konnte, da es ein skandalöser Bruch der Gastfreundschaft gewesen wäre. Doch seine Hingabe an die achtzehnjährige Schönheit steigerte sich bis zu der Bereitschaft, eine Ehe einzugehen, und diesmal war es dem sonst so bindungsscheuen Venezianer wirklich ernst. Er bat den Herzog, ihm seine Mätresse in allen Ehren abzutreten: «Ich erklärte mich bereit, sie zu heiraten, und ihr ein Leibgedinge von fünftausend Dukaten zu überschreiben.»[67] Der Herzog zeigte sich großzügig, zumal seinerseits keine Liebe im Spiel war. Man näherte sich schnell dem notariellen Ehekontrakt, zu dem die in der Nähe wohnende Mutter der schönen Leonilda hinzugezogen werden musste.

Deren Erscheinen löste einen veritablen Theatercoup aus, denn «sie stieß einen durchdringenden Schrei aus und sank auf das Sofa».[68] Es war Donna Lucrezia, die Gattin des Anwalts Castelli, die er vor achtzehn Jahren in Rom so leidenschaftlich geliebt hatte. Von ihr darüber aufgeklärt, dass er im Begriff sei, seine eigene Tochter zu heiraten, erlitt er einen Schock: «Ich setzte mich und verstand alles; meine Haare sträubten sich, und ich verfiel in das trübsinnigste Schweigen.»[69] So «stürzte der gewaltsame plötzliche Übergang von der fleischlichen Liebe zur väterlichen alle meine seelischen und körperlichen Fähigkeiten in die größte Krise».[70] Auch diese Eheschließung, die einzig wohl wirklich ernsthafte in seinem Leben, missriet, und er war daran gleichermaßen unschuldig und schuldig.

Nun ordnete sich das Beziehungsgeflecht der Gefühle zu Mutter und Tochter neu, und Donna Lucrezia übernahm nochmals die Rolle seiner Geliebten. Dem Herzog versicherte er, die Nacht mit beiden Frauen verbringen zu wollen, so dass ihm dieser nur mit den Worten gratulieren konnte, «ich sei der glücklichste aller Sterblichen, und er hatte recht, ich war es in diesem Augenblick».[71] In der Tat respektierte er die Unschuld seiner Tochter, der nur die Rolle zufiel, das Liebesspiel ihrer Eltern im gemeinsamen Bett aus nächster Nähe zu beobachten und zu bewundern, auch als Donna Lucrezia «mir gebieterisch befahl, ihr unerbittlich eine zweite Leonilda zu schenken».[72] Es gelang zu beider Zufriedenheit nicht, was er zehn Jahre später bestätigt sehen konnte, als er schließlich doch das Tabu des Inzests zerstörte.

Im Januar 1761 blieb ihm dann nur die Fortsetzung seiner zunehmend ziellosen Reise. Auf das Angebot von Donna Lucrezia, sich in der Nähe Neapels ein Landgut zu kaufen und dort ein glückliches Leben bis an ihrer beider Ende zu führen, war er nicht eingegangen. Wieder stand er vor der Alternative zwischen seiner Freiheit und einer geliebten Frau und zögerte nicht: «Ich verabscheute den Gedanken, mich irgendwo festzusetzen … ich hätte eine vernünftige Lebensweise annehmen müssen, die meiner Natur durchaus widersprach.»[73] Er verdammte sich zum ruhelosen Abenteurer, und das einst beschworene Lebensziel einer großartigen Leistung – in welcher Kunst auch immer – wurde mehr und mehr zur Fata Morgana.

10. *Diplomat in Wartestellung*

Zurück nach Frankreich

Die Trennung von Donna Lucrezia, die seiner Freiheit eine so verführerische Falle gestellt hatte, wurde abrupt, also möglichst schmerzlos vollzogen. Nach einem gemeinsamen Abendessen brach Casanova im Morgengrauen des nächsten Tages nach Rom auf, das er am darauffolgenden Tag erreichen wollte. Die Entfernung beträgt 230 Kilometer, aber in jener Epoche war die Zahl der Poststationen – in diesem Fall waren es fünfzehn – von größerer Bedeutung. Die Reisezeit zwischen den Haltepunkten betrug zwei Stunden. Mochte Johann Caspar Goethe bei seiner Bildungsreise durch Italien zwei Jahrzehnte zuvor für dieselbe Distanz fünf Tage benötigt haben, der venezianische Abenteurer, der kaum einen Blick auf die Landschaft warf, unterbrach die Fahrt nur für das Mittagessen mit einer schönen Frau, die ihm eine gemeinsame Nacht versprach. Es war ein leeres Versprechen, und so setzte er die Fahrt noch in derselben Nacht fort. Er erreichte Rom, wie geplant, schon am nächsten Tag.

Die Eile war nicht zuletzt dem Beginn des Karnevals geschuldet, an dem Casanova sogleich mit einem eigenen Wagen auf dem Corso teilnahm. Es gelang ihm, noch einige Male mit Mariuccia, die inzwischen mit dem Perückenmacher verheiratet war, zu sexueller Gemeinsamkeit zu finden. Auch geriet er in eine Orgie, die ein englischer Lord mit zahlreichen Abati und Kastraten derart exzessiv gestaltete, dass Casanova, der bei dieser «Sodomiterei»[1] «als einziger verschont wurde»,[2] sich abgestoßen fühlte und «bei dem ganzen unglaublichen Spiel unbeteiligt blieb».[3] Der Homosexualität grundsätzlich abgeneigt, war er notfalls zum Widerstand entschlossen: «Ich hatte nur meinen Degen bei mir und hätte ihn sicherlich gezogen, wenn es dem Lord in seinem bacchantischen Toben eingefallen wäre, mich zu zwingen, dem Beispiel der anderen zu folgen.»[4] Derartiges, so betont er mit Nachdruck, habe er weder vorher noch nachher erlebt.

Mit Beginn der Fastenzeit ergab sich dann auch die Gelegenheit, vor seiner Weiterreise noch den Papst um seinen Segen zu bitten. Seine Heiligkeit plauderte mit ihm eine Stunde lang über die seinerzeitigen Jahre in Padua und Venedig. Venedig war das Stichwort für Casanova, den Papst erneut um seine Hilfe bei der Aufhebung seines Exils zu bitten, aber Clemens XIII. zeigte sich nur als Seelsorger und «sagte mir, ich solle mich Gott anempfehlen».[5]

Sodann galt es, von seinem Bruder Giovanni Abschied zu nehmen, der im Familienkreis des Malers Mengs lebte. Auch versäumte er nicht, sich beim römischen Bankier Belloni mit einem Kreditbrief für Turin zu versehen, wo der Abate Gama auf ihn wartete und er «die Aufträge des portugiesischen Hofes für den Augsburger Kongreß erhalten sollte».[6] Es ging um das Ende des Siebenjährigen Krieges, und der Venezianer war von der Aussicht fasziniert, auf der diplomatischen Bühne Europas seinen Auftritt zu haben.

In Florenz, das er seinerzeit fluchtartig hatte verlassen müssen, um einer Verhaftung zu entgehen, bereiteten ihm seine Bekannten einen eisigen Empfang, da das Verdikt gegen seinen dortigen Aufenthalt nicht aufgehoben worden war. Deshalb entschloss er sich umgehend zur Weiterreise, allerdings nicht ohne vorher den Kontakt zu der Tänzerin Corticelli herzustellen. Das Projekt, seiner Gönnerin Madame d'Urfé zu einem zweiten, männlichen Leben zu verhelfen, verlangte nach einer Mitspielerin. Beider Flucht wirkte fast wie eine Entführung, hatten doch seine Diener mit der Mutter der Tänzerin und seinem Gepäck ihm alsbald zu folgen.

Auf der Fahrt nach Bologna sowie während des dortigen Aufenthalts konnte sich Casanova der stets lustigen und sexuell generösen Corticelli erfreuen, dann reiste sie allein nach Prag, um dort als Tänzerin im Theater einer vertraglichen Verpflichtung nachzukommen. Allerdings wurde verabredet, sich in Paris erneut zusammenzufinden, wo das große Experiment von Tod und Auferstehung der Marquise d'Urfé realisiert werden sollte. Allein reiste er nach Turin und suchte dort sogleich den Abate Gama auf. Casanova gab offiziell sein Einverständnis, als Gesandter Portugals im September nach Augsburg zu reisen, und Gama, gebürtiger Portugiese und schon in Rom als portugiesischer Gesandter bei der Kurie akkreditiert, kündigte ihm für Mai sein Beglaubigungsschreiben an. Dann würde er auch jene politischen Direktiven erhalten, die er für dieses Land auf dem Friedenskongress vertreten sollte. Eine Karriere als Diplomat schien ihren Anfang zu nehmen: «Dieser Auftrag schmeichelte mir in höchstem Maße.»[7]

Doch Eile war nicht geboten, und so konnte Casanova sich in Turin mit besonderer Leidenschaft einer Jüdin namens Lia zuwenden, der Tochter eines Pferdehändlers, deren Berühmtheit gleichermaßen ihrer Schönheit wie ihrer unüberwindlichen Tugend geschuldet war. Diese Trutzburg der Tugend zu erobern, war er sogleich entschlossen und kaufte ein schönes Pferd von ihrem Vater, das er ihr umgehend zum Geschenk machte. Nach dieser Methode verfuhr er auch bei einer eleganten Kutsche samt Pferden, stellte aber zur Bedingung, «daß Sie mir alle die Gunst gewähren, die man der Liebe gewährt».[8] Ihre Antwort: «Ich bin ein anständiges Mädchen und verkaufe mich nicht»,[9] fegte er mit der wenig galanten Erklärung hinweg, «daß sich alle Frauen, ob anständig oder nicht, verkaufen … wenn ein Mann in Eile ist wie ich, hält er sich an Geschenke und Gold».[10]

Hier senkt sich die Waage Casanovas, die er lange im Gleichgewicht von zärtlicher Zuneigung und finanzieller Zuwendung gehalten hatte, erstmals eindeutig auf die Seite der käuflichen Liebe – eine Zäsur in seiner Haltung zu Frauen. Sich selbst verbarg er nicht die Direktheit seiner Absichten: «Ich wollte genießen und für richtige Vergnügen bar bezahlen.»[11] Am Ende kam er bei der schönen Jüdin auf seine Rechnung und sie auf die ihre, nachdem er ihr einen Ring im Wert von sechshundert Zechinen geschenkt hatte, und da «sie zu den Bedingungen, die ich festlegte, … in meinem Haus war, konnte sie mich nicht betrügen. Sie verweigerte mir nichts.»[12] Noch vor seiner Abreise nach Chambéry erhielt er von einem Cavaliere Ossorio, der als Außenminister in Diensten des Königs von Sardinien stand, eine Information, die dieser ihm taktvoll in der dritten Person mitteilte: «Jemand glaubt, er (i. e. der Kongress in Augsburg) werde sich in Rauch auflösen.»[13]

In Chambéry versäumte er nicht, seine M.M.2 im Kloster aufzusuchen. Es gelang ihm sogar, im Sprechzimmer ein speisen- und getränkereiches Souper für zwölf Personen zu arrangieren, wobei der

Tisch zu einem Drittel vor, zu zwei Dritteln hinter dem Gitter aufgestellt war. Am Ende, als sich die erheiterten Teilnehmer zunehmend Freiheiten erlaubten, konnte Casanova einer jungen Pensionärin, von der ihn das Gitter trennte, wenigstens zu einem höheren Kenntnisstand über den männlichen Genitalbereich verhelfen: «Sie konnte ihre Neugier an einem ihr völlig unbekannten Gegenstand befriedigen und genoß die Freiheit, ihn in allen Einzelheiten zu untersuchen. Sie unterbrach ihre Nachforschungen aus Überraschung über einen Ausbruch, dessen erfreulichen Anblick ich ihr mit größtem Vergnügen verschaffte.»[14]

Aber seine Reiselust gewann schnell wieder die Oberhand, und über Lyon erreichte er in drei Tagen Paris. Bei seinem dritten Aufenthalt in dieser Stadt entwickelte er als Exilierter fast ein Heimatgefühl für die seinerzeit dominierende Metropole Europas, vermittelte sie ihm doch «das angenehme Gefühl, in diesem so unvollkommenen und doch anziehenden Paris zu sein, dem keine andere Stadt der Welt den Rang seiner Einmaligkeit streitig zu machen vermag».[15] Zu diesem Wohlgefühl dürfte beigetragen haben, dass ihn dort seine Gönnerin Madame d'Urfé erwartete, die seinen kabbalistischen Kunststücken weiterhin unbegrenztes Vertrauen entgegenbrachte und deren finanzielle Großzügigkeit ebenfalls keine Grenzen kannte.

Mit jener Geschicklichkeit, die den Abenteurer zum Glücksritter macht, verband er nun seine diplomatische Mission nach Augsburg mit dem heißen Verlangen Madame d'Urfés, als Mann wiedergeboren zu werden. Für das Gelingen dieser Metamorphose, die er selbst «Hypostase» nennt, sei, so behauptete er, die Freilassung eines Rosenkreuzers namens Querilint notwendig, der in einem Kerker der Inquisition von Lissabon schmachte. Er reise also nur zum Schein in diplomatischer Mission der portugiesischen Regierung nach Augsburg, der wahre Grund sei die Befreiung des in Lissabon Inhaftierten, dessen Name von ihm ebenso frei erfunden war wie dessen Existenz. Dessen Freiheit sei jedoch essentielle Voraussetzung für die magische Mutation.

Nun war es Aufgabe von Madame d'Urfé, ihn mit einem wohldotierten Kreditbrief sowie zahlreichen Tabakdosen und goldenen Uhren zu versorgen, Preziosen, die nicht nur dazu bestimmt waren, in Form von Bestechungen die Freilassung des Rosenkreuzers zu erreichen, sondern ihn auch mit feinen Anzügen auszustatten, deren Maßschneiderei einige Zeit in Anspruch nahm. Auch musste das Kreuz des Ordens zum Heiligen Sporn, den ihm Papst Clemens XIII. dediziert hatte, mit weiteren Rubinen und Diamanten dekoriert werden, sollte doch sein Auftritt beim Friedenskongress jenen Glanz aufweisen, der blendet.

Die Zeit, die für die Herstellung seiner glanzvollen Garderobe benötigt wurde, nutzte Casanova zu einem Besuch bei der schönen Schweizerin Roman, der er in Grenoble das Horoskop gestellt hatte, sie werde zur Geliebten des Königs aufsteigen. Seine gewagte Prophezeiung war in Erfüllung gegangen, Ludwig XV. hatte ihr in Passy eine luxuriöse Residenz zum Geschenk gemacht, sie war ihm in Liebe zugetan, nunmehr auch schwanger und – unglücklich. Casanova konnte im vertrauten Gespräch mit der jungen Frau, deren Reiz in ihrer Schlichtheit bestand, zu der für ihn erstaunlichen Erkenntnis gelangen, dass gesellschaftliche Erhöhung und unbegrenzte Geldmittel nicht unbedingt zu Reichtum des Gefühls führen. Sie klagte: «Ach, das Glück liegt in der Einfachheit und nicht im Prunk.»[16]

Sodann besuchte er seinen Bruder Francesco, der als Schlachtenmaler inzwischen zu allgemeiner Anerkennung gelangt war, dessen Frau Jeanne Jolivet jedoch unglücklich an seiner Seite lebte. Ihrem Schwager offenbarte sie die tragische Situation, ihrem Mann, der ein körperlicher Herkules sei, in Liebe und Leidenschaft zugetan zu sein, doch verfüge dieser nicht über die übliche Männlichkeit – trotz beider harmonischen Zusammenlebens. Diese Impotenz des Bruders schien später, nachdem Jeanne Casanova 1773 gestorben war, in seiner zweiten Ehe mit Jeanne-Catherine Delachaux kuriert zu sein. Allerdings soll die zweite Ehefrau es mit der Treue nicht so genau genommen haben.

Reise nach Augsburg

Während dieser Wartezeit ließ sich Casanova im Palais Royal, dem großen Vergnügungszentrum der Lebemänner und Freigeister, in fragwürdige Lustbarkeiten ziehen, deren Folge ein überflüssiges Duell in Choisy am Ufer der Seine war. Er verletzte den Körper seines Gegners mit dem Degen und vermutete eine tödliche Verletzung, woraus sich die Notwendigkeit ergab, Paris fluchtartig mit Augsburg als Ziel zu verlassen. Sein Diener Costa sollte ihm einige Tage später mit den dann fertiggestellten Kleidungsstücken sowie den Schmuckstücken und hunderttausend Francs von Madame d'Urfé auf dem Weg nach Augsburg folgen.

Costa erwies sich allerdings als Betrüger, kam er doch nie in Augsburg an. Casanova begegnete ihm erst 1784 in Wien wieder, wo er als Kammerdiener in Diensten des Grafen Johann Joseph Franz von Hardegg, eines österreichischen Hochadligen, stand, aber in ärmlichen Verhältnissen lebte. Der Venezianer drohte, da er Beweise für dessen Betrug vorlegen konnte, ihn hängen zu lassen, die Tränen des Betrügers indes und die Fürsprache eines Ehrenmannes «brachten mich zu dem heroischen Entschluß, ihm zu verzeihen».[17] Zudem war bei ihm nichts zu holen, denn er hatte alles bei der Finanzierung eines Lottospiels, das ihn noch reicher machen sollte, verloren.

Eine nuancenreiche Variante ihrer Wiederbegegnung überliefert der Mozart-Librettist Lorenzo Da Ponte, den Casanova mehrmals traf. Da Ponte verlegt das Ereignis in das Jahr 1783, als beide in Wien am Graben promenierten und Casanova plötzlich einen Mann mit dem Ruf am Hals packte: «Hab ich dich endlich erwischt, Schurke!»[18] Der Librettist behauptet, die beiden aus ihrem Handgemenge befreit zu haben. Der ehemalige Diener habe sich in ein Caféhaus geflüchtet, von dem aus er einen Kellner mit einem Briefchen zu Casanova geschickt habe. Es sei seine Verteidigung in Versform gewesen:

«Casanova, sei zufrieden,
alles gleicht sich aus hienieden,
bei mir ist gar nichts mehr zu holen,
ich hab' betrogen, Du gestohlen.
Du warst mein Lehrer, es ist klar,
daß ich ein guter Schüler war.
Du gabst mir Brot, ich gab Dir mehr,
doch sei jetzt still, ich bitt' Dich sehr.»[19]

Diese Worte sollen auf Casanova einen derartigen Eindruck gemacht haben, dass «alle beide weggingen und so harmlos miteinander plauderten, als ob nichts vorgefallen wäre».[20]

Zurück zu Casanovas Reise nach Augsburg, die bereits in Straßburg eine folgenreiche Unterbrechung erfuhr. In einem Gasthof stieß er auf die Ballett-Tänzerin Catherine Renaud, die seit 1753 in Dresden aufgetreten war, nun aber nach München reisen wollte, um dort ihre Diamanten günstig zu verkaufen. Über Diamanten erlangte sie später auch eine größere Berühmtheit, denn sie heiratete 1768 den französischen Hofjuwelier August Böhmer und in zweiter Ehe 1796 dessen Geschäftspartner Paul Bassenge. Beide Juweliere fertigten 1785 ein Halsbandcollier im Wert von 1,6 Millionen Francs, das sie der Königin Marie Antoinette anboten. Obgleich sie den Kauf ablehnte, wurde sie dennoch in den Skandal der «Halsbandaffäre» hineingezogen. Diese Affäre hatte einen beträchtlichen Anteil am Autoritätsverlust der französischen Monarchie und wurde zum Menetekel für die Französische Revolution. Im Frühjahr 1761 aber fand die spätere Juweliersgattin schnell in den Reisewagen Casanovas, wo «wir intim wurden».[21]

Sie beschlossen, gemeinsam Wohnung in Augsburg zu nehmen. Casanova mietete daraufhin ein Haus, denn der einzige standesgemäße Gasthof der Stadt war bereits für die französische Gesandtschaft reserviert, auch wenn deren Mitglieder noch nicht vor Ort waren. Madame Renaud übernahm die programmatische Führung für den gemeinsamen Auftritt: «Wir werden beim Kongreß eine gute Figur machen.»[22] Dazu sollten nicht zuletzt die prachtvolle Gewandung und die kostbaren Schmuckstücke der Madame d'Urfé dienen, die der Diener Costa jedoch gestohlen hatte. Dennoch war Casanova bei seiner Ankunft in der Kongressstadt mit finanziellen Mitteln reichlich versehen.

Da die Stadt indes noch leer war, ohne jede diplomatische Aktivität und entsprechend langweilig, ließ sich der Venezianer von der temperamentvollen Balletteuse zu einem Abstecher nach München verleiten – schließlich wollte sie dort ihre Edelsteine zu Geld machen. Für ihn jedoch wurde der Ausflug zu einem der größten Desaster seines Lebens. Der überaus erfahrene Kartenspieler zeigte eine fast unverständliche Schwäche, nämlich «meine unbegreifliche Albernheit, mich beim Pharaospiel betrügen zu lassen, und das an einem Hof, an dem die Bankhalter die geschicktesten von ganz Europa waren, wenn es galt, dem Glück nachzuhelfen».[23] Noch in Dux war ihm seine «unglaubliche Schwachherzigkeit»[24] unerklärlich, doch die Folgen stellten sich schnell ein: «Ich verlor mein ganzes Geld, versetzte für über vierzigtausend Francs Juwelen, die ich niemals auslöste, und büßte schließlich, was das Schlimmste war, meine Gesundheit ein.»[25] Der Sturz war so tief, dass er trotz der Gewissheit, von der Tänzerin infiziert worden zu sein, von ihr nicht lassen konnte: «Ich erneuerte jeden Tag das Gift, das sie meinen Adern eingeflößt hatte!»[26]

Mit einem letzten Kraftakt gelang ihm und nur ihm allein der Rückzug nach Augsburg, wo er in wochenlanger, zunächst falscher Behandlung der Ärzte langsam zu seiner vollen Gesundheit zurückfand. Dabei half ihm nicht zuletzt die Begegnung mit dem Grafen Max von Lamberg, der dort als Großmarschall am Hofe des Fürstbischofs lebte, ein begnadeter Stilist war und mit dem Casanova bis zu dessen Tod im Jahre 1772 einen Briefwechsel unterhielt. Einigermaßen genesen, wandte er sich sogleich dem dortigen Theater zu, zumal dessen verarmten Artisten, denen er als Gönner – wieder in der bewährten Kombination von Hilfe und Egoismus – finanziell aufhalf, bei denen er aber auch sein sexuelles Vergnügen fand, bis hin zu einer turbulenten Orgie.

Erst Mitte Dezember 1761 verließ der Venezianer Augsburg, obgleich bereits Ende September klar war, dass ein Kongress zur Beendigung des Siebenjährigen Krieges zu diesem Zeitpunkt weder dort noch woanders stattfand. Vielmehr sollte der militärische Konflikt, der ganz Europa und darüber hinaus auch die Kolonien in Amerika und Indien erfasst hatte, erst 1763 im Frieden von Hubertusburg sein Ende finden. Aber welche Rolle hätte Casanova als Zielprojektion seines Ehrgeizes spielen wollen und können? Welche politische Position hatte er in diesem fast weltweiten Konflikt zu vertreten und wie viel politisches Interesse ließ sich mit seiner Abenteurerexistenz verbinden?

Politik und Gesellschaft

Er war nach Augsburg gereist, um die Interessen Portugals zu vertreten, aber schon vorher, noch in Turin, hatte er von Abate Gama ein Schreiben erhalten, das er an Lord Stormont übergeben sollte, der auf dem Kongress die Interessen Englands vertreten würde. Damit sollten die Positionen beider Mächte in Einklang gebracht werden, und so vermerkt Casanova schon weit im Vorfeld einer Begegnung, die genauso wie der Kongress nicht stattfand: «Mit ihm hätte ich meinen Auftrag abstimmen müssen.»[27] Beide Länder waren schon lange verbündet, nachdem sich Portugal mit Hilfe Englands 1640 aus der Herrschaft Spaniens gelöst und 1668 mit dem englischen Königreich einen engen Handelsvertrag geschlossen hatte. Auch im Spanischen Erbfolgekrieg war Portugal 1703 an der Seite Österreichs und Englands in den langjährigen Konflikt mit Frankreich eingetreten, und folgerichtig war das Land auch im Siebenjährigen Krieg nicht bereit, sich von seinem Verbündeten England zu lösen. Daraufhin waren 1762 spanische Truppen in Portugal einmarschiert, das erst durch den Friedensvertrag von 1763 seine Souveränität zurückgewinnen konnte. Dieses von aktuellen militärischen Auseinandersetzungen und längjährigen Koalitionen bestimmte Szenario erwähnt Casanova allerdings mit keinem Wort.

Nur indirekt wird seine Pro-Portugal- und Pro-England-Position sichtbar. In Paris, von wo er erst jüngst abgereist war, war es zu einer erneuten, sehr flüchtigen Begegnung mit dem Grafen von Saint-Germain im Bois de Boulogne gekommen, wo Casanova mit Madame d'Urfé, spazieren ging und «vor uns plötzlich Saint-Germain auftauchte; aber kaum hatte er uns erblickt, kehrte er um und verschwand in einer anderen Allee».[28] Der Marquise erläuterte der Venezianer, dass der mysteriöse Graf «gegen uns arbeitet, aber unsere Genien flößen ihm Angst ein».[29] Auch hier dürften die kabbalistischen Genien eher Kulisse für ein Geschehen gewesen sein, das sich im politischen Hintergrund abspielte; denn schon vorher hatte Casanova seiner Gönnerin anvertraut, dass er noch zwei Wochen in Paris bleiben müsse, «um eine Intrige Saint-Germains zu vereiteln».[30]

Worin diese Intrige bestand, verschweigt Casanova auch noch

nach Jahrzehnten, aber eine Erklärung bietet sich an. Madame d'Urfé, die gern und viel in den höchsten Gesellschaftskreisen von Versailles verkehrte, erzählte am nächsten Tag dem Herzog de Choiseul, der zu jener Zeit die französische Politik dominierte, von dieser Begegnung und fragte den mächtigen Minister, ob er denn wisse, dass der mysteriöse Graf im Lande sei. Choiseul, als zynischer Spötter gefürchtet und bewundert, bekannte freimütig, dass ihm die Anwesenheit des Grafen kein Geheimnis sein könne, «denn er hat die Nacht in meinen Räumen verbracht».[31]

Diese Mitteilung lässt Casanova nicht ohne Kommentar: «Der Herzog von Choiseul hatte so getan, als sei Saint-Germain in Frankreich in Ungnade gefallen, um ihn als Spion in England einzusetzen; doch Lord Halifax fiel darauf nicht herein; er fand diese List sogar recht plump.»[32] Halifax war seit 1757 englischer Staatssekretär – woher wusste der Venezianer von dem abwertenden Urteil des Engländers, wenn es nicht nur eine erfundene Abwertung Choiseuls war, mit dem es ja zu persönlichem Kontakt gekommen war, aber eben nicht zu seiner fortgesetzten Tätigkeit für die französische Regierung? Bestand die Intrige Saint-Germains, die es zu vereiteln galt, in dessen Entlarvung als französischer Spion? War Casanovas Reise nach England ein Jahr später der Versuch, seine Dienste am dortigen Hof anzubieten, nachdem er sich durch seine Tätigkeit als Gesandter des England-Verbündeten Portugal empfohlen hatte?

Darüber darf spekuliert werden, aber sein Schweigen über die politischen und militärischen Konflikte ist geradezu bedrückend. Im Jahr 1744 war er in Italien zwischen die Fronten der spanischen und österreichischen Heere geraten, hatte ausführlich mit den Offizieren beider Seiten parliert, aber über den Verlauf und die Machtkonstellation des Österreichischen Erbfolgekrieges von 1742 bis 1748 verliert er auch im Rückblick kein Wort. Seine Kenntnisse über die europäischen Mächte und ihre regierenden Protagonisten waren trotzdem sicherlich keineswegs gering.

Es liegt über seinem Werk und darüber hinaus in seinen biographischen Dokumenten eine wachsame Diskretion zu militärischen Abläufen und der europäischen Mächtekonstellation. Über die Staatsstrukturen von Spanien bis Russland, von Italien bis England erlaubt er sich kaum eine persönliche Bewertung, allenfalls fällt er ein Urteil über Charakter und Agieren einzelner Monarchen oder ihrer Minister. Die Feudalgesellschaft des Ancien Régime, in der er fast reibungslos die Grenzen überschreiten konnte und wo ihm überall das spät gelernte Französisch für Konversation und theatralische Auftritte zur Verfügung stand, war sein Lebenselement, und darin bewegte er sich auf allen sozialen Ebenen. Seinem Streben, mit seinem willkürlich erfundenen Adelstitel Chevalier de Seinsgalt in die aristokratische Oberschicht aufzusteigen, stand immer wieder sein Absinken in das Milieu von Glücksrittern, Tänzerinnen und Dirnen entgegen. Oben wie unten in der Gesellschaftshierarchie ließ ihn sein nahezu unantastbarer Vitalismus eines Lebemannes sein Vergnügen finden.

So wollte er an den Gesellschaftsstrukturen der verschiedenen Länder und ihren sozialen Abstufungen nicht das Geringste geändert sehen. Das unterschied ihn nicht von Voltaire, der nur kritischer Monarchist war, aber sehr wohl von Rousseau, der die Gesellschaft einer radikalen Veränderung unterziehen wollte. Eine emotionale Abneigung gegen diesen Philosophen, die jeder Rationalität entbehrte, hatte ihn bereits erfasst, als er, der Neugier von Madame d'Urfé nachgebend, mit ihr nach Montmorency gefahren war. Seine Gönnerin wollte Rousseau, der von 1757 bis 1762 im Schloss von Charles II. Frédéric Maréchal de Luxembourg zu Gast war und sich mit graphischer Feinarbeit seinen spärlichen Unterhalt verdiente, einige Noten zur Abschrift bringen. Casanova sah «in ihm einen Menschen, der richtig urteilte und sich einfach und bescheiden gab … Wir fanden aber nicht, was man einen liebenswürdigen Menschen nennt.»[33] Die Marquise d'Urfé, die auf höfisch makellose Umgangsformen Wert legte, sah in ihm «einen Grobian»,[34] was ihr Interesse umgehend erlöschen ließ, und Casanova schildert ihr Urteil mit stiller Zustimmung.

Casanova, der in der Einsamkeit von Dux wohl alle zwölf Bände der «Confessions» las, hat das offenherzige Bekenntnis seiner Münchner «Dummheiten»[35] mit Rousseaus Offenherzigkeit verglichen. Seinem Vergleich gemäß geschah es «mit der gleichen Treuherzigkeit wie Rousseau, jedoch mit geringerer Eigenliebe, als dieser unglückliche große Mann».[36] Damit bedauerte er zwar Rousseau mit seinem eigenwilligen, geradezu gesellschaftsfeindlichen Charakter als unglücklich, begründete jedoch mit keinem Wort dessen Größe.

Seine Zurückhaltung erstaunt umso mehr, als unmittelbar nach seinem längeren Aufenthalt in Augsburg das staatspolitische Hauptwerk Rousseaus in Amsterdam erschien. Doch hat er den «Contrat social», der sich als ideologisches Drehbuch für die Französische Revolution erwies und nicht zuletzt als Anleitung für den Staatsterrorismus der Revolutionäre diente, offenbar nicht zur Kenntnis genommen – aus politischem Desinteresse? Seine Abneigung gegen Rousseau wäre gewiss aggressiver als gegen Voltaire ausgefallen, zumal sein Urteil über die politischen Umwälzungen von 1789, die seine Welt der raffinierten Lebenskultur und der unbegrenzten Bewegungsfreiheit über alle Landesgrenzen hinweg zum Einsturz brachten, keine Zweideutigkeit zulässt: «diese entsetzliche Revolution».[37]

Das Verwandlungsprojekt der Madame d'Urfé

Doch seine diplomatische Mission im Auftrag Portugals, die nicht gescheitert war, sondern einfach nicht stattgefunden hatte, lag nun zum Jahreswechsel 1761 / 62 hinter ihm, während vor ihm das Mutationsprojekt von Madame d'Urfé lag, die ihm in erneuter Großzügigkeit einen Scheck von 50 000 Francs geschickt und ihn damit aus seinem finanziellen Engpass befreit hatte. So eilte er zurück nach Paris, wo er seinen langjährigen Diener Ledux entließ, der ihn ähnlich wie Costa betrogen hatte. Seine Gönnerin erwartete ihn in einem speziell hergerichteten Luxusappartement, damit er erfolgreich «ihre Wiedergeburt als Mann bewirken»[38] könne. Der Plan war von der hochgeistigen und zugleich geistig abgeirrten Dame bis in präzise Details ausgearbeitet: Er, Casanova, solle eine Jungfrau, zudem Tochter eines Rosenkreuzer-Adepten, schwängern. Im Augenblick der Geburt, natürlich eines Knaben, würde die Marquise das Kind in die Arme schließen und dann ihre Seele auf den Knaben übertragen, indem sie ihren Mund auf den seinen presste, was nichts Geringeres als ihren Tod zur Folge hätte. In dem Knaben sollte die Seele der Marquise ihre Auferstehung zu einem neuen, nun männlichen Leben erfahren. In einem rechtskräftigen Testament würde sie den Knaben zu ihrem Universalerben einsetzen und bis zu seinem dreizehnten Lebensjahr Casanova als Vormund bestellen. Langsam erfasste den Venezianer das Unbehagen, ja das Erschrecken vor der grauenvollen Perspektive, dass seine Gönnerin dabei den Tod finden würde.

Aus diesem Grund verstand er es, geschickt dafür zu sorgen, dass das große Experiment im letzten Augenblick missriet. Zwar hatte er die Corticelli aus Prag anreisen lassen und sie als jungfräuliche Tochter des Rosenkreuzers präsentiert, und auch der Beginn der Mutation, die in einem Schloss nahe von Paris stattfand, konnte erfolgreich absolviert werden. Aber nachdem Casanova die Schwängerung der Corticelli in Anwesenheit der Marquise vollzogen hatte, wenn es denn zu einer solchen kam, «hielt ich es für klüger zu antworten, daß die Operation fehlgeschlagen sei, weil der kleine Aranka hinter einem Wandschirm alles beobachtet hätte».[39] Aranka war der Sohn von Teresa Imer, dessen sich Casanova väterlich angenommen hatte. Natürlich war die Enttäuschung der Marquise groß, doch gelang es, sie zu vertrösten. Hatte der erste Versuch bei Vollmond im April stattgefunden, konnte der zweite beim nächsten Vollmond im Mai folgen – allerdings im Ausland, und dafür wählten sie gemeinsam die Stadt Aachen.

Diese Stadt, wohin alle Beteiligten alsbald reisten, war, da man sich mitten im Krieg befand, in der Hand der französischen Armee unter dem Prinzen de Condé, was jedoch kein Hindernis für die Entfaltung des Gesellschaftslebens darstellte. Der Langeweile versuchte Casanova mit Glücksspiel Herr zu werden. Die Tänzerin stürzte sich ihrerseits in turbulente Ballveranstaltungen, auf denen sie mit ihren raumgreifenden Ballettbewegungen die bewundernden Männerblicke auf sich zog, Casanova hingegen in Schrecken versetzte, verlangte ihre Rolle als «Jungfrau, … deren Reinheit unter dem Schutz höherer Genien stand»,[40] doch ein Mindestmaß an sittenkonformer Zurückhaltung. Die Folge war, dass sich reichlich Konfliktstoff ansammelte, zumal der Venezianer ihr ein kostbares, zudem mit Preziosen reichlich gefülltes Schmuckkästchen – ein Geschenk von Madame d'Urfé – vorenthielt.

Zur Stunde des erneuten Versuchs, der Marquise ein zweites, männliches Leben zu verschaffen, kam es dann zum Eklat. Die Corticelli lag mit vorgetäuschten Krämpfen im Bett, so dass die Schwängerung nicht stattfinden konnte. Deren Unwille, von Neuem zur Mitspielerin des Mutationsspektakels zu werden, war Casanova überaus willkommen, war damit doch die körperliche Gefährdung der Marquise ein weiteres Mal gebannt. Die noble Dame hatte sogar die Vorstellung, die Corticelli sei verrückt geworden und von einem Gnom schwanger, so dass die Aufklärungsversuche der Tänzerin, das ganze Spektakel sei nur eine Manipulation Casanovas, ins Leere liefen. Zur Neuorientierung beschloss Madame d'Urfé, sich brieflich an den Mond zu wenden, der im Kosmos der Kabbala eine begünstigende Sonderstellung einnahm. Und Casanova stellte sich erneut die Frage, ob ihre Rückkehr zur Vernunft und den Realitäten des Lebens nicht angemessen sei, aber die positive Antwort hätte ihn um das Glück ihrer reichlichen Geldzuwendungen gebracht und sie um das Glück ihres irrwitzigen Glaubens, wie er sich in seiner Exkulpation mit egoistischer Logik eingestand: «Vor allem machten ihre Hirngespinste sie glücklich, während die Rückkehr zur Wahrheit sie zweifellos unglücklich gemacht hätte.»[41]

Die Antwort des Mondes wusste Casanova so zu gestalten, dass dessen Auftrag lautete, er und Madame d'Urfé hätten eine hilflos in Aachen gestrandete Dame samt ihrer hübschen Tochter in deren Heimatstadt, nach Colmar, zurückzuführen. Also reiste Casanova mit nunmehr vier Damen ins Elsass, zudem auf dem Umweg über die Ardennen, um reichlich Zeit und Gelegenheit zu haben, sowohl Tochter wie Mutter von seiner männlichen Zuneigung zu überzeugen. Von dort zog er mit Madame d'Urfé und der Corticelli ins nahe Sulzbach, das damals ein gut besuchter Kurort mit Heilquellen, aber zugleich das ideale Eldorado für Glücksspieler und Glücksritter war.

Während den Damen nur die Promenade im Kurpark blieb, gaben sich die Männer dem Kartenspiel hin, und Casanova lockte seinen Gegenspieler in die Wette eines Marathon-Spiels: «Wer zuerst aufgibt, soll dem anderen fünfzig Louis zahlen.»[42] Insgesamt zweiundvierzig Stunden, zudem zwei lange Nächte, hielten die Spieler aus – länger als eine Viertelstunde Abwesenheit und mehr als die

Einnahme einer leichten Bouillon war ihnen nicht gestattet. Am Ende fiel sein Gegner bewusstlos vom Stuhl, und Casanova, der über eine gute Konstitution verfügte, ließ sich als Sieger feiern.

Aber auch das längste Kartenspiel konnte von Langeweile bedroht sein, und so entschloss er sich, seine volle Freiheit zurückzugewinnen, indem er sich von den beiden Damen trennte. Dabei kam ihm gelegen, dass er im Bett der Corticelli einen Kanonikus aus Basel fand, hatte er doch damit einen Vorwand, um sie in einer Kutsche umgehend in Richtung Turin auf die Reise über die Alpen zu schikken. Mit der Marquise reiste er noch gemeinsam bis Besançon, wo man sich trennte, allerdings mit der Versicherung, dass «ich sie im Frühjahr des folgenden Jahres wieder aufsuchen sollte, um das große Unterfangen durchzuführen».[43]

Alte und neue Affären

Seine Gönnerin reiste nach Lyon, während er erneut im Hotel «À la Balance» abstieg, in dem für ihn an wehmütigen Erinnerungen so reichen Gasthof, wo er von Henriette Abschied genommen hatte. Aber was wollte er in Genf, das als Ausgangspunkt einer beruflichen Karriere nicht in Frage kam? Es ging ihm offensichtlich um die Erneuerung und Intensivierung alter Liebesbeziehungen, keinesfalls aber um eine erneute Begegnung mit Voltaire, der inzwischen ins nahe Ferney umgezogen war. Dessen brüske Ablehnung seiner Übersetzung des Stückes «Die Schottin» ins Italienische hatte seiner literarischen Eitelkeit eine zu tiefe Wunde geschlagen. Umgehend begab er sich zu den jungen Gespielinnen des Genfer Syndikus und wurde mit offenen Armen empfangen: «Der Augenblick des Wiedersehens mit diesen reizenden Mädchen war, wie ich gestehe, einer der angenehmsten meines Lebens.»[44] Voll Genugtuung erinnert er sich: «Ich ging die Nymphen der Reihe nach zweimal durch.»

Von einer jungen Theologin – von ihm Hedwig genannt –, deren flüchtige Bekanntschaft er bei seinem ersten Genfer Aufenthalt gemacht hatte, ließ er sich willig und geduldig in einen ausgedehnten Disput über theologische Grenzfragen ziehen. Hinter dieser rhetorischen Gefälligkeit aber verbarg sich eine leidenschaftliche Zuneigung, in die auch deren Cousine einbezogen wurde. Schon bald gelang es ihm, beide in ein ausgedehntes Liebesspiel zu ziehen – einschließlich der Entjungferung beider –, und stolz betont er seine schon früh erprobte Eroberungstechnik, die Hingabe einer Frau leichter zu erreichen, wenn es in Anwesenheit ihrer Freundin geschieht, die sich schon willig gezeigt hat. Außerdem prahlt er aus der Altersperspektive mit der Größenordnung seiner Eroberungen, allerdings ohne deren genaue Zahl zu nennen: «Ich habe einigen hundert Frauen, deren Reize mein Interesse geweckt hatten, den Hof gemacht.»[45]

Die beiden jungen Frauen, die sich so willig seiner und ihrer Leidenschaft überließen, versorgte er jedoch mit den «kleinen schützenden Hüllen, die die Engländer erfunden haben, um das schöne Geschlecht vor jeder Angst zu bewahren».[46] Dies war noch nicht der Fall gewesen, als er zwei Jahre zuvor in Solothurn Trost und Zuwendung in den Armen seiner Haushälterin Madame Dubois gefunden hatte. Diese war inzwischen Madame Lebel geworden und lebte in Lausanne, wohin der Venezianer nun eilte, war sie doch «eine der zehn oder zwölf Frauen, die ich in meiner Jugend am zärtlichsten geliebt habe».[47] Es wurde eine harmonische Wiederbegegnung, auch mit ihrem ehrbaren Ehemann, hatten die drei doch seinerzeit die Vaterschaft Casanovas als gemeinsam akzeptierte Wahrscheinlichkeit vereinbart. So sah er «ein achtzehn Monate altes Kind, das ich unschwer als das meine erkannte, ohne daß seine Mutter es mir sagte».[48] Die Erziehung wusste er bei dem Ehepaar Lebel in guten Händen und konnte sich damit begnügen, dem formalen Vater «für meinen Sohn eine prächtige Uhr mit meinem Bild zu schenken».[49]

Zurück in Genf galt es, die zukunftslosen Liebesspiele nicht bis zu deren Abklingen fortzusetzen. Auch verlangte die Transformation von Madame d'Urfé in eine zweite, männliche Existenz erhebliche Vorbereitungen, weshalb er zu ihr nach Lyon reiste. Sein Plan für einen dritten Versuch hatte bereits Gestalt angenommen. Diesmal sollte die Mutation mit Hilfe von Federico Gualdo, dem seinerzeitigen Oberhaupt der Rosenkreuzer, gelingen, für dessen Rolle er Giacomo Passano vorgesehen hatte, einen dichtenden Abenteurer aus Genua, der ihn tief enttäuschen sollte. In Lyon stattete ihn die unabsehbar reich begüterte Marquise mit weiteren 50 000 Francs aus, worauf er sich eine elegante Garderobe schneidern ließ, um «wie ein Prinz»[50] nach Italien zu reisen, wo er in Genua den fiktiven Gualdo treffen wollte.

In Turin erwartete ihn ein frivoles Gesellschaftsleben, nachdem er sich der von ihm ausgehaltenen Tänzerin Corticelli entledigt hatte und eine noch kostspieligere Liaison mit einer jüngeren Tänzerin namens Agata eingegangen war – auch ihrer Mutter ließ er seine Männlichkeit zukommen. Agata, die von ihm mit Schmuckgeschenken bis zur unverhüllten Käuflichkeit umworben worden war, überließ er wenig später einem englischen Lord, um derart befreit nach Mailand zu reisen. Dort versank er ebenfalls schnell in jener halbseriösen Gesellschaftsschicht aus verarmtem Adel und dubiosen Glücksrittern. Der Zufall bescherte ihm auch eine Wiederbegegnung mit seiner heißgeliebten Teresa, die er einst aus der Rolle eines Kastraten befreit hatte. Sie hatte sich schnell aus ihrer Ehe mit dem jungen Römer gelöst, und so gerieten sie erneut in den Taumel gegenseitiger Beglückung.

Der Reigen immer neuer und immer jüngerer Geliebten setzte sich mit erhöhtem Tempo fort – eine gewandt-elegante Marquise Q, die frühreife Tochter Irene des Falschspielers Rinaldi und eine Contessa Clementina. Stets trat er als der reiche Lebemann auf, dessen Ausstattung schon für Überwältigung sorgen sollte: «Meine Ringe, meine Tabakdosen, die Ketten meiner diamantbesetzten Uhren, dazu mein mit Diamanten und Rubinen geschmücktes Kreuz, das ich an einem blutroten Band um den Hals trug, machten mich zu einer bedeutenden Persönlichkeit.»[51] Die Pracht seines Auftritts war «ein zügelloser Ausfluß meiner Eigenliebe, die mich denen, die mich umgaben, überlegen machte».[52] Zu jener Zeit verachtete er jeden, der sich über sein prätentiöses Gehabe lustig machte, aber aus der Altersperspektive bekennt er doch: «Dabei ist es wohl möglich, daß man mir damit die Wahrheit gesagt hätte.»[53]

Anonyme Rufschädigung

Seine Großzügigkeit, mit Geld und Geschenken jede neue Angebetete zu umwerben, sogar ihre soziale Stellung bis zu ihrer Heirat – natürlich nicht mit ihm – und deren Festlichkeiten zu finanzieren und außerdem Frauen, die von ihren Geliebten betrogen worden waren, in ihre angestammten Familien zurückzuführen, ist oft als ein Indiz für sein geradezu modernes Frauenbild bewertet worden. Doch dürfte er weniger ein altruistischer Seelenbetreuer als ein egoistischer Sensualist gewesen sein, dessen ritterlich erscheinende Hilfe sich nur auf junge und schöne Frauen bezog, die er sexuell begehrte.

Gleichermaßen erreichte auch seine Hinwendung zu hilf- und mittellosen Kindfrauen, die er mit seinen finanziellen Zuwendungen gleichsam überwältigte, ihren Höhe- und Endpunkt, sobald er zur sexuellen Vereinigung gelangt war. Offen bekennt er, dass er um seine Freiheit gebracht worden wäre, wenn ständig eine Mätresse oder gar – undenkbar – eine Ehefrau an seiner Seite gewesen wäre: «Sie würde mich daran hindern, in jeder Stadt, in der ich mich aufhalte, fünfzigmal mein Glück zu finden.»[54] Diese Eroberungstechnik war jedoch sehr kostspielig, wie er sich bei seiner Abreise aus Mailand eingestehen musste: «Ich hatte unsinnig viel Geld ausgegeben.»[55]

Von Mailand nach Genua reiste er mit der verlassenen Geliebten des Abenteurers Antonio Croce – es galt, sie wohlbehalten zurück nach Marseille in den Schoß ihrer Familie zu bringen. Wieder kam das altbekannte Verfahren zur Anwendung, nur dadurch variiert, dass er die hübsche Frau nicht mehr als seine Geliebte, sondern als seine Nichte deklarierte, war doch der Altersabstand inzwischen unübersehbar geworden.

In Genua traf er, wie es der Verabredung entsprach, den recht verwahrlosten und zugleich aggressiven Dichter Passano, dem die Rolle des hochwürdigen Rosenkreuzers bei dem Transformationsritual der Madame d'Urfé zugedacht war. Zudem tauchte sein jüngster Bruder Gaetano Alviso auf, der als Priester in Venedig gelebt, dort eine hübsche Tochter aus wohlsituierter Familie zur gemeinsamen Flucht verleitet hatte und sich nun in seiner Mittellosigkeit in den Schutz seines Bruders flüchtete. Aber bei seinem mit Geldmitteln reichlich versehenen Bruder fand er nur Verachtung. Die attraktive Begleitung Gaetanos, der Casanova den fiktiven Namen Marcolina gibt, stieß indes auf sein Interesse. Er suchte und fand sehr schnell ihr Vertrauen bis zum Austausch gegenseitiger Zärtlichkeit.

In Genua setzte er sich vor der Weiterreise noch der Gefahr aus, seinen bisher intakten Ruf als fairer Spieler einzubüßen. Ein Glücksspiel namens Biribi, das speziell in dieser Stadt gepflegt wurde – Kugeln mussten auf einem Brett zu den entsprechenden Abbildungen gelangen –, brachte ihm einen Gewinn von dreitausend Zechinen. Allerdings waren die Arrangeure des Spiels berufsmäßige Falschspieler, die von ihm auf diskreten Umwegen die Rückgabe der hohen Summe verlangten. Casanova verweigerte die Geldrückgabe sowie jeden Kontakt mit den Ganoven, konnte jedoch nicht verhindern, in den Ruf eines Falschspielers zu geraten. Wütend wollte er sich gegen das bösartige Gerücht wehren, bekam jedoch nicht die Gelegenheit, mit seinem Degen für seine Ehre zu fechten – er stieß gegen eine Wand der anonymen Rufschädigung.

Schließlich konnte er Genua mit reichlich Personal für die große Aktion, die er der Marquise versprochen hatte, verlassen: Passano, sein Bruder, seine «Nichte», deren Zofe Annette und Marcolina. Sein Reisewagen wurde für die geplante Seereise in einer Feluke in seine Teile zerlegt und erst am Zielhafen wieder zusammengesetzt. Die Seefahrt gestaltete sich für ihn als heiteres Abenteuer, da er drei Schönheiten mit sich führte, von denen zunächst Annette den Weg in sein Bett fand. Darauf folgte die leidenschaftliche Zuwendung zu seiner «Nichte», die bei der Ankunft in Marseille schnell in einer ehrbaren Ehe verschwand. Auch Marcolina verweigerte sich ihm nicht lange, nachdem sie in Marseille an Land gegangen waren.

Dort wartete schon ungeduldig die Marquise d'Urfé mit sieben Paketen, die der Rosenkreuzer als Weihegaben an die sieben Planeten erhalten sollte: «In jedem Paket befanden sich sieben Pfund der den Planeten zugeordneten Metalle und sieben kostbare Steine, ebenfalls den Planeten zugehörig, jeder von sieben Karat: Diamant, Rubin, Smaragd, Saphir, Chrysolit, Topas und Opal.»[56] In den Geheimlehren der Kabbala kam noch die ptolemäische Kosmosordnung zur Anwendung, nach der neben Merkur, Venus, Mars, Jupiter und Saturn auch Mond und Sonne zu den Planeten zählen. Es handelte sich also um kostbare Edelsteine und damit um viel Geld, was den Rosenkreuzer Passano zwangsläufig aus der Rolle fallen ließ: «Ich soll also als Strohmann für Ihre Betrügereien dienen, ohne daraus einen Nutzen zu ziehen»?[57] Diese naheliegende Frage zusammen mit einer ultimativen Geldforderung musste «das große Projekt» gefährden, zumal der renitente Passano einen achtseitigen Brief an die Marquise schrieb und darin die ganze Aktion Casanovas als Betrug entlarvte.

Zu seinem Glück glaubte die in ihre Phantasiewelt entrückte Marquise kein Wort der verräterischen Epistel, und Casanova konnte mittels seines ihm ständig gefügigen Orakels seine Gönnerin davon überzeugen, dass «sieben Salamander den richtigen Quirilint (i.e. den mächtigen Rosenkreuzer, d.A.) in die Milchstraße versetzt hatten»[58] und dass Passano niemand anderer sei als «der verruchte Saint-Germain, den ein weiblicher Gnom in diesen Zustand versetzt habe».[59] Derart zum Störenfried degradiert, wurde Passano entlassen und ultimativ von der Szene entrückt. Es wurde ihm bedeutet, dass ihn eine respektable Summe bei einem Bankier in Lyon erwarte, aber nur bis zum 30. April 1763, weshalb er umgehend in eine Postkutsche steigen müsse. Zähneknirschend gehorchte er.

Ähnlich verfuhr Casanova mit seinem kümmerlichen Bruder, den er mit einem Reisebillet nach Lyon ausstattete, wo derselbe Bankier ihm dann ein Reisebillet für Paris übergeben sollte. Was der nahe Verwandte ohne Geld in der mondänen Stadt tun sollte, blieb völlig offen, allerdings konnten der Priesterbruder und auch Casanova selbst wohl auf die Hilfe des Malerbruders Francesco hoffen. Casanova stellte alsbald lakonisch fest: «So entledigte ich mich seiner.»[60] Zurück in Marseille an seiner Seite blieb selbstverständlich Marcolina, die für ihren Entführer nur noch Verachtung empfand und sich seinem älteren Bruder mit Leidenschaft überließ. Aber nun galt es, das große Mutationswerk der Madame d'Urfé neu zu ordnen und möglichst auch zu vollbringen.

11. *Absturz in England*

Neue Pläne

Sorgfältig vorbereitet und in vereinfachter Prozedur vollzog sich diesmal die Schwängerung der Marquise d'Urfé – exakt nach Casanovas neuem Plan. Zunächst begab sich die kleine Gruppe, die aus seiner Gönnerin, seiner Geliebten Marcolina, seinem neuen Diener Clairmont und ihm selbst bestand, bei Mondschein an den Strand des Meeres. Ein Beschwörungsgebet wurde an Selenis, den Genius des Mondes, gerichtet und ihm als Opfergabe eine schwere Kassette übergeben, die in den Fluten versank. Angeblich sollte sie die kostbaren Metalle und Edelsteine der Marquise enthalten, Casanova hatte jedoch rechtzeitig den Inhalt ausgetauscht, so dass im Meer ein halber Zentner Blei unterging, während die Edelsteine in einem sicheren Versteck seines Zimmers im Gasthof lagen.

Dort vollzog sich dann auch die mysteriöse Zeremonie – Marcolina erschien als angeblich stumme Nymphe aus dem Kleiderschrank und präsentierte sich in nackter Schönheit mit einem Papier: «Ich bin stumm, aber ich bin nicht taub. Ich komme aus der Rhone, um Sie zu baden. Die Stunde ist da.»[1] Madame d'Urfé, reichlich mit Rouge geschminkt, wie es die Kosmetik der hocharistokratischen Damen in Versailles verlangte, zeigte sich mit «einer zarten Spitzenhaube, die Brust, die vierzig Jahre vor dieser Zeit wohl die schönste von Frankreich gewesen war»,[2] dürftig bedeckt, und stieg in eine mäßig gefüllte Badewanne, weihevoll gewaschen und mystisch-zärtlich abgetrocknet von der Flussnymphe Marcolina. Wenig galant hat Casanova das Alter seiner Gönnerin mit siebzig Jahren angegeben – ihr wahres Alter aber betrug nur achtundfünfzig Jahre.

Dann trat er, mit dem mystischen Namen Galtinarde versehen, in Aktion, um, wie die Marquise spöttisch bemerkte, für genealogische Verwirrung zu sorgen: «Sie werden mein Gatte und mein Vater werden. Mögen die Gelehrten dieses Rätsel erklären.»[3] Der aufreizende Anblick von Marcolina half ihm sodann, «die Ehe»[4] mit der Marquise zu vollziehen, wenigstens einmal. Ein zweites und drittes Mal gelang es ihm nur durch Vortäuschung, aber so geschickt, dass selbst Marcolina es glaubte. Schließlich bedachte die Rhone-Nymphe die Marquise mit «Liebkosungen, von denen selbst der Herzog von Orléans, als er Regent war, nicht die geringste Ahnung gehabt hatte».[5] Die Marquise war in jugendlicher Schönheit die Geliebte des französischen Regenten gewesen, wie sie nicht ohne Stolz gern preisgab. Nun aber überließ sie sich den lesbischen Künsten der Venezianerin, die ihre Liebeskunst sehr gerecht auf beide Geschlechter zu verteilen verstand. Auch Casanova rühmt wiederholt ihre sexuelle Kunstfertigkeit, wie sie in seiner Heimatstadt und nur dort bis zu höchster Vollendung ausgeübt würde.

Das Werk war also gelungen, und in biologisch korrektem Zeitabstand, also im Februar 1764, sollte sie einen Sohn gebären. Diese Aussicht verleitete sie sogar dazu, Casanova die Ehe anzubieten, nicht zuletzt damit er Vormund ihres Sohnes und testamentarischer Verwalter ihres immensen Vermögens würde, wenn sie – die Gefahr bestand schließlich noch immer – bei der Geburt sterben müsste, um im Körper des Neugeborenen mit unveränderter Seele ein zweites Leben zu beginnen. Resigniert stellte der Venezianer fest: «Sie … konnte mir nur noch Mitleid einflößen.»[6]

Nun gab es keinen Grund, länger zusammenzubleiben. Nachdem sich die Marquise in Marseille verabschiedet hatte, reiste Casanova gemeinsam mit Marcolina nach Lyon. Nahe Avignon löste sich jedoch die Deichsel seines Reisewagens, und eine Notunterkunft für die Nacht wurde in einem nahen Schloss gefunden, wo Casanova mit seiner Geliebten generös bewirtet wurde. Die Schlossherrin, eine verwitwete Gräfin, zog sich jedoch unter Vortäuschung einer Fußverstauchung alsbald in ihre Privatgemächer zurück. Dort kümmerte sich Marcolina in der Nacht derart um sie, dass die junge Venezianerin am nächsten Tag, nachdem sie bereits in Avignon angekommen waren, Casanova triumphierend bestätigen konnte: «Ich habe sie glücklich gemacht. Schau hier den Beweis!»[7] Es war ein kostbarer Diamantring, aber auch für ihn gab es ein Geschenk. Marcolina überreichte ihm einen Brief, den sie, wie sie versprochen hatte, ihm erst in Avignon übergeben sollte – ein weißes Blatt, an dessen unterem Rand nur «Henriette» stand. Seine große Liebe hatte er nicht erkannt und musste sich melancholisch eingestehen, dass sie nicht erkannt werden wollte. Ihm blieb nur die Weiterreise.

In Lyon begegnete er, wie es der Zufall so wollte, einer venezianischen Delegation mit dem Prokurator Lorenzo Morosini, die auf der Rückreise von London war, wo sie dem jungen König Georg III. aus dem Hause Hannover die Glückwünsche der Serenissima zu seiner Krönung überbracht hatte. Ein weiterer Zufall ergab, dass ein Onkel Marcolinas als Diener der Delegation angehörte und sie mit der Delegation wohlbeschützt in ihre Heimatstadt zurückkehren konnte. Außerdem wurde sie von Casanova mit Geldgeschenken reichlich versehen. So gestaltete sich die Trennung zwar tränen- und schmerzreich, zumal seine temperamentvolle Geliebte ihn gern nach England begleitet hätte, aber zugleich folgte Casanova gern derartigen «Winken des Schicksals»:[8] «Mein einziger Trost war das Bewußtsein, daß ich ihre Zukunft gesichert hatte.»[9] Schließlich ging es um seine Freiheit und seine permanente Bereitschaft zu neuen Eroberungen: «Ich fühlte mich geradezu verpflichtet, sie ziehen zu lassen, damit sie den Platz für Zukünftige frei ließe, die der Himmel mir bestimmt hatte.»[10]

Wider Erwarten wies seine Reiseroute eine klare Ziellinie auf. Er wollte sich nach England begeben, obgleich er sich nicht im Geringsten bemühte, die Sprache des Landes zu erlernen. Zwar war das Französische als Konversationsmedium der besseren Kreise in Europa weit verbreitet, aber am wenigsten in England. England war aus dem Siebenjährigen Krieg, der gerade beendet worden war, als Sieger hervorgegangen – neben Preußen, das zur fünften Großmacht des Kontinents aufgestiegen war. Frankreich war dagegen, obgleich sein Territorium keine Minderung erfahren hatte, der große Verlierer, büßte es doch seine Kolonien in Nordamerika und Indien fast vollständig ein. Gerade die Dominanz Englands in Nordamerika, dessen junge Neuenglandstaaten sich schnell zur aufsteigenden Weltmacht entwickeln sollten, ließ das Englische zur Weltsprache werden und löste spätestens nach den napoleonischen Kriegen das Französische ab, das nach dem Westfälischen Frieden mit der Herrschaft des Sonnenkönigs als Lingua franca Europa dominiert hatte.

Trotz der sich abzeichnenden Sprachschwierigkeiten reiste Casanova in dieses Land, «wo ich durch ein Projekt mein Glück machen wollte».[11] Dessen Gelingen hing, wie er ausdrücklich betont, von dem Außenminister Charles Wyndham Earl Egremont ab, und es ist zu Recht vermutet worden, dass es um eine Lotterie ging, ähnlich der, die er in Paris mit den Brüdern Calzabigi so erfolgreich gestaltet hatte. In dem englischen Minister hoffte er einen ähnlichen Fürsprecher wie einst in de Bernis zu finden, doch der Earl starb im August 1763 nach schwerer Krankheit, als Casanova schon in England war – er konnte sogar noch sein Empfehlungsschreiben in dessen Residenz abgeben, aber seine Pläne nicht mehr dem schwerkranken Minister präsentieren.

Im Frühjahr desselben Jahres war er allerdings noch auf der Reise nach Paris. Ein Kaufmann bat Casanova um die Gefälligkeit, seine Tochter und ihn selbst in seinem komfortablen Reisecoupé als zahlende Gäste zu befördern, da Plätze in der Postkutsche nicht mehr zur Verfügung standen. Dessen Geschäfte sorgten ausreichend für seine Abwesenheit, so dass die Tochter Adele schließlich Casanova zu Willen war – aber nicht grenzenlos: «Sie war voll Feuer, überließ sich mir ganz und bat mich nur einige Augenblicke später, sie zu verschonen.»[12] Wie stets bedrohte eine unerwünschte Schwangerschaft die Ehre der Frauen. In Paris angekommen, trennte man sich heiter, und Casanova begab sich zu seinem Bruder Francesco, wo er die Person seines Bruders Gaetano Alviso als familiäres Problem vorfand, das es nun gemeinsam zu lösen galt. Lediglich die Ortswahl überließ Casanova dem missliebigen Bruder, der sich für Rom entschied. Das Reisegeld konnte er nur bei den örtlichen Bankiers in Lyon, Turin, Genua und Florenz erhalten – die finanziellen Köder an den jeweiligen Reiseetappen sollten für seine sichere Entfernung sorgen.

Nun konnte Casanova nach London aufbrechen, nur in Begleitung des Knaben Aranda, in dem die Marquise d'Urfé ursprünglich wiedergeboren werden wollte, der aber jetzt, da er zudem ein ungezogenes Kind war, zurück in die Obhut seiner Mutter Teresa Imer gebracht werden sollte, die sich in der englischen Hauptstadt unter dem Namen Mrs Cornelys etabliert hatte und – bis an den Rand ihres persönlichen Ruins – in einem selbstfinanzierten Ballhaus der Londoner Aristokratie rauschende Feste gab. In Calais begegnete der Venezianer dem Herzog von Bedford, der auf der eiligen Rückreise von Fontainebleau war, wo er als englischer Gesandter beim Abschluss des Friedensvertrages zwischen England und Frankreich mitgewirkt hatte. Gern und großzügig teilte Casanova mit dem Herzog sein Schiff für die Überfahrt, da dieser versäumt hatte, rechtzeitig ein eigenes zu mieten. Es war eine günstige Gelegenheit, sich dem hohen Diplomaten gefällig zu zeigen und sich mit ihm auf gleicher «Adelsebene» zu verständigen, zumal der Venezianer während seines gesamten Englandaufenthaltes sich nur des Namens Chevalier de Seingalt bediente.

In London angekommen, machte er dem französischen Gesandten Claude Louis Graf von Guerchy seine Aufwartung. In der Textpassage über diese Begegnung hat Casanova eine Streichung vorgenommen. Ursprünglich hatte es im Empfehlungsschreiben eines Marquis de Chauverlin, mit dem er in Turin engen Kontakt gepflegt hatte, geheißen, dass dieser «mich aufgrund meiner Naturalisierung als Franzose vorstellte».[13] Daraus lässt sich schließen, dass er in Paris Franzose geworden war, wohl nicht zuletzt, um zukünftig bei Honorarforderungen für seine Verdienste als Finanzvermittler nicht leer auszugehen, wie er es als Ausländer und Staatenloser erfahren hatte. Das Motiv für die Streichung dieser Passage könnte die Verachtung gewesen sein, die Casanova in Dux der revolutionären Schreckensherrschaft in Paris entgegenbrachte, und der Wunsch, nicht länger mit dieser Nation in Verbindung gebracht zu werden.

Der Spion in Frauenkleidern

Das Empfehlungsschreiben, das ihn in einem überaus günstigen Licht erscheinen ließ, war für den französischen Gesandten der Anlass, ihn für den nächsten Tag zum Mittagessen einzuladen. Bei dieser Gelegenheit lernte der Venezianer den Chevalier d'Éon kennen, der dort in der Position des Gesandtschaftssekretärs der französischen Botschaft tätig war und, wie Casanova nicht ohne Bewunderung anmerkt, «in der Folge in ganz Europa so viel von sich reden machte».[14] Auch über dessen Geschlecht urteilt er sehr selbstsicher: «Er war eine Frau.»[15] Nicht ohne Süffisanz fügt er hinzu: «Trotz ihres großen staatsmännischen Geschicks und ihres männlichen Auftretens schien ihr eine Kleinigkeit zu einem vollen Mann zu fehlen.»[16] Über das Geschlecht dieser faszinierenden Persönlichkeit haben die Zeitgenossen heftig spekuliert. In England wurden darüber sogar hohe Wetten abgeschlossen. Casanova hat sich jedoch wie die Mehrzahl der Zeitgenossen geirrt – d'Éon war ein Mann. Dies konnte allerdings erst nach seinem Tod im Jahr 1810 eindeutig festgestellt werden, doch da war der Memoirenschreiber in Dux schon zwölf Jahre tot.

Zu jener Zeit, im August 1763, war Casanova in der unmittelbaren Nähe einer Person, die sich – ähnlich dem Grafen von Saint-Germain, aber mit weit größeren Erfolgen und Skandalen – im Grenzgebiet von hoher Politik und riskantem Abenteuer bewegte. Noch ein zweites Mal, im Haus des Marchese Domenico Caracciola, des Gesandten des Königsreichs Neapel in London, stieß er auf den Chevalier d'Éon, der ihm eine Stunde lang seine abenteuerliche Geschichte erzählte: «Ich lauschte mit Vergnügen.»[17] Das was d'Éon ihm erzählte, schreibt Casanova indes nicht, obgleich er gewiss einige pikante Einzelheiten über dessen wechselvolles Leben erfuhr.

Der Chevalier, 1728 als Charles Geneviève Louis Auguste André Thimothée d'Éon de Baumont in Tonnerre (Departement Yonne) geboren, absolvierte das renommierte Collège Mazarin in Paris, erwarb wie Casanova den akademischen Grad eines Doktors beider Rechte, wurde Advokat am Pariser Parlament, Sekretär der Finanzbehörde, königlicher Zensor und Großprofoss des Fechtbodens. Er war zwar klein, aber muskulös und besaß eine körperliche Gewandtheit, die ihm erlaubte, zwanzig Duelle zu überleben. Wegen seiner elegant-spitzen Feder fand er die Aufmerksamkeit des Prinzen de Conti, der ihn dem König speziell für das «Secret du roi», das Geheimkabinett, empfahl, mit dem Ludwig XV. die offizielle Diplomatie seines Staates mit Sonderbotschaftern und Geheimagenten um- und hinterging.

Auch Casanova hatte schon bei seinem ersten Pariser Aufenthalt vom politischen Doppelspiel des Königs Kenntnis erlangt und dessen Talente bewundert: «Niemand besaß mehr als er die königliche Gabe der Verstellung, der getreulichen Bewahrung eines Geheimnisses.»[18]

Schon zu jener Zeit hatte er auf d'Éon und dessen Geheimnis verwiesen, «daß es sich um eine Frau handelte».[19] Zur Bestätigung dieser angeblichen Tatsache hatte er sogar behauptet: «Der König allein wußte es und hatte es immer gewußt.»[20] Aber der Monarch, der von dem richtigen Geschlecht des Chevalier gewiss Kenntnis hatte, hat mit seinem angeblichen Geheimnis auch Casanova getäuscht.

Denn Ludwig XV. war selbst der Initiator dieser Maskerade. 1756, zu Beginn des Siebenjährigen Krieges, war d'Éon in Frauenkleider gesteckt worden, um als kostümierte Geheimagentin bis zur Zarin Elisabeth Petrowna vorzudringen. Den Hintergrund bildete der Wunsch des Königs nach einer Frankreich freundlich gesonnenen Politik Russlands, das mit England verbündet war. Der als Mineraloge mit rein wissenschaftlichen Interessen getarnte Graf Douglas, ein in Paris lebender Schotte, dessen Rolle es war, als Onkel der «Baronesse de Beaumont» aufzutreten, wurde als suspekt an der Landesgrenze abgewiesen. So verlangte es das Gesetz, das der frankreichfeindliche Kanzler Alexei Bestuchew erlassen hatte, um keine unbekannten Fremden ins Land zu lassen, auch keine Engländer, worauf man in Versailles vergeblich gehofft hatte. Doch der ihn begleitenden «Baronesse» gelang es, bis zum Vizekanzler Michael Graf Woronzow, dem Hauptvertreter der frankreichfreundlichen Partei, vorzudringen. Ihm überreichte «sie» die Vollmacht, die unter «ihrem» Korsett verborgen die Landesgrenze passiert hatte. «Ihr» gelang es auch, der Zarin eine Ausgabe der Werke Montesquieus zu überreichen, in deren Einband ein Geheimbrief Ludwigs XV. an die Herrscherin versteckt war. «Mademoiselle» stieg sogar zur «Geheimen Vorleserin» der Zarin auf, was ihr gestattete, zu jeder Stunde deren Gemächer zu betreten. «Sie» hat später über die Tochter Peters des Großen, die ein exzessives Leben geführt hatte und führte, schonungslos berichtet: «Die Zarin, im Bett liegend, hatte bläuliche, geschwollene Lippen, die Wangen waren rot, die Augenlider gerötet und die Augen feucht. Ihr Gesicht glänzte von jener flüssigen Schicht, die die Leidenschaft aufträgt, wenn das Feuer der Gelüste unsere Seele in Aufruhr versetzt, und die sich wie Öl über unsere Haut ausbreitet … Durchtränkt von unsauberer Feuchtigkeit schwitzte ihre Haut aus allen Poren. Als ich ihren nackten Arm, der aus dem Bett hing, ihren unanständig entblößten Hals, ihre nachlässig bekleidete Brust, ihre aufgelösten Haare, die wirr und unordentlich auf ihre Schultern herabfielen, die ihrerseits von keinem Stück Stoff bedeckt waren – als ich sie heftig vor Verlangen atmen und vor Wollust keuchend sah, glaubte ich, eine betrunkene und süchtige Bacchantin zu sehen. Ich senkte die Augen so schnell, wie ich sie erhoben hatte. Alles, was mir Woronzow über die Herrscherin und ihre Orgien erzählt hatte, fiel mir wieder ein. Ich sagte mir, daß diese Frau, die ich vor mir sah, unabsehbar viele Männer in ihren Armen gehalten hatte, die sie zufällig auf der Straße aufgesammelt hatte, und daß ihr Mund, ihr Hals, ihre Brust von Soldatenküssen beschmutzt und besudelt worden waren. Ich schreckte vor dieser kaiserlichen Ruine zurück …»[21]

Die Doppelrolle der «Mademoiselle» führte zu einigen pikanten Situationen, zumal es zu sexuellen Verwicklungen kam, in denen «sie» auch ihre Männlichkeit ausleben konnte, schließlich sogar mit Männern. Neben dem Motiv, Russland aus dem Bündnisvertrag mit England zu lösen und eine vertragliche Verbindung mit Frankreich herzustellen, war das Bestreben des Königs und somit der Auftrag an seinen Geheimagenten, alles über die politischen Verhältnisse in Polen und im Kurland in Erfahrung zu bringen, galt es doch, die Option auf Polen nicht endgültig preiszugeben. Schließlich war der Schwiegervater des Königs, Stanislaus Leszczyński, im Jahre 1741 unglücklicher Prätendent gewesen und der Prinz de Conti hoffte noch immer auf eine zweite Chance für Frankreich, die ihn auf den Thron dieses Landes tragen sollte – seinerzeit war der sächsische Kurfürst August III. Sieger geblieben.

Erst 1761 war die Rückkehr d'Éons nach Frankreich möglich und damit auch die Rückverwandlung in einen Mann, so dass er nicht nur eine zweite Reise nach Russland – nun als angeblicher Bruder der «Mademoiselle» – unternehmen konnte, sondern auch als Hauptmann eines Dragoner-Regiments noch 1762 am Siebenjährigen Krieg teilnahm. Er wurde in einem Gefecht bei Ultrop an Kopf und Bein verwundet, konnte danach aber bei Osterwieck mit einer Attacke ein preußisches Bataillon zur Kapitulation zwingen. Daraufhin wurde er von Ludwig XV. mit der hohen Auszeichnung des Ordens vom

Heiligen Ludwig geehrt, sogar mit der Ausnahmeregelung, ihn auch in Frauenkleidung tragen zu dürfen.

Als der König bei Kriegsende den Herzog de Nivernais als Botschafter nach London schickte, war – wieder als Frau verkleidet – d'Éon als Sekretär an seiner Seite. Insgeheim war er von Ludwig XV. sogar zum Botschafter mit Sondervollmachten («ministre plénipotentiaire») ernannt worden. Der Monarch selbst ließ dem Agenten seines «Secret du roi» den Auftrag zugehen, mögliche Angriffsflächen bei den Engländern zu erkunden. Das Ressentiment der Revanche gegen England sollte Frankreich bis zur militärischen Unterstützung der Neuenglandstaaten gegen deren Mutterland und indirekt bis in die Revolution führen. Der Auftrag lautete: «Herr von Éon empfängt meine Order durch den Grafen von Broglie oder Herrn Tercier, um in England zu rekogniszieren, und wird sich von allem zu diesem Zweck Gehörigen unterrichten, als hätte ich es ihm direkt bezeichnet. Es ist meine Absicht, daß er das tiefste Geheimnis über diese Angelegenheit walten lasse und niemandem auf Erden, auch nicht meinen Ministern, etwas davon sage … alles mitzuteilen hat, was er von Englands Plänen hinsichtlich Rußlands und Polens sowie des Nordens und ganz Deutschlands erfährt. Sein Eifer und seine Anhänglichkeit sind mir bekannt. Versailles, Juni 1763. Ludwig.»[22]

Doch Ludwig XV. musste mit dem Misstrauen seiner Minister rechnen und im Fall des Chevalier d'Éon sogar mit dem Widerstand der Marquise de Pompadour, die zu dessen hartnäckiger Gegnerin geworden war. Schließlich sah sich der König gezwungen, seinen Geheimagenten preiszugeben und öffentlich zu desavouieren, um nicht seine Doppeldiplomatie offenzulegen und der allgemeinen Kritik auszusetzen. Die Gegner in seinen eigenen Ministerien rüsteten auf und schickten nach der Rückkehr Nivernais' nach Frankreich Claude Louis François Graf de Guerchy als offiziellen Botschafter nach London. Außerdem konnten sie erreichen, dass dem geheimen Gesandten des Königs die Gelder für seinen Aufenthalt in London nicht länger überwiesen wurden. Dies war genau der Augenblick, als Casanova beiden in der englischen Hauptstadt begegnete. Später vermerkte er in seinen Memoiren, daß «ihm (dem Chevalier d'Éon) das Auswärtige Amt in Versailles zehntausend Francs nicht bezahlen wollte, die er regelmäßig beanspruchte». [23]

Daraufhin ging der so anpassungsfähige und königstreue Geheimagent allerdings zum Gegenangriff über und veröffentlichte in London unter dem Titel «Lettres, mémoires et négociations particulières du Chevalier d'Éon, ministre plénipotentiaire de France au roi de la Grande-Bretagne» Geheimpapiere. Nach Casanovas Worten wurde er vom Chevalier selbst dahingehend informiert, auch darüber, dass er für die Kosten der Veröffentlichung zweitausend Subskribenten gefunden habe. Sogar über den Inhalt des «großen Querbandes»[24] wurde der Venezianer voll informiert, ging es doch um nicht weniger als darum, «daß er alle Briefe veröffentlichte, die er in diesem Amt während der letzten fünf oder sechs Jahre erhalten hatte».[25]

Vergeblich versuchte Ludwig XV. noch im Oktober, sein Doppelspiel fortzusetzen: «Ich benachrichtige Sie, daß ich heute den Befehl gegeben habe, Sie nach Frankreich zurückzurufen, aber ich befehle Ihnen, mit allen Ihren Papieren in England zu bleiben, bis ich Ihnen meine weiteren Instruktionen zukommen lasse. Sie sind in Ihrem Hôtel nicht in Sicherheit und würden hier mächtige Feinde finden.»[26] Doch der Skandal war nicht mehr aufzuhalten. Die englische Regierung konnte jetzt im Detail erkennen, mit welchen Spionagemethoden Ludwig XV. die politischen Interessen Englands in London wie auch in St. Petersburg hintertrieb, reichte die Korrespondenz des Chevalier d'Éon doch bis in die Jahre seiner Russlandreisen zurück.

Casanova hat offenbar den gerade zur Zeit seines Englandaufenthaltes tobenden Kampf zwischen dem Botschafter de Guerchy und dem nunmehr amt- und mittellosen Chevalier d'Éon nicht länger verfolgt. Zumindest hat er ihn in seinem Lebensbericht nicht weiter beschrieben, sondern nur angemerkt, dass sich der ehemalige Geheimbotschafter Frankreichs «unter den Schutz der englischen Gesetze gestellt hatte».[27] Eine solche Schutzmaßnahme war umso nötiger, als der neue französische Botschafter alles daransetzte, den Überläufer samt seinen Geheimpapieren nach Frankreich zurückzubringen – auch gegen dessen Willen.

Zu diesem Zweck ließ Graf de Guerchy den Wein des Chevalier d'Éon, der gern einen Burgunder aus seiner Heimat trank, mit Opium versetzen, das seinen Gegner schwindlig und schläfrig machte. Doch verfügte der Chevalier noch über ausreichende Geistesgegenwart, um den Gästen an seiner Tafel und damit öffentlich zu erklären, dass Guerchy ihn vergiften wolle. Der damit direkt angegriffene Gesandte versuchte bei Gericht durchzusetzen, d'Éon für wahnsinnig zu erklären. Dieser erhob Gegenklage mit dem Vorwurf, es sei versucht worden, ihn zu ermorden. Das englische Gericht mit seinen zwölf Geschworenen gab dem ehemaligen Geheimbotschafter recht, was die Stellung des aktuellen Botschafters untergrub. Zur vorgeblichen Unterstützung de Guerchys schickte Ludwig XV. Häscher nach London, informierte jedoch zugleich d'Éon über diese Gefahr. Zudem konnte er sicher sein, dass der englische König den ehemaligen Botschafter Frankreichs nicht ausliefern würde und Guerchy aufgrund seiner Immunität nicht ausweisen konnte. Doch als es zu einer antifranzösischen Stimmung in England kam, gab de Guerchy von sich aus zermürbt auf und suchte in Versailles um seine Abberufung nach. Er starb verbittert bereits 1767.

1766 fand sich Ludwig XV. endlich bereit, seinem ehemaligen Geheimgesandten d'Éon jene Geldmittel zu überweisen, die für seinen Lebensunterhalt in London notwendig waren. Allerdings sollte er seine ehemalige Tätigkeit als Geheiminformant erneut ausüben, wie ihm vom Grafen de Broglie, dem Sekretär des «Secret du roi», mitgeteilt wurde: «Setzen Sie Ihre Korrespondenz mit mir und Seiner Majestät fort; es ist der Wunsch des Königs, der Sie bittet, England nicht ohne seine Order zu verlassen.»[28]

Nach dem Tod Ludwigs XV. im Jahr 1774 bat d'Éon erneut um die Rückkehr in seine Heimat, aber Ludwig XVI. knüpfte an seine Zusage die Bedingungen, dass der Chevalier die Geheimkorrespondenz mit dem französischen Hof ausliefern müsse und nur Frauenkleider tragen dürfe. Angeblich soll die Witwe des Grafen de Guerchy den Monarchen zu der zweiten Bedingung veranlasst haben. Der Sohn des Grafen hatte nämlich inzwischen ein zweikampffähiges Alter erreicht und war entschlossen, den Gegner seines Vaters zum Duell zu fordern. Die Mutter aber fürchtete um das Leben ihres Kindes, da die Klinge d'Éons schnell für dessen Tod gesorgt hätte. Ein Gegner in Frauenkleidern jedoch war nicht satisfaktionsfähig.

1785 übersiedelte der Chevalier erneut nach England und trat dort ebenfalls in der Rolle der «Chevalière Charlotte d'Éon» auf. Seinen Lebensunterhalt verdiente er mit öffentlichen Fechtduellen in Frauenkleidern. Obgleich er beim Ausbruch der Französischen Revolution als Emigrant eingestuft und seiner französischen Besitzungen beraubt wurde, bot er seinem Heimatland an, für die republikanische Armee ein Frauenregiment aufzustellen und an dessen Spitze zu kämpfen. Der Plan wurde abgelehnt, obgleich General Lazare Carnot, Mitglied im Wohlfahrtsausschuss, sich für ihn aussprach. Er blieb in England und erhielt von der englischen Königin Sophie Charlotte aus dem Hause Mecklenburg-Strelitz, die er schon während seiner ersten Russlandreise kennengelernt hatte, eine Pension. 1810 starb er in London.

Suche nach neuen Geldquellen

Nur kurzfristig konnte sich Casanova im hochadeligen Milieu Englands halten. Der Botschafter de Guerchy stellte ihn offiziell bei Hofe Georg III. vor, aber der junge König sprach so leise, dass Casanova nur mit einer tiefen Verbeugung antworten konnte. Dagegen kam mit der Königin Sophie Charlotte eine kurze Konversation zustande. Sie fragte ihn, aus welcher Provinz Frankreichs er stamme. Da er als Chevalier de Seingalt vorgestellt worden war, ging die Königin von seiner französischen Staatsbürgerschaft aus. Dennoch gab er zur Antwort, Venezianer zu sein. Als sie sich daraufhin dem ebenfalls anwesenden Residenten Venedigs, Segnor Zuccati, zuwandte, dem Casanova einen Besuch gemacht hatte, aber auf höhnische Ablehnung gestoßen war, blieb Zuccati nur eine tiefe Verbeugung. Diese interpretierte Casanova, als ob der Resident «dagegen nichts einzuwenden habe»,[29] obgleich seine Flucht aus den Bleidächern nicht vergessen und seine Strafe keineswegs erlassen worden war. Nach sieben Jahren im Exil blieb ihm jede Chance auf eine Rückkehr in sein geliebtes Venedig verwehrt.

Mit der Vorstellung bei Hofe erschöpfte sich seine Ambition, in höhere Gesellschafts- und Geschäftskreise aufzusteigen. Neugierig erkundete er jedoch mit offenen Augen die Alltagsgewohnheiten und nicht zuletzt die bizarren Eigenheiten der Engländer. Trotz reichlicher Geldmittel, die er unbekümmert zum Einsatz brachte, erfuhr er nun, nachdem er sich auf dem Kontinent bewusst von mehreren Frauen getrennt hatte, was Einsamkeit bedeutete: «Trotz aller dieser Zerstreuungen langweilte ich mich, weil ich keine gute Freundin im Bett und bei Tisch hatte; dabei war ich schon fünf Wochen in London.»[30] In dieser Notlage verfiel er auf die naheliegend-naive Idee, an die Tür seines mehrstöckigen Hauses, das er im feinen Stadtteil von Pall Mall gemietet hatte, ein Plakat anzuschlagen. Dieses fand schnell die heitere Aufmerksamkeit des flanierenden Publikums, hatte es doch folgenden Inhalt: «Zweiter und dritter Stock, möbliert, billig an eine junge Dame zu vermieten, die allein und ungebunden ist, Englisch und Französisch spricht und weder bei Tag noch bei Nacht Besuche empfängt.»[31]

Aus seiner selbstverschuldeten Einsamkeit befreite ihn eine Portugiesin, der er den Namen Pauline gibt und die ein abenteuerliches Schicksal aus ihrer Heimat vertrieben hatte. Hilfreich und galant nahm er an ihrem Schicksal Anteil – mit der Folge, dass sie wenig später Bett und Tisch mit ihm teilte. Aber es drohte ständig die Trennung, da die schöne junge Frau, die dem Hochadel ihres Heimatlandes angehörte und in Portugal bereits formal verheiratet war, dorthin zurückzukehren entschlossen war. Wieder kam es zum großherzig-leeren Versprechen: «Ich werde in Portugal leben und sterben, wenn Sie mir ihr Herz versprechen.»[32] Aber bereits vorher hatte er in einem freundschaftlichen Disput mit ihr vorgebeugt: «Ich verabscheue das Sakrament der Ehe … Weil sie das Grab der Liebe ist.»[33] Beide hatten gute Gründe, ihre Liebesbeziehung nicht allzu lange fortzusetzen.

Am ersten August, als die Portugiesin bereits wieder in ihrer Heimat angelangt war, erreichte ihn ein Brief aus Paris mit der Nachricht vom «Tod»[34] der Marquise d'Urfé. Sie sei an jener Universalmedizin gestorben, die sie sich selbst als Universalelixier zusammengebraut habe. Auch teilt Casanova mit, dass «sie in einem verrückten Testament ihr ganzes Vermögen ihrem nächsten Kind, Sohn oder Tochter, vermacht habe, das sie gebären werde und von dem sie sich schwanger fühle. Mich setzte sie als Vormund des Neugeborenen ein.»[35] Dennoch habe sich ihre Tochter, die Comtesse du Châtelet, ihres gesamten Vermögens bemächtigt, das aus immensem Landbesitz und vierhunderttausend Francs Rente bestanden habe: «Die Arme sanken mir herab, doch bezwang ich meinen Schmerz und meine Reue …»[36]

Von all dem ist nichts wahr. Madame d'Urfé starb erst 1775 und hinterließ ein völlig korrektes Testament, in dem sie ihren Enkel Achille François Marquis du Châtelet zu ihrem Universalerben einsetzte – ihre einzige Tochter hatte sie schon früh enterbt. Es muss in jenem Sommer 1763 gewesen sein, dass Casanovas hochbegüterte Gönnerin aus ihren kabbalistischen Phantastereien erwachte und in die Realitäten eines rational geordneten Lebens zurückkehrte. In übertragenem Sinn war die Marquise zu jenem Zeitpunkt für ihn gestorben und aus seinem Leben als fast unerschöpfliche Quelle seines Wohlstands verschwunden. Noch war dieser bis zum Schein des Reichtums groß, aber er ging mit hohen Summen und wertvollen Steinen derart leichthändig um, dass der Zeitpunkt nicht fernliegen konnte, an dem dieser Reichtum erschöpft sein würde. Da er um seinen gestundeten Wohlstand wusste, musste er nun ernsthaft nach neuen Geldquellen Ausschau halten, zumal die weiterhin regelmäßigen Geldzuwendungen des Senators Bragadin aus Venedig die hohen Aufwendungen seines luxuriösen Lebensstils kaum ausgleichen konnten.

Trotzdem trug er in London dieser neuen, gefährlichen Situation nicht Rechnung und stürzte sich in eine fanatische Leidenschaft, die zur größten Leidensgeschichte seines Lebens werden sollte. Er geriet an eine junge Frau namens La Charpillon, die, zwar nur siebzehn Jahre alt, aber mit allen Verführungskünsten und Verweigerungstechniken schon überaus vertraut war. Gesteuert wurde sie von einer verschlagen operierenden Sippe aus Großmutter, Mutter und zwei Tanten. In immer neuen Anläufen und mit immer neuen Geschenken umwarb er die kapriziöse Person, musste immer neue demütigende Zurückweisungen erdulden, die völlig vergessen lassen, dass der Venezianer einer der erfahrensten Liebeskünstler der Epoche war – er ließ sich hinhalten und irreführen wie ein erstmals verliebter Jüngling. In Dux weiterhin verbittert, zeichnet er die

Wechselbäder von Liebeshoffnungen und Verzweiflungsschmerzen in langen Passagen noch einmal nach, denn «die höllischen Qualen»[37] wollten kein Ende nehmen. Schließlich war er entschlossen, dieser grenzenlosen Leidenschaft, die sich in permanentes Leiden verwandelt hatte, durch seinen Freitod ein Ende zu setzen: «Ich stecke … meine guten Pistolen ein und verlasse das Haus mit dem festen Entschluß, mich beim Tower in der Themse zu ertränken.»[38]

Im letzten Augenblick vor der Tat stieß er auf einen befreundeten Edelmann namens Sir Wellbore Ellis Agar, dem es gelang, ihn aus seiner abgründigen Melancholie zurückzuholen. Er führte Casanova wenig später in ein Vergnügungsetablissement, in dem sich die Charpillon dem Tanzvergnügen hingab, während sie doch nach der Behauptung ihrer Sippe im Sterben lag. Nach seinem letzten Wutanfall, in dessen Verlauf er sie geschlagen hatte, hatte sie nämlich eine lebensbedrohliche Verletzung vorgetäuscht, worauf er aus Schuldgefühl selbst den Tod suchte. Nun endlich erwachte er aus seinem irrwitzigen Liebesrausch, von dem er sich selbstanklagend eingesteht, ihm «zur ewigen Schande meiner Vernunft»[39] verfallen gewesen zu sein.

Diesen selbstzerstörerischen Absturz als Liebeskünstler und Lebemann datiert er im Rückblick als Wendepunkt seines Lebens: «Ich begann zu sterben und hörte auf zu leben.»[40] Auch rein rechnerisch zieht er Bilanz und setzt seine Lebenszeit bis zum September 1763 in Relation zum Zeitpunkt der Niederschrift seiner Memoiren: «Ich war damals achtunddreißig Jahre alt. Wenn die absteigende Linie an Länge der ansteigenden gleich kommt, … so darf ich wohl heute, am 1. November 1797, noch mit fast vier Lebensjahren rechnen.»[41] Diese Rechnung ging nicht auf – er starb nur acht Monate später am 4. Juni 1798.

Flucht auf den Kontinent

Aber auch eine andere Rechnung war erstmals nicht aufgegangen – seine Kalkulation, dass keine der begehrten Frauen sich seiner Hingabe entziehen könne, wenn er es an Geldgeschenken in den vielfältigen Varianten von sozialer Absicherung ihrer Zukunft bis zur direkten Käuflichkeit der Sexualität nicht fehlen lasse. Die Konsequenz aus dem Scheitern dieser Eroberungsmethode, wie er es in der demütigenden Niederlage gegenüber der Charpillon erfahren hatte, zog er jedoch nicht, auch nicht, als wenig später eine neue Geliebte namens Sarah, die Tochter des Schweizer Residenten in London, deren Familie er schon in Genf kennengelernt hatte, ihn mit dem Gegenbeweis konfrontierte. Sie gab sich ihm aus schlichter Liebe, die nur der Zuneigung verpflichtet war, hin. Als er danach glaubte, mit generösen Geldzuwendungen an ihre Familie sich ihre Gunst erkauft zu haben, wich sie zurück und verweigerte ihm ihre Käuflichkeit: «Ich kann mich nicht entschließen, das, wozu mich der Verstand verpflichten muß, mit meinem Herzen zu bezahlen.»[42] Viel Geld hatte im Fall der Charpillon die Hingabe einer Frau nicht erzwingen können, viel Geld hatte im Fall von Sarah die zärtliche Zuneigung einer Frau absterben lassen.

Dennoch wollte Casanova, solange er über ausreichenden Reichtum verfügte, auf die Käuflichkeit einer Frau nicht verzichten und setzte dieses Mittel immer unverhüllter und geradezu schamlos ein. Seine Liebeskunst trat hinter dem banalen Sexerwerb zurück – so verlangte es offensichtlich der weitere Frauenbedarf des exzessiven Sensualisten.

Er begegnete einer verarmten Adligen aus dem Hannoverischen, die mit ihren fünf Töchtern in London Reparationen für jene Kriegsschäden zu erlangen hoffte, die der englische Feldherr Wilhelm August Herzog von Cumberland während des Siebenjährigen Krieges in ihrer Heimat angerichtet hatte. Um die Anonymität der Kindfrauen zu wahren oder vielleicht auch aus Fabulierfreude, hat er die Zahl der Töchter von drei auf fünf erhöht und auf die zwei Söhne verzichtet, nicht aber auf die historisch authentische Mutter, die, stets bettlägerig, die Moral ihrer Töchter und zusätzlich deren Adelsstand hochhielt: «Wir wollen … nicht in Gefälligkeiten einwilligen, die sich mit unserer moralischen Pflicht nicht vereinbaren lassen.»[43] Völlig verarmt, sogar bis zum Hunger erniedrigt, versuchte die Mutter, ihre Würde und die ihrer Töchter zu retten – vergeblich.

Denn Casanova, der nun offen bekannte, «ein eingefleischter Libertin»[44] zu sein, war kalt entschlossen, den Geschlechtsverkehr nur noch rein geschäftlich abzuwickeln und sich nicht erneut in die Falle von Vortäuschungen und leeren Versprechungen locken zu lassen: «Zahlen würde ich allerdings erst hinterher, zuerst für die älteste, und ebensoviel für jede der vier anderen.»[45] Das Geschäft kam zustande, sogar mit glücklichem Ausgang, denn die fünf jungen Frauen entdeckten ihrerseits das Glücksgefühl der Sexualität durch einen erfahrenen Mann, der sich danach äußerst großzügig zeigte. Weder an Tafelfreuden noch an eleganter Kleiderausstattung und auch nicht an noblen Pferdeausritten ins ländliche Umfeld der englischen Hauptstadt ließ er es fehlen. Es wurde schließlich für ihn ein strapaziöses und kostspieliges Vergnügen, denn die regelmäßigen Zuwendungen von Madame d'Urfé waren vor einigen Monaten für immer ausgeblieben: «Ich meinerseits näherte mich der Erschöpfung aller meiner physischen und moralischen Kräfte. Ich hatte kein Geld mehr und hatte alle meine Diamanten und Schmuckstücke verkauft; mir blieben nur noch Tabakdosen, Uhren, Etuis und Kleinigkeiten, die ich liebte und von denen ich mich nicht trennen mochte ...»[46]

Doch verlangte es sein Ehrbegriff, das Land schuldenfrei zu verlassen. Seine Geldmittel reichten gerade noch, um Schneider und Weinhändler nichts schuldig zu bleiben, auch ein Reiseziel war schon festgelegt: Er wollte nach Portugal, besaß er doch dorthin Kontakte. Zum einen hätte er das Land diplomatisch vertreten sollen, zum anderen kannte er die hochadlige Pauline, mit der er noch vor wenigen Monaten eine eheähnliche Hausgemeinschaft eingegangen war und die ihm sicher nicht ihre Hilfe versagen würde. Aber es kam anders: Er ließ sich von seinem «bösen Geist»[47] sowohl in ein anrüchiges Coffee House verführen und dort in die Arme einer jungen Engländerin sinken, die ihn umgehend mit einer weiteren Geschlechtskrankheit ansteckte, als auch in das ihn stets verlockende Glücksspiel, das eine dubiose Affäre mit gefälschtem Wechsel nach sich zog.

Nun blieb nur die übereilte Flucht aus England, wo derartige Delikte schnell die Gefahr nach sich zogen, am Galgen zu enden. In Dover fand er ein Schiff, das ihn umgehend nach Calais brachte, und über Ypern gelangte er nach Tournai. Dort stieß er auf den Grafen von Saint-Germain, der in einem Labor an wasserresistenten Farben für eine Hutfabrik arbeitete. Es war wieder eine Begegnung voll des gegenseitigen Misstrauens, und Casanova lässt sich von seinem Konkurrenten in der Kunst abenteuerlicher Lebensgestaltung noch einmal seine eigene Darstellung des Todes von Madame d'Urfé berichten – eine allzu offensichtliche Vertuschung der peinlichen Tatsache, dass er ihre Gunst verloren hatte. Der Leser sollte es glauben, und dazu bot er nun Saint-Germain gleichsam als falschen Zeugen auf, obgleich der es in jedem Fall besser wusste. Es sollte seine letzte Begegnung mit diesem mysteriösen Mann sein, den er als «berühmten und gelehrten Betrüger»[48] verabschiedet.

Über Brüssel gelangte er nach Wesel, wo seine Krankheit medizinisch betreut und ausgeheilt werden sollte. Auch erreichte ihn dort ein Wechsel des ihm stets väterlich zugeneigten Senators Bragadin aus Venedig, benötigte er doch dringend Geldmittel für die Heilbehandlung und die anschließende Weiterreise. Bis Braunschweig begleitete ihn ein junger Schauspieler namens Durati, der offensichtlich sein Sohn war und ihn, als sie in der Stadt angekommen waren, zu seiner Mutter führte. An diese frühere Geliebte konnte er sich kaum erinnern und fand sie «durch das Alter grausam entstellt»[49] – kein Grund, länger zu verweilen.

«Sie sind ein sehr schöner Mann»

Aber von Braunschweig aus ließ er sich gern nach Wolfenbüttel in die schon 1568 gegründete Herzog August Bibliothek, «die drittgrößte Bibliothek von Europa»,[50] verlocken, die eine große Sammlung von Inkunabeln und Manuskripten besaß. Casanova, der stets Bücher mit sich führte und die Reisezeit zur Lektüre nutzte, wusste um deren Schätze und versenkte sich dort fast klausnerisch in eine Leseeinsamkeit. Die Bibliothek versorgte ihn nicht nur mit Texten für seine Vers-Übersetzung der «Ilias», sondern verschaffte ihm auch eine kontemplative Phase. Sie veranlasste ihn zu einer Zwischenbilanz seines Lebens, «daß nur das Zusammentreffen ganz unbedeutender Umstände nötig gewesen wäre, um mich in dieser Welt zu einem wahrhaft Weisen zu machen; denn die Tugend hat mich stets mehr angezogen als das Laster».[51] Derartige Schrecksekunden der

Selbstüberprüfung hat es mehrere in seinem Leben gegeben – eine frühe ereilte ihn im Kloster «Einsiedeln» –, aber sie ließen offene Fragen wie die, ob vielleicht nicht doch die ewige Wiederkehr der Verführung einer Frau zu Monotonie führen und als Lebensmotivation nicht ausreichen könnte, unbeantwortet. Es waren nur Fragen, und sie blieben folgenlos.

Bei seiner Ankunft in Berlin suchte er sogleich den jüngeren Calzabigi auf, mit dessen älterem Bruder er 1757 in Paris die «loterie de l'École Militaire» so erfolgreich gestaltet hatte, dass alle drei Partner zu Vermögen gekommen waren. Nun hatte Casanova die Chance, mit Giovanni Antonio Calzabigi zusammenzuarbeiten, der in Berlin im Auftrag und Namen Friedrichs des Großen bereits eine Lotterie auf den Weg gebracht hatte und dafür mit dem pompösen Titel eines «Staatsrats» ausgezeichnet worden war. Der König misstraute jedoch der mathematischen Zuverlässigkeit, die der Wahrscheinlichkeitsrechnung zugrunde lag, hatte das Spiel mit den Zufallszahlen ihm bei der letzten Ziehung doch gerade einen Verlust von zwanzigtausend Talern beschert. Aus diesem Grund hatte er seinem Lotterie-Unternehmer gekündigt, so dass Calzabigi das Glücksspiel nicht länger auf der Basis der Bonität des Königs organisieren konnte, sondern nur noch auf eigene Rechnung.

Der Wegfall der Staatsgarantie hätte die Lotterie in den finanziellen Ruin stürzen können, bestand doch die Gefahr, dass sie das Vertrauen der Mitspieler verlor, die nicht länger sicher sein konnten, ihre Gewinne ausgezahlt zu erhalten. Deshalb entwarf Casanova für den nun auf sein eigenes Risiko reduzierten Lotterie-Verantwortlichen ein kompliziertes neues System auf der Basis von zwölf Punkten, das vor allem vor Verlusten schützen sollte. Da dieses aber abgelehnt wurde, blieb dem Venezianer versagt, an seine Pariser Erfolge anzuknüpfen. Calzabigi wagte es – obwohl sein guter Ruf wegen seines Luxuslebens schon Schaden genommen hatte – trotzdem, eine neue Lotterie zu starten. Er hatte Erfolg damit und konnte seinen aufwendigen Lebensstil fortsetzen.

Casanova wandte sich daraufhin an eine Persönlichkeit schottischer Herkunft, die er schon in London kennengelernt hatte – Lord George Keith. Als Anhänger des schottischen Königs Jakob hatte er seine Ländereien verloren, sie aber mit Hilfe Friedrichs des Großen wiedererlangt. An dessen Hof lebte er nun in finanzieller Unabhängigkeit und genoss das Vertrauen des Königs, der seine Gesellschaft schätzte. Dem Lord vertraute Casanova offen den Zweck seines Berlinbesuchs an, galt es doch, sich eine neue, sichere Geldquelle zu erschließen: «Ich würde mich gern hier niederlassen, wenn der König mir eine meinen geringen Fähigkeiten angemessene Stellung geben und mich hier behalten wolle.»[52]

Eine Vermittlerrolle bei Friedrich dem Großen lehnte der Lord ab, denn der Herrscher sei davon überzeugt, selbst über die größere Menschenkenntnis zu verfügen. Casanova solle doch an ihn schreiben und könne einer umgehenden Antwort sicher sein, da der König jeden Brief beantworte. So brachte der Venezianer eine devote Epistel auf den Postweg und erhielt zwei Tage später eine Antwort – geschrieben vom Sekretär des Königs, aber unterzeichnet von ihm selbst. Sie enthielt die Aufforderung, sich zu einer bestimmten Stunde des Nachmittags im Park von Sanssouci einzufinden.

In dezent würdiges Schwarz gekleidet, war Casanova pünktlich zur Stelle und stieß bald auf den König, der spöttisch seinen alten Hut lüftete und ihn brüsk fragte, «was ich von ihm wolle».[53] Dieser völlige Verzicht auf die üblichen Höflichkeitsfloskeln, mit denen Casanova wohlvertraut war, lösten eine Art Schockstarre bei ihm aus: «... ich stockte, blickte ihn an und wußte keine Antwort.»[54] Mühsam kam eine Konversation in Gang, deren Themen der König abrupt wechselte: Was der Venezianer von der Gartenanlage in Sanssouci halte, seien die Gärten von Versailles nicht schöner, über wie viele Schiffe verfüge die Republik in Kriegszeiten, wie er die Steuer beurteile, zumal die militärische, ob er Calzabigi kenne und ob dessen Berechnungen verlässlich seien? Mühsam folgte Casanova den «plötzlichen Gedankensprüngen»[55] des Königs, der weniger an seinen Antworten als an seinen Reaktionen interessiert zu sein schien und am Ende des Gesprächs «ein wenig grollte».[56]

Schließlich trat Friedrich II. in eine Säulenarkade, blieb vor seinem Gesprächsgast stehen, dessen Streben nach einer Anstellung ihm gewiss bekannt war, musterte ihn «von Kopf bis zu den Füßen und von den Füßen bis zum Kopf und sagte nach kurzem Nachdenken: ‹Sie sind ein sehr schöner Mann.›»[57] Casanova, nicht wenig erstaunt über diesen Abschluss der Audienz, wagte sogar eine Antwort mit einer Anspielung: «Ist es möglich, daß Eure Majestät nach einem langen, rein sachlichen Gespräch an mir nur die geringste der Qualitäten entdecken, durch die sich Ihre Grenadiere auszeichnen?»[58] Einer Antwort auf die Scheinfrage bedurfte es nicht. Der König lächelte, verwies auf Lord Keith, mit dem er über den Venezianer und sein Ansinnen sprechen werde, und lüftete seinen Hut.

Die letzte Wendung des Gesprächs hat den Venezianer gewiss unangenehm berührt, sah er sich doch auf eine Stufe mit den «langen Kerls» des Königs degradiert, was er dem Herrscher sogar diskret vorzuwerfen wagte. Diese indirekte Gleichsetzung mit den Grenadieren des Königs hat ihn offensichtlich derart abgestoßen, dass er sich wenig später bei einer Truppenparade zu einer süffisanten Invektive gegen Friedrichs Homosexualität veranlasst fühlte. Er behauptet, in Potsdam gesehen zu haben, wie die Soldaten des ersten königlichen Bataillons «alle in den Uhrtaschen ihrer Hosen eine goldene Uhr hatten»,[59] und fügt hinzu: «Man machte keinen Hehl daraus.»[60]

So trübte sich seine Bewunderung für den «großen Friedrich»[61] bis zu einer sanft spöttischen Betonung von dessen «Größe» ein und bestimmte auch seine Zurückhaltung, als Lord Keith ihm wenig später mitteilte, dass «Majestät mir eine Stelle als Erzieher in einer neuen Kadettenschule für pommersche Junker anbiete, die er gerade eröffnet habe»[62] – versehen mit einem Jahresgehalt von sechshundert Talern. Fünf Erzieher sollten fünfzehn Jugendliche im Alter von zwölf bis dreizehn Jahren betreuen. Um das Angebot näher zu prüfen, begab sich Casanova an den Ort ihrer Erziehung, wo er die Kadetten in hässlicher bäuerlicher Gewandung und die bereits bestellten vier Erzieher in der Attitüde von deren Dienern vorfand. Unangenehm berührt war er zusätzlich, als der König, der überraschend auf der Szene erschien, «in einem Anfall von Zorn den Nachttopf beanstandete, der neben dem Bett eines Kadetten stand und dem Neugierigen den Anblick eines übelriechenden Bodensatzes bot».[63]

Casanova hat über die aristokratische Elite-Institution, deren Unterkunft noch nicht fertiggestellt war, vorschnell ein abschätziges

Urteil abgegeben, denn die Kadetten-Akademie, die erst am 1. März 1765 offiziell eröffnet wurde, gelangte bald zu einem guten Ruf. Doch der Venezianer mochte nicht länger in Berlin verweilen, ließ Lord Keith von seiner Ablehnung wissen und war nur noch verpflichtet, dem Preußenkönig in Potsdam eine Abschiedsvisite zu machen, um sich trotz allem für das Stellenangebot zu bedanken. Freunde in Berlin hatten ihn auf den Gedanken gebracht, «nach Rußland zu fahren, wenn mir der König von Preußen keine angemessene Anstellung gab».[64]

Friedrich der Große versah auch die Abschiedszeremonie mit der ihm eigenen leicht sarkastischen Tonlage:

«‹Gute Reise, aber was erhoffen Sie sich in diesem Land?›

‹Was ich mir hier erhoffte, nämlich seinem Herrscher zu gefallen.›

‹Sind Sie der Zarin empfohlen?›

‹Nein, Majestät. Ich bin nur einem Bankier empfohlen.›

‹Das ist tatsächlich viel besser. Wenn Sie auf Ihrer Rückreise Berlin berühren, werde ich mir von Ihnen gerne das Neueste aus diesem Land erzählen lassen. Adieu.›»[65]

Mit nur zweihundert Dukaten in seiner Börse verließ Casanova Berlin, den nächsten Wechsel des Senators Bragadin erwartete er erst in St. Petersburg.

12. *Die Ehre des Adels*

In Russland

Die Hälfte seines Reisegeldes verlor Casanova schon beim Spiel in Danzig. Der Rest erlaubte ihm zwar noch, in Mitau, der lettischen Hauptstadt des damaligen Kurland, «wie ein großer Herr einzufahren»,[1] aber die Summe war bis auf drei Dukaten geschrumpft. Die drei Dukaten aber gab er so gönnerhaft-großzügig aus, dass seine vorgetäuschte Wohlsituiertheit ihm ausreichenden Kredit verschaffte, um für die Weiterfahrt nach St. Petersburg erneut zweihundert Dukaten zur Verfügung zu haben. In Mitau, der Residenzstadt der Herzöge von Kurland, verweilte er einige Wochen, nicht nur um an einem Maskenball teilzunehmen, sondern auch um der Einladung des Herzogs Ernst Johann von Biron zu folgen, auf einer Rundreise durch sein Land die dortigen Bergwerke zu besichtigen und die Chancen für die Ausbeutung der Bodenschätze zu überprüfen. Es war reine Schauspielerei, als er sich «als Kenner aufspielte»[2] und über «diese Materie sprach, als beherrschte ich sie in Theorie und Praxis vollkommen».[3] Dennoch war sein Gutachten dem großzügigen Herzog die Summe von vierhundert Albert-Talern wert. Diese Goldmünzen, die in den baltischen Ländern im Umlauf waren, erhöhten seine Geldmittel erheblich.

Über Riga gelangte er im Dezember des Jahres 1765 nach St. Petersburg, wo die winterliche Kälte ihn beeindruckte. Auch stellte er fest, dass «in Petersburg jedermann, das einfache Volk ausgenommen, die deutsche Sprache beherrschte, die ich mit Mühe verstand ...»[4] Da auch hier Ballsaison war, ließ er sich sofort in einen Maskenball ziehen, der am zaristischen Hof veranstaltet wurde und an dem – bei freiem Eintritt – rund fünftausend Gäste teilnahmen.

Das Fest fand im Winterpalais, der Residenz der Zarin, statt, in einem Bau, der erst in den Jahren 1753 bis 1762 von dem italienischen Architekten Bartolomeo Rastrelli im Barockstil errichtet worden war. Schnell tauchte Casanova in das turbulente Treiben ein, wobei ihm eine Dominomaske Anonymität gewährte. Auch die Zarin Katharina II. glaubte sich unter einer Maske gut verborgen, aber den Ballgästen enthüllte sich schnell ihre wahre Identität, weil Gregor Orlow nicht von ihrer Seite wich. Er und seine vier Brüder, die 1762 Offiziere der Gardetruppen gewesen waren, hatten den Sturz des Zaren Peter III. einschließlich seiner Ermordung durchgeführt. Gregor Orlow, bereits 1762 Graf und 1772 Prinz von österreichischen Gnaden, war überdies von 1762 bis 1777 Günstling und Geliebter der Zarin.

Während seines gesamten Aufenthalts in Russland trat Casanova unter dem Namen eines Grafen von Farnussi auf – es war der Mädchenname seiner Mutter. Er liebte den Namenwechsel, wie es bei anderen Abenteurern jener Zeit auch der Fall war. Sein Leben in St. Petersburg, das reich an Begegnungen mit seinen Landsleuten aus Venedig oder auch mit schillernden Persönlichkeiten aus dem Theatermilieu war, nicht zuletzt mit Kastraten, spielte sich jedoch weit entfernt vom Machtzentrum der Zarin ab. Dabei bestand das eigentliche Ziel seiner Reise doch darin, bei der Herrscherin jene Anstellung und Zukunftsperspektive zu finden, die ihm der Preußenkönig nicht gewährt hatte.

Aber seine Aufmerksamkeit konzentrierte sich bald auf ein dreizehn Jahre altes Bauernmädchen namens Zaira. Er kaufte es, was in Russland seinerzeit ein üblicher Vorgang war, für hundert Rubel, und ein kundiger Freund ließ ihn wissen, dass er das Mädchen nach Belieben verprügeln dürfe. Auch Zaira wurde von Casanova weit über ihrem Stand eingekleidet. Die Folge stellte sich bald ein: «Sie begann mich zu lieben und war sogar eifersüchtig.»[5] Ihre Angst, betrogen zu werden, erreichte einen Höhepunkt, als er sich bei seiner Rückkehr von einem vergnügungsreichen Ausflug einer nicht geringen Gefahr ausgesetzt sah: «Ich … entgehe durch Zufall einer Flasche, die mir Zaira an den Kopf wirft; hätte sie mich an der Schläfe getroffen, wäre es mein Tod gewesen.»[6] Danach blieb er ihr den Beweis seiner Zuneigung nicht schuldig: «Sie hatte mich schon mehrfach gezwungen, sie zu verprügeln; das war das einzige Mittel, um sie zu überzeugen, daß ich sie liebte.»[7]

Dennoch erlaubte er sich eine Untreue besonderer Art, von der er sich in seinen Memoiren wiederholt distanziert, sich ihr aber in Russland – nach der frühen Erfahrung in Konstantinopel – ein weiteres

Mal hingab. Es geschah im Kreis gelangweilter Offiziere, von denen sich drei im Wechsel einer leichtlebigen Französin namens Mademoiselle La Rivière zuwandten, die sich jedoch im sexuellen Kräftemessen mit den drei Männern «stets behauptete».[8] Zunächst beschränkten sich Casanova und ein junger Russe, dessen «weiße Brust»[9] ihn heftig erregte, darauf, sich als Voyeure von dem heterosexuellen Treiben anregen zu lassen. Dann jedoch ließen sie ihrem homosexuellen Verlangen freien Lauf: «Der junge Russe und ich gaben uns Beweise zärtlichster Freundschaft und schworen sie uns auf ewig.»[10] Auch in diesem Fall bemüht der Venezianer den Begriff «große Orgie»,[11] aber im Gegensatz zu dem exzessiven Ausleben der Männer in Rom, von dem er sich angewidert abgewendet hatte, war ihm dieses sexuelle Rendezvous mit einem Mann ein ungetrübtes Vergnügen.

Mit Zaira, die er generell nicht an seinen Auftritten in der feinen Gesellschaft teilnehmen ließ, unternahm er eine gemeinsame Reise nach Moskau, wo er die rustikalen Sitten der Russen genauer in Augenschein nahm. Aber er kehrte bald nach St. Petersburg zurück, bestand doch nur in dieser Stadt die Chance, sich um eine Lebensstellung, die ihm finanzielle Sicherheit garantieren sollte, zu bemühen. An Eifer ließ er es nicht fehlen: «Ich verfaßte Schriften über verschiedene Probleme, da ich eine Verwendung im Staatsdienst anstrebte, und reichte meine Entwürfe ein, die der Zarin vorgelegt wurden; aber meine Mühen waren vergeblich.»[12] Casanova glaubte sogar den Grund zu kennen, warum er keine Antwort auf seine Projektentwürfe erhielt: «In Rußland zählen nur Leute, die man ausdrücklich aufgefordert hat, zu kommen.»[13] Selbstkritisch musste er sich eingestehen, dass er die Reise nach Russland besser nicht unternommen hätte.

Begegnung mit Katharina II.

Schließlich wiesen ihn seine Freunde ausdrücklich darauf hin, dass er dieses Land nicht verlassen dürfe, ohne ein Gespräch mit der Zarin geführt zu haben. Seinem formalistischen Einwand, er sei bei Hofe nicht vorgestellt worden und wisse auch niemanden, der ihm diesen Dienst erweisen könne, begegnete man mit der Versicherung, es genüge, sich in früher Morgenstunde auf der Uferpromenade der Newa einzufinden, was Casanova umgehend tat. Tatsächlich kam es zu einem Gespräch mit Katharina II., die von ihrem Günstling Gregor Orlow begleitet und beschützt wurde. Es wurde eine lockere Konversation von sogar einer Stunde, in der die aufgeschlossene und stets liebenswürdige Zarin sich seine Eindrücke von ihrem Land erzählen ließ und er sich sogar die Freiheit nahm, einige belächelnswerte Sitten zu erwähnen. Die Neugier der Herrscherin gab ihm sogar Gelegenheit, seine Begegnung mit Friedrich dem Großen zu schildern, nicht zuletzt dessen Manie, keinen Menschen ausreden zu lassen, was die Zarin mit einem gnädigen Lächeln bedachte.

Casanova hat es nicht versäumt, sich noch im Alter das genaue Bild von ihr zu vergegenwärtigen, das er im Frühling 1765 gewinnen konnte, obgleich er sich damals wie später fragte, inwieweit es nicht eine Art Maske war, zu der sie sich zwang: «Ohne schön zu sein, war sie sicher, durch ihre Sanftmut, ihre Leutseligkeit und ihren Geist zu gefallen, deren sie sich sehr gut bediente, um von jedem Hochmut frei zu erscheinen.»[14] Seine Porträtskizze von Katharina II., der er weit mehr Sympathie entgegenbrachte als dem lakonisch-zynischen Preußenkönig, weist eine ebenso große historische Genauigkeit auf wie die von Friedrich II.

Nachdem er erfahren hatte, dass die Zarin in ihrem höfischen Umfeld zweimal nach ihm gefragt hatte, kam es zu einer weiteren Begegnung im Sommergarten. Nun sah Casanova eine Chance und wollte sie optimal nutzen. Er bereitete sich intensiv auf einen Gesprächsstoff vor, der ihre Aufmerksamkeit hätte finden sollen, war dies doch einem Postenaspiranten in Preußen mit der richtigen Analyse des gregorianischen Kalenders gelungen. Er wusste von dessen Erfolg, ohne dass er dies erwähnt. Zielstrebig brachte er deshalb das Gespräch auf die Differenz von julianischem (von Julius Cäsar 46 v. Chr. festgelegten) und gregorianischem (von Papst Gregor XIII. 1582 reformierten) Kalender, die im Jahr 1765 elf Tage betrug. Für Katharina II., in deren Land der julianische Kalender galt, hätten sich bei einer korrigierenden Anpassung an den gregorianischen erhebliche politische Folgen ergeben, auf die sie ihren Gesprächspartner hinwies: «Ich lasse lieber den kleinen Irrtum bestehen, als daß ich allen meinen Untertanen einen großen Kummer zufüge. Wenn ich den Kalender um elf Tage verkürze, bringe ich zwei oder drei Millionen um ihren Geburts- oder Namenstag.»[15] Sie wies den Venezianer sanft darauf hin, dass ihr der Vorwurf, eine Atheistin zu sein, gewiss nicht erspart bleiben würde. Diesem blieb nur, eine überraschte Miene zu zeigen, und ihr das Vergnügen daran. Ebenfalls nur bewundern konnte er ihre souveräne Gelassenheit: «Ihr Geist schien ebenso unerschütterlich wie ihre gute Laune, deren Gleichmäßigkeit ihr lachendes Gesicht verkündete.»[16]

Vom Hof der Zarin oder gar von ihr selbst kam kein Angebot für eine Anstellung, wobei er sich selbst eingestand: «Ich wußte selbst nicht, für welche Tätigkeit ich in einem Land geeignet sein könnte, das ich überdies nicht liebte.»[17] An diesem abschlägigen Resultat änderte sich auch nichts nach einem dritten Gespräch mit der Zarin, das erneut über die Details des Kalenders geführt wurde. Offenbar hatte sie sich über das astronomische Thema zusätzlich kundig gemacht, bewies sie doch nun eine größere Sachkenntnis. Zum Schluss sprach die russische Herrscherin das Glücksspiel an, in dem Casanova sich als Kenner ausweisen konnte, besonders auf ihre Frage, warum es in Venedig so beliebt sei. Auch auf diesem Gebiet stieß er auf eine kluge Sachwalterin ihres Landes. Sie hatte das Lotto-Spiel generell verboten und gedachte es allenfalls unter der Bedingung freizugeben, «daß der Einsatz nicht geringer sein dürfe als ein Rubel, um zu verhindern, daß die Armen spielen, die nicht rechnen können …»[18] Nur in einer Frage hatten die Zarin und der Venezianer sich beiläufig verständigt – beide bekannten, keine Liebhaber der Musik zu sein.

Es wurde Zeit abzureisen, aber vorher galt es, die bäuerliche Geliebte Zaira in so gute Hände zu geben, dass ihre Zukunft gesichert sein würde. Es fand sich ein Architekt namens Antonio Rinaldi, ein Mann vorgerückten Alters, der seit Langem in Russland lebte und dort zu Wohlstand gelangt war. So konnte der Weiterverkauf der jungen Frau, nachdem sie zu ihren Eltern zurückgekehrt war und sich Casanova im Verzicht auf die Rückgabe ihres Kaufpreises großzügig gezeigt hatte, ohne Schwierigkeiten abgewickelt werden. Die junge Russin hatte, wie er dankbar bilanzierte, großen Anteil an seiner auch finanziell bedingten Zurückhaltung gegenüber kostspieligeren Frauen: «Ihr verdanke ich, daß ich in Petersburg recht vernünftig gelebt habe.»[19]

Zu einer ebenfalls von Vernunft bestimmten Liebesbeziehung kam es mit Madame Valville, einer französischen Schauspielerin, deren Bekanntschaft er in St. Petersburg unmittelbar vor seiner Abreise gemacht hatte und der er sich mit geradezu nüchternem Geschäftssinn näherte: «Ich möchte ein Verhältnis mit Ihnen anknüpfen, Madame.»[20] Grundlage dieser sexuellen Geschäftsbeziehung war der Plan, gemeinsam nach Warschau zu reisen, und nachdem ihm seine neuen Freunde, die er in St. Petersburg zahlreich gefunden hatte, zum Abschied ein grandioses Feuerwerk zum Geschenk gemacht hatten, brach man auf. In Madame Valville sah er – so sein zwiespältiges Kompliment – alle Vorteile französischer Frauen vereinigt, die «ausgehalten werden wollen, und außerdem schmeichelt ihnen der Titel Mätresse mehr als der Titel Frau».[21] Die französischen Frauen, so seine psychologische These, pflegten, wenn sie sich der Liebe mit Verstand hingäben, nur eine moderierte Leidenschaft und verfügten über die Kunst, Bindungen leicht zu knüpfen und ebenso leicht zu lösen, aber «stets mit einem Lächeln».[22] Auf diese Weise trennte man sich bald mit jener Leichtigkeit, mit der man sich wenig später in Paris erneut zusammenfand.

Vom Turnier zum Duell

In Warschau geriet Casanova schnell in das politische Spannungsfeld von nationalpolnischen Traditionalisten und Parteigängern der russischen Einflussnahme, zwischen denen der König Stanislaus Poniatowski einen Mittelweg zu finden suchte, um die nationale Unabhängigkeit Polens zu sichern. Der körperlich wohlgestaltete und auch hochgebildete Monarch, der in St. Petersburg der Geliebte der seinerzeitigen Großfürstin und nunmehrigen Zarin Katharina II. gewesen war, zeigte sich gegenüber dem Venezianer als ebenbürtiger Verehrer und Kenner von Ariost und Horaz und nicht zuletzt als generöser Landesherr.

Ihm war die finanziell prekäre Situation von Casanova bekannt, der sich mit seinem aufwendigen Lebensstil in Warschau schnell verschuldete, denn «die fünfzig Zechinen, die ich monatlich aus Venedig erhielt, genügten nicht. Wagen, Wohnung, zwei Diener und die Notwendigkeit, stets gut angezogen zu sein»,[23] mussten finanziert werden. Aus dieser Bedrängnis befreite ihn der polnische König durch eine ihm diskret zugespielte Rolle von Dukaten, die ihn wenigstens von seinen Schulden befreiten. Der Venezianer stieg sogar zu einer Art Sekretär des Monarchen auf, als ihm gestattet wurde, an dessen Korrespondenz mitzuwirken. Auch hier war sein Bestreben, eine dauerhafte und angemessen dotierte Position zu finden.

Dadurch, dass er den verschiedenen Fraktionen, die das Land spalteten, einen Besuch abstattete, gelang es ihm, sich neutral im politischen Spannungsfeld zu bewegen. Dennoch geriet er in einem ganz anderen Bereich in einen Konflikt, der ebenfalls politisch unterminiert war. Casanova fühlte sich dem polnischen Hochadel, bei dem er auf besonderes Wohlwollen gestoßen war, verpflichtet. Diese nationalpolnischen Adligen feierten und verehrten die Schauspielerin Caterina Catai, was für den Venezianer bedeutete, dass er ihr solidarisch Beifall zollte. Nun aber erschien eine Konkurrentin auf der Szene – Anna Binetti, ein gefeierter Bühnenstar aus London und mit Casanova überaus bekannt. Deren Auftritte überstrahlten den Glanz der Favoritin seiner Partei, was er sich freimütig eingestand, ihm aber nicht erlaubte, der Catai «wegen der Binetti fahnenflüchtig zu werden».[24]

Darüber erzürnt, setzte die Binetti ihren Liebhaber Franz Xaver Graf Branicki gegen ihn in Marsch, der der prorussischen Fraktion angehörte. Er war hochdekorierter Offizier, Kammerherr des Königs und gerade aus Berlin zurückgekehrt, wo er als Gesandter des polnischen Königs mit Friedrich dem Großen Verhandlungen geführt hatte. Am politischen Horizont zeichnete sich bereits die Dreier-Koalition von Preußen, Österreich und Russland ab, die 1772 die erste und 1795 die dritte Aufteilung Polens zur Folge haben und später den Sturz Poniatowskis bewirken sollte.

Die Konfrontation zwischen Branicki und Casanova wurde unumgänglich und äußerte sich bald in hochdramatischen Episoden, die der Venezianer mit großer Akribie schildert. Neben der Flucht aus den Bleikammern des Dogenpalastes bildete dieses Geschehen den zweiten Höhepunkt seines Lebens. Sein heroisches Auftreten im Duell mit dem mächtigen Militär verschaffte ihm ein zweites Renommé in ganz Europa, und er selbst verstärkte diesen Ruf noch dadurch, dass er die Episode wiederholt darstellte und sie mit seinem Buch «Il duello» von 1780 sogar an die Öffentlichkeit brachte.

«Hasenfuß»[25] war das ehrverletzende Schimpfwort, das Branicki ihm in der Loge der Binetti entgegenschleuderte, als Casanova sich umgehend bereitfand, dem polnischen Offizier den Platz an der Seite der Schauspielerin zu überlassen. Er verließ die Loge, nicht ohne vorher dem Liebhaber der Binetti seinen Degengriff gezeigt zu haben. Als dieser noch die Beleidigung «venezianischer Feigling»[26] hinzufügte, revanchierte sich Casanova mit der Drohung, dass «vor dem Theater ein venezianischer Feigling wohl einen tapferen Polen töten könne».[27] Doch wartete er vergeblich und kam in der folgenden Nacht zu der Überzeugung, dass die gezielte Demütigung durch den Polen nicht ohne angemessene Antwort bleiben dürfe: «Ich war von Natur nicht fähig, einen solchen Makel auf mir sitzen zu lassen.»[28] Denn die Konsequenz aus dem Affront Branickis stand ihm klar vor Augen: «Ich erkannte mich als entehrt.»[29]

Das Wort «Ehre», das Casanova in der folgenden Darstellung seines Duells immer erneut bemüht, stellte ihn in die lange Tradition des bewaffneten Zweikampfes; er wusste, was er dieser Tradition schuldig war. Bis in die mythische Frühzeit der Griechen reicht in Homers «Ilias» die kriegerische Konfrontation der beiden Helden Hektor und Achill, deren Ausgang der Streit um die schöne Helena war. Es könnte mehr als ein literarischer Zufall sein, dass Casanova viele Jahre an einer in Hexametern gefassten Übersetzung dieses Epos arbeitete und nach seiner Rückkehr in seine Heimatstadt drei Bände unter dem Titel «Dell' Iliade de Omero, tradotta in ottova rima» veröffentlichte.

Die Tapferkeit, die «fortitudo», zeichnete seit Homer den Mann aus, der bereit und fähig war, sich im Zweikampf einem gleichwertigen Gegner zu stellen. Sowohl in der Antike als auch im Mittelalter, als es zur Variante des gottesgerichtlichen Zweikampfes kam, wurde sie zum Maßstab seiner Ehre. Im Hochmittelalter bildete sich in Frankreich das «tournoi» (Turnier) heraus, eine Waffenübung in Scheingefechten, die vor der aristokratischen Hofgesellschaft ausgetragen wurde, um Tapferkeit und Tüchtigkeit im kriegerischen Handwerk unter Beweis zu stellen. Dem Sieger gehörte außer der Ehre der Beifall der hochadligen Damen auf der Galerie. Sogar der französische König Heinrich II. ließ sich 1559 von der Faszination, in den Augen der Frauen ein alle überragender Kämpfer zu sein, verführen. Beim festlichen Turnier anlässlich der Doppelhochzeit der französischen Prinzessin Elisabeth von Valois mit dem spanischen König Philipp II. und Marguerite, der Schwester des Königs, mit Philippe-Emanuel Herzog von Savoyen ritt er als Letzter in die Arena, um sich mit Gabriel de Montgomery, dem Kommandanten seiner schottischen Leibgarde, zu messen. Auf seiner Rüstung prangte nicht das Wappen seiner Gemahlin Katharina von Medici, sondern das der schwarzweißen Karos seiner Geliebten Diana von Poitiers. Doch der Schaukampf verwandelte sich in tödlichen Ernst – die Lanze Montgomerys glitt an der Rüstung des Königs ab und drang durch das Visier in seinen Kopf. Das Simulacrum des tödlichen Schaukampfes war vom spielerischen Schauspiel in einen Akt des Grauens umgeschlagen.

Aus dem symbolischen Scheingefecht des Turniers entwickelte sich das Duell. Durch den ritualisierten Ehrbegriff unterschieden sich die Mitglieder der aristokratischen Oberschicht von allen anderen Untertanen des Monarchen. Die Ehre des Edelmanns bewies sich nicht nur in dessen Todesbereitschaft im Krieg, sondern auch bereits vorher und nachher im Zweikampf Mann gegen Mann. Als Kardinal Richelieu das Duell unter Strafe stellte, um das Machtmonopol des Staates zu sichern und den häufig zu Aufständen gegen den Monarchen bereiten Adel zu disziplinieren, wurde dieses Verbot, dessen Übertretung sogar die Strafe der Hinrichtung einschloss, als entehrend empfunden und der Verstoß dagegen als Ehrensache. Die Probe hatte das königliche Duellverbot im Jahre 1627 zu bestehen. Unter den Fenstern des Palais', das Richelieu bewohnte, fanden gleich zwei Duelle statt – eine Provokation für Ludwig XIII. und seinen Minister.

Nun zögerte Richelieu, der zunächst bei Duellen nur die Verbannung als Strafe verhängt hatte, nicht, auch die höchste Strafe zur Anwendung zu bringen. Zwei der vier Duellanten konnten fliehen, zwei wurden auf der Flucht ins Ausland gefasst. Einer von ihnen war François Montmorency-Bouteville, der schon einundzwanzig Duelle ausgefochten hatte und dem hochrangigen Geschlecht der Montmorency angehörte. Seine hochschwangere Frau warf sich dem König zu Füßen, dessen abweisende Antwort lautete: «Madame, Euren Verlust empfinde ich genauso wie Ihr, aber mein Gewissen verbietet mir, Ihnen zu verzeihen.»[30] Tapfer gingen die beiden Duellanten in den Tod – sie wurden auf der Place de Grève, der Pariser Hinrichtungsstätte für Verbrecher, geköpft. Die Zahl der Duelle nahm nicht ab, der Hass auf den Ersten Minister dagegen wuchs, genauso wie die Macht des Monarchen. Richelieu hatte die Basis für den französischen Absolutismus in Europa auch innenpolitisch gelegt. Die bei Übertretung des Duellverbots verhängte Todesstrafe fand – bis nach Polen ein Jahrhundert später – zunehmend Geltung in ganz Europa.

Ehrenhandel mit dem polnischen Adligen Branicki

Monarch und Aristokrat waren dennoch im Duell eng verbunden, bildete es doch das Kennzeichen ihres gemeinsamen Adels. Nach diesem Kodex hätten sich der bürgerliche Casanova und der adlige Branicki nie duellieren dürfen. Der Venezianer wusste trotz seines angemaßten Titels Chevalier de Seingalt, dass ihn ein unüberbrückbarer Standesunterschied von der Adelswelt Branickis trennte. Ein Duell mit ihm konnte er nur als sozialen Aufstieg empfinden, und so war er höchst erstaunt, dass dieser «mir die Ehre eines Duells zugestehen wollte».[31] Als der Brief Branickis mit der Annahme der Duellforderung eintraf, war Casanova «hocherfreut über mein Glück».[32] Und auch die Forderung des Polen, den Ort des Geschehens bestimmen zu dürfen, wurde von dem Venezianer sofort akzeptiert, denn «ich würde meilenweit zu Fuß gehen, um die mir erwiesene Ehre zu verdienen».[33] Für die Schrecksekunde eines tödlichen Kugelwechsels sah sich Casanova erstmals und endgültig in den Adelsstand erhoben.

Warum Branicki die Duellforderung Casanovas akzeptierte, dürfte weniger in seiner Leidenschaft für die Binetti begründet gewesen sein, verließ er sie doch kurz nach dem Duell. Vermutlich war es eher ein Akt übersteigerter Arroganz, denn Achtung oder gar Ehre brachte ihm dieser Zweikampf zumindest bei seinen Standesgenossen und dem König nicht ein. Aber der König äußerte gleichermaßen gegenüber Casanova seine Missbilligung. Zunächst begleitete er die ausführlichen Schilderungen des Venezianers über das Duell, die dieser in der feinen Gesellschaft und in seiner Anwesenheit zelebrierte, mit einer Haltung, «als höre er mir nicht zu».[34] Schließlich fragte er Casanova jedoch direkt, «ob ich in meiner Heimat bei einer Beleidigung dem Betreffenden eine Aufforderung zu einem Duell geschickt hätte, falls er ein adliger Venezianer gewesen wäre».[35] Darauf musste er eingestehen, dass ein Adliger seiner Heimatstadt seiner Aufforderung nicht nachgekommen wäre und ihm nichts anderes übriggeblieben wäre, als seinen Ärger über den Standesstolz des Adligen still zu ertragen.

Trotz alledem war der Stolz auf seiner Seite. Von den fünf Duellen, die er in seinem Leben ausfocht, war dies das einzige, das er in seinen Memoiren ausführlich darstellt – alle fünf hat er übrigens gewonnen. Selbst die Stadt Warschau blieb ihm wegen des Duells in strahlender Erinnerung, «weil ich dort das Glück hatte, meine Bekannten davon zu überzeugen, daß mir die Ehre mehr bedeutete als das Leben».[36] Doch verlor bereits in jener Epoche der Ehrbegriff des Duells den Rang eines Adelsprädikats, büßte doch der Adel, wie er sich in dieser Form des Zweikampfs präsentierte, am Vorabend der Französischen Revolution seine Exklusivität ein. So konstatierte der bayerische Staatsrat Clemens von Leyden nüchtern: «Als das milde Licht der Aufklärung eine Annäherung zwischen den Klassen der Gesellschaft bewirkt hatte, da fühlte man, daß … die wesentlichen Regeln des geselligen Lebens allen gemein sein müssen. Darum … fand es niemand unter seiner Würde, einem vermögenden oder angesehenen Privatmann, einem Gelehrten, einem großen Banquier, einem Assessor, welcher alle Verrichtungen höherer Staatsbeamten versieht, im Falle der Beleidigung jene Genugtuung zu geben, die er fordern könnte.»[37]

Doch zurück zum Verlauf des Duells, wie es am 5. März 1766

formgerecht ablief. Casanova schickte seinem Kontrahenten eine schriftliche Einladung, deren Stil der klassischen Zeremonie des Duells verpflichtet war – makellos nüchterne Höflichkeit und mutig kalte Todesbereitschaft. An einem Ort, dessen Wahl er dem Gegner überließ, sollte keiner der beiden Akteure begünstigt sein – «wo ich mich des gleichen Vorteils erfreue, wenn es mir mit Gottes Hilfe gelingt, Eure Exzellenz zu töten».[38] Auch in der Wahl der Waffen – Branicki bevorzugte Pistolen – zeigte sich Casanova ebenso generös wie in der Wahl des Zeitpunkts, denn der Pole bestand auf dem Waffengang noch am selben Tag.

Das selbstsichere Gefühl, seine angetastete Ehre verteidigen zu müssen und diese nur so von der Beleidigung durch Branicki reinwaschen zu können, gewährte ihm nicht nur einen gesunden Tiefschlaf in der Nacht nach dem Abfassen des Herausforderungsbriefes, sondern auch einen ausgezeichneten Appetit bei einem «schmackhaften Mittagsmahl»[39] am Tag des Duells. Er nahm es bewusst unter Zeugen ein, um seinen stabilen Mannesmut zu dokumentieren. Danach, an einem Ort in der Nähe von Warschau, schritt man zur Tat – exakt nach den strikten Regeln der Chancengleichheit. Vorher jedoch stellte der Venezianer bei der Prüfung der Pistolen noch unter Beweis, dass ihm auch psychologische Waffen zur Verfügung standen. Er ließ seinen Gegner wissen, nun auch entschlossen zu sein, die korrekte Gleichheit der Pistolen «an seinem (i. e. Branickis) Kopf zu erproben».[40]

Mit entblößter Brust – auch das verlangte der standesgemäße Heroismus – kam es zum Schusswechsel: «Ich lüftete mit der linken Hand meinen Hut, bat ihn um die Ehre, daß er als erster schießen würde, und deckte mich.»[41] Doch Branicki zögerte einen Augenblick, und so sah sich Casanova berechtigt, seinerseits von seiner Waffe Gebrauch zu machen. Beide schossen zur selben Zeit, so dass in der Umgebung nur ein Schuss wahrgenommen wurde. Der Venezianer fühlte eine Verletzung an seiner linken Hand, sah aber zugleich seinen Gegner zu Boden fallen. Umgehend stürzten sich die sekundierenden Offiziere Branickis auf ihn, dessen Leben der Pole jedoch mit dem verachtungsvollen Befehl an seine Sekundanten rettete: «‹Gesindel, rührt diesen Ehrenmann nicht an.›»[42]

Branicki, der befürchten musste, dass die Kugel seine Eingeweide durchschlagen hatte, wurde von seinen Begleitern nach Warschau gebracht, während Casanova unter der Plane eines Bauernwagens in die Stadt gelangte und Aufnahme in einem Kloster fand. Branickis Verwundung erwies sich als nicht tödlich, und Casanovas Verletzung heilte langsam ab, obwohl die Ärzte vor Ort ihm dringend und fahrlässig zur Amputation seiner linken Hand geraten hatten. Von Seiten der nationalpolnischen Parteigänger schlug dem Venezianer viel Sympathie entgegen, und auch Geldgeschenke in Höhe von viertausend Dukaten wurden ihm offeriert. Doch er lehnte ab und glaubte, aus diesem Ehrenhandel keinen finanziellen Vorteil ziehen zu dürfen, korrigierte seine Haltung jedoch aus der Weitsicht des Alters in Dux: «Ich war sehr stolz darauf. Campiono (ein treuer Freund, d.A.) fand meinen Heroismus sehr lächerlich und hatte recht. Hinterher bereute ich es.»[43]

Das Duell hatte ihm nicht nur viel Ehre eingebracht, sondern auch die Freunde Branickis zu seinen Feinden gemacht; er war der Gefahr eines nächtlichen Attentats ausgesetzt. So folgte er dem Rat seiner Freunde, eine kleine Reise ins Innere des Landes zu unternehmen, und reiste nach Lemberg. Dort fand er in den Armen einer jungen Schönen ungetrübtes Vergnügen, machte aber auch die Bekanntschaft einer Gräfin Waldstein. Diese hochgeachtete Dame zählte zu jener adligen Familie, der auch Joseph Karl Graf Waldstein angehörte. Er gewährte Casanova später Aufnahme in seinem Schloss Dux, machte ihn dort zu seinem Bibliothekar und verschaffte ihm damit einen gesicherten Lebensabend.

Auf dem Weg nach Westen

Zurück in Warschau sah er sich in doppelter Bedrängnis: Zum einen entzog ihm der König seine Gunst, da ihm das falsche Gerücht zugetragen worden war, Casanova habe in Paris die königliche Lotterie um viel Geld betrogen und sei deswegen zum Tode durch den Strang verurteilt worden. Die Folge war, dass «meine Anwesenheit bei Hofe nicht mehr erwünscht sei».[44] Er selbst spricht sogar von einem «Ausweisungsbefehl».[45] Zum anderen fehlte es ihm an Geld für die Reise.

Vergeblich hatte er Bittbriefe nach Venedig und zu Freunden in aller Welt gesandt, um wenigstens seine Schulden in Warschau bezahlen zu können. Als der König von dieser finanziellen Notlage des Venezianers erfuhr, ließ er ihm diskret tausend Dukaten zukommen. Nicht zuletzt deshalb bewahrte Casanova dem schließlich scheiternden Stanislaus Poniatowski ein ehrendes Andenken.

Auf seiner ersten Reisestation nach Westen stieß er in Breslau auf einen Venezianer namens Nicolò Bastiani, der zu Berühmtheit gelangt war, weil Friedrich der Große sich in ihn verliebt hatte. Auch diesmal lässt Casanova, dem die Liebesbriefe des preußischen Königs gezeigt wurden, jene Variante der Liebesbeziehung durchblicken, die Friedrich II. bevorzugte – er wollte die Mätresse sein. Neben der gezielten Indiskretion, die erneut seine Abneigung gegen den Preußenkönig sichtbar werden lässt, versieht er auch die Dankbarkeit, die der Monarch gegenüber seinem Liebhaber zeigt, mit leichtem Spott – er habe «ihn königlich belohnt, indem er ihm den kirchlichen Lorbeer verlieh».[46] Casanova gewährt seinem Landsmann nur den Titel Abate, Bastiani stieg jedoch bis zur Würde eines Domherrn von Breslau auf.

Bei seiner Mutter in Dresden traf Casanova mit einem völlig verarmten Mädchen namens Maton ein, das er nach dem ersten Liebesrausch ähnlich generös eingekleidet hatte wie zuletzt Zaira. Doch deren Dankbarkeit begrenzte sich auf die Übertragung einer weiteren Geschlechtskrankheit. Auch stellte sich die bittere Einsicht ein, «daß ich nicht mehr jung war und daß der richtige Blick für solche Dinge, mit dem ich gesegnet gewesen war, zu fehlen begann».[47] Auf einem Abstecher nach Leipzig begegnete er erneut einer Frau, die er als «schöne Castel-Bajac»[48] bezeichnet. In London war sie als angebliche Gattin des gascognischen Abenteurers Castel-Bajac aufgetreten, der sich schnell als Falschspieler und Wechselfälscher entpuppt hatte und, um nicht gehängt zu werden, eiligst über den Kanal nach Frankreich geflohen war. Zu jener Zeit hatte sich Casanova abfällig über dessen Begleiterin geäußert: «nichtssagend … ohne die geringste Spur von Vornehmheit; so interessierte sie mich nicht».[49] Radikal anders war sein Urteil nun, da er sie als «eine der schönsten Frauen von ganz Frankreich»[50] bezeichnete und bereit war, sie als seine Gefährtin bei seiner Familie in Dresden einzuführen.

Die «schöne Castel-Bajac» war dringend auf seine Hilfe angewiesen, denn nicht nur der Falschspieler hatte sie verlassen, auch sein Kumpan hatte sie gerade preisgegeben: Heinrich Friedrich Graf von Schwerin, dessen Spielleidenschaft sich bis zu selbstzerstörerischer Sucht gesteigert hatte und ihn immer tiefer in Schulden hatte versinken lassen. Er war der Neffe des hochgeachteten Kurt Christoph Graf von Schwerin, der von Friedrich II. 1740 zum Generalfeldmarschall ernannt worden war und in den beiden Schlesischen Kriegen entscheidende Siege für Preußen errungen hatte – er fiel zu Beginn des Siebenjährigen Krieges im Jahr 1757 vor Prag. Der Preußenkönig kümmerte sich in präventiver Weise um dieses auf Abwege geratene Mitglied des preußischen Adelsgeschlechts, indem er ihn ins Gefängnis von Spandau steckte. Erst nach dem Tod des Monarchen im Jahr 1786 erlangte Graf Schwerin seine Freiheit zurück. Casanova lässt ihn indes bis zu dessen Lebensende dort eingekerkert.

In Dresden glänzte Casanova mit der schönen Frau, die die entlaufene Ehefrau eines Apothekers in Montpellier war und bürgerlich Blasin hieß. Ihrer beider Vertrautheit, die sich verzögert auch im Bett einstellte, nachdem seine Geschlechtskrankheit ausgeheilt war, hatte jedoch keine Perspektive. Denn erneut trat das Projekt einer großen Reise in den Vordergrund: «Mich verlangte mit Herz und Seele, nach Portugal zu fahren, und daß ich die Reise nicht in Begleitung einer schönen Frau machen könne, ohne den Erfolg aufs Spiel zu setzen.»[51] Welchen Erfolg er in diesem Land auf der Iberischen Halbinsel erhoffte oder erwarten konnte, lässt er auch diesmal im Dunkeln.

Doch reisten beide noch gemeinsam über Prag nach Wien, wo Casanova umgehend einen Ausweisungsbefehl erhielt, da er mit der Französin die Nacht gemeinsam im Bett verbracht hatte. Der von Maria Theresia bestellte Sittenwächter, Ferdinand Graf von Schrattenbach, zudem Statthalter Wiens, setzte sich am Ende durch, obgleich der Venezianer mit einer spöttischen Bittschrift bis zum Kanzler Kaunitz vordrang. Selbstverschuldet war diese Ausweisung umso mehr, als sich Casanova, verführt von einer kindlichen, lateinische Verse deklamierenden Schönheit, in das Milieu banaler Krimineller ziehen ließ und dabei leichtsinnig, wie er sich selbst eingestand, sein Leben aufs Spiel setzte. Von der Ehre des Duells, die ihm das Ansehen eines Adligen verschafft hatte, war wenig erhalten geblieben, als er schließlich allein über München nach Augsburg reiste. Madame Blasin hatte sich – von ihm mit dem nötigen Reisegeld versehen – in der Postkutsche auf den Weg nach Montpellier gemacht, wo sie auf eine Aussöhnung mit ihrem ehelichen Apotheker hoffte.

In Augsburg kam es zur Wiederbegegnung mit dem Grafen Lamberg, dem er über Jahre freundschaftlich verbunden blieb und der ein Stilist von hohem literarischem Anspruch war, was sein geistvolles «Mémorial d'un mondain» dokumentiert. Vier geruhsame Monate verbrachte Casanova gezwungenermaßen in dieser Stadt, da seine Geldmittel so geschrumpft waren, dass ihm die Mittel für die Weiterreise fehlten. In dieser finanziellen Zwangslage schrieb er an den ihm freundschaftlich gesinnten Prinzen Karl von Kurland mit der Bitte um drei- oder vierhundert Dukaten. Es sollte jedoch kein banaler Bittbrief sein, weshalb er ein ausführliches Rezept zur Goldherstellung beifügte, war er doch noch immer Kenner von alchimistischen Kunststücken. Schließlich gelang es ihm, seine Börse für die Weiterreise ausreichend zu füllen, aber nun war das Reiseziel Portugal plötzlich aufgegeben oder auch nur aufgeschoben. Denn polnische Freunde verleiteten ihn, nach Spa aufzubrechen – einem Kurort, der primär, wenigstens während der Sommermonate, eine Spielhölle war.

Über Ulm gelangte er nach Ludwigsburg, wo der Herzog von Württemberg erwartet wurde. Diesem Landesherrn und seiner Justiz hatte er sich in Stuttgart 1760 nur durch die Flucht entziehen können, als er sich im Glücksspiel mit den dortigen Offizieren hoch verschuldete und ihm die Verhaftung drohte. Als Rache gegenüber dem Herzog, der ihm seinen Schutz verweigert hatte, erlaubte er sich nun ein verspottendes Versteckspiel. Noch bevor der Herzog in der Stadt eintraf, reiste er dorthin und verlautbarte, er sei zu dessen Sekretär mit einem Gehalt von tausendeinhundert Talern bestellt worden. Seine alten Schauspielerfreunde feierten ihn, und sein Gefallen an der eigenen Rolle war so groß, dass er erst kurz vor der Ankunft des Landesherrn die raffiniert und zugleich etwas kindisch gestaltete Szene verließ.

Nach Paris als Retter in der Not

Über Ulm und Ludwigsburg erreichte er Mannheim und Mainz, wo er von der Straße auf den Fluss wechselte und seinen Reisewagen, wie er es schon an der Mittelmeerküste getan hatte, auf ein gemietetes Schiff laden ließ, um auf dem Wasserweg nach Köln zu gelangen. Dorthin zog es ihn, um nach sieben Jahren erneut mit der schönen Gattin des Bürgermeisters zusammenzutreffen. Doch die Dame, deren Schönheit der Venezianer noch gesteigert fand, zeigte sich moralisch gewandelt, so dass es nur zu einem kurzen Dialog kam. Sie: «Der Beichtstuhl darf uns nur noch dazu dienen, um dort unsere früheren Sünden zu bereuen.» Er: «Gott bewahre mich vor Reue und Gewissensbissen, deren Quelle nur das Vorurteil ist. Ich werde morgen abreisen.»[52] Sein ganzes Leben lang stellte er sich nie die Frage, ob sein exzessives Liebesleben der moralischen Verurteilung unterworfen werden dürfe und ob er durch diesen Lebenswandel gar Schuld auf sich geladen haben könnte. Er hätte sie auch nur verneint.

In Spa, dem Badeort in den Ardennen, den er sarkastisch als «dieses Loch»[53] bezeichnet, kam er, da die große Zahl der Sommergäste die begrenzte Zahl der Quartiere überstieg, nur in Privaträumen unter, die ihm ein Spitzenhändler und seine Frau überließen. Die Nichte dieses Ehepaares, die «Merci» hieß und der er sich mit männlichem Verlangen näherte, «schlug mir mit geballter Faust so auf die Nase, daß mir die Zärtlichkeit verging».[54] Obgleich blessiert und im Gesicht verunstaltet, stürzte er sich trotzdem in das überall betriebene Glücksspiel, das ihm diesmal sogar Glück brachte: vierhundert Louisdor gelangten zusätzlich in seine Börse. In Spa stieß er auch auf seinen zweifelhaften Freund Antonio della Croce, einen Falschspieler und Abenteurer, der zusätzlich das Talent eines Verführers besaß. Schon in Mailand hatte er Casanova eine Geliebte überlassen, die der Venezianer fürsorglich zu ihren Eltern in Marseille zurückbrachte, allerdings nicht ohne sich vorher ihrer sexuellen Verfügbarkeit seinerseits als Verführer zu bedienen. Nun befand sich an der Seite della Croces eine schöne junge Frau namens Charlotte, die in Brüssel aus adligem Haus entführt worden und im sechsten Monat schwanger war.

Noch schienen die Verhältnisse dieses Spielers geordnet, zumal er, um sein angesammeltes, recht stattliches Vermögen nicht umgehend zu verlieren, vorhatte, seinem Glück durch Falschspiel nachzuhelfen. Die junge Frau, die den Titel Marquesa trug, von Casanova aber schlicht Charlotte genannt wird, um ihre wahre Identität zu schützen, hoffte auf baldige Heirat mit ihrem Entführer. Doch es kam anders, denn offensichtlich konnte selbst das Falschspiel nicht verhindern, dass della Croce sich in kürzester Frist um alles Vermögen, einschließlich der Spitzen und Kleider seiner Geliebten, brachte – die zerstörerische Leidenschaft ließ ihm nicht seinen letzten Sou. Dennoch machte er sich – ungebrochen in seinem Spielerstolz – zu Fuß auf den Weg nach Warschau, wo er auf ein geneigteres Glück hoffte, wie es Casanova auch getan hatte.

Dem Venezianer gab er den lapidaren Auftrag: «Du wirst für meine Frau sorgen.»[55] Sein Vertrauen war nicht unbegründet, denn Casanova brachte dieser höchstens sechzehn oder siebzehn Jahre alten Schönheit Verehrung und Zuneigung entgegen. Ihr gegenüber wählte er, da der Altersunterschied beträchtlich war, die Rolle des «zärtlichen Vaters …, der Sie liebt, der es Ihnen nie am Geringsten fehlen lassen und Ihnen bis zum Tod treu bleiben wird».[56] Tragischerweise starb die junge Frau, die seine Reisebegleitung nach Paris wurde, ohne dass es zur Intimität zwischen den beiden kam, am Kindbettfieber. Das Kind überlebte, wurde getauft und von der Hebamme in die Waisenklappe einer Kirche getragen, wie es Rousseau mehrfach getan hatte, allerdings mit dem Unterschied, dass in den Windeln des Kindes ein Papier seinen Namen und sein Taufdatum vermerkte, das dem Verführer Charlottes die Chance auf eine spätere Anerkennung seiner Vaterschaft ließ.

Casanova, der in eine fast depressive Trauer versank, fand Aufnahme bei seinem Bruder Francesco. Aber dort traf ihn ein weiterer Unglücksschlag. Ein Brief aus Venedig enthielt die Nachricht vom Tode des Senators Bragadin, den er einst aus der tödlichen Gefahr eines Schlaganfalls gerettet hatte und «der seit zweiundzwanzig Jahren an mir Vaterstelle vertrat, selbst mit größter Sparsamkeit lebte und sich in Schulden stürzte, um mich zu unterstützen».[57] Noch ein letzter Scheck über tausend Taler war dem Schreiben beigefügt, womit auch diese Geldquelle versiegte.

Eine Langzeitwirkung seiner zweiten Gönnerin, der fast grenzenlos großzügigen Marquise d'Urfé, ereilte ihn ebenfalls in jenen traurigen Tagen. Einer ihrer Verwandten, ein junger Mann, sprach, als der Venezianer ein Konzert besuchte, in seinem Rücken abwertend und verächtlich über ihn. Der Vorwurf lautete, «ich hätte ihn mindestens eine Million gekostet, die ich seiner verstorbenen Tante, der Marquise d'Urfé, gestohlen hätte».[58]

Der Aufforderung zu einem Duell, die Casanova mit einem herausfordernden Blick aussprach, folgte der Neffe jedoch nicht; er wurde von zwei älteren Männern daran gehindert. Aber am nächsten Tag wurde dem Venezianer einer jener berüchtigten «lettre de cachet» des Königs zugestellt, die ohne Begründung und ohne Einspruchsrecht Verhaftung oder Ausweisung nach sich zogen. Immer wieder bedienten sich einflussreiche Adlige dieses Mittels, um ein charakterlich missratenes oder extrem verschwenderisches Familienmitglied aus dem geordneten Gesellschaftsleben zu ziehen, wie es bei dem Marquis de Sade der Fall war, dessen Schwiegermutter 1777 seine Einkerkerung in Vincennes erwirkte.

In diesem Fall hatte der Neffe der Marquise d'Urfé, vielleicht sogar mit deren Wissen und Zustimmung, den Außenminister Choiseul bemüht, mit dem Casanova einst im Zusammenhang mit den staatlichen Geldgeschäften in Holland in Kontakt gewesen war, um die Unterschrift des Königs für die Ausweisung des Venezianers zu erhalten. Der Befehl Ludwigs XV. lautete, «Paris innerhalb von vierundzwanzig Stunden, und das Königreich innerhalb von drei Wochen zu verlassen».[59] Überbringer war Monsieur Buhot, königlicher Rat und Inspektor des Stadtviertels Saint-Germain-des-Prés, der sich generös zeigte. Die gesetzte Frist sei nicht genau auf den Tag zu respektieren, aber der Befehl zur Abreise sehr wohl. Nach Warschau und Wien verließ Casanova nun auch Paris nicht freiwillig.

13. Letzter Ehrgeiz

Auf der Suche nach einer Anstellung

Mit knapper Börse und guten Vorsätzen näherte sich Casanova Spanien, dessen Landessprache er ebenso wenig beherrschte wie seinerzeit das Englische, über dessen katholisch strenge Sitten er jedoch wohl informiert war. Obgleich es eigentlich nicht seinem sanguinischen Temperament entsprach, war also Zurückhaltung erforderlich, weshalb er sich «mit neuen Grundsätzen gewappnet hatte. Ich fuhr in ein Land, wo ich sie hinsichtlich meines Verhaltens wie auch der Vorsicht bei meinen Äußerungen nötig haben würde.»[1] Seine Konstitution freilich ließ nichts zu wünschen übrig: «Ich erfreute mich einer vollkommenen Gesundheit.»[2] Dennoch war er nicht frei von Selbstzweifeln, da «ich in dem gewissen Alter war, dem die Glücksgöttin meist nicht hold ist und dem die Frauen kein großes Interesse entgegenbringen».[3]

Er wählte die Postkutsche für den Weg von Poitiers nach Bordeaux, und auf einem Maultier reitend überquerte er die Pyrenäen, über deren Gebirgsformation oder gar landschaftliche Schönheit er kein Wort verliert. Schnell entdeckte er, wenigstens soweit es den Charakter des Durchschnittsspaniers betraf, eine «mit Stolz gemischte Faulheit»[4] sowie die Inquisition, die als unsichtbar-allgegenwärtige Observanz der Kirche die größte Machtfülle im Land besaß. Madrid, wohin er langsam, aber ereignislos gelangte, ist die höchstgelegene Hauptstadt Europas, wie er richtig anmerkt; er irrt sich jedoch in der Höhenlage, denn sie liegt nicht 1950, sondern nur 655 Meter über dem Meeresspiegel. Schnell fand er ein Quartier, und es fehlte ihm nur ein in Spanien «Page» genannter Diener, der auch des Französischen mächtig sein sollte. Schließlich fand er einen dreißigjährigen besonders hässlichen Mann, den er, obwohl er seinen äußerlichen Makel als gute Voraussetzung für eine gewisse Diskretion ansah, jedoch als «Spitzbuben»[5] bezeichnete.

Mit dem Empfehlungsschreiben einer polnische Hochadeligen präsentierte er sich umgehend dem Grafen Petro Pablo de Aranda, einem rigorosen Anhänger der französischen Aufklärung, der kurz vor der Ankunft des Venezianers den Jesuitenorden aus Spanien vertrieben und im selben Jahr die große Freimaurerloge Spaniens gegründet hatte. Dieser Mann war – so Casanovas Einschätzung – «damals mächtiger in Madrid als der König».[6] Vor dem Grafen machte er kein Geheimnis aus seinem Ehrgeiz, ein staatliches Amt als Lebensstellung zu erhalten: «Ich möchte meine bescheidenen Talente anbieten, wenn ich mich der Regierung nützlich machen kann.»[7] Mit nüchterner Höflichkeit verwies ihn der mächtige Minister an eine andere Instanz: «Was Ihr Anerbieten betrifft, mit Hilfe Ihrer eigenen Talente Ihr Glück zu machen, so wenden Sie sich an den Gesandten Ihrer Republik, er wird Sie einführen, dann mögen Sie zeigen, was Sie können.»[8] Nun musste sich Casanova als staatenlos zu erkennen geben, konnte die Republik Venedig in ihm doch weiterhin nur einen entflohenen Strafgefangenen sehen. Folgerichtig stieß er auf die lakonische Ablehnung des Ministers, der ihm jede Unterstützung verweigern musste: «In diesem Fall haben Sie bei Hofe nichts zu erwarten.»[9]

Bei dieser Abweisung wollte es Casanova nicht belassen und erkundete die personelle Konstellation in der venezianischen Gesandtschaft, indem er direkt an den Gesandten Alvise V Sebastiano Mocenigo schrieb. Die Antwort erhielt er umgehend durch den Besuch von Nicolò Manuzzi, der der Sekretär des Gesandten war. Dieser Mann war der Sohn jenes Giovanni Battista Manuzzi, der seinerzeit als Spitzel der Staatsinquisition in Venedig entscheidend dazu beigetragen hatte, dass Casanova unter den Bleidächern des Dogenpalastes inhaftiert wurde. Überdies erfuhr er von der homosexuellen Beziehung zwischen dem Sekretär und dem Gesandten, die sich in der Variante gestaltete, «daß der Gesandte die Frau und Manuzzi den Gatten spielte».[10] Der Sohn des Spitzels zeigte sich überaus bereitwillig, den entflohenen Häftling der Republik Venedig bei seinen Karrierebemühungen zu unterstützen.

Neben dem Ehrgeiz, endlich eine sichere Position zu erlangen, war Casanova, dem ein Leben ohne die Eroberung einer Frau schwer erträglich war, hartnäckig bestrebt, die Gunst einer schönen jungen Spanierin zu gewinnen. Allerdings hatte die katholische Kirche und vor allem deren seelsorgerische Betreuung für eine eingegrenzte Bewegungsfreiheit der jungen Spanierinnen gesorgt, und so war es nur eine Kirche, welche die unverheirateten Frauen ohne Rufschädigung aufsuchen konnten. Folgerichtig begab sich Casanova dorthin, um eine Tanzpartnerin für den öffentlichen Ball am Ende des Karnevals zu finden. Schließlich entdeckte er «ein großgewachsenes hübsches Mädchen, das mit zerknirschter Miene und niedergeschlagenen Augen aus einem Beichtstuhl kam».[11] Formgerecht und sittsam machte er ihrem Vater einen Besuch und stieß auf einen Hidalgo, der den einfachen Beruf eines Flickschusters ausübte. Sein Adel verbot ihm, die Arbeit eines normalen Schusters, der auch neue Schuhe fertigte, auszuüben, mochte dessen Metier auch höher geachtet sein als das seine – sein Adel rangierte über dessen Stand.

Der Ball, den die streng bewachten Frauen als seltene Gelegenheit ihrer Befreiung erlebten, verschaffte Casanova die Möglichkeit, sich dem Mädchen, das den Namen Ignacia trug, zu nähern. Ein Tanz, den der Venezianer als sinnlich, ja geradezu als obszön empfand, erlaubte ihm, das Maß ihrer Zuneigung zu erkennen, denn sie «tanzte nun den Fandango so wollüstig, daß sie mir mit Worten nicht deutlicher alles hätte versprechen können».[12] Als sich beide in ein Seitenkabinett zurückziehen konnten, wurde ihm sogar ein erster Augenblick der sexuellen Annäherung gewährt. Er gab zwar vor, ihr nur väterliche Zuneigung entgegenzubringen, da sie doch zwanzig Jahre Altersunterschied trennte. Dennoch konnte er auf eine leidenschaftliche Liebesbeziehung hoffen, auch wenn die Eroberung Ignacias sich nur in sehr langsamen Schritten vollzog.

Aber bevor er noch an dieses beide beglückende Ziel gelangte, traf ihn ein Schlag, der ihn völlig überraschte. Im Haus des Malers Mengs, den er von Rom kannte und wo er inzwischen großzügige Aufnahme gefunden hatte, erschien der Alkalde, der im jeweiligen Stadtteil Madrids sowohl die Funktion eines Bürgermeisters als auch die eines Polizeikommissars ausübte, um ihn ins Staatsgefängnis «Buen Retiro» abzuführen. Den Grund für seine Verhaftung erfuhr er nicht. In dem ehemaligen Königsschloss, das jetzt als Gefängnis diente, musste er einen verdreckten Saal mit Kriminellen aller Art teilen und den Gestank von überall verbreitetem Urin ertragen.

Hinzu kam das ihn schnell infizierende Ungeziefer, das heißt Läuse und Flöhe. Derart gedemütigt verfasste er, als man ihm endlich dazu Gelegenheit gab, mehrere Episteln, in denen er die Justiz des Landes so heftig anklagte, wie es seinem hochemotionalen Temperament entsprach.

Doch das Schicksal, auf den Galeeren zu enden, wie es den meisten seiner Mithäftlinge bevorstand, blieb ihm erspart, da schon bald Manuzzi sowie der adlige Flickschuster mit seiner Tochter in dem düsteren Gemäuer erschienen und auch seine Horrorbriefe ihre Wirkung taten. Am Ende konnte er sogar auf die befreiende Hilfe des Grafen Aranda rechnen, die ihm Manuzzi über die Gesandtschaft Venedigs zuteilwerden ließ. Der mächtige Minister ließ ihm aber auch eine belehrende Zurechtweisung zukommen: «Man habe mir wirklich großes Unrecht zugefügt, aber doch nicht ein so großes, daß ein geistvoller Mann darüber den Verstand verlieren müsse.»[13]

Die Ursache seiner brüsken Verhaftung deutet Casanova nur indirekt an, denn sie schloss einen selbstverschuldeten Vorwurf ein. Er war bei der Inquisition verleumdet worden und nur deshalb, weil «ich einen Verräter in meinen Diensten gehabt hätte».[14] Es war der Page gewesen, der seinen Herrn mit falschen Anschuldigungen ins Gefängnis gebracht hatte. Aber es war nun schon der dritte Diener, dem er vertraut und der ihn betrogen hatte – war er kein guter Menschenkenner?

Mit Hilfe Manuccis, der ihm, wie er dankbar bekennt, «aufrichtige Freundschaft»[15] entgegenbrachte, gelang es Casanova nun, vom Gesandten der Republik Venedig empfangen zu werden. Zusätzlich entspannend wirkte ein Brief aus der Lagunenstadt, der im Auftrag eines der drei Staatsinquisitoren geschrieben war und eine uneingeschränkte Empfehlung an den Gesandten Mocenigo enthielt. Danach stand nichts mehr im Wege, wie ihm der Maler Mengs versicherte, «in Spanien sein Glück zu machen … gerade jetzt, da alle Minister sich verpflichtet fühlten, mich so zu behandeln, daß ich die mir zugefügte Schmach vergesse».[16] Nun hellte sich der Horizont für Casanova auf, und er konnte hoffen, mit Hilfe der venezianischen Gesandtschaft bei der spanischen Regierung ein höheres Staatsamt zu erhalten.

Schnell hatte er auch ein Projekt von staatspolitischer Bedeutung ausgemacht, das ihn als kundigen und verantwortungsfähigen Mitgestalter ausweisen sollte. Es ging um die Sierra Morena, eine weitläufige fruchtbare, aber wenig besiedelte Gebirgsregion in Südspanien. Bereits 1749 hatte Johann Kaspar von Thürriegel, ein bayerischer Offizier, einen entsprechenden Plan erstellt, aber erst 1767 hatte der Rat von Kastilien dessen Umsetzung beschlossen. Nun stand die spanische Regierung vor der definitiven Freigabe. Tausend Familien aus Deutschland – nicht aus der Schweiz, wie Casanova schreibt – waren bereits eingetroffen. Ihre feste Verwurzelung im katholischen Glauben glaubte er gesichert, obgleich nicht wenige von ihnen Protestanten waren. So stürzte er sich in dieses Projekt und verfasste «eine Abhandlung als Naturkundiger und Philosoph».[17] Seine Perspektive war, zum Gouverneur dieser Region berufen zu werden.

Opfer der eigenen Geschwätzigkeit

Während der Sommermonate des Jahres 1768 tauchte er tief in das gesellschaftliche Leben Spaniens ein, reiste mit dem Hofstaat des Königs nach Aranjuez, machte eine Erkundungsreise nach Toledo, stritt sich heiter und harmlos mit einem Priester über ein Madonnenbild, auf dem die bloße und sehr schöne Brust der Gottesmutter übermalt worden war, und wagte sogar ein hintergründiges Gespräch mit dem Großinquisitor. Daneben versäumte er nicht, seine geliebte Donna Ignacia auf der Promenade Madrids auszuführen und in kleinen Schritten bei ihrer Verführung voranzukommen. Sogar eine Reise in die Sierra Morena wurde vorbereitet, und Manucci war bereit, ihn aus reinem Vergnügen zu begleiten.

Dann aber tauchte ein Mann namens Georges Louis Baron de Fraiture aus Lüttich auf, für den Casanova im Rückblick nur die Bezeichnungen «Wüstling, Spieler und Gauner»[18] benutzt. Trotzdem vertraute der Venezianer ihm – wohl aus reiner Geschwätzigkeit – jene intimen Geheimnisse an, die den Gesandten Mocenigo und seinen Sekretär verbanden und die Manuzzi ihm in freundschaftlichem Vertrauen offenbart hatte. Dieses Wissen benutzte Fraiture umgehend zu einer Erpressung des Gesandtschaftssekretärs. Manuzzis

Einfluss reichte jedoch weit genug, dass fortan nicht nur die Türen der venezianischen Gesandtschaft für Casanova verschlossen blieben, sondern auch diejenigen sämtlicher Ministerien. Selbst seine Briefe an Adressaten, die ihm Wohlwollen entgegengebracht hatten, blieben ohne Antwort.

Schließlich kam eine Begegnung mit Manuzzi zustande. Casanova blieb nichts als eine reuige Selbstanklage, da er aus Eitelkeit zum Verräter ihrer Freundschaft geworden war: «Manuzzi zählte in allen abscheulichen Einzelheiten auf, was ich Fraiture berichtet hatte und was dieser nur von mir wissen konnte.»[19] Damit hatte er sich den so hilfreichen Freund zum unversöhnlichen Feind gemacht und konnte nur uneingeschränkt seine Schuld gestehen. Es wurde sogar «der größte Kummer meines Lebens».[20]

Am Ende zeigte sich nur der souveräne Graf Aranda bereit, ihn zu empfangen, aber der mächtige Minister klärte ihn über die unausweichlichen Konsequenzen seiner unsinnigen Geschwätzigkeit auf: «Sie begreifen wohl, daß Sie auf einen Erfolg Ihres Besiedlungsprojektes nicht mehr hoffen können, denn sobald es sich darum handeln würde, Sie mit der Aufgabe zu betrauen, wird der König über Sie als Venezianer von Ihrem Gesandten Auskünfte einholen.»[21] Nun war auch sein letzter Ehrgeiz, in Madrid ein ehrenvolles Amt und gesicherte Einkünfte zu erlangen, gescheitert. Ihm blieb nur die Resignation.

Aufgrund seines ungebrochenen Vitalismus vermochte er jedoch noch, seine Liebe zu Dona Ignacia fortzusetzen. Aber auch dieses private Glück war gestundet, da sich seine Geldmittel schnell erschöpften. Sein Schmerz über die damit erzwungene Abreise war groß, denn «nichts ist bitterer als die Trennung, wenn die Liebe ihre Kraft noch nicht verloren hat».[22] Es fehlte nicht nur an Geld, sondern auch an einem neuen Ziel, «da ich in Spanien nichts mehr zu erhoffen hatte und auch nicht an Lissabon denken konnte, weil ich von dort keine Briefe mehr erhielt».[23] Seine portugiesische Geliebte Pauline, mit der offenbar brieflicher Kontakt bestanden hatte, zog es offensichtlich vor, auf einen Besuch ihres Londoner Vermieters zu verzichten. Ihre Stellung in den höchsten Kreisen ihres Heimatlandes hatte Casanova seit Langem zu der Erwartung verleitet, dort eine

Position mit guten Einkünften zu finden, aber auch diese Hoffnung ließ sich nicht länger aufrechterhalten. So blieb nur die Rückreise nach Norden. In Marseille, so betont er voller Zuversicht, werde er wieder zu Geld kommen. Dadurch würde es ihm ermöglicht, erneut nach Konstantinopel zu reisen, wo ihm einst das Glück zum Greifen nahe gewesen war, wenn er zum Islam übergetreten wäre. Aber auch jetzt wollte er diesen Schritt nicht tun. Ob die Rückkehr zu seinen Anfängen gelingen würde, war überaus fraglich, denn «ich kam in ein Alter, dem die Glücksgöttin nicht hold ist».[24]

In die Falle gegangen

Diesmal reiste er entlang der Mittelmeerküste und begegnete in Valencia einer italienischen Tänzerin namens Nina Bergonzi, die ihn in das Labyrinth eines exzessiven Sinnenrausches verlockte und seine Kenntnisse und Kräfte als Liebeskünstler herausforderte. Es war noch einmal die Magie einer Begegnung, die mit dem erkennenden Blickaustausch zwischen zwei ihrer Sexualität bis zur Souveränität sicheren Personen begann. In einer Stierkampfarena sah er sie, «eine eindrucksvolle Schönheit, die meinen Blick fesselte»,[25] und sie sah ihn und «wünschte zu wissen, wer ich sei».[26] Es dauerte nicht lange, bis sie sich ihrer Leidenschaft auslieferten: «Nach dem Souper trieb ich mit ihr alle verliebten Torheiten, die sie wollte, soweit ich es vermochte, denn die Zeit meiner erstaunlichen Leistungen war vorbei.»[27]

Aber der Venezianer war auch in das Intrigennetz einer hexenhaften Verführerin geraten, die ihren Liebhaber, keinen Geringeren als den Statthalter von Katalonien, mutwillig erniedrigte – auch mit der Androhung, Casanova mit nach Barcelona zu nehmen und dort bis zur öffentlichen Provokation auszuhalten. Zu dem Verwirr- und Versteckspiel dieser kapriziösen Schönheit gehörte auch das Geheimnis, dass ihre angebliche Schwester ihre Mutter war und beide die Geliebten ihres Vaters. Ein Attentat, dem er nur knapp entrann, war ebenso die Folge dieser Verstrickung wie seine Inhaftierung in einem Gefängnisturm – sie dauerte zweiundvierzig Tage bis zum Jahresende 1768. Die erzwungene Ruhestellung erlaubte ihm jedoch, seiner Lebensplanung eine neue Richtung zu geben. Er wollte nicht mehr nach Konstantinopel reisen, sondern nach Venedig heimkehren: «Nachdem ich durch ganz Europa gereist war, hatte ich ein solches Verlangen, in meine Heimatstadt zurückzukehren, daß ich glaubte, nirgendwo anders mehr leben zu können.»[28]

Ein erster Schritt in die Richtung, sein ihm immer beschwerlicher werdendes Wanderleben zu beenden, sollte mit schriftstellerischen Mitteln geschehen. Im Entwurf verfasste er, da ihm in der Haft Papier und Stifte nicht vorenthalten wurden, eine Widerlegung der achtbändigen «Histoire du gouvernement de Venise», die Abraham Nicolas Amelot de la Houssaye, Sekretär an der französischen Botschaft in Venedig, in den Jahren 1669–1671 verfasst hatte. Es war eine sehr kritische Analyse der Adelsrepublik Venedig, und das Werk wurde im Jahr 1768 gerade neu aufgelegt. Er hoffte, mit der Widerlegung dieses über Venedig überaus negativ urteilenden Werks die Gunst der Staatsinquisition zu gewinnen und damit auch die Erlaubnis zu erhalten, nach Venedig zurückzukehren.

Nachdem seine Pässe auf ihre Richtigkeit überprüft worden waren – offensichtlich nur ein Vorwand für seine lange Inhaftierung –, konnte er in Richtung Perpignan die Pyrenäen überqueren. Dies geschah jedoch nicht gefahrlos, denn der in seiner Ehre tief verletzte Manuzzi schickte drei Meuchelmörder auf seine Spur, denen er nur entging, weil sein Kutscher auf Schleichwege im Gebirge auswich. Spanien blieb in seiner Erinnerung ein ihn geradezu traumatisch belastendes Land, während «ich aufatmete, wieder in Frankreich zu sein … ich fühlte mich wie neu geboren und fand mich regelrecht verjüngt».[29] So konnte er sich in Montpellier gelassen und neugierig auf die Suche nach Madame Castel-Bajac machen, die nunmehr als Madame Blasin in die ehrbare Bürgerlichkeit einer Apothekergattin rückverwandelt war. In ihrer Familie fand er als alter und nun nur noch guter Freund der Frau herzliche Aufnahme. Beide wussten ihr gemeinsames Abenteuer als Geheimnis zu wahren und nahmen von einer Erneuerung Abstand.

Seine Weiterreise unterbrach Casanova in Aix-en-Provence, in dessen gehobener Gesellschaft er die Zeit des Karnevals mit seinen Vergnügungen zu verbringen gedachte. Allerdings hatte er den Hintergedanken, dort dank eines gnädigen Zufalls noch einmal seiner großen Liebe Henriette zu begegnen. Doch hatte er versprochen, nicht nach ihr zu suchen oder auch nur nach ihr zu fragen. Unerwartet ereilte ihn jedoch eine Brustfellentzündung, die ihn dem Tode nahe brachte. Er spuckte Blut, und nach einer Woche war sein Zustand so verschlechtert, dass «man mir die Beichte abnahm und mir die letzte Ölung gab».[30] Es folgten drei Tage Bewusstlosigkeit, und nach weiteren zehn Tagen gelang es einem erfahrenen Arzt, den Heilungsprozess in Gang zu bringen, der noch einmal drei Wochen in Anspruch nahm.

In dieser Phase sah er sich «von einer Frau umsorgt und bedient, die ich nicht kannte».[31] Ihre Pflege war so geschickt und sorgfältig, dass «ich ihr vielleicht mein Leben verdankte».[32] Als seine Genesung gesichert war, verschwand sie jedoch, ohne dass er ihren Namen ermitteln konnte. Auf seiner Weiterreise nach Marseille schrieb er an Henriette, deren Namen er inzwischen ermittelt hatte und deren Adresse er seit seinem dortigen Besuch mit Marcolina vor sechs Jahren kannte, einen Brief, den er ihr, ohne aus seiner Kutsche zu steigen, am Schlosstor durch einen Diener überbringen ließ. Nur für den Fall, dass er willkommen sei, wollte er die Wiederbegegnung wagen.

Eine Dienerin überbrachte die Nachricht, dass die Schlossherrin in Aix-en-Provence sei, das er gerade verlassen hatte. Diese Dienerin war seine Pflegerin während der Erkrankung gewesen – ihre Herrin hatte sie an sein Krankenbett geschickt. Irritiert musste er sich eingestehen, dass Henriette ihn in Aix-en-Provence erkannt hatte, ihm sogar in Gesellschaft begegnet sein dürfte, dass er jedoch sie, die er einst so leidenschaftlich geliebt hatte und noch liebte, nicht erkannt hatte. Auf Rückfrage gab die Dienerin sogar preis, dass ihre Herrin keineswegs hässlich, sondern nur «stattlicher»[33] geworden sei. Da sie so hilfreich für sein Leben Sorge getragen hatte, durfte er sich der Gewissheit hingeben, dass auch ihre Liebe zu ihm nicht erloschen war. Aber eine Rückkehr nach Aix-en-Provence verbot sich, hätte eine erzwungene Wiederbegegnung doch nur als taktloser Affront gewertet werden müssen. Er schrieb ihr und erbat ihre Antwort postlagernd nach Marseille.

Dort fand er ihren Brief vor, der gleichermaßen ihre Zuneigung wie Zurückhaltung zum Ausdruck brachte: «Ich liebe Sie zwar noch immer, doch glauben Sie mir, ich bin froh, daß Sie mich nicht erkannt haben.»[34] Sie bat ihn, nicht nach Aix-en-Provence zurückzukehren, und bekannte, inzwischen Witwe zu sein, ein geordnetes Leben zu führen und wirtschaftlich so gut gestellt zu sein, dass er bei Bedarf stets auf ihre Börse rechnen könne. Auch einen Briefwechsel bot sie an, worauf er gern einging. Doch ihre persönliche Distanz, die er sogar als «weise»[35] bezeichnet, wollte sie respektiert wissen. So blieb ihm nur die melancholische Einsicht: «Sie war glücklich, ich war es nicht.»[36]

Cagliostro, geheimnisvoller Sizilianer

Doch noch einmal zurück nach Aix-en-Provence, wo der Venezianer einem Abenteurer begegnete, der viele Zeitgenossen in ganz Europa zu leidenschaftlichen, oft gegensätzlichen Urteilen herausforderte – Graf Cagliostro, der im Jahr 1769 noch Giuseppe Balsamo hieß. Gegenüber dem Venezianer gab sich der spätere Wunderheiler und Magier noch als einfacher Pilger aus, der mit seiner verführerischen Begleiterin Serafina Feliciana angeblich auf dem strapaziösen Rückmarsch von Santiago de Compostela war. Obgleich Balsamo eifrig damit beschäftigt war, Pilgermuscheln an seinen Mantel zu nähen, war die fromme Fußwanderung nur eine banale Täuschung. Casanova hat sein Porträt recht abwertend, ja verachtungsvoll gezeichnet: «... ziemlich klein, aber gut gebaut; ein recht einnehmendes Gesicht verriet Unternehmungsgeist, Frechheit, Spott und Schurkerei».[37]

Der sich ab 1776 Graf Cagliostro titulierende Italiener, dessen Herkunft aus Sizilien Casanova schnell am Zungenschlag erkannt hatte, war erst sechsundzwanzig Jahre alt, überraschte jedoch sogleich durch seine Trickbegabung. Er gab sich als Federzeichner aus, der einen Stich in Hell-Dunkel-Technik so perfekt zu kopieren verstand, dass der Unterschied zum Original sich nicht mehr wahrnehmen ließ. Casanova lobte sogleich sein Talent, wies ihn aber auch auf die Gefahr hin, dass diese Fähigkeit zur Fälschung ihn leicht der Gefahr des Galgens aussetzen könne. Seine Bewunderung konnte er ihm dennoch nicht versagen, als er sein eigenes Empfehlungsschreiben bis zur Ununterscheidbarkeit verdoppelt sah – der Sizilianer trieb sogar ein wenig Spott mit ihm.

Wie wichtig dem Venezianer der weitere Lebensweg des Sizilianers war, den er in seinen Memoiren nicht weiter verfolgt, ist der zweimalige Hinweis, dass er «zu gegebener Zeit, etwa zehn Jahre später»[38] auf dessen Schicksal zurückkommen werde. Es kam nicht dazu, da Casanova mit dem Jahr 1774 seinen Lebensbericht beendete, den er ursprünglich bis in die späten Jahre fortsetzen wollte. Doch hat er gewiss Aufstieg und Absturz Cagliostros, der schon seine Herkunft mystifizierte, wie die neugierigen Zeitgenossen jener Epoche genau verfolgt. Ort und Datum seiner Geburt sowie die eigenen Eltern seien ihm selbst unbekannt, so lautete seine Legende über die frühen Jahre, aber sicher sei, wie er betonte, dass er in Medina aufgewachsen sei, dann nach Mekka wechselte. Betreut und belehrt worden sei er von einem väterlichen Erzieher namens Althotas, der ihn in die Arkana von Alchemie, Kabbala, Medizinalphysik, Kräuterkunde und noch so manche Geheimwissenschaft eingeführt habe. Dieser Mentor habe ihm sogar Kunde von den Pyramiden Ägyptens gegeben, zumal von «jenen unermeßlichen unterirdischen Behältnissen, worin der Reichtum menschlicher Kenntnisse den Schicksalen der Zeit trotzte».[39] Sogar ein Alter von mehreren hundert Jahren bemühte Cagliostro für seine Aura.

So war es für den Italienreisenden Goethe im Jahr 1787 eine kriminalistische Herausforderung, die exakten Lebensdaten von Cagliostro alias Giuseppe Balsamo in Palermo zu ermitteln, der unter diesem Namen in Sizilien getauft worden war. Goethe drang bis zu dessen Familienmitgliedern vor, die in ärmlichen Verhältnissen lebten, zumal der Vater Pietro Balsamo nach dem beruflichen Bankrott schon mit fünfundvierzig Jahren gestorben war. Neben dem Sohn Giuseppe, der 1743 geboren wurde, gab es noch eine Schwester, die weiterhin bei ihrer Mutter lebte – von dem mit großem Aufwand durch die große Welt reisenden nächsten Verwandten war dort nichts bekannt. Hoffnungsvoll gaben Mutter und Schwester dem fremden Reisenden einen Bittbrief an ihn mit auf den Rückweg, war doch die Verbindung mit ihm frühzeitig abgerissen. Noch in Palermo, so konnte der Gast aus Weimar ermitteln, habe er das Ordenskleid der Barmherzigen Brüder angelegt, war jedoch früh aufgefallen, denn «er habe bald viel Geist und Geschick für die Medizin gezeigt; doch aber wegen seiner üblen Aufführung fortgeschickt worden, daß er in Palermo nachher den Zauberer und Schatzgräber gemacht».[40]

Sein großes Talent, Schriftstücke aller Art perfekt zu kopieren, brachte ihn früh, wie es Casanova befürchtet hatte, hinter Gefängnisgitter, denen er nur mühsam entfliehen konnte. Sein Weg, der immer mehr zu einem Aufstieg wurde, führte ihn nach Rom, wo er sich Marchese Pelegrini nennen ließ und Lorenza Felichiani, die Tochter eines Gürtelmachers, heiratete. Schon bald erhoben sich beide eigenmächtig zu Graf Cagliostro und Gräfin Seraphina. Als Casanova ihnen in Aix-en-Provence begegnete, war er von der makellos weißen und glatten Haut der Gräfin beeindruckt, glaubte aber auch Anlass zu Misstrauen zu haben: «Ihr Gesicht hatte nur einen einzigen Fehler; der ein wenig katzenhafte Schnitt beeinträchtigte den zärtlichen Ausdruck ihrer schönen blauen Augen.»[41]

Das Fundament ihres zeitweilig großen Erfolgs waren seine gewagten Heilkünste, die Leidende der verschiedensten Gesellschaftsschichten zu ihm eilen ließen und denen er mit wechselndem Erfolg die Gesundheit oder auch nur deren Schein zurückzugeben verstand. Dazu gehörte noch die generöse Geste, auf jede Bezahlung seiner Kuren und Medikamente zu verzichten, ja seinen Patienten bei Bedürftigkeit sogar mit Geld zu versehen. Scheinbar ohne Einkünfte, zugleich auf großem Fuß lebend, konnte er sich des Rufs eines Wundertätigen erfreuen, was den Zulauf der Patienten noch erhöhte. Überaus geschickt bis zur Preisgabe ihres Körpers, dessen Käuflichkeit aus mancher Notlage half, sorgte die Gräfin für die Geldbeschaffung, sei es durch das Einsammeln mehr oder weniger freiwilliger Dotationen, sei es dass sie erotisch verheißungsvolle Soupers organisierte.

Ähnlich wie bei Casanova führte der Weg des Paares von einer Hauptstadt Europas zur nächsten und schließlich auch in Richtung St. Petersburg. Auf dem Weg dorthin machten die beiden wie Casanova in Mitau im Kurland Station, wo Cagliostro eine weitere Variante seiner Verführungskünste zur Anwendung brachte. Seine angebliche Berufung als Magier und Hellseher, zu der auch die Beschwörung von Verstorbenen gehörte, zwang zahlreiche Mitglieder der dortigen Adelsgesellschaft zur Bewunderung. «Durch Kraft seines Geistes und auf Geheiß des großen Kophta»[42] schien es ihm zu gelingen, in der Tiefe der Erde verborgene Schätze zu heben – ein Verfahren, das auch Casanova angewendet hatte, allerdings mit ähnlichem Misserfolg wie Cagliostro.

Im Frühjahr 1779 gelang es ihm fast, die Seele einer jungen Frau vollständig zu fesseln, die sich in der Einsamkeit des Landes den religiös-schwärmerischen Stimmungen überlassen hatte, damit «auch ich, wenn ich nach völliger Reinheit der Seele strebte, in die Gemeinschaft höherer Geister aufgenommen werden könnte».[43] Diesmal als spanischer Oberst gewandet, gab Cagliostro an, von seinen Oberen in den Norden Europas entsandt worden zu sein, um eine «Loge d'Adoption» zu gründen, in der auch Frauen Aufnahme finden sollten. Er verstand es, die Gräfin Elisa (Charlotte Elisabeth Konstantia) von der Recke zu seiner schwärmerischen Adeptin zu machen. Doch im letzten Moment, just als der verführerische Magier sie als Gehilfin mit nach Russland nehmen wollte, wurde sie von Zweifeln erfasst und blieb in Mitau – nun aber bestrebt, mit der Vernunft die Geheimnisse Cagliostros als gauklerisches Treiben zu entlarven.

Dazu bedurfte es fast eines Jahrzehnts. Erst 1787, gerade als Goethe in Palermo die Herkunft Cagliostros erkundete, veröffentlichte sie ihre Enthüllungsschrift «Nachricht von des berüchtigten Cagliostro Aufenthalte in Mitau, im Jahre 1779, und dessen dortige magische Operationen». Diese Publikation trug wesentlich dazu bei, dass die zwielichtigen Praktiken Cagliostros als Betrügereien dem breiten Publikum nicht länger verborgen blieben und sein weiteres Treiben zunehmend be- und schließlich verhindert wurde. Elisa von der Recke machte sich als Schriftstellerin insbesondere einen Namen damit, dass sie die Geistesgrößen der Epoche von Kant bis Claudius, von Klopstock bis Goethe besuchte und über diese Begegnungen ausführlich berichtete. Mit Casanova verband die inzwischen resolute Dame in dessen letzten Lebensjahren eine Seelenfreundschaft, die in wechselseitigen Briefen von großer emotionaler Vertrautheit ihren Ausdruck fand.

Ohne die Gräfin von der Recke, aber mit hohen Erwartungen traf Cagliostro in St. Petersburg ein. Am russischen Hof wurde ihm jedoch kein glamouröser Empfang bereitet – was Katharina II. betraf sogar gar keiner, denn sie weigerte sich, den dubiosen Wundertäter überhaupt zu empfangen. Die Zarin, die wie der preußische König mit den wichtigsten Vertretern der französischen Aufklärung in engem Kontakt stand, machte sich sogar die Mühe – auch ein gewisses Vergnügen dürfte im Spiel gewesen sein –, den Seelenfänger in der Komödie «Der Betrüger» lächerlich zu machen.

Enttäuscht wandte sich Cagliostro wieder nach Westen und machte, nachdem er sich erneut als Wunderdoktor, Magier und Alchemist in Straßburg niedergelassen hatte, im Jahre 1781 die Bekanntschaft des Kardinals Rohan, der sein Patient wurde. Der Kardinal brachte dem Sizilianer ein derartiges Vertrauen entgegen, dass beide sich nach Paris und Versailles begaben, wo der Kirchenfürst das hohe Amt des Großalmosenier ausübte. Cagliostro, stets mit Seraphina an seiner Seite, arrangierte spiritistische Séancen, die in luxuriösem Dekor aufwendig zelebriert wurden. Cagliostro schwebte als Liebesgott von der Kuppel des Saales hernieder und forderte die hochadligen Gäste zum unmittelbaren Vollzug seiner Mission auf: «Wir wollen diese erste Sitzung mit einem Actus beschließen, welcher der heiligste, der unschuldigste, der leichteste, der angenehmste, der nützlichste, der ernsthafteste und der komischste zugleich, und endlich der allgemeinste ist, den man nur denken kann.»[44]

Die nahezu unvermeidliche Folge des vertrauten Umgangs mit dem Kardinal Rohan war, dass auch Cagliostro 1785 in die schon erwähnte Halsbandaffäre gezogen wurde. In seinem einfältigen Gemüt bestellte der hochrangige Kirchenmann für 1,6 Millionen Livres ein Diamanten-Collier bei den Hofjuwelieren Böhmer und Bassenge, das als Geschenk für die Königin Marie-Antoinette gedacht war, deren persönliche und politische Gunst er damit zu gewinnen hoffte. Schließlich wurde das kostbare Schmuckgehänge von der Betrügerin Jeanne de La Motte entwendet, zerstückelt und verkauft und der Kardinal in vollem Ornat während einer Messe in Versailles verhaftet. Er sah sich umgehend in die Bastille gesperrt, wo er seinem Prozess mit einer sehr speziellen Verteidigungsstrategie entgegensah: «Ich nehme meine ganze Intelligenz zu Hilfe, um zu beweisen, daß ich ein Dummkopf bin.»[45] Die Richter bestätigten ihm, dass seine geistigen Kräfte zu keinem Betrug ausreichten, und sprachen ihn zum Entsetzen von Marie-Antoinette und Ludwig XVI. frei.

Der Skandal, der ganz Europa sowohl erregte wie amüsierte und später als Menetekel der Französischen Revolution betrachtet wurde, erfasste mit seiner Sogwirkung auch Cagliostro, so dass er sich von August 1785 bis Juni 1786 in der Bastille wiederfand. Trotz aller umtriebigen Geschäftigkeit, die ihn in die Nähe der intriganten Madame de La Motte gebracht hatte, konnte dem vielseitigen Magier keine Mitschuld nachgewiesen werden. Sein Zorn über die ihm zu Unrecht zugemutete Gefängnishaft ließ ihn ein Sendschreiben an die französische Nation verfassen, das nicht weniger als die Abschaffung der «lettres de cachet», die Einberufung der Generalstände und die Zerstörung des Staatsgefängnisses prophezeite: «Die Bastille wird niedergerissen und zu einem Spazierplatz werden.»[46] Damit war es Cagliostro sogar gelungen, sich der nationalen Zeitströmung einer radikalen Erneuerung Frankreichs anzuschließen. Aber er durfte nicht länger in Frankreich bleiben, auch ihm wurde wie Casanova der Ausweisungsbefehl zugestellt, Paris innerhalb einer Frist von drei Tagen und das Königreich innerhalb von drei Wochen zu verlassen.

Rastloses Reisen, das einen dritten Aufenthalt in England einschloss, führte ihn über Trient und Turin schließlich nach Rom, wo er 1789 von der Inquisition verhaftet und in die Engelsburg gesperrt wurde. Das Urteil nach einem langen Prozess wies ihn im April 1791 als «förmlichen Ketzer, Irrlehrer, Erzketzer, Meister und Anhänger der superstitiösen Magie»[47] aus. Das Strafmaß konnte kaum härter ausfallen: «Aus besonderer Gnade wird ihm die Strafe der Übergabe an den weltlichen Arm (das heißt die Todesstrafe) in eine ewige Gefangenschaft in irgendeiner Festung verändert, wo er ohne Hoffnung auf Begnadigung in strenge Verwahrung genommen werden soll.»[48] Die Verurteilung schloss ein, dass sein Buch «Ägyptische Maurerei» feierlich verdammt und vom Henker öffentlich verbrannt wurde.

Zur selben Zeit ließ der Geheimrat Goethe sein fünfaktiges Lustspiel «Der Groß-Cophta» im herzoglichen Hoftheater von Weimar zur Aufführung bringen. Es hatte nicht nur Cagliostro, der sich wechselweise zum Diener des Groß-Kophta oder zu diesem selbst erklärt hatte, zur Titelfigur, sondern vertiefte sich auch, um der

Neugier des Publikums nach attraktiven Aktualitäten Rechnung zu tragen, in die Einzelheiten der Halsbandaffäre. Allerdings verlagerte und verkleinerte Goethe die Geschehnisse von Paris in einen Konflikt zwischen Honoratioren eines Kleinstaates, also in die Dimensionen von Weimar. Aber vergessen hatte Goethe die Armut der Familie Balsamo in Palermo keineswegs, der von ihrem zum fabulösen Grafen aufgestiegenen und nun im Kirchenstaat inhaftierten Mitglied keinerlei Zuwendung mehr zuteilwerden konnte. Wenigstens mit dem Honorar aus dem Stück wollte der Dichter ihr helfen: «Ich habe noch eine Summe für sie in den Händen, die ich ihnen schicken will.»[49] Schließlich war es das – wenn auch zweifelhafte – Verdienst dieser Familie, dass aus ihr «eins der sonderbarsten Ungeheuer entsprungen ist, welche in unserem Jahrhundert erschienen sind».[50]

Als Casanova sich dem Ende der Niederschrift seiner Memoiren näherte, äußerte er eine Theorie, nach der es den abenteuerlichen Existenzen zu empfehlen sei, ein spezielles Land – aus welchen Gründen auch immer – zu meiden. Sein Freund und zeitweiliger Feind Medini sei, obgleich er ihm von einem Aufenthalt in England abgeraten habe, in einem Londoner Gefängnis gestorben. Auch ihm selbst sei geraten worden, nicht nach Spanien zu reisen, was er leider doch getan habe, und dem «ungebildeten Gauner Cagliostro … habe ich gesagt, er müsse sich hüten, einen Fuß nach Rom zu setzen. Hätte er mir geglaubt, wäre er nicht in der Festung San Leo gestorben.»[51] Dort, im Herrschaftsgebiet des Papstes, war Giuseppe Balsamo am 25. August 1795 geistig umnachtet gestorben. Seine Frau Seraphina, die seit 1789 zwangsweise in dem römischen Kloster Sant' Apollina eingeschlossen und ebenfalls wahnsinnig geworden war, hatte ein Jahr zuvor der Tod ereilt. Casanova, obgleich fast eine Generation älter als Cagliostro, war zu diesem Zeitpunkt im einsamen, aber sicheren Dux noch fast drei Jahre Lebenszeit vergönnt.

Zurückweisung durch Venedig

Doch zurück ins Jahr 1769 und nach Marseille, von wo Casanova über Nizza und Genua nach Turin reiste. Mit einer gewissen Bitterkeit musste er zur Kenntnis nehmen, dass seine Freunde, deren Bekanntschaft er an verschiedenen Orten erneuern konnte, «mich alle gealtert fanden».[52] In Genua galt es zudem, eine Wiederbegegnung mit dem Marchese Agostino Grimaldi zu vermeiden. Dieser hatte dem Venezianer einen hohen Geldbetrag, den er ihm schuldete, erlassen, als er in Barcelona in finanzielle Bedrängnis geraten war. Da Casanova die finanziellen Mittel fehlten, konnte er dem Marchese die Summe nicht zurückerstatten. Noch in Dux bis zu seinem Lebensende bedauerte er, nicht in der Lage zu sein, dieser Verpflichtung nachzukommen. Aber nun stand das Buchprojekt im Vordergrund, und zum Schreiben wie zur Drucklegung seiner Widerlegung der «Geschichte der venezianischen Regierung» von Abraham Nicolas Amelot de la Houssaye zog er sich in die Schweiz nach Lugano zurück, «wo es eine gute Druckerei und keine Zensur gab».[53] Es war eine fast mönchische Zurückgezogenheit, der er sich unterwarf. Der Zweck des Unternehmens war, mit dem Wohlwollen der Staatsinquisition in Venedig auch die eigene Begnadigung zu erhalten. Er war des Exils müde.

Doch sein umfangreiches Werk, dessen Finanzierung nur durch Subskriptionsbeiträge zustande gekommen war, hatte nicht die gewünschte Wirkung. Giovanni Berlendis, dem Residenten Venedigs in Turin, ließ er zwei Exemplare mit der Bitte zukommen, eines den Staatsinquisitoren in Venedig zu übermitteln. Berlendis, der ihm überaus wohlwollend begegnete, ließ Casanova sogar die direkte Reaktion aus Venedig – eine bittere Zurückweisung – lesen. Das gefürchtete Tribunal sah schon im Titel seines Werks, das zu schreiben er sich unberechtigt erlaubt hätte, eine Anmaßung und beauftragte den Residenten, «er müsse mich inzwischen genau beobachten lassen und mir vor allem keinerlei Gunstbeweise geben».[54] Die Rückkehr in seine Heimatstadt blieb ihm noch auf lange Zeit verwehrt – es galt, weiterhin auf Reisen sein Glück in der Ferne zu suchen.

Völlig richtungslos unterwegs zu sein, widerstrebte ihm, weshalb er sich – getrieben von einem Plan, der ihm selbst wenig aussichtsreich erschien – eilig nach Livorno begab: «Ich glaubte, mich dem Grafen Alexis Orlow, der Konstantinopel erobern wollte, unentbehrlich machen zu können; ich bildete mir ein, ohne mich würde er nie die Dardanellen durchfahren.»[55] Worauf diese Überzeugung basierte, verrät Casanova nicht, auch wenn er später die zweifelhafte Genugtuung hatte, dass der Admiral Katharinas II. mit seiner Flotte die Meerenge nicht passierte. Es war eine fast surrealistische Wiederbegegnung mit dem Russen, der sich des Venezianers aus der gemeinsamen Zeit in St. Petersburg sehr wohl erinnerte und ihn einlud, als sein Freund an seiner Seite die Seereise zu absolvieren. Doch Casanova, dem es vor allem um die Sicherheit und das Gehalt einer festen Position ging, sah sich trotz aller Freundschaftsbekundungen des Russen abgewiesen und gedemütigt: «‹Mein lieber Freund, ich habe keinen bestimmten Posten, den ich Ihnen geben könnte.›»[56] Man trennte sich in gezierter Höflichkeit, und Casanova machte sich auf den Weg nach Rom.

Da weder eine Person noch eine Aufgabe ihn dort erwartete, nahm er sich in Siena die Zeit und Muße, mit einer hochgebildeten Adligen namens Marchesa Violante de Chigi seine gegenwärtige Lebenssituation auch philosophisch zu klären. Er kam in die Jahre des sich ankündigenden Alters, in dem «Frauen mit Geist meine Zuneigung umso mehr gewannen».[57] So sollte die Begegnung mit jener Dame, die schon mittleren Alters war, eine Huldigung frei von sexuellen Versuchungen sein, und «damit sie ganz rein ist, wird sie nur geistiger Natur sein».[58] Doch die kluge Marchesa dürfte durchschaut haben, warum der Venezianer von jeder Hoffnung Abstand genommen hatte und vorgab, «diesem Verzicht auf Hoffnung meine ganze Seelenruhe zu verdanken».[59] Sogar das Carpe diem reklamierte er als seine Maxime und bestand einzig auf der Gunst des Augenblicks: «Das Glück, das man genießt, ist jedem anderen Glück vorzuziehen.»[60] Nicht zuletzt um den traurigen Befund zu überdecken, keinerlei weiterreichende Lebensperspektive zu haben, war Casanova bei einem epikureischen Standpunkt angelangt.

Ihm blieb jedoch die Ruhe, die Epikur in seinem Garten im Gespräch mit guten Freunden gefunden hatte, verwehrt – es zog ihn weiter wie ein ewiger Zwang. Der Zufall des Reisens, dem er so oft und gern vertraut hatte, bescherte ihm denn auch bald fast einen «Roman».[61] Es war der nunmehr vierte jener Art, dass er eine junge und natürlich schöne Frau von dem Irrweg einer abenteuerlichen Verführung auf den Weg in geordnete familiäre Verhältnisse zurückführte. Sie hieß Betty, war Engländerin, nicht mehr als siebzehn Jahre alt und in Begleitung eines jungen Franzosen, der sich als Offizier ausgab, aber ein Schauspieler war.

In romantischer Laune hatte sie sich von ihrem Verlobten getrennt, einem englischen Geschäftsmann, der für kurze Zeit in seine Heimat zurückgereist und im selben vorgerückten Alter wie Casanova war. Nun reisten die drei gemeinsam, wobei der Franzose die junge Frau meist den Annäherungsversuchen des Venezianers überließ. Schließlich gab er sogar seinen Hintergedanken preis, sie nicht wie versprochen zu heiraten, sondern zur Hure zu machen.

Casanovas Rolle als Retter schloss jedoch keineswegs ihre Verführung aus, allenfalls ihre gegenseitige Verliebtheit konnte als Entschuldigung gelten, obgleich sie sich auch dem Schauspieler in aller Freiwilligkeit hingegeben hatte: «Sie setzte meinem vollkommenen Glück so wenig Widerstand entgegen, daß ich annehmen durfte, auch sie glücklich zu machen.»[62] Es gelang in perfekter Komplizenschaft, um den englischen Geschäftsmann von jedem Verdacht auf ihre intime Begegnung fernzuhalten. Sie konnte auf Knien in dessen Arme zurückkehren und Casanova seine Reise in Richtung Rom fortsetzen.

Inzest

In Rom konnte er die Freundschaft mit Frederick Calvert Lord Baltimore, mit dem er während seines Londoner Aufenthaltes manches kleine Abenteuer geteilt hatte, erneuern, und da der Lord umgehend nach Neapel weiterreisen wollte, schloss Casanova sich ihm an. Denn durch die enge Verbindung mit dem Hochadligen aus England wurde ihm die Tür geöffnet, an dem Treiben der feinsten Gesellschaft Neapels teilzunehmen. Auf dem Programm der gelangweilten Adligen von Neapel stand bald ein Ausflug nach Sorrent, wo neben kulinarischen Köstlichkeiten auch das Glücksspiel auf die Teilnehmer wartete, das den Venezianer nahe an den finanziellen Ruin geraten ließ, «als ich nur noch dreißig oder vierzig Unzen hatte».[63] Zurück in Neapel gelang es ihm jedoch, Verbindung mit seiner einstigen Geliebten Agata aufzunehmen, die inzwischen in der Wohlsituiertheit der Ehe mit einem erfolgreichen Advokaten angekommen war und ihn nun, zudem mit Zustimmung des Gatten, «drängte, die Ohrgehänge und alle anderen Schmuckstücke zurückzunehmen, die ich ihr in Turin und Alessandria geschenkt hatte».[64] Seine ehemalige Großzügigkeit rettete ihn aus seiner gegenwärtigen Notlage.

Derart mit Geldmitteln wieder reichlich versehen, konnte er einen zweiten Ausflug nach Sorrent unternehmen, nun aber mit einer jungen Angebeteten namens Callimena, deren fast kindliches Alter ihn zu der entschuldigenden Erklärung zwingt: «... ein junges Mädchen von seltener Schönheit ... Sie hatte mit ihren vierzehn Jahren schon die Gestalt einer Achtzehnjährigen.»[65] In den verschlungenen Alleen des idyllischen Küstenorts gelang denn auch die endgültige Eroberung der Kindfrau: «Dort ergab sich Callimena meiner feurigen Leidenschaft, nachdem sie zwei Tage mit sich gerungen hatte.»[66] Es lag offensichtlich bereits eine melancholische Abendstimmung des vorgerückten Alters über dieser Begegnung mit Callimena, von der ihn nicht weniger als einunddreißig Jahre trennten: «Dieser Ausflug nach Sorrent war das letzte wirkliche Glück, das ich in diesem Leben genoß.»[67]

Schon war er zur Abreise nach Rom bereit, da erfuhr er die Adresse seiner einstigen Geliebten Lukrezia. Im Alter von neunzehn Jahren hatte er sie bei seinem zweiten Besuch in Neapel abenteuerlich geliebt und hätte bei seinem dritten Besuch siebzehn Jahre später beinahe ihre Tochter – die, wie sich herausstellte, auch seine war – geheiratet. Er hatte Kenntnis davon erhalten, dass Mutter und Tochter sich nach Salerno zurückgezogen hatten. Donna Lukrezia, inzwischen Witwe des neapolitanischen Advokaten, lebte bei ihrer Tochter Leonilda, verheiratete Marchesa della C. Umgehend reiste Casanova dorthin. Der Marchese war ein reicher, kultivierter, aber schon recht alter Edelmann, der sich erst mit sechzig Jahren zur Ehe entschlossen hatte. Zum vollständigen Glück dieses Mannes, der in der Idylle seines Landsitzes ein abgeklärt heiteres Leben führte, fehlte nur das Gelingen des ehelichen Vollzugs, das ihm zu einem Erben verhelfen sollte. Eine schwere Gichterkrankung, die ihn in den Sessel zwang, hinderte ihn daran. In diese arkadische Geselligkeit wurde Casanova generös aufgenommen und musste sich im Rückblick eingestehen, dass er um ein Haar «nie eine der größten Freuden erlebt hätte, die meine Seele je in meinem Leben empfand».[68]

Mit dem Marchese C., der bis auf seine Gicht völlig gesund war und sich hoher geistiger Fähigkeiten erfreute, verband Casanova umgehend eine sympathetische Freundschaft, zu der auch der Bruderkuss der Freimaurer beitrug. Zur völligen Entspannung zog man sich auf ein weitläufiges Landgut in der Nähe Salernos zurück. Nicht erst dort sah sich der Venezianer vor der Entscheidung, welcher der beiden geliebten Frauen er seine höchste Leidenschaft entgegenbringen sollte – wenn schon nicht beiden.

Schließlich ließ Donna Lukrezia in einer Grotte, wie es die recht direkte Symbolik der Gartenkunst – nicht nur des Rokoko – so mit sich brachte, ihren einstigen Geliebten mit ihrer beider Tochter allein. Formal ermahnte sie beide, «uns vor dem vollen Genuß der doppelten Sünde zu hüten»,[69] doch waren Vater und Tochter in ihrer Annäherung bereits so weit fortgeschritten, «daß uns eine fast willkürliche Bewegung zwang, sie (i. e. die doppelte Sünde) vollständig zu begehen».[70] Der Inzest vollzog sich, und beide waren überaus erstaunt, sich «weder schuldig noch von Gewissensbissen geplagt zu fühlen».[71]

Hatte die Konvention Casanova im Jahre 1760 noch gehindert, seine Tochter zu heiraten, ein Verbot, welches weiterhin Gültigkeit besaß und durch die Ehe Leonildas mit dem Marchese als Möglichkeit sowieso ausgeschlossen war, so war doch das Tabu einer sexuellen Vereinigung nun zerstört. Um die Unschuld des inzestuösen Aktes zwischen Vater und Tochter zu betonen, bemüht Casanova die Natur, die «mich keineswegs daran hinderte, ihr alle Gefühle eines Liebhabers entgegenzubringen».[72] Und schon vorher, als er von dem Inzest Kenntnis erhielt, den Nina Bergonzis Vater mit ihr und ihrer Mutter vollzogen hatte, war der Venezianer voll Verständnis: «Der Mann hatte das Unglück, sich in seine Töchter und seine Enkelinnen zu verlieben. Meiner Meinung nach bestand von Natur aus kein Grund zum Schauer, denn jeder Schauer, den man darüber empfindet, kommt von der Erziehung und der Gewohnheit.»[73]

Dennoch legten Casanova und Leonilda Wert auf Diskretion. Sie ließen Donna Lukrezia darüber im Unklaren, was wirklich in der

Grotte geschehen war, und deren Diskretion, als sie die beiden sich selbst überließ, war zusätzlich der Beweis, dass sie das Nichtwissen dem Wissen über das Höchstwahrscheinliche vorzog. Auch beschlossen beide, den Marchese C. in völliger Unkenntnis zu lassen, obgleich der freigeistige Edelmann, den der Wusch nach einem Erben zur Eheschließung getrieben hatte, seiner Gattin schon indirekt nahegelegt hatte, ihr Vergnügen in den Armen eines virilen Adligen in der Region zu finden und damit seine Erbfolge zu sichern. Einen Seitensprung hatte er seiner Gattin freigestellt – einen Inzest auch?

Um der Beantwortung dieser Frage auszuweichen, fand reichlich komödiantisches Treiben statt. Leonilda regte ihren Gatten zu einem nächtlichen Besuch in ihrem Bett an – Casanova und Lukrezia «wünschten ihnen einen hübschen Knaben in neun Monaten».[74] Obwohl sich der Venezianer recht auffällig mit Anastasia, einer hübschen Dienerin Lukrezias, vergnügte, um die Aufmerksamkeit von Leonilda abzulenken, fand sich trotzdem die Gelegenheit, «Leonilda … noch zwei oder drei Mal flüchtig in einem Gartenhäuschen zu lieben».[75] So waren eigentlich alle Voraussetzungen erfüllt, dass Casanova in einem Sohn des Marchese C. als Vater und Großvater hätte fortleben können. So weit ist es dann doch nicht gekommen, denn das Kind, ein Knabe, wie Leonilda Casanova brieflich wissen ließ, wies die Züge ihres Gatten auf. Im Jahr 1791 begegnete der Venezianer, der in diesem Fall sogar die chronologische Ordnung seiner Memoiren sprengt, bei der Krönung von Kaiser Leopold II. dem jungen Marchese della C. und konnte in dessen Zügen wirklich nicht seine eigenen entdecken, sondern musste zur Kenntnis nehmen, dass es die des Marchese waren.

Bei der Abreise Casanovas aus Salerno versah der Gatte Leonildas seinen Gast noch mit jenen fünftausend Dukaten, die der Venezianer ihr im Jahr des gescheiterten Ehevertrages als Mitgift übergeben hatte. Der verhinderte Ehemann und trotzdem stolze Vater konnte nun zufrieden und finanziell gut ausgestattet wieder nach Norden reisen. Nicht ohne Dankbarkeit blickte er zurück: «Neapel war alle vier Male, die ich mich dort aufhielt, der wahre Tempel meines Glücks.»[76]

14. Die missratene Heimkehr

Wiedersehen mit de Bernis

Da er weiterhin nicht nach Venedig zurückkehren durfte, entschied er sich, nach Rom zu reisen, und da er keine Eile hatte, war die Zeitspanne entsprechend groß, die er zur Verfügung hatte, um in aller Muße die Stadt zu erkunden und ihre Vergnügungsangebote auszuleben. Dazu bot der sechs Monate dauernde Karneval den erwünschten Freiraum, und Casanova zögerte nicht, sich umgehend in jenes turbulente Treiben zu stürzen, das ihm neue Liebschaften und die Erneuerung alter Bekanntschaften bescheren sollte.

So bemächtigte er sich sogleich Margheritas, der Tochter seiner Logierwirtin, der er ein feines Glasauge spendierte, da sie ihr natürliches bei einer Pockenerkrankung verloren hatte. Auch begegnete er – nicht zum ersten und nicht zum letzten Mal – jenen durch Europa nomadisierenden Glücksspielern, die immer neue Opfer, meist reiche Engländer, in die Falle ihres Falschspiels lockten. In ihrem Kreis erschien überraschend auch Manuzzi, der ihm als Sekretär des venezianischen Gesandten in Spanien hilfreich zur Seite gestanden, ihm aber auch, da Casanova seine geheim gehaltene Homosexualität ausplauderte, in den Pyrenäen Meuchelmörder nachgeschickt hatte. Casanova, der schnell zu emotionaler Aggression neigte, war meist nach längerfristiger Entspannung ebenso schnell zur Versöhnung bereit, so dass man übereinkam, «daß wir alles vergessen und für den Rest unseres Lebens gute Freunde sein müßten».[1]

Empfehlungsschreiben, mit denen sich der Venezianer stets reichlich versah, wenn ihm die Bekanntschaft oder gar Freundschaft mit Adligen gelungen war, öffneten ihm auch in Rom die Türen so mancher Palazzi, mochten deren Bewohner dem weltlichen oder kirchlichen Adel angehören. Beides glücklich zu verbinden, war Kardinal de Bernis gelungen, den er seinerzeit als französischen Gesandten in Venedig kennengelernt hatte, wo sie beide durch die Gunst der schönen und klugen Nonne M. M. verbunden waren. De Bernis war kurze Zeit zu Beginn des Siebenjährigen Krieges Außenminister Frankreichs gewesen. Dann hatte er die Protektion der Marquise de Pompadour verloren, war jedoch weich gefallen und mit der Gesandtschaft Frankreichs am Heiligen Stuhl bedacht worden. Es handelte sich um eine hochdotierte Sinekure, die keine Wünsche des Lebemannes, der zum Kirchenfürsten mutiert war, offenließ.

Auf diese makellose Mutation legte de Bernis besonderen Wert. Denn als Casanova sich ihm als einstiger Mitspieler der gemeinsamen Liebesspiele auf Murano präsentierte, bestand er darauf, «er habe sich in allem geändert».[2] Auch gestand er, beleibter geworden zu sein, was seine zeitgenössischen Porträts bestätigen. Besonders seine Memoiren verraten einen vollständig hinter der klerikalen Maske versteckten Weltmann. Allerdings tauschten sich beide eher hintersinnig über die Frage aus, ob das Gemüse, das der Kardinal zu seiner ausschließlichen Kost gewählt hatte, wirklich dienlich sei, «die fleischliche Lust zum Liebesakt abzuschwächen».[3] Es gab da einige Zweifel, und zweifelhaft war auch, ob sich diese Fassade als stabil erweisen würde: «Ich möchte, daß man das glaubt; aber wahrscheinlich läßt man sich dadurch nicht täuschen.»[4]

In der Tat war in dem Kirchenmann, der sich kunstvoll eine Kulisse aufgebaut hatte, noch ein veritabler Weltmann versteckt. So verband ihn mit der Prinzessin von Santa Croce offiziell nur Freundschaft: «Er spielte allein mit ihr eine Partie Pikett und hatte das Geschick, täglich sechs Zechinen zu verlieren, nicht mehr und nicht weniger.»[5] Mit dieser monatlichen Rente von 1800 Zechinen wurde sie, so konstatiert Casanova voll Bewunderung, zur reichsten Frau Roms. Da ihr Gemahl lediglich dem verarmten Adel angehörte, blieb ihm nur, das Pikett-Paar rücksichtsvoll zu respektieren.

Allerdings gebar die junge, stets heitere und sehr lebhafte Dame ihrem Gemahl jedes Jahr ein Kind, gelegentlich sogar, wovon der Arzt abriet, alle neun Monate eines – an deren Vaterschaft läßt der Venezianer nicht den geringsten Zweifel aufkommen. Für ihn ergab sich die Versuchung, der reizvollen Prinzessin mehr als devote Verehrung entgegenzubringen, doch das Risiko war groß – zu groß. Im Falle der Zurückweisung hätte er das kunstvolle Geflecht seiner gesellschaftlichen Kontakte zerrissen. So blieb nur Resignation: «Ich mußte damit zufrieden sein und mich glücklich schätzen, daß sie sich vor mir nicht mehr in acht nahm als vor ihrer Zofe.»[6]

Zwei jungen Nonnen jedoch, die besonders streng in ihrem Kloster eingeschlossen waren – das Sprechzimmer war verdunkelt, um selbst das Augenspiel mit den Besuchern zu unterbinden –, konnte er sich bald nähern. Die Schönen, Armellina und Emilia, durfte er sogar ins Theater führen, nachdem über de Bernis hohe kirchliche Instanzen bemüht worden waren, um ihnen einen größeren Freiraum zu eröffnen. Daran schloss sich stets ein Souper im Gasthof an, wo er die beiden jungen Frauen in ein nur vordergründig unschuldiges Spiel mit Austern einführte: Eine Auster, dem Mund der einen Nonne anvertraut, sollte von ihren Lippen über die seinen in seinen Gaumen wechseln und umgekehrt. Entzückt, aber auch beunruhigt, ob dieser Austerntransfer Sünde sei oder nicht, fragten die Nonnen ihren Beichtvater, der sich «über sie lustig machte und nur lapidar äußerte, das sei eine Schweinerei».[7] Der listige Gottesmann ließ sie mit der Frage allein, ob jede Schweinerei eine Sünde sei.

Doch nur in Trippelschritten und besonders dadurch, dass er zu den Austern reichlich Punsch servieren ließ, kam Casanova auf dem Weg der Verführung voran und doch nie ans Ziel. Denn die immer heißer begehrte Armellina, die stets sogar auf seinen Knien Platz nahm und bei der wenigstens seine Hand feststellen konnte, dass sie «in jeder Weise unberührt war»,[8] entzog sich ihm immer geschickter: «Sie gewährte mir nie, was ich beharrlich von ihr forderte, verweigerte sich mir aber auch nie offen.»[9]

Ihr Widerstand war einem jungen Engländer geschuldet, der – schön, reich und vor allem jung – am Ende siegreich blieb und sie nicht nur in eine Ehe, sondern auch in ein Londoner Leben voll garantierten Wohlstands führte. Diesen für Casanova tragikomischen Ausgang verfolgten der Kardinal und seine Prinzessin, die beide von dem Venezianer bis in letzte Details informiert wurden, wie ein amüsantes Wettspiel: De Bernis setzte auf den Sieg des Venezianers, die Prinzessin auf seine Niederlage. Alles schien dem komödiantischen Spiel zu entsprechen, wozu der Karneval verpflichtete. Dessen Verwirrspiele hatte Casanova schließlich zum Hauptmotiv seines römischen Aufenthalts erklärt.

Enthaltsam und enttäuscht zog er sich zur Abfassung seiner «Ode zu Ehren unseres Herrn Jesu Christi», die er vor der literarischen Gesellschaft «Accademia degli Infecondi» vorzutragen versprochen hatte, nach Frascati zurück. Dort fand er jedoch nicht die notwendige Ruhe für die poetische Kreativität, ereilten ihn doch nicht nur die Reminiszenzen seiner beseligenden Augenblicke in den gut eingeschatteten Alleen der Villa Ludovisi, wo vor siebenundzwanzig Jahren sein Glück mit Donna Lukrezia zur gemeinsamen Tochter Leonilda geführt hatte. Es kam auch zur Begegnung mit einer weiteren Tochter, die zehn Jahre zuvor aus der Leidenschaft mit der Frau des römischen Perückenmachers entstanden war. Da er seinerzeit sowohl die Ehe wie das Geschäft des Paares finanziert hatte, war auch die voreheliche Verführung der Frau ein derart offenes Geheimnis, dass dem Kind der Name Giacomina gegeben worden war.

Die eigentliche Versuchung für den Venezianer stellte allerdings die dreizehnjährige Freundin seiner Tochter dar, eine Kindfrau mit Namen Guglielmina. Ihre angebliche Tante, Signora Veronica, in Wahrheit ihre Mutter, überließ die beiden reizenden Geschöpfe ihrer intimen Vertrautheit, in die sich Casanova mit fragwürdiger Geschicklichkeit, zu der wieder der Punsch bemüht wurde, einzuschleichen verstand und schließlich auf die uneingeschränkte Bereitwilligkeit Guglielminas stieß: «Sie ergab sich mir, ohne sich um Giacomina zu kümmern, die sich aufgesetzt hatte und aufmerksam und erstaunt zusah, was wir machten.»[10]

Schließlich stellte sich heraus, dass Guglielmina die Tochter seines Bruders Giovanni war, der seinerzeit an der Seite des Malers Mengs in Rom gelebt und Signora Veronica geliebt hatte, ohne sie jedoch zu heiraten. Mochte die Beziehung zwischen den beiden Brüdern eher lose gewesen sein, im Augenblick des Glücks mit dessen Tochter, also seiner Nichte, war Casanova bereit, «meinem Bruder alle seine Dummheiten zu verzeihen».[11] Eine große Dummheit, auf die er anspielt, ohne Näheres zu verraten, hatte darin bestanden, dass Giovanni zwei Bilder, die er selbst gemalt hatte, als Werke der Antike an Winckelmann verkaufte, der sie als authentisch in seine «Geschichte der Kunst des Altertums» aufnahm. Aus Zorn über die ihm verkauften Fälschungen erhob Winckelmann Klage gegen Giovanni Casanova, der 1766 in Abwesenheit verurteilt wurde, ohne im Prozess gehört worden zu sein. Seinen Posten als Direktor der Akademie in Dresden verlor Giovanni deswegen jedoch nicht und zeigte sich in jenem Jahr 1771 sogar offen in Rom, ohne einer Strafverfolgung ausgesetzt zu sein.

Nicht sehr ehrenvoll war allerdings auch das Ehrenwort, das Giacomo Casanova Signora Veronica auf ihre Frage gab, ob zwischen ihm und ihrer Tochter etwas Ernstes vorgefallen sei. Zur Verleugnung des wahren Vorfalls wusste er sich jener egoistischen Rabulistik, die ihm stets unbegrenzt zur Verfügung stand, zu bedienen, um als Ehrenmann zu erscheinen: «Kann man von einem Mann, der die Ehre hochhält, den Verrat eines Geheimnisses verlangen, den ihm gerade die Ehre verbietet?»[12]

Am Ende des Karnevals und vor Beginn der Karwoche kehrte er von Frascati nach Rom zurück, auch um am Gründonnerstag vor den Mitgliedern der «Accademia degli Infecondi» seine Ode anlässlich der Passion Christi vorzutragen. Es war ihm gelungen, als Ehrengast dieser literarischen Gesellschaft, die trotz ihres Namens «Akademie der Unfruchtbaren» über eine lange Tradition hoher literarischer Kreativität verfügte, auftreten zu dürfen. In den letzten Tagen vor seinem dortigen Auftritt fand er endlich auch die Zeit für die Abfassung der Ode, die er sodann frei aus dem Gedächtnis vortrug. Offensichtlich kam sein elterliches Erbe der Schauspielkunst wieder voll zur Entfaltung – wie im Hause Voltaires mit theatralischen Tränen: «Ich hatte sie auswendig vorgetragen und dabei einen Strom der Tränen vergossen. Alle Mitglieder der Akademie weinten. Die richtige Methode, zu Tränen zu rühren, ist selbst zu weinen.»[13] Über diese Methode hatte sich schon Voltaire mokiert – diesmal war es der Kardinal de Bernis, der ihn beglückwünschte, «ein so großer Komödiant»[14] zu sein. Dem widersprach der Venezianer und bestand darauf, «es sei mir in jenem Augenblick ganz ernst damit gewesen».[15] Der hohe Kirchenfürst mag belächelt haben, dass Casanova einer so großen Autosuggestion des Glaubens fähig war – ihm selbst stand gewiss nicht so viel Glaube zur Verfügung.

Sehnsucht nach der Heimatstadt

Es galt, von Rom Abschied zu nehmen, und diesmal, übrigens das letzte Mal, fiel es ihm besonders schwer. So lag es nahe, erneut eine Zwischenbilanz seines Lebens zu ziehen, nun allerdings schon aus der Perspektive der späten Jahre in Dux. Melancholisch musste er sich eingestehen, damals wohl nicht den richtigen Weg gewählt zu haben, als er sich nach Norden wandte und die Region Neapel/Rom verließ, wo er vielleicht sein Glück hätte finden können. Dieses Bedauern stellte sich auch 1783 ein, als er Venedig endgültig verließ: «Gott hätte mich nach Rom fahren lassen sollen, oder nach Sizilien, oder nach Parma; dann wäre mein Alter allem Anschein nach glücklich gewesen.»[16] So reiste er im Juni 1771 in dem Gefühl, ein «hohes Alter»[17] erreicht zu haben, aus Rom ab. Er war «müde und erfüllt von den Freuden, die ich dreißig Jahre lang genossen hatte»,[18] sich aber auch gewiss, «daß ich den Liebesgenuß weniger stark, weniger bezaubernd fand»,[19] denn «seit acht Jahren nahm meine Manneskraft allmählich ab».[20] Es war an der Zeit, «an einen würdigen Rückzug zu denken»,[21] zumal sich auch der Zeitpunkt näherte, «an dem meine Mittel erschöpft waren und ich nichts mehr zum Leben haben würde».[22]

In Florenz, wo er sich in schlichtes Schwarz gekleidet dem Großherzog Leopold, der von 1790 bis 1792 noch deutscher Kaiser werden sollte, protokollgerecht präsentierte, wollte er zurückgezogen an seiner Übersetzung der «Ilias» arbeiten. Doch als mehrere ihm wohlbekannte Falschspieler auftauchten, deren einziges Ziel es war, gemeinschaftlich mit ihren schönen Geliebten reiche Engländer auszuplündern, geriet er fast wider Willen in deren Spannungsfeld krimineller Umtriebe. Obwohl daran eher unbeteiligt und unschuldig, traf auch ihn am Ende des Jahres 1772 der Ausweisungsbefehl. Mit temperamentvollen Protestbriefen erhob er dagegen – allerdings vergeblich – beim Großherzog Einspruch. Er musste gehorchen, was er trotz seines Protestes in diesem Fall nicht ganz ungern tat. Denn eine schöne Witwe, die er bis zur Selbstaufgabe umworben hatte, hatte ihn «bei jeder Gelegenheit gedemütigt; sie verachtete mich und wollte es mir beweisen.»[23] War er schon in Rom von Eifersucht gequält, wenn eine geliebte Frau einen jungen Rivalen ihm vorzog, in Florenz wurde sein Stolz als Mann so tief verletzt, dass er der umworbenen Witwe die Nennung ihres Namens verweigert.

In Bologna, wo er ebenso in Ruhe und ohne finanziellen Aufwand leben wollte, gelang es ihm besser, Das schloss nicht aus, dass er Kontakte pflegte, etwa mit dem Kastraten Farinelli, dessen bereits geschilderter Lebensabend ein extremes Beispiel der Verbitterung im Alter darstellte. Auch die hexenhafte Nina tauchte in der stillen Stadt auf, um sich und die bessere Gesellschaft in einen Skandal um eine vorgetäuschte Schwangerschaft zu verwickeln, deren trauriges Resultat ein willkürlich getötetes Baby war. Auch der Graf Jean-Baptiste Dubarry, dessen Bruder der letzten Mätresse Ludwigs XV. einen leidlich respektablen Adelstitel verschafft hatte, hatte seinen Auftritt in der Stadt – ständig auf der Suche nach neuen, am Hof von Versailles präsentablen Schönheiten.

Nur noch ihre käufliche Gunst gewährte ihm die schöne Kurtisane Viscioletta – so der Künstlername von Margherita Giacinta Irene Gibetti, einer aus Neapel stammenden Sängerin –, die sie ihm lange verweigert hatte. Erst als ihr Geliebter den komfortablen Reisewagen Casanovas kaufen wollte, gelang dem Venezianer ihre Eroberung – sie verrechnete ihre Hingabe gegen die günstige Preisgabe seines Reiserequisits. Seine Bilanz fiel bitter aus: «Ich mochte mich noch so bemühen, die Frauen wollten sich nicht mehr in mich verlieben; ich mußte mich entscheiden, darauf zu verzichten oder mich schröpfen zu lassen, und die Natur zwang mich, den letzteren Ausweg zu wählen.»[24]

Auf brieflichen Umwegen gelang es ihm, Kontakt zu einer hochgeachteten Persönlichkeit in Venedig herzustellen, die ihm dabei behilflich sein konnte, die Erlaubnis zur Rückkehr in seine Heimatstadt zu erhalten. Es handelte sich um den venezianischen Patrizier und Senator Pietro Antonio Zaguri, dessen Sekretär zeitweise Lorenzo Da Ponte gewesen war und mit dem Casanova bis zu seinem Lebensende in freundschaftlichem Kontakt blieb. Ihm teilte der jetzt seit siebzehn Jahren ruhelos durch Europa reisende Lebemann mit, «von heute an sei ich bestrebt, meine Begnadigung zu erhalten und nach Venedig zurückzukehren».[25] Zaguri gab ihm den Rat, «möglichst an der Grenze des venezianischen Staates zu wohnen, damit das Tribunal der Staatsinquisitoren mein gutes Verhalten überprüfen könne».[26] So machte er sich auf den Weg nach Ancona, von wo er auf dem Seeweg nach Triest gelangen wollte, da ihm der Landweg über venezianisches Gebiet verwehrt war.

Ancona, die Hafenstadt an der adriatischen Küste, zwang ihn zu Rückschau und Ausblick: «In dieser Stadt hatte ich begonnen, das Leben in großen Zügen zu genießen; ich wunderte mich, daß seitdem schon fast dreißig Jahre vergangen waren, eine ungeheure Zeitspanne, und daß ich mich trotzdem eher jung als alt fühlte.»[27] Die Rückschau und der Vergleich mit der Gegenwart ergaben keine positive Bilanz: «Ich fand mich völlig verändert, und so glücklich ich damals gewesen war, so unglücklich mußte ich mich jetzt fühlen, denn die uneingeschränkte schöne Aussicht auf eine glücklichere Zukunft war meiner Phantasie verwehrt.»[28] Die Zukunftsperspektive hatte sich eingedüstert – große Ziele waren nicht mehr zu erhoffen. Hatte sich die große Freiheit des Lebens nun in deren Fluch verwandelt und hatte er die Verheißungen seiner Jugend mit der ihn immer erneut ablenkenden Verführung der Frauen verspielt? Seine Antwort darauf war ohne Zweideutigkeit: «Ich erkannte trotz allen Sträubens, ja mußte es mir gezwungenermaßen eingestehen, daß ich meine Zeit vergeudet hatte, und das bedeutete, daß ich mein Leben vergeudet hatte.»[29]

Hier zerreißt er radikal die chronologische Schilderung seines Lebens und wird als alter Mann im fernen Schloss Dux sichtbar, vor dem nur noch «das Alter, das Elend, die stets allzu späte Reue und der Tod stehen».[30] Alle Abenteuer mit Frauen liegen weit hinter ihm und auch die Frauen selbst, «da ich allein bin».[31] Mochte das Alleinsein ihm lange die immer neue Begegnung mit einer schönen Frau verschafft haben, nun war es in Dux nur noch die Einsamkeit, die ihn beherrschte und gegen die er als einziges Gegenmittel das Schreiben gefunden hatte, gleichsam ein zweites Leben in aller Erinnerungsfreiheit: «Die Gedanken (des Alters und des Todes, d.A.) würden mich umbringen, wenn mir nichts einfiele, die grausame Zeit totzuschlagen ... Ich schreibe, um mich nicht zu langweilen, und ich freue und beglückwünsche mich, daß ich daran Gefallen finde. Wenn es nur Geschwätz ist, so kümmert mich das nicht; mir genügt, daß ich mich dabei unterhalte.»[32]

Seine Zuversicht, sich und vielleicht auch andere zu unterhalten, indem er die großen Auftritte seines Lebens schriftlich festhielt, schließt die Konsequenz ein, damit aufzuhören, sobald sein darauf folgendes Leben nicht mehr jene faszinierenden Vorgänge enthielt, mit denen sich die Langeweile vertreiben ließ. Noch war er voller Zuversicht, seine Lebensbeschreibung bis ins hohe Alter fortsetzen zu können, verspricht er doch recht häufig dem Leser die Darstellung von Ereignissen, die noch Jahre und Jahrzehnte entfernt liegen. Er hat also mit dem Bericht seines Lebens fortfahren wollen, vielleicht sogar bis in seine späte Gegenwart, aber dieser Wille dürfte ihm abhandengekommen sein, als er sich immer häufiger in der Rolle eines gedemütigten Verlierers sah – gegenüber Frauen und auch gegenüber den Hoffnungen auf ein würdiges, gesichertes und sogar heiteres Alter.

So lag es nahe, sich mit einer letzten Liebesbegegnung, die noch einmal alle Hochgefühle und Erniedrigungen einschloss, die die Verführung einer schönen Frau und die Verführung seiner selbst zur Folge hatte, von seinem langen Lebensbericht zu verabschieden. Wieder, wie in Turin, ging es um eine junge Jüdin, der er sogar denselben Namen gab – Lia. Ihr Vater war sein Reisegefährte auf der Fahrt nach Ancona gewesen, wo Casanova als zahlender Gast in dessen Haus aufgenommen wurde und sich umgehend in die achtzehnjährige Tochter verliebte. Trotz der Stiche Aretinos, deren Liebesstellungen seine Angebetete in sexuelle Aufwallung und Bereitschaft versetzen sollten – er führte sie in seinem Reisegepäck wie so manche andere Fibel der Liebeskunst mit sich –, bewahrte die junge Frau ihre hochrationale Nüchternheit, die ihn in Verzweiflung und abgründige Selbstzweifel stürzte. Doch das andere Extrem einer hingebungsbereiten Leidenschaft, in die die junge Jüdin übergangslos wechselte, erhob ihn auf einen Gipfelpunkt der Gefühlsseligkeit, von dem er vorgibt, ihn so bisher nicht erreicht zu haben. Um dies auszudrücken, bemüht er eine stilistisch nicht sehr anspruchsvolle Metapher: «Ich … pflückte die Frucht, die von so außerordentlicher Süße war, wie ich es noch nie erlebt hatte.»[33] Der Genuss dieser

Frucht schloss die Entjungferung der jungen Frau ein, allerdings auch die Gefahr einer Schwangerschaft, wobei Casanova als Begründung für die tolerante Großzügigkeit des Vaters angibt, dass ein Kind seiner Tochter, auch mit einem Nichtjuden gezeugt, stets ein Jude sein werde.

Auf dem Weg zur Begnadigung

Nach dieser weiteren großen Leidenschaft galt es nun, ein anderes großes Gefühl auszuleben und «mir meine Begnadigung zu verschaffen, die damals das einzige Ziel meiner Wünsche war, da mich die Krankheit befallen hatte, die die Deutschen Heimweh nennen».[34] Doch bis er dieses Ziel erreichte, verstrichen noch fast zwei Jahre, die er in Triest einzig darauf verwandte, sich gegenüber den Staatsinquisitoren Venedigs als gehorsamer und sogar gefälliger Exilbürger zu erweisen. Er antichambrierte bei den diversen Honoratioren der Stadt – beim Gesandten Venedigs ebenso wie beim österreichischen Gouverneur – und sein ihm freundschaftlich verbundener Senator Zaguri wurde, gemeinsam mit seinem alten Freund Dandolo, in Venedig zu seinen Gunsten tätig. Doch die größte Hoffnung setzte er auf den baldigen Personenwechsel in der Staatsinquisition, der schließlich seine Rückkehr ermöglichen sollte.

Inzwischen bemühte Casanova sich um die Verbesserung des Postweges zwischen Venedig und seinem österreichischen Nachbarn, in dessen Grenzstadt Triest er in Wartestellung ausharrte. Ferner schaltete er sich fast konspiratorisch in ein Transportprojekt ein. Dabei ging es darum, gewisse Waren nicht über venezianisches Gebiet, sondern per Schiff direkt nach Mittelitalien gelangen zu lassen, um damit zusätzliche Zollkosten zu vermeiden. Immer war er bemüht, der Staatsautorität in Venedig «einen Beweis meines Eifers zum Nutzen meiner Heimat zu geben und der Gnade würdig zu werden, dorthin zurückkehren zu dürfen».[35] Derartige Informationsdienste ließen ihn in die bezahlte Abhängigkeit der Staatsinquisition gelangen, die nicht zögerte, ihm hundert Silberdukaten zukommen zu lassen, und sogar beschloss, «mir monatlich zehn Zechinen auszuzahlen, um mich zu weiteren Diensten für das Tribunal zu ermutigen».[36]

Es war offensichtlich ein gleitender Prozess, der Casanova in die Dienste seiner Vaterstadt treten ließ, noch bevor er deren Boden betreten durfte. So kam es zu der wenig ehrenvollen Konstellation, dass Casanova als banaler Spion für jene Staatsinquisition tätig wurde, der er sein achtzehnjähriges Exil zu verdanken hatte und sich ihr nun in dankbarer, ja devoter Haltung zuwandte: «Ich war nicht unzufrieden, nunmehr im Dienst des gleichen Tribunals zu stehen, das mich meiner Freiheit beraubt hatte und dessen Macht ich entronnen war; mir kam es im Gegenteil wie ein Triumph vor, und meine Ehre verpflichtete mich, ihm in allem nützlich zu sein, was weder dem Naturrecht noch dem Völkerrecht zuwiderlief.»[37] Der Venezianer hat gewiss die höchst fragwürdige Kasuistik erkannt, derer er sich bediente, um noch als Ehre beanspruchen zu können, was er – selbst bei seiner sonst so rationalen Freimütigkeit – nur als Verletzung der einfachsten Gesetze des Anstandes und Stolzes hätte bezeichnen müssen. Vielleicht hat er auch deshalb seinen Lebensbericht nicht fortgesetzt, um dieser Bruchstelle seines Lebens auszuweichen.

In dieser Situation eines Exilanten, der demütig auf die Gnade des Tribunals wartete, bricht sein Lebensbericht abrupt ab, obgleich dessen Fortschreibung lange geplant war. Nicht das nahe Lebensende war wohl dafür verantwortlich, vielmehr dürfte er den nun folgenden Jahren keinen Unterhaltungswert mehr beigemessen haben. Das ist überaus verständlich, und er hat es im Juli 1793 auch offen dargelegt: «Ich glaube, ich werde es dabei bewenden lassen, denn von meinem fünfzigsten Lebensjahr an kann ich nur Trauriges berichten, und das macht mich selbst traurig. Ich schreibe doch nur, um mich selbst mit meinen Lesern zu amüsieren, jetzt würde ich sie nur quälen, und das lohnt die Mühe nicht.»[38] Bereits 1772 hatte sein Leben den Punkt erreicht, an dem er nicht länger auf die Fortsetzung seines an Vergnügungen und Abenteuern reichen Lebens hoffen durfte und seine Anziehungskraft auf Frauen zunehmend verschwand.

Zu diesem Zeitpunkt wurde eine andere Bilanz seines Lebens ebenfalls unausweichlich: Auch sein Lebensziel, etwas Herausragendes in der und für die Gesellschaft zu leisten, in welchem Land auch immer, hatte er nicht erreicht. Zu weiterreichender Bekanntheit war sein Name einzig durch seine Flucht aus den Bleikammern des Dogenpalastes und sein Duell mit dem polnischen Adligen Branicki gelangt. Wenig glanzvoll beschränkte sich sein gegenwärtiges Streben darauf, «daß mir gnädigst gestattet wurde, zum Anfang zurückzukehren»[39] und in seiner Heimatstadt jene Sicherheit eines ruhiges Lebens zu finden, vor der er so früh geflohen war.

Casanova hat darauf verzichtet, den Tag, an dem er durch das Inquisitionstribunal begnadigt wurde – es war der 3. September 1774 –, und den Tag seiner Ankunft in Venedig – es war der 10. September – noch als bedeutsam in der «Geschichte meines Lebens» zu vermerken. Es sollte schließlich nur der Beginn eines unauffällig-unbedeutenden Lebens sein, «denn ich glaubte, nur in Venedig leben zu können, ohne der Gunst der blinden Göttin zu bedürfen».[40] Zunächst konnte er mit der Begeisterung seiner alten Freunde rechnen, die ihn, wie der alte Senator Dandolo, freudig empfingen. Der letzte Überlebende des Trios setzte ihm eine monatliche Summe von sechs Zechinen aus, exakt die Summe, die der Senator Barbaro ihm testamentarisch als kleine Rente vermacht hatte. Er hatte sogar die Genugtuung, dass die Staatsinquisitoren den detaillierten Bericht über seine Flucht aus dem Gefängnis des Dogenpalastes hören wollten.

Aber nun galt es, seinen Lebensunterhalt durch eigene Arbeit sicherzustellen, und zwar als Schriftsteller. Aus diesem Grund veröffentlichte er 1775 einen ersten Band seiner Übersetzung der «Ilias», ein weiterer und ein dritter folgten 1776 und 1778, doch die Zahl von 230 Subskribenten sank von 85 auf 24 und reichte nicht mehr aus, eine Fortsetzung der Publikation zu finanzieren. Nach diesem Misserfolg versuchte er, bei der Staatsinquisition eine wirtschaftliche Basis zu finden; zunächst hatte er sogar auf ein Staatsamt der Republik gehofft. Unter dem Pseudonym Antonio Pratolini kam er letztendlich zu einer Spitzeltätigkeit und wurde für einzelne Berichte bezahlt. Im Oktober 1780 erhielt er sogar ein Monatsgehalt von 215 Dukaten, um das er devot nachgesucht hatte: «Ich befinde mich im äußersten Unglück und erbitte von Euren Erlauchten Exzellenzen eine bescheidene und keineswegs verdiente Unterstützung.»[41] Diese recht hohe Besoldung war offenbar Lorenzo Grimani zu verdanken, der in das Amt des Staatsinquisitors gewählt worden und dem darbenden Casanova wohlgesinnt war. Allerdings konnte Casanova sich nur ein Jahr lang dieser Zuwendung erfreuen – eben nur so lange, wie der großzügige Grimani das hohe Staatsamt innehatte.

Der Lebemann als Spitzel

Insgesamt 46 Briefe Casanovas an die Staatsinquisition sind für den Zeitraum von 1763 bis 1782 überliefert. In der Mehrzahl handelt es sich um Spitzelberichte des «Confidente», die, was oft zu seiner Entlastung angemerkt wurde, meist nur Lamentöses über den pauschalen Sittenverfall zum Inhalt haben, etwa über «Frauen schlechten Lebenswandels und von Unzucht lebende Burschen».[42] Darüber hinaus stellte er unaufgefordert für die Staatsinquisition eine umfangreiche Liste jener Bücher zusammen, die zwar bei den Buchhändlern erhältlich waren, aus seiner Sicht aber eine Gefährdung der Staatssicherheit darstellten. An erster Stelle der gefährlichen Schriftsteller nennt er Voltaire, der ihm seit Jahrzehnten zum fast traumatischen Feindbild geworden war. Dessen Theaterstück «La Pucelle» sowie das «Dictionnaire philosophique» sind ihm gottlose Werke, und denselben Vorwurf erhebt er gegen Rousseaus «Émile» und die «Nouvelle Héloise». Auch die gängigen Pornographien jener Zeit wie «Thérèse philosophe» des Marquis d'Argens oder die «Ode à Pirape» von Alexis Piron finden sich auf der von ihm empfohlenen Verbotsliste. Von Aretino nennt er kein Werk, sondern nur den Namen, er dürfte aber eher die «Dialoghi» («Kurtisanengespräche») und nicht «I modi» («Stellungen») gemeint haben, derer er sich bei der Verführung der schönen Jüdin Lia noch bedient hatte.

Auch in einem «Coriolan-Ballett» entdeckte er «einen gewissen Revoltegeist».[43] Das dazugehörige Programmheft hätte, wie er beklagte, verboten werden müssen, wenn der Zensor achtsamer gearbeitet hätte. Zum Verbot der Aufführung kam es dennoch dank Casanovas Empfehlung. Zu den denunzierten Personen, die er des Besitzes gefährlicher Schriften anklagte, zählte auch der adlige Giovanni Carlo Grimani. Er unterzog ihn offenbar einer besonderen Beobachtung, denn er meldete den Inquisitoren, dass Grimani mehrfach gegen die strenge Regel verstoßen habe, nach der kein Adliger persönlichen Kontakt mit einem ausländischen Gesandten haben dürfe. Exakt berichtete er über dessen Gespräche mit dem russischen Gesandten Marchese di Maruzzi auf offener Straße, auch wenn in der Unterhaltung, «soweit mir bekannt, nur von völlig belanglosen Dingen»[44] die Rede war. Mit diesem Mitglied der Familie Grimani dürfte sich Casanovas Beziehung schon unmittelbar nach der Rückkehr spannungsreich gestaltet haben.

Da seine Schulden beträchtlich anwuchsen und er ständig bestrebt war, seine finanzielle Situation zu verbessern, veröffentlichte er eine weitere Streitschrift gegen Voltaire mit dem Titel «Scutinio del libero, Éloges de M. de Voltaire». Im darauffolgenden Jahr folgte eine Monatsschrift «Opuscoli Miscellani», in der vermischte Texte aus seinem reichen Bestand erschienen, darunter auch eine Schilderung des Duells mit Branicki. Auf dieses Monatsperiodikum, das wohl aus Mangel an Subskribenten alsbald eingestellt wurde, folgte die Wochenzeitschrift «Le Messager de Thalia», in der er sowohl als Theaterkritiker wie auch als Theateragent tätig wurde. Dies geschah offensichtlich vor dem Hintergrund seines Bemühens, auch als Theaterimpresario tätig zu werden. Eine Theatertruppe, die von ihm engagiert worden war, begann im Oktober 1780 mit ihren Aufführungen im Teatro San Angelo. Der Truppe, deren Prinzipalin eine Madame Claisemondes war, blieb ein größerer Erfolg versagt, so dass die Schulden Casanovas weiter stiegen.

Darauf trat er als Sekretär in die Dienste des Genueser Diplomaten Carlo Spinola, der sehr wohlhabend war und über ein exzentrisches Temperament verfügte. Dieses hatte ihn zu einer Wette um 250 Zechinen verleitet. Er wettete, dass er die Tochter der Fürstin Esterhazy heiraten würde. Sein Gegenspieler in dieser Sache war ein gewisser Carlo Carletti, Offizier am Hof von Turin, der die Wette gewann, weil die Heirat nicht zustande kam. Erst im Frühjahr 1782 kam Carletti wieder nach Venedig, und als er davon Kenntnis erlangte, dass Casanova in Diensten Spinolas stand, «kam er auf die Idee, ihn zu ersuchen, Spinola an die Schuld zu erinnern und ihn zu überreden, diese in Raten, aber in Bargeld abzuzahlen. Er versicherte Casanova, daß er ihn, falls er Erfolg habe, entsprechend belohnen werde.»[45] Zudem wurde vereinbart, dass die Höhe der Belohnung dem Urteil eines angesehenen Mannes überlassen werde, für den sie als eine Art Treuhänder Giovanni Carlo Grimani bestellten.

Es gelang Casanova, Spinola zum schriftlichen Eingeständnis seiner Wettschuld und zu deren Begleichung zu veranlassen. Im Palazzo Grimani, dessen Hausherr seit dem Tod von Michele Grimani im Jahre 1775 Giovanni Carlo Grimani war, überreichte er Carletti das Papier, das die Zahlungswilligkeit Spinolas bestätigte, und verlangte die abgesprochene Belohnung. In Anwesenheit Grimanis kam es zum Streit: Der Turiner Offizier wollte die Belohnung wie sein Schuldner in Raten zahlen, während Casanova, der auf schnelle Verfügbarkeit der zugestandenen Summe angewiesen war, deren volle Bezahlung ohne Zeitverzug verlangte. Der Streit eskalierte. Schnell kam es zu gegenseitigen Beschimpfungen, und voll Zorn wollte Casanova sich entfernen, Grimani aber, der bisher geschwiegen hatte, hielt ihn zurück und ergriff zugunsten Carlettis Partei: «‹Sie haben unrecht.› Carletti fuhr fort, Casanova auf grausame und gemeine Weise zu beschimpfen. Schließlich trennten sie sich, und die Affäre entwickelte sich zum Stadtgespräch.»[46]

Die Ansichten darüber, wer von den beiden Kontrahenten das Recht auf seiner Seite hatte, waren geteilt, nicht geteilt dagegen waren die Auffassungen darüber, dass Casanova sowohl Carletti als auch Grimani zum Duell hätte fordern müssen. Nun sah er sich dem Urteil ausgesetzt, ein Feigling zu sein: «Spinolas Sekretär wurde zur Zielscheibe des allgemeinen Spotts, und die wenigen Häuser, die ihm bisher offen gestanden hatten, verschlossen ihre Türen vor ihm.»[47] Auch die Staatsinquisitoren lösten seinen Spitzelvertrag, so dass diese wichtige Einnahmequelle verloren ging – ganz abgesehen von seiner Tätigkeit als Sekretär Spinolas, der ihn nicht länger in seinem Dienst halten konnte oder wollte. Casanovas wirtschaftliche Notlage spitzte sich zu.

Literarische Attacke auf die venezianische Adelsgesellschaft

In geradezu verzweifelter Situation entschloss er sich zur Offensive – und zwar nicht mit dem Degen, sondern mit der Feder. Er schrieb die herausfordernde Satire «Weder Liebe noch Frauen», die er formal an die «Beschreibung Griechenlands» des Pausanias aus dem zweiten nachchristlichen Jahrhundert anlehnte. Es war ein zunächst harmlos erscheinendes Versteckspiel in den Kulissen der antiken Mythologie, dann aber – da er selbst den aktuellen Personenbezug nachlieferte – ein aggressiver Schlüsselroman, der die Adelsgesellschaft Venedigs frontal attackierte. Es ging um Hochmut und Doppelmoral der republikanischen Aristokratie, der sich Casanova zugehörig gefühlt hatte und die ihn nun endgültig ausschloss – nicht nur aus ihrem gesellschaftlichen Umgang, sondern auch aus der staatlichen Zugehörigkeit. Das Schlüsselwort des Streits dürfte das Schimpfwort Bastard gewesen sein.

Dieses Wort, das meist ohne Gehalt als bloße Beleidigung benutzt wurde, muss, als es während des Streitgesprächs im Palazzo Grimani ausgesprochen wurde, eine besondere Sprengkraft entfaltet haben, denn es zerstörte die verhüllende Konvention, die die Familien Casanova und Grimani über Jahrzehnte zu wahren gewusst hatten. War Giacomo Casanova wirklich der Sohn von Gaetano Giuseppe Casanova oder doch der von Michele Grimani oder gar der Enkel von Zuan Carlo Grimani, der Casanovas so geliebte Großmutter geschwängert hatte, aus welcher Liaison seine Mutter hervorgegangen war? Und war Giovanni Carlo Grimani wirklich der Sohn von Michele Grimani, der sehr wohl der Sohn des Liebhabers seiner Mutter sein konnte, deren Fehltritt der Vater ihr auch deshalb verzieh, weil sie sich einem Adligen hingegeben hatte? Es war, wenn diese Hypothesen sich als Fakten erwiesen, wofür einiges sprach, der Augenblick der großen Abrechnung gekommen. Denn danach wäre Casanova, weil er von der männlichen Seite der Grimani abstammte und nicht wie Giovanni Carlo Grimani von der mütterlichen Seite, der wahre Erbe im Stammbaum der Grimani gewesen und damit auch berechtigter Träger des Adelstitels und Besitzer des Familienvermögens.

In seiner Satire übertrug Casanova diese Rangordnung in die sexuellen Turbulenzen, die sich der Göttervater des Olymps mit den sterblichen Frauen gestattete, so dass Herkules (Giovanni Carlo Grimani) direkt von Jupiter abstammte, den er mit Alkmene gezeugt hatte, dagegen Ökoneus (dieser Name war die griechische Übersetzung von Casanova) vom Vater des Herkules, also von der männlichen, bevorrechtigten Seite. Entsprechend hätte nicht Herkules, dem nur die Mitgift Alkmenes zugefallen wäre, sondern Ökoneus «den besonderen Platz im Olymp»[48] einnehmen dürfen. Damit hatte Casanova sein Vorrecht in der mythologischen Erbfolge geltend gemacht. Zusätzlich hatte er seine Selbsterhöhung über den Adligen Giovanni Carlo Grimani so weit getrieben, weil dieser ihm die Genugtuung im Duell verweigert hatte: «Der Höhergeborene kann diesen Vorwurf einzig dadurch entkräften, daß er sich mit dem von ihm beleidigten Niedriggeborenen auseinandersetzt. Unterläßt er das, so bleibt der Makel der Niederträchtigkeit und des Hochmuts an ihm haften, und dadurch wird der Niedriggeborene unwillkürlich über ihn erhoben.»[49]

Allerdings wusste er sehr wohl, dass den Aristokraten Venedigs verboten war, sich mit Gegnern aus dem einfachen Volk zu duellieren. Denn auch die Frage des polnischen Königs Poniatowski, ob ein Adliger Venedigs die Aufforderung eines Nichtadligen zum Duell annehmen würde, wie es Branicki getan hatte, hatte er in aller Klarheit verneint und betont, dass diese Aufforderung nicht akzeptiert werden würde. Hätte Casanova, als es im Palazzo Grimani zu der Streitszene kam, den Hausherrn zum Duell herausgefordert, wäre er nicht nur auf kühle Ablehnung gestoßen, er hätte sich auch lächerlich gemacht. Wie hoch sich Casanova in Warschau erhoben fühlte, als Banicki seine Aufforderung zum Duell annahm, stellte er noch nach sechzehn Jahren später in Venedig unter Beweis, ist doch seine Polemik «Weder Liebe noch Frauen» «Seiner Exzellenz Graf Xaver Branicki, General der polnischen Krone»,[50] gewidmet.

Doch die Rache, die Casanova nahm, um wenigstens literarisch als Sieger aus dem Konflikt hervorzugehen, kam ihn teuer zu stehen, obgleich es nur «um zwölf jämmerliche Zechinen»[51] ging, wie Casanova neun Jahre später in einem Entschuldigungsbrief an Giovanni Carlo Grimani beklagte und seine seinerzeitige Haltung bedauerte: «In klarer Erkenntnis der unterschiedlichen Geburt zwischen Ihnen und mir, hätte ich mein Haupt beugen, schweigen und mich darauf beschränken sollen, den bewußten Carletti zu verachten.»[52] Der emotionale Ausbruch Casanovas hatte seine wahre Ursache vermutlich in seiner wirtschaftlichen Notlage, aus der sich zu befreien ihm trotz verschiedenster Anstrengungen nicht gelang. Dem Prokurator Morosini, der ihm wohlgesinnt war, bekannte er seine ausweglose Situation: «Drei Jahre lebe ich in Venedig schon in einem Zustand ständiger Bedrängnis, mir war stets klar, daß ich mich eines Tages zur Abreise aufraffen müßte, um woanders zu sterben.»[53]

Seine Abreise aus der Lagunenstadt, zu der ihm Morosini dringend riet, da Casanova selbst jede Zukunftsaussicht auf ein gesichertes Leben in seiner Heimatstadt zerstört habe, schloss jedoch auch die Trennung von seiner späten Geliebten Francesca Buschini ein. Von einfacher Herkunft und in ärmlichsten Verhältnissen aufgewachsen, war sie erst 26 Jahre alt, als Casanova sie 1779 kennenlernte und mit ihr in eine gemeinsame Wohnung zog, die sich an der Barbaria delle Tole nahe der Kirche Santa Giustina befand. Er sorgte für die Miete und zusätzlich sowohl für den Unterhalt der streitsüchtigen Mutter als auch für einen früh auf Abwege geratenen jüngeren Bruder – beide gehörten ebenfalls zum Haushalt. Die junge Frau, die zwar ungebildet, aber nicht unbegabt war, noch dazu ihm zärtlich und treu zugetan und des Schreibens in einfach-klaren Sätzen fähig, wurde seine Briefpartnerin. Seine Briefe sind nicht überliefert, aber die ihren geben indirekt Auskunft über seinen weiteren Weg. Das dominierende Thema fast aller ihrer Briefe ist jedoch der Geldmangel, unter dem sie und ihre Familie litten und den Casanova nicht beseitigen, sondern nur durch gelegentliche Geldsendungen mindern konnte.

Bevor er sich endgültig aus dem Spannungsfeld von Venedig entfernte, blieb er noch einige Zeit abwartend im nahen Triest und kehrte am 17. Januar 1783 ein letztes Mal in aller Heimlichkeit nach Venedig zurück, um von seiner Geliebten Abschied zu nehmen. Zuvor hatte er am 22. September 1782 dem Prokurator Morosini, der ihm acht Jahre vorher so freundschaftlich behilflich gewesen war, seine prekäre Situation schonungslos geschildert: «Ich bin achtundfünfzig Jahre alt und kann mich nicht zu Fuß auf den Weg machen; der Winter ist bald da; der Gedanke, wieder ein Abenteurerleben zu führen, läßt mich lachen, besonders wenn ich mich im Spiegel betrachte.»[54]

15. *Einsamkeit in Dux*

Kein Erfolg in Paris

Nachdem Casanova Venedig erneut unfreiwillig verlassen hatte, brach er im Juni 1783 einigermaßen ziellos nach Norden auf – angetrieben von der vagen Hoffnung, vielleicht an den Orten, an denen er einst vom Glück begünstigt worden war, noch einmal auf die Gunst der von ihm so häufig beschworenen Glücksgöttin rechnen zu können. Seine Reise führte über Innsbruck, Augsburg und Frankfurt am Main nach Aachen und weiter in den Kurort Spa, der das bevorzugte Ziel der europäischen Falschspieler war. Dort machte er die Bekanntschaft einer wohlhabenden Engländerin, die die Konversation in lateinischer Sprache pflegte und den lateinkundigen Venezianer gern zu ihrem Reisebegleiter erkoren hätte. Sie hätte ihn sogar für vier Jahre verpflichtet, doch hätte dies offenbar so seltsame Pflichten, auch wohl perverser Art, eingeschlossen, dass selbst Casanova sich abgestoßen fühlte – es waren «Vorschläge, die mein Herz vor Furcht erstarren ließen».[1]

Er zog es vor, seine Reise allein fortzusetzen, und erreichte über Rotterdam und Antwerpen im September Paris, das Zentrum seiner einstigen Erfolge als Lotterie-Unternehmer. Unterkunft fand er bei seinem Bruder Francesco, der wie zahlreiche renommierte Künstler im Louvre wohnte. Drei Monate blieb er in der französischen Hauptstadt und nahm als wohl eher geduldeter Beobachter am höfischen Leben teil, was seine Anwesenheit in Fontainebleau einschloss. Dort traf er auf den Sohn von Marie-Louise O'Murphy, die nach ihrer Zeit als Mätresse Ludwigs XV. mit dem Offizier Jacques de Beaufranchet verheiratet worden war. Casanova hatte einst am Gelingen ihrer Liaison mit dem Monarchen einen gewissen Anteil gehabt, war aber nun so diskret, den jungen Mann in seiner Unkenntnis zu belassen: «Der wußte überhaupt nichts von der Affäre, und ich hatte nicht die Absicht, ihn darüber aufzuklären.»[2] Er war nicht der Sohn des Königs, denn Ludwig XV. hatte sich bereits 1755 von seiner Mätresse getrennt, und der Vater war 1757 in der Schlacht von Rossbach gefallen, noch vor der Geburt seines Kindes. Ferner begegnete der Venezianer dem Sohn der Schweizerin Dubois, enthüllte dem jungen Mann aber offensichtlich nicht die wahre Vaterschaft.

In Paris kam es sogar zu einer Begegnung mit dem amerikanischen Wissenschaftler Benjamin Franklin, der 1776 den Blitzableiter erfunden hatte und nun als diplomatischer Unterhändler die Interessen der jungen dreizehn Neuenglandstaaten vertrat. Es ging um die militärische und politische Unterstützung der nordamerikanischen Rebellen gegen England, das für Frankreich aus Revanche für den verlorenen Siebenjährigen Krieg ein fast offener Kriegsgegner geworden war – eine kontrastreiche Koalition zwischen der absoluten Monarchie Frankreichs und den republikanischen Aufständischen in Nordamerika. Aufgrund der hohen französischen Kriegssubventionen war die Folge zum einen der beschleunigte Untergang der Monarchie, zum anderen aber auch die noch im selben Jahr im Vertrag von Paris festgeschriebene und von England anerkannte staatliche Unabhängigkeit der englischen Kolonien. Da Franklin der Konstrukteur dieses Vertrages war, wurde er als personifizierte Vertretung der Vereinigten Staaten von Ludwig XVI. feierlich in Versailles empfangen. Es war ein Akt der gleichrangigen Anerkennung seines Landes, weshalb die Amerikaner dieses Schloss als einen originären Ort ihrer Geschichte betrachten und nach dem Ersten Weltkrieg, als die französische Republik die Luxusimmobilie der Monarchie dem stetigen Verfall überließ, zu deren restaurativer Rettung herbeieilten – an ihrer Spitze die Rockefeller mit nicht weniger als 20 Millionen Dollar.

Casanova gelang es sogar, im Louvre an der Seite Franklins an einer Sitzung der Akademie der Wissenschaften teilzunehmen, in der «Condorcet ihn (i. e. Franklin) fragte, ob er es für möglich halte, einen Freiballon zu lenken».[3] Der Amerikaner zögerte mit seiner Antwort und ließ viel Freiraum für die weitere technische Entwicklung dieser Erfindung, während Casanova auch gegenüber dem Amerikaner eine rechthaberische Position einnahm: «Ich war erstaunt. Es war doch unmöglich für einen großen Gelehrten, einfach zu ignorieren, daß ein Ballon keine andere Richtung nehmen kann als der Wind bestimmt.»[4]

Es war ein historischer Augenblick, als der Mensch den ersten

Schritt zur Eroberung des Himmels unternahm, und die allgemeine Aufregung war groß, als die Brüder Jacques und Joseph Montgolfier am 19. September 1783 im Vorhof des Schlosses von Versailles auf Befehl Ludwigs XVI. und vor den Augen von Marie-Antoinette den Ballon «Globe» in die Höhe steigen ließen. An Bord war noch kein Mensch, aber ein Schaf, das die Luftfahrt überlebte und ein königliches Gastrecht in der Menagerie von Versailles erhielt, also nicht geschlachtet wurde. Unter den Zuschauern dieses heiteren Zwischenspiels der späten Monarchie Frankreichs, deren Zukunft sich bald verdüsterte, dürfte auch Casanova, der stets vielseitig Neugierige, gewesen sein.[5]

Da sich ihm in Paris keine Perspektive für eine gesicherte Zukunft öffnete, zog es ihn, an seiner Seite sein Bruder Francesco, über Dresden, wo mehrere Familienmitglieder nach dem Tod der Mutter im Jahr 1776 noch lebten, weiter nach Wien. Dort fand sein Bruder als Maler in dem Kanzler Kaunitz einen Gönner, während er selbst als Sekretär in die Dienste des venezianischen Gesandten Sebastian Foscarini trat, was die Chance einschloss, Teil der höchsten Gesellschaftskreise zu werden – zumindest als deren Beobachter. Bald wurde er auch mit der Korrespondenz und diversen Pamphleten betraut, die sich aus einer Staatsaffäre zwischen Holland und der Republik Venedig ergaben, welche sogar zu einer Kriegserklärung zwischen den beiden Mächten führte. Es ging um einen raffinierten Betrug, bei dem die Brüder Stepan und Premislas Zanovitsch – zwei Abenteurer großen Stils, denen Casanova schon 1771 in Florenz begegnet war – zwei holländische Kaufleute hintergangen hatten und der venezianische Diplomat Domenico Maria Cavalli eine wenig ruhmreiche Rolle gespielt hatte. An dem eskalierenden Konflikt hatte Casanova als parteiischer Stilist großen Anteil, der erklärte Krieg brach jedoch – dank der Vermittlung von Kaiser Joseph II. – nicht aus.[6]

Lorenzo Da Ponte

In Wien kam es auch zu einer erneuten Begegnung zwischen Casanova und Lorenzo Da Ponte, schließlich waren beide Venezianer und hatten gleichermaßen literarische Ambitionen. Außer einem späten Briefwechsel, den Casanova und Da Ponte in den Jahren 1791 bis 1795 führten, kam es noch zu zwei weiteren Aufeinandertreffen. Im Oktober 1787, als Mozarts Oper «Don Giovanni» in Prag vor der Aufführung stand, hatte der Librettist Da Ponte, bevor ihn ein kaiserlicher Auftrag zurück nach Wien rief, seinen Freund Casanova möglicherweise gebeten, letzte Verfeinerungen an dem Libretto vorzunehmen. In Casanovas Papieren fanden sich zwar später zwei Manuskriptblätter mit einer überarbeiteten Fassung nach dem Sextett im zweiten Akt der Oper. Da diese Fassung jedoch nicht Teil der endgültigen Partitur der Oper Mozarts geworden ist, lässt sich nur darüber spekulieren, ob und in welchem Maße er an dem Werk mitgewirkt haben könnte. Die Kunstfigur Don Juan-Don Giovanni dürfte ihn ebenso angezogen wie abgestoßen haben, war doch seine eigene Leidenschaft für die Frauen nicht von zerstörerischem und selbstzerstörerischem Hass bestimmt, sondern von grenzenloser Zuneigung und Zärtlichkeit. So wurde Casanova zum sprichwörtlichen Gegenbild von Don Juan.

Eine weitere Begegnung mit Casanova fand im Jahr 1792 in Dux statt, wohin Da Ponte mit seiner ihm gerade angetrauten Frau Nancy gereist war. Vermutlich war das Motiv dieser Reise, die nicht unbedeutende Summe von einigen hundert Gulden zurückzuerhalten, die er seinem Landsmann geliehen hatte und nunmehr dringend benötigte. In seinen Memoiren betont er, dass in Wien ihrer beider Freundschaft auch dadurch vertieft worden sei, «daß mein Haus und meine Börse ihm offen standen».[7] Vor Ort brachte er es jedoch nicht über sich, seinen ebenfalls verschuldeten Schuldner zu mahnen. Aber er bemerkt nicht ohne eine gewisse Bosheit, dass Casanova auf der gemeinsamen Fahrt nach Teplitz, als die Kutsche des Librettisten zusammenbrach und durch den Kauf einer neuen ersetzt werden musste, als Makler mit einem Courtageanteil tätig wurde – er «erledigte das Geschäft und steckte zwei Zechinen in die eigene Tasche».[8]

Auch als Da Ponte ein Jahr später aus London, wo er auf sein Glück hoffte, Casanova wieder um finanzielle Unterstützung bat, da der Bibliothekar in Dux «der einzige Mann war, an den ich mich wenden konnte»,[9] und sein Gesuch sogar in Verse fasste, blieb eine positive Antwort aus. Aber auch Casanova verstand es, seine Ablehnung wenn schon nicht kunstvoll in Verse zu fassen, so doch kultiviert in einer historischen Assoziation zu präsentieren: «Als Cicero an seine Freunde schrieb, versagte er sich, von Geschäften zu sprechen.»[10]

Zurück ins Jahr 1784, als Casanova im Frühjahr gemeinsam mit seinem Bruder Francesco an einem «großen Essen»[11] teilnahm, das der Gesandte Foscarini in Wien gab. Dort kam es zur ersten Begegnung mit dem Grafen Joseph Karl Emanuel Waldstein, dem der Venezianer vorgestellt wurde. Der Nachfahr des berühmten kaiserlichen Feldherrn war ein origineller Luftikus, wie selbst seine Mutter beklagte. Zugleich war der Schlossherr von Dux Kammerherr des Kaisers, Eigentümer einer Bibliothek von 40 000 Bänden, Pferdenarr, Freimaurer und gelegentlicher Liebhaber von okkulten Wissenschaften, was ihn, wie geschildert, auf Casanova neugierig werden ließ, als ihr gemeinsamer Gesprächsstoff sich den Werken des Agrippa von Nettesheim zuwandte. Doch der Venezianer zögerte, der unmittelbaren Einladung des Grafen nach Dux zu folgen, hatte er doch erst wenige Wochen zuvor seinen Dienst bei Foscarini aufgenommen.

Auch hielten ihn zwei Liebschaften in Wien, wo ein junges Mädchen namens Caton M. ihn sogar ein weiteres Mal zu einem Eheversprechen verleitete: «Ich hätte, ohne Beistand meines Schutzgeistes … ein leichtlebiges Mädchen geheiratet, das mir den Kopf verdreht hatte.»[12] Von der zweiten Liaison mit einem Mädchen namens N. Kaspar ist noch weniger bekannt, nur dass sie später die Geliebte des Kaisers Joseph II. wurde, der vorher noch für ihre Ausbildung in Französisch und Musik sorgte.

Allerdings starb Foscarini bereits ein Jahr später, womit Casanovas Stellung als dessen Sekretär hinfällig geworden war und er erneut vor einer ungesicherten Zukunft stand. In der vagen Hoffnung, in der königlichen Akademie Preußens eine Anstellung zu finden, reiste er nach Berlin und wurde auch diesmal enttäuscht. Dieses

Scheitern dürfte den Anstoß gegeben haben, sich der überaus generösen Einladung des Grafen Waldstein zu erinnern, und so reiste er über Karlsbad nach Teplitz, wo der Graf sein Angebot des Vorjahres in eine feste Verpflichtung verwandelte. Casanova erhielt die Position eines Bibliothekars mit einem Jahresgehalt von 1000 Gulden, einschließlich Logis, freier Kost und der Dienstbarkeit des Personals auf Schloss Dux; sogar eine Kutsche mit zwei Pferden war ständig zu seiner Verfügung. Da er keine Wahl hatte, akzeptierte er diesen entlegenen Ort, der wenigstens seinen Lebensunterhalt sicherte. Hier sollte er den letzten Teil seines Lebens verbringen. Es wurden dreizehn schwierige und arbeitsreiche Jahre.

Alt und verbittert

Die Erwartung, in der Einsamkeit des Schlosses mit dem Grafen Waldstein einen aufgeschlossen-kundigen Gesprächspartner über die Arkana der Kabbala zu finden, wurde enttäuscht, denn der Schlossherr bevorzugte für die Liebes- und Glücksspiele, denen er sich in der Regel überließ, das turbulent-galante Treiben der Hauptstädte Paris und London. So erbat Da Ponte aus London nicht nur Geld von Casanova, sondern forderte ihn zudem auf, sich bei Graf Waldstein für eine finanzielle Förderung des Librettisten einzusetzen. Da Ponte wusste nämlich, dass der Graf in seiner unmittelbaren Nähe unbekümmert seinen Vergnügungen nachging, und beschrieb ihn ohne Nachsicht: «Armer Graf! Er hat das Herz eines Engels und einen vorzüglichen Charakter, aber einen Kopf, der viel schlechter ist als der unsere ... Er hat in London ein höchst düsteres Leben geführt ... schlecht untergebracht, schlecht gekleidet, schlecht bedient, immer in Schenken, Bordellen, Cafés, mit Packträgern, mit Strolchen, mit ... Lassen wir das übrige.»[13]

Zu vertiefenden Gesprächen mit Casanova aber fand sich immerhin der Onkel des Grafen bereit. Charles-Joseph Fürst de Ligne, von altem, einst reichem Adel in den spanischen Niederlanden, war ein gebildeter, geistvoller und bis zum Zynismus nüchterner Edelmann, der als österreichischer Feldmarschall auf seine Meriten als Militär verweisen konnte. Er war ein Jahrzehnt jünger als Casanova und hatte am Siebenjährigen Krieg teilgenommen – sogar unmittelbar an den Schlachten von Kolin, Leuthen und Hochkirch. Früh aber trug ihm sein intellektueller Stil auch die Achtung von Voltaire, Rousseau und Goethe ein, der ihn als den «frohesten Mann des Jahrhunderts» bezeichnete. Der Fürst korrespondierte nicht nur mit Friedrich II., sondern auch mit Katharina II., deren Achtung für den hochintellektuellen Militär so groß war, dass sie ihn, als er 1792 in den Revolutionskriegen seine Besitzungen im südlichen Holland verlor und in Geldnot geriet, zum russischen Feldmarschall ernannte, was reichen Besitz auf der Krim einschloss. Mit dem ihm freundschaftlich verbundenen Talleyrand nahm er als Diplomat am Wiener Kongress teil, war aber im Wesentlichen zuständig für das ablenkende Vergnügungsprogramm, so dass er zum Autor der sprichwörtlichen Sentenz «Der Kongress tanzt viel, aber er kommt nicht voran» («Le congrès danse beaucoup, mais il ne marche pas») wurde.

Auch mit dem alten Casanova kam ein freundschaftlicher Kontakt zustande, besonders wenn sich der österreichische Adel im böhmischen Bad Teplitz einfand, wo die Fürstenfamilie Clary und Aldringen im Schloss residierte, die mit den Familien Waldstein und de Ligne eng verschwägert war. Das Porträt mit dem Titel «Aventuros», das der Fürst de Ligne von dem Venezianer gezeichnet hat, lässt recht deutlich – verstärkt durch das fortgeschrittene Alter – dessen misstrauische Züge und eine gewisse Rechthaberei erkennen. Casanova dürfte auch im dortigen Milieu des standesbewussten Hochadels ein exotischer Fremdling geblieben sein, mehr belächelt als geachtet:

«Er wäre ein sehr schöner Mann, wenn er nicht häßlich wäre; er ist groß, gebaut wie ein Herkules; aber eine afrikanische Gesichtsfarbe und lebhafte Augen, voll neugieriger Wahrnehmung, die aber auch immer Empfindlichkeit, Unruhe oder Rachsucht anzeigen, geben ihm ein etwas wildes Aussehen, das leichter in Zorn als in Heiterkeit zu versetzen ist. Er lacht wenig, aber verleitet zum Lachen; er hat eine Art, die Dinge auszudrücken, die einem ungeschickten Harlekin oder Figaro entspricht und die ihn sehr angenehm macht. Es gibt nur gewisse Dinge, die er zu verstehen behauptet, aber trotzdem nicht versteht: die Regeln des Tanzes, die französische Sprache, den guten Geschmack, den Auftritt in der großen Welt und die Lebensart ... Er ist ein Born des Wissens; aber er zitiert so oft Homer und Horaz, daß man den Geschmack daran verliert. Seine Geistesblitze und Gedankensprünge sind verschärftes attisches Salz. Er ist sensibel und dankbar; aber es bedarf wenig, daß ihm etwas nicht gefällt, um böse, gereizt und abscheulich zu werden ... Er ist stolz, weil er nichts ist und weil er nichts hat ... Versäumen Sie nicht, ihm die Referenz zu erweisen, denn schon der geringste Mangel daran würde ihn zu Ihrem Feind machen; seine überschäumende Phantasie, die Lebhaftigkeit seiner Heimat, seine Reisen, alle Berufe, die er ausgeübt hat, seine Festigkeit im Verzicht auf alle moralischen Werte und physischen Güter, all das macht ihn zu einem seltenen Menschen, dem zu begegnen wertvoll ist und der der Achtung und besonderen Freundschaft von Seiten jener geringen Zahl von Personen würdig ist, die Gnade vor ihm finden.»[14]

Das Leben auf Schloss Dux, das von der Monotonie des geruhsamen Landlebens bestimmt war, dürfte dazu beigetragen haben, dass Casanova immer mehr verbitterte, zumal er nach dem Ausbruch der Französischen Revolution seine Welt der ständischen Sozialordnung untergehen sah. Der Fürst de Ligne hat diesen Prozess mitleidslos beschrieben, wobei mehr Tragik als Komik im Spiel war: «Es verstrich kein Tag ... ohne Streit über seinen Kaffee, seine Milch, seinen Teller Makkaroni, die er verlangt, aber nicht erhalten hatte. Der Koch hatte ihm die Polenta vorenthalten, der Stallknecht hatte ihm eine schlechte Kutsche gegeben, als er mich besuchen wollte, Hunde hatten während der Nacht gebellt; als mehr Gäste eingetroffen waren, als Waldstein erwartet hatte, war er gezwungen gewesen, am Nebentisch zu essen ... Auf jedem Ball hatte er sein Menuett mit schwerfälligen Schritten getanzt, man hatte gelacht. Er hatte seine weiße Feder, seinen Anzug aus goldbestickter Seide, seine Weste aus schwarzem Samt und seine Strumpfbänder, verziert mit Straß auf den hochgekrempelten seidenen Strümpfen, getragen, man hatte gelacht. ‹Cospetto!› rief er, ‹Kanaille, das seid Ihr, Ihr seid alle Jakobiner, Euch fehlt der Graf; und der Graf fehlt mir, der versäumt, Euch zu bestrafen.› ‹Monsieur›, sagte er, ‹ich habe den Bauch des großen Generals von Polen durchschossen, ich bin kein Edelmann, aber ich habe mich zum Edelmann gemacht.›»[15]

Die Französische Revolution

Auch der Fürst wusste von dem lebenslangen Ehrgeiz Casanovas, dem Adelsstand anzugehören, und von dem ehrenvollen Augenblick des Duells, als er sich für einen Kugelwechsel mit dem hochadligen Polen gleichgestellt fühlte. Genauso ist ihm auch der Zorn des Venezianers nicht verborgen geblieben, als die Nachrichten von der Revolution in Frankreich eintrafen. Es dürfte Anfang der 1790er Jahre gewesen sein, nachdem die politischen Clubs in Paris die Macht an sich gerissen hatten und die Schreckensherrschaft langsam zur vollen Entfaltung kam. So wurde dem Venezianer jede Unaufmerksamkeit oder Aufsässigkeit der Schlossbediensteten zu revolutionärem Ungehorsam, und sein Blick ging, als er sich bereits dem Ende der «Geschichte meines Lebens» näherte, voll wütender Melancholie zurück nach Frankreich, in dessen Sprache er gerade seine Lebensbilanz niederschrieb: «Ach, mein geliebtes Frankreich, wie ging es doch damals alles so gut, trotz der ‹lettres de cachet›, trotz des Frondienstes und des Elends der Bauern und trotz der Eigenmächtigkeiten des Königs und der Minister! Und was ist aus dir heute geworden? Dein König ist das Volk, das roheste, verrückteste, unbändigste, nichtswürdigste, wankelmütigste und ungebildetste aller Völker. Aber vielleicht kehrt die alte Ordnung wieder, bevor ich die Niederschrift dieser Erinnerungen beende.»[16]

Kaum verbitterter hätte ein adliger Emigrant auf sein von konvulsivischen Erschütterungen heimgesuchtes Land zurückblicken können. Aber Casanova, der lebenslang ein mutiger Mann gewesen war, sah auch klar, dass es der Adel war, der weder die gesellschaftliche Ordnung noch seinen König verteidigt hatte, und auch Ludwig XVI. hatte nicht gewagt, militärische Mittel zum Einsatz zu bringen, wie er kurz vor seiner Hinrichtung eingestand: «Mein Blut wird vergossen werden, um mich dafür zu bestrafen, daß ich niemals welches vergossen habe.»[17]

Sein Urteil über den französischen König hatte seine historische Richtigkeit, und seine blinde Wut gegen das aufständische Volk Frankreichs war der seinerzeit verbreiteten Ungewissheit geschuldet, bis zu welcher neuen Gesellschaftsordnung die selbstzerstörerische

Umwälzung schließlich gelangen werde. Er wusste es nicht und war fassungslos: «Der französische König kam durch seine eigene Dummheit um, und Frankreich wird an der Dummheit der Nation zugrunde gehen, die blutrünstig, verrückt, unwissend, von ihrem eigenen Geist beraubt und stets fanatisch ist … ich habe nicht genug Phantasie, um zu erraten, wohin das Land treibt. Die französischen Emigranten werden wohl manchem leidtun, doch mir nicht, denn ich finde, sie hätten im Königreich bleiben, Gewalt gegen Gewalt setzen und ihr Geld dafür ausgeben können, die Mordbrenner umbringen zu lassen, bevor sie die Zeit hatten, die ganze Nation umzubringen.»[18]

Dieser politische Zorn, der auf die unsichere Zukunft und die zunehmende Befürchtung zurückzuführen war, dass seine «alte Ordnung» wohl für immer untergegangen sein dürfte, hinderte ihn nicht daran, gegen die Einsamkeit von Dux schreibend anzukämpfen, wie er es bereits seit seiner dortigen Ankunft im Jahr 1785 getan hatte und weiterhin tat. So veröffentlichte er allein im Jahr 1788 eine Darstellung seiner Flucht aus den Bleikammern Venedigs sowie einen dickleibigen Roman «Eduard und Elisabeth oder die Reise in das Innere unseres Erdballs». Dieser utopische Roman stand in der Tradition der «Utopia» von Thomas Morus und des «Sonnenstaates» von Tommaso Campanella. Zwei Menschen werden für Jahrzehnte ins Innere der Erde versetzt. Auch dort dominieren wieder oder noch diverse Monarchien als einzig empfehlenswerte Gesellschaftsform – in krassem Gegensatz zu den wenigen Republiken, von denen eine sich als Brutstätte von Laster, Korruption und sozialer Ungerechtigkeit erweist. Casanovas Zorn auf die Adelsrepublik seiner Heimatstadt, die ihn zweimal ins Exil getrieben hatte, forderte diese letzte, bittere Abrechnung.

Sein großes Detailwissen auf mehreren Spezialgebieten, das er durch lebenslange Lektüre mit immer neuen Wissensstoffen angereichert hatte, verbunden mit einem glänzenden Gedächtnis, befähigte ihn im Jahr 1789 zur Veröffentlichung der Denkschrift «Nachtgedanken über den Wucher». Hintergrund war eine mit 500 Dukaten ausgerufene Preisfrage des Kaisers Joseph II.: «Was ist Wucher, und durch welche Mittel ist demselben ohne Strafgesetze am besten Einhalt zu tun?» In seiner Schrift verwies der Venezianer auf die Wucherzinsen – 30 bis 50 Prozent – unter elf französischen Königen sowie auf die beiden Staatsbankrotte in den Hugenottenkriegen des 16. Jahrhunderts und am Ende der Herrschaft Ludwigs XIV. Er stellte sie als Mahntafeln auf, um am Ende eine Staatsbank zu empfehlen. So hatte die kleine, aber wirtschaftlich große Handelsnation der Vereinigten Niederlande ihre Staatsbank schon 1609 gegründet, 1694 war The Bank of England gefolgt, Frankreich kam unter Napoleon im Jahr 1800 zu einer Staatsbank, und in Österreich etablierte sich 1819 eine erste Kreditbank.

Die Empfehlung Casanovas an den Kaiser lautete: «Die Einrichtung einer großen kaiserlich-königlichen Bank würde Euren Staaten, Sire, neues Leben verleihen und das verderbliche Geldgeschäft mitsamt seinen Wurzeln ausrotten. Das Kapital dieser Bank müßte in dem Wert aller Ländereien Eurer Staaten bestehen, die Eurer Majestät von ihren Eigentümern verpfändet werden; sie könnte gefahrlos diesen Wert in Banknoten ausgeben, die gangbar wären und einen ungeheuren Reichtum, der auf Geld ohne Eigenwert beruht, in Umlauf bringen.»[19] Den Preis gewann er nicht, aber seine Teilnahme hatte wohl auch das Ziel, sich dem Kaiser, mit dem er 1782 in Wien persönlich bekannt geworden war, für weitere Dienste zu empfehlen. Denn die Hoffnung, durch eine feste Position in Wien dem einsamen Außenposten in Dux entfliehen zu können, war noch nicht erloschen.

Es gab jedoch auch Wissensgebiete, die er sich erst im Alter erschloss – nicht zuletzt zur Vertreibung der Langeweile in Dux. So wandte er sich mathematischen und geometrischen Problemen zu, darunter der Frage, wie sich die «Verdoppelung des Würfels» berechnen lasse. Obwohl sich schon Descartes und Leibniz mit diesem sogenannten «Delischen Problem» beschäftigt hatten, trat der Venezianer 1790 mit seiner Schrift ein weiteres Mal mit jener herausfordernden Attitüde auf, die ihm – auf welchem Gebiet auch immer – denselben Respekt wie den Großen garantieren sollte. Aus heutiger Sicht hat auch Casanova die richtige Lösung nicht gefunden, er bewegte sich aber in deren Richtung. Er selbst jedenfalls war der festen Überzeugung, die richtige Formel gefunden zu haben.

1789 begann er mit der Niederschrift seiner Memoiren und widmete fast ausschließlich der «Geschichte meines Lebens» seine schriftstellerische Energie: «Ich schreibe von früh bis spät und kann Ihnen versichern, daß ich selbst im Schlaf schreibe, denn ich träume, immer zu schreiben.»[20] Nicht nur in seiner Korrespondenz, sondern auch in der Lebensbeschreibung selbst hat er mit deren Vernichtung gespielt: «Ich werde nichts verbrennen, nicht einmal die Memoiren, obgleich ich häufig daran denke. Ich sehe voraus, daß ich den richtigen Augenblick verpassen werde.»[21] Ernsthaft daran gedacht hat er aber wohl nie, trieb ihn doch noch immer die versteckte Hoffnung um, mit einem Werk seinem Leben den Rang einer herausragenden Leistung zu verschaffen.

Späte Korrespondenz

Aber sein unmittelbares Umfeld der Domestiken auf Schloss Dux gab seinem Schreiben noch einen banal vitalen Sinn: «Ich schreibe in der Hoffnung, daß meine Geschichte nicht veröffentlicht wird; ich schmeichle mir, daß ich während meiner letzten Krankheit endlich so gescheit sein werde, alle meine Hefte in meiner Gegenwart verbrennen zu lassen. Sollte das nicht geschehen, wird der Leser mir das verzeihen, wenn er weiß, daß für mich das Niederschreiben meiner Erinnerungen das einzige mir zur Verfügung stehende Mittel war, um bei den Unannehmlichkeiten, die mir die Spitzbuben im Schloß des Grafen Waldstein in Dux bereitet haben, nicht verrückt zu werden oder vor Ärger zu sterben. Indem ich mich zehn oder zwölf Stunden am Tag mit Schreiben beschäftigte, konnte ich verhindern, daß mich der schwarze Verdruß umbrachte oder mir den Verstand raubte. Wir werden davon zu gegebener Zeit sprechen.»[22]

Zum Zeitpunkt der Niederschrift dieser Passage bekundete er noch seine Absicht, die Memoiren bis zur bitteren Gegenwart in Dux weiterzuführen. Wie bereits erwähnt, beendete er sie jedoch bereits mit dem Jahr 1774 aus Überdruss an den folgenden Ereignissen, so dass sich seine prekäre Situation in Dux nur aus der Korrespondenz und den zeitgenössischen Dokumenten erschließen lässt. Neben dem Kleinkrieg mit dem Schlosspersonal kam es schon im Jahr 1787 zu einer mit viel Ärger verbundenen Affäre um die Tochter des Schlosspförtners Jakob Kleer. Das junge Mädchen namens Anna Dorothea war zwanzig Jahre alt und leistete Casanova bisweilen Gesellschaft. Dabei könnte es auch zu einigen Küsschen gekommen sein. Als sich dann herausstellte, dass die junge Frau schwanger war und sich weigerte, den Urheber zu nennen, fiel der Verdacht auf den Venezianer. Es gab eine Hetzjagd auf ihn, der nur dadurch ein Ende gesetzt werden konnte, dass er sie in Anwesenheit ihrer Eltern und zweier Zeugen vor die Wahl stellte, ihn offiziell als Vater zu erklären und umgehend zu heiraten oder den wahren Vater namentlich zu nennen. Erst daraufhin gab die junge Frau den gräflichen Maler als Vater des Kindes an und wurde ihm innerhalb von nur acht Tagen angetraut.

Obgleich er noch lebhaften gesellschaftlichen Kontakt zu der Adelsgesellschaft in Teplitz unterhielt, für die Marie Christina Fürstin Clary, eine Tochter des Fürsten de Ligne, sogar die Tragikomödie «Das Polemoskop oder die durch Geistesgegenwart entlarvte Verleumdung» schrieb – ob das harmlose Stückchen gespielt wurde, ist ungewiss –, nahm seine Vereinsamung zu. Da lag es nahe, sich wenigstens die Geselligkeit eines Hundes zu verschaffen; Marie Karolina Fürstin Lobkowitz-Schwarzenberg schenkte ihm einen jungen Foxterrier, dem er den Namen Melampyge («Schwarzsteiß») gab, da die weiße Hündin ein schwarzes Hinterteil hatte – Melampyge soll sich sogar an späten Abenden auf seinen Schreibtisch gesetzt und ihn so gezwungen haben, zur Nachtruhe zu finden. Als das von ihm heißgeliebte Tier 1794 starb, bedachte er es mit einem rührenden Nachruf, und die befreundete Fürstin ließ es sich nicht nehmen, ihm ein weiteres Exemplar derselben Rasse zum Geschenk zu machen. Der Hund, der erst den Namen Finette erhielt, dann aber ebenfalls mit dem Namen Melampyge versehen wurde, überlebte ihn.

Von Cicilie von Roggendorf trennte ihn zwar ein Altersunterschied von einem halben Jahrhundert, aber die junge Adlige brachte ihm mehr als kindliches Vertrauen entgegen, räumte sie ihm doch «alle Rechte eines Vaters, eines Freundes, eines Liebhabers»[23] ein und verlangte nach einer persönlichen Begegnung. Da Casanova jedoch um die gefährdete Würde eines alten, von Krankheiten angegriffenen Mannes wusste, wich er einem solchen Treffen diskret aus. Aber er ließ ihr väterlichen Rat zuteil werden, besonders bei der Vermittlung einer Anstellung als Gesellschaftsdame am Hofe von Kurland. Im Spätsommer 1797 vermachte er ihr im Falle seines Todes sogar brieflich seine Memoiren, «die fünfzehn Bände umfassen».[24] Vielleicht hat er doch noch in dieser späten Phase seines Lebens daran gedacht, seine Lebenschronik über die zwölf Bände hinaus zu verlängern.

Mit Elisa von der Recke, die nur eine Generation jünger war als er, verband ihn eine geistige Freundschaft mit regem Gedankenaustausch. Sie, die mit der Entlarvungsschrift über Cagliostro zu Berühmtheit gelangt war und als Lyrikerin «Geistliche Lieder» veröffentlicht hatte, die auf eine breite Resonanz gestoßen waren, war bereits mit Casanova zusammengetroffen. Es dürfte im Jahre 1795 nach ihrer Rückreise aus St. Petersburg gewesen sein, zumal sie wiederholt nach Teplitz oder Karlsbad zur Kur fuhr. Mit ihr pflegte er den Austausch lebensphilosophischer Weisheiten, war dabei aber stets auf die Rolle eines galanten Rationalisten bedacht – etwa bei der Frage nach der Unsterblichkeit der Seele: «Ich gestehe, daß ich nichts darüber weiß, und wenn ich, um zu wissen, ob ich unsterblich bin, erst sterben muß, eilt es mir nicht mit der Erkenntnis dieser Wahrheit.»[25]

Mochte die Seelenfreundin dem Tod sogar etwas «Anziehendes»[26] abgewinnen, für den Venezianer, der bereits die letzten beiden Monate vor seinem Tod erreicht hatte und dessen «Leib wie eine Trommel geworden»[27] war, war sein Lebensende eine ihm ebenso willkürlich wie schmerzhaft auferlegte Zumutung der Natur. So bat er, der die würdige Gestalt seines Körpers nicht mehr gewährleistet wusste, sie, von jedem weiteren Besuch Abstand zu nehmen, ließ sie jedoch wissen, dass es ihm an religiöser Absicherung nicht fehle: «Ich bin mit allen für einen Christen nötigen Pässen versehen und wohl ausgerüstet, um nach diesem irdischen Leben in die Schar der ewig Glückseligen einzugehen; aber ich möchte auf dieser so ernsten Reise nicht Lächerlichkeiten begegnen. Der Tod ist eine Schuld, die auch ein Ehrenmann nicht freiwillig zahlen soll, denn nicht er ist sie eingegangen, sondern die Herrin Natur ohne seine Zustimmung.»[28]

Als Duellant hatte er dem Tod freiwillig ins Auge gesehen, in seiner letzten Stunde wollte er ihm als Fatalist begegnen.

«Ich habe als Philosoph gelebt, und ich sterbe als Christ»

Es dürfte eine Zufallspointe seines Schicksals gewesen sein, dass sein persönliches Ende mit dem politischen Ende seiner Vaterstadt zusammenfiel. Die Adelsrepublik der Lagunenstadt, in der zu leben und sein Leben zu Ende zu bringen ihm versagt worden war, wurde Opfer jenes revolutionären Furors, den er so leidenschaftlich hasste und verachtete und der zunehmend ganz Europa erfasst hatte. So dürften gegenläufige Gefühle ihn bestimmt haben, als sein Freund Zaguri ihm Anfang des Jahres 1798 mitteilte: «Man hat das Arsenal so gründlich geplündert, daß nur die nackten Mauern und die unbrauchbar gewordenen versenkten Schiffe übrigblieben. Als letztes war noch der Bucintoro da, der aber für jede militärische Aktion zur See unbrauchbar und als Trophäe nicht transportfähig ist. Er wurde von vierhundert französischen Vandalen in Stücke zerschlagen, die Reste dann auf der Insel San Giorgio verbrannt und das übrig gebliebene Gold verkauft.»[29] Das Prachtschiff, das einst in glorreichen Zeiten die glückliche und gewinnreiche Vermählung Venedigs mit dem Meer symbolisiert hatte, fiel ebenso konsequent der Vernichtung anheim wie die Rangordnung der republikanischen Aristokraten, in die aufzusteigen Casanova verwehrt worden war.

Am 16. Mai 1797 war Venedig von Napoleons Truppen besetzt worden und ging am 17. Oktober desselben Jahres im politischen Kuhhandel gegen seine niederländischen Provinzen sowie Mailand und Mantua an das kaiserliche Österreich. Aber in der kurzen Zwischenzeit trat der erwähnte «Raubkommissar» Vivant Denon in Aktion, und in einem Geheimabkommen fanden sich fünf Artikel – neben einer Zwangszahlung von 3 Millionen Lire in bar an die französische Italienarmee «die Aushändigung von zwanzig Bildern und fünfhundert Handschriften ‹au choix du général en chef›».[30] Die Säle und Archive des Louvre füllten sich.

Sehr aufmerksam und voller Melancholie beobachtete Casanova

das langsame und schließlich abrupte Ende Venedigs als Aristokratenrepublik, und Fürst de Ligne berichtet, dass die politische Entwicklung der Lagunenstadt häufig gemeinsamer Gesprächsstoff war: «Er verbrachte fünf Jahre damit, sich aufzuregen, sich zu beklagen und zu stöhnen über die Eroberung seines undankbaren Vaterlandes und uns ... von dem Ruhm des alten und großartigen Venedig zu erzählen, das Europa und Asien Widerstand geleistet hatte.»[31] Aber nach dem Untergang «seines» Venedigs hatte ihn die Krankheit zunehmend im Griff. In den letzten Tagen half ihm und pflegte ihn sein angeheirateter Neffe Carlo Angiolini, der mit Marianne, der Tochter seiner in Dresden lebenden Schwester Maria-Magdalena, verheiratet war.

Noch am 1. Juni 1798 ließ Casanova Elisa von der Recke wissen: «Ich kann weder lesen noch schreiben und könnte Ihnen nicht einmal Nachricht von meiner Existenz geben, wäre nicht mein Neffe bei mir.»[32] Offensichtlich hat er diesen kurzen Brief nicht mehr selbst geschrieben. Angefügt hat sein Neffe ein Postscriptum: «Ich nehme mir die Freiheit, Ihnen mitzuteilen, daß mein Onkel im Sterben liegt; er wollte unterschreiben, hat aber nicht mehr die Kraft dazu.»[33]

Ob der Venezianer an einem Blasenleiden oder an einer Prostataerkrankung litt, ist ungeklärt, in jedem Fall war es ein schmerzhaftes Sterben. Dennoch war es ein würdiger Tod, der am 4. Juni 1798 eintrat, nachdem Casanova sich nach den Regeln seiner Religion, die von ihm lebenslang nicht in Frage gestellt worden waren, verabschiedet hatte. Fürst de Ligne war als Zeuge dabei: «Er empfing mit großen Gesten und einigen Formeln die Sakramente und sagte: ‹Großer Gott, und Sie sind Zeugen meines Todes, ich habe als Philosoph gelebt, und ich sterbe als Christ.›»[34] Bestattet wurde er auf dem Friedhof St. Barbara in Dux, die Lage des Grabes ist unbekannt. An der Kirchenmauer wurde zu Beginn des 19. Jahrhunderts eine Gedenktafel angebracht. Sie trägt die Inschrift: «Jakob Casanova Venedig 1725 Dux 1798».

Epilog

Die späte Entdeckung

Obwohl sich Casanova darum bemühte, wurden seine Memoiren zu seinen Lebzeiten nicht veröffentlicht. Teile seiner «Geschichte meines Lebens» ließ er Freunden zukommen, die ihm zu einer Publikation rieten, mit besonderem Nachdruck drängte etwa Fürst de Ligne. Im Frühjahr 1797 wandte er sich an den kurfürstlich-sächsischen Staatsminister Camillo Graf Marcolini, dessen Bekanntschaft er bei seinen wiederholten Besuchen in Dresden gemacht hatte, und überließ ihm die Vorrede und den ersten Band. Obgleich der Minister über die finanziellen Mittel verfügte, konnte er sich weder zum Kauf noch zur Veröffentlichung entschließen. Nach Casanovas Tod fiel das Manuskript testamentarisch an seinen Neffen Carlo Angiolini.

1814 hat sich Graf Marcolini dann doch um den Erwerb des Manuskripts bemüht und den Erben 2500 Taler geboten, doch kam eine vertragliche Vereinbarung nicht zustande. Am 18. Januar 1821 verkaufte Angiolinis Sohn das auf ihn als Erben übergegangene Werk für nur 200 Taler an den Verleger Friedrich Arnold Brockhaus. Dieser legte das Manuskript mehreren Fachleuten zur Begutachtung vor, auch Ludwig Tieck, der sich leidenschaftlich für die Veröffentlichung aussprach. Brockhaus betraute daraufhin Wilhelm von Schütz mit der deutschen Übersetzung, so dass der erste Band 1822 unter dem Titel «Aus den Memoiren des Venetianers Jakob Casanova de Seingalt, oder sein Leben, wie er es zu Dux in Böhmen niedergeschrieben hat. Nach dem Originalmanuskript bearbeitet von W. von Schütz» erscheinen konnte. Nach der Herausgabe weiterer elf Bände bis 1828 lag das Werk dann vollständig vor. Allerdings waren zahlreiche Stellen, die von Schütz als unanständig kritisiert hatte, aus dem Text entfernt worden.

Aufgrund des Verkaufserfolgs, der sich sogleich einstellte, entschloss sich der Pariser Verleger Tournachon-Molin zu einem Raubdruck, einer Rückübersetzung der deutschen Übersetzung von Schütz ins Französische, allerdings unter Auslassung zahlreicher Textpassagen. Um dieser Situation zu begegnen, entschieden sich Friedrich und Heinrich Brockhaus zu einer Ausgabe des französischen Originals, mit der der Professor für Französisch an der Dresdner Ritterakademie, Jean Laforgue, beauftragt wurde. Laforgue befreite den Text nicht nur von einigen Italienismen, sondern bereicherte ihn auch um neoromantische Wendungen und manipulierte den Text so, dass der Venezianer als Religionsverächter erschien, auch seine kritische Beurteilung der Französischen Revolution wurde abgeschwächt. Da die ersten vier Bände, die unter dem Titel «Mémoires de J. Casanova de Seingalt écrits par lui-même» 1826 und 1827 erschienen, von der deutschen Zensurbehörde beanstandet wurden, die nächsten vier Bände, die wegen der Zensurbedrohung in Deutschland 1832 in Paris herauskamen, jedoch auf den Widerstand der dortigen Zensurbehörde stießen, wurde die Veröffentlichung der letzten vier Bände nach Brüssel verlagert.

Diese höchst fragwürdige Edition hat für den Zeitraum von mehr als hundert Jahren das Casanova-Bild in der europäischen Öffentlichkeit geprägt – ein Zerrbild. Außerdem hatten die Verleger Brockhaus sich bereits 1827 entschlossen, das Originalmanuskript im Verlagstresor vor jedermann zu verschließen. Diese Entscheidung war die Folge von heftigen Angriffen, denen sich der Verlag auf der Buchmesse in Leipzig ausgesetzt sah – Casanovas sexuelle Abenteuer seien eines so angesehenen Verlages nicht würdig.

Dennoch stellte die Figur Casanova, gerade weil sie im Ruch frivoler Freizügigkeit stand, für zahlreiche Verleger eine Versuchung dar, und so kam es zu immer neuen Buchpublikationen, häufig bedenklichen Auswahlbänden. Der amerikanische Casanova-Biograph J. Rives Childs, der sich in der Quellenforschung zu Leben und Werk des Venezianers große Verdienste erworben hat, zählte im Jahr 1956 nicht weniger als 1 037 Titel, davon 91 in Frankreich, 104 in Deutschland. Eine spezielle «Ehre» wurde der Ausgabe von Laforgue zuteil – sie wurde 1834 auf den Index gesetzt.

Erst 1960–1962 konnte, nachdem der Verlag Brockhaus strenge Kriterien für die Publikation festgelegt hatte, eine vollständige Edition des Originalmanuskripts unter dem Titel «Histoire de ma vie, édition intégrale» erscheinen: 12 Bände gleichzeitig verlegt von

F. A. Brockhaus in Wiesbaden und Librairie Plon in Paris. Damit wurde ein neuer, kritischer und unverstellter Blick auf den Venezianer möglich, obgleich die Ausgabe nicht den historisch-kritischen Editionsansprüchen gerecht werden konnte.

2011 verkaufte der Verlag Brockhaus das Originalmanuskript für 7,5 Millionen Euro an den französischen Staat, das heißt an die Bibliothèque nationale in Paris, die im darauffolgenden Jahr eine weit ausgreifende Ausstellung über Leben und Werk Casanovas präsentierte und in einem großformatigen Katalog lange Faksimile-Passagen aus der «Histoire de ma vie» veröffentlichte. In den Jahren 2013 und 2015 hat der Verlag Gallimard eine dreibändige historisch-kritische Edition herausgebracht, so dass seitdem das Bild des Venezianers erweitert werden konnte – vom sprichwörtlichen Gigolo zu einer vielseitig talentierten und faszinierenden Persönlichkeit, in der die verführerisch reiche Welt des Ancien Régime noch einmal glanzvoll aufleuchtet.

Chronik

1724

Am 27. Februar Heirat der Eltern Gaetano Giuseppe Casanova und Zanetta Farussi in Venedig.

1725

Am 2. April (Pfingstmontag) Geburt von Giacomo Girolamo Casanova in Venedig. Taufe am 5. Mai in der Kirche San Samuele.

1725–1734

Kindheit in Venedig. Wegen Blutungen und Polypen in der Nase Verlust des Gedächtnisses.

1733

Tod des Vaters Gaetano Casanova.

1734

Im April nach Padua in die Pension von Signora Mida, danach Aufnahme in den Hausstand seines Lehrers Dottore Gozzi.

1737

Am 28. November Immatrikulation an der Juristischen Fakultät von Padua.

1738–1741

Studium der Rechte in Padua, gelegentliche praktische Tätigkeit bei dem Rechtsanwalt Giovanni Maria Manzoni in Venedig.

1741

Am 22. Januar erhält Casanova die vier niederen Weihen und wird Abate. Am 19. März Misserfolg bei der zweiten Predigt in der Kirche San Giuseppe.

1742

Promotion zum Doktor beider Rechte in Padua.

1743

Tod der Großmutter Marzia Farussi, Abreise von Venedig über Rom und Neapel nach Martirano zum Bischof Bernardis.

1744

Bellino-Teresa und Donna Lucrezia. Audienz bei Papst Benedikt XIV.

1744–1745

Sekretär des Kardinals Acquaviva in Rom. Rückkehr nach Venedig. Casanova wird Soldat. Reise über Korfu nach Konstantinopel. Claude Alexandre de Bonneval.

1746

Zurück in Venedig. Geigenspieler im Teatro San Samuele. Begegnung mit dem Senator Matteo Giovanni Bragadin.

1749

Aus Furcht vor einem Strafprozess verlässt Casanova Venedig und reist über Verona, Mailand nach Cesena. Henriette. Gemeinsamer Aufenthalt in Parma.

1750

Über Genf zurück nach Venedig. Reise über Bologna, Turin nach Lyon. Eintritt in die Freimaurer-Loge. Weiterreise nach Paris, wo er im August eintrifft. Sprachunterricht bei Crébillon père.

1752

Marie-Louise O'Murphy. Im Herbst Abreise von Paris über Metz und Frankfurt am Main nach Dresden. Wiedersehen mit der Mutter.

1753

Im April Reise nach Prag und Wien. Rückkehr nach Venedig. Begegnung mit dem französischen Gesandten Pierre de Bernis sowie C. C. und M. M. in Murano.

1755

Am 26. Juli Festnahme durch die Staatsinquisition und Inhaftierung unter den Bleidächern des Dogen-Palastes.

1756

In der Nacht vom 31. Oktober auf den 1. November Flucht aus dem Gefängnis des Dogen-Palastes und Reise über Bozen und München nach Augsburg. Im Dezember Reise von Augsburg nach Straßburg.

1757

Am 5. Januar Ankunft in Paris. Attentat und Hinrichtung von Robert-François Damiens. Im Auftrag der französischen Regierung Reise nach Dünkirchen. Zurück in Paris Begegnung mit dem Grafen Saint-Germain, der Marquise d'Urfé und den Brüdern Calzabigi.

1758

Mitbegründer der Lotterie «École militaire». Im Auftrag der französischen Regierung als Finanzagent nach Holland. Handelsherr M. D. O. und Esther.

1759

Zurück in Paris. Gründung einer Seidenmanufaktur. Besuch bei Rousseau in Montmorency. Inhaftierung im Gefängnis Fort L'Éveque bei Paris. Abreise über Brüssel nach Amsterdam.

1760

Reise nach Utrecht, Brühl, Bonn und Köln. Madame X, die Frau des Bürgermeisters. Reise nach Stuttgart. Flucht nach Zürich. Besuch des Klosters Einsiedeln. Reise über Baden, Luzern, Freiburg, Solothurn nach Bern und Lausanne. Besuch bei Voltaire in der Nähe von Genf. Reise nach Avignon, Vaucluse und Aix-en-Savoie. Glücksspiele und die Nonne von Chambéry. Zurück nach Genf und Weiterreise über Annecy, Chambéry, Grenoble, Marseille, Toulon, Nizza, Genua und Pisa nach Rom. Audienz bei Papst Clemens XIII., der ihn zum «Ritter vom Goldenen Sporn» ernennt. Bekanntschaft mit dem Maler Anton Raphael Mengs.

1761

Ausflug nach Neapel. Reise von Rom nach Bologna, Parma und Turin. Weiterreise über Chambéry und Lyon nach Paris, von wo er über Straßburg nach Augsburg gelangt. Vorbereitung auf den Friedenskongress zur Beendigung des Siebenjährigen Krieges. München. Über Augsburg zurück nach Paris.

1762

Reise zur Marquise d'Urfé nach Pontcarré und Weiterreise nach Aachen. Zwei kabbalistische Aktionen. Über Lüttich, Metz, Sulzbach, Basel, Genf und Lausanne nach Turin, wo er ausgewiesen wird. Aufenthalt in Genf und Chambéry.

1763

Zurück nach Turin. Weiterreise über Casale, Mailand, Aix-en-Provence und Lyon nach Paris. Kanalüberquerung und Ankunft in England. Aufenthalt in London. Begegnung mit dem Chevalier d'Éon. Pauline und die Charpillon.

1764

Fluchtartige Abreise aus London und Weiterreise über Dover, Dünkirchen, Brüssel, Lüttich nach Wesel. Reise über Minden, Hannover nach

Braunschweig. Besuch der Bibliothek in Wolfenbüttel. Reise über Magdeburg nach Berlin. Begegnung mit Friedrich dem Großen. Casanova lehnt das Angebot ab, Erzieher in einer Kadettenanstalt zu werden. Reise über Danzig, Königsberg, Mitau und Riga nach St. Petersburg.

1765

Aufenthalt in St. Petersburg. Reise nach Moskau und zurück. Gespräche mit der Zarin Katharina II. über eine Kalenderreform. Abreise von St. Petersburg über Riga und Königsberg nach Warschau. König Stanislaus II. August Poniatowski.

1766

Aufenthalt in Warschau. Duell mit dem polnischen Grafen Fanciszek Branicki. Abreise über Breslau nach Dresden. Ausflug nach Leipzig. Reise über Prag nach Wien.

1767

Ausweisung aus Wien. Über München nach Augsburg. Graf Lamberg. Reise über Ludwigsburg, Schwetzingen, Mainz und Köln nach Spa. Abreise von Spa über Lüttich, Metz und Verdun nach Paris. Tod von Charlotte. Im Oktober Nachricht vom Tod des Senators Bragadin. Abreise von Paris über Orléans, Bordeaux, St. Jean-de-Luz, Pamplona nach Madrid.

1768

Aufenthalt in Madrid. Verhaftung und Entlassung. Ausflüge nach Aranjuez und Toledo. Ignacia. Projekt der Sierra Morena. Konflikt mit Manuzzi. Abreise von Madrid über Zaragoza, Terragona, Valencia nach Barcelona. Gefängnisaufenthalt.

1969

Reise über Perpignan, Narbonne, Nîmes nach Aix-en-Provence. Graf Cagliostro. Reise über Marseille nach Turin.

1770

Abreise von Turin über Parma, Bologna, Pisa und Livorno nach Florenz. Aufenthalt in Siena und Reise nach Rom. Miß Betty. Reise nach Neapel und Ausflug nach Salerno. Leonilda. Abreise von Neapel nach Rom. Wiederbegegnung mit de Bernis.

1771

Mitglied der «Accademia degli Infecondi». Abreise von Rom nach Florenz. Ausweisung. Ankunft in Bologna.

1772

Abreise von Bologna nach Ancona. Lia. Ankunft in Triest. Senator Pietro Antonio Zaguri.

1773

Aufenthalte in Görz und Spessa.

1774

Rückkehr nach Triest. 3. September Begnadigung durch die Staatsinquisition und das Recht zur Rückkehr nach Venedig. 13. September Ankunft in Venedig. Casanova wird offizieller «confidente» der Staatsinquisition, aber nur von 1780 bis 1782 fest besoldet.

1776

Tod der Mutter.

1777

Bekanntschaft mit Lorenzo Da Ponte.

1779

Francesca Buschini. Kuraufenthalt in Abbano.

1780

Reise nach Florenz. Am 7. Oktober erhält Casanova als «confidente» den Decknamen Antonio Pratolini.

1782

Veröffentlichung der Satire «Nè amori, nè donne». Als Folge trifft ihn die Ungnade der Staatsinquisition. Flucht nach Triest.

1783

Am 13. Januar Abreise von Venedig, am 19. September Ankunft in Paris. Benjamin Franklin. Abreise von Paris nach Wien. Reise nach Dresden, Berlin und Prag.

1784

Rückkehr nach Wien. Sekretär des venezianischen Gesandten Marco Foscarini, der im folgenden Jahr stirbt. Begegnung mit dem Grafen Waldstein.

1785

Aufenthalt in Karlsbad und Teplitz. Er akzeptiert das Angebot des Grafen Waldstein, Bibliothekar auf dessen Schloss Dux zu werden.

1787

Am 28. Oktober Uraufführung von Mozarts Oper «Don Giovanni» in Prag. Casanova anwesend. Seine Beteiligung am Libretto Da Pontes umstritten.

1788

Veröffentlichung des fünfbändigen utopischen Romans «Icosaméron ou Histoire d'Edouard et d'Elisabeth».

1789

Reise nach Prag. Casanova beginnt mit der Niederschrift der «Geschichte meines Lebens».

1791

Teilnahme an der Krönung des Kaisers Leopold II. in Prag.

1795

Reise über Leipzig und Weimar nach Berlin. Aufenthalt in Dresden. Rückkehr nach Dux.

1797

Aufenthalt in Dresden. Begegnung mit Elisa von der Recke. Besuch seines Neffen Carlo Angiolini in Dux.

1798

Am 4. Juni stirbt Casanova in Dux, wo er auch begraben wird.

Zitatnachweise

Vorzeichen – Unordnung im Stammbaum?

1 Giacomo Casanova Chevalier de Seingalt, Geschichte meines Lebens, hrsg. von Erich Loos, übers. von Heinz von Sauter, Frankfurt / Main – Berlin 1964, Es werden nur Band und Seitenzahl angegeben. I, 64
2 I, 65

1. Kapitel

1 I,81
2 I,83
3 I,85
4 A.a.O.
5 I,89
6 I,96 f
7 I,97
8 I,104
9 I,130
10 A.a.O.
11 I,131
12 A.a.O.
13 A.a.O.
14 I,131 f
15 I,133
16 I,135
17 I,143
18 I,147
19 I,148
20 I,149
21 A.a.O.
22 I,150
23 I,151
24 I,165
25 I,166
26 I,186
27 I,204
28 Michel de Montaigne, Essais, hrsg. von Herbert Lüthy, Zürich 1984, S. 684
29 I,154
30 I,232
31 I,262
32 A.a.O.
33 A.a.O.
34 A.a.O.
35 I,208
36 I,202
37 I,247
38 I,202

2. Kapitel

1 I,252
2 I,253
3 I,265
4 I,277
5 A.a.O.
6 I,280
7 I,282
8 I,287
9 I,290
10 A.a.O.
11 I,297
12 I,298
13 I,322
14 I,308
15 I,311
16 I,356
17 I,359
18 A.a.O.
19 I,363
20 I,371
21 I,373
22 I,372
23 II,28
24 A.a.O.
25 II,29
26 A.a.O.
27 II,33
28 II,37
29 II,150
30 II,151
31 II,150
32 II,151
33 II,33
34 II,37
35 II,39
36 II,40
37 J. Rives Childs, Casanova – Die große Biographie, München 1977, S. 38
38 II,59
39 II,60
40 Heinz von Sauter, Der wirkliche Casanova – Ein Biographie, Stuttgart 1987, S. 56
41 II,60
42 II,54
43 A.a.O.
44 II,55

3. Kapitel

1 II,64
2 II,66
3 II,75
4 II,77
5 II,78
6 I,375
7 II,80
8 II,79
9 II,82
10 P. Pigaillem, Le Prince Eugène 1663–1736, Monaco 2005, S. 10
11 Pigaillem, a. a. O. S. 32
12 Max Braubach, Geschichte und Abenteuer – Gestalten um den Prinzen Eugen, München 1950, S. 293
13 A.a.O. S. 359 Anm.
14 A.a.O. S. 346 Anm.
15 I,375
16 II,81
17 II,82
18 II,80
19 II,94
20 II,95
21 A.a.O.
22 A.a.O.
23 II,106
24 II,108
25 A.a.O.
26 A.a.O.
27 A.a.O.
28 II,98
29 A.a.O.
30 A.a.O.
31 A.a.O.
32 II,100
33 II,101
34 II,114
35 II,124
36 II,137
37 II,139
38 A.a.O.
39 II,189
40 A.a.O.
41 II,181
42 II,191
43 A.a.O.
44 II,203
45 II,71
46 Childs, a. a. O. S. 38
47 II,101

4. Kapitel

1 II,204
2 II,209
3 II,212
4 A.a.O.
5 A.a.O.
6 II,213
7 II,215
8 II,217
9 II,216
10 Agrippa von Nettesheim, De occulta philosophia – Drei Bücher über die Magie, Nördlingen 1987, S. 252
11 A.a.O. S. 191
12 A.a.O. S. 195
13 A.a.O.
14 A.a.O. S. 215 f.
15 A.a.O. S. 257
16 A.a.O. S. 368
17 A.a.O. S. 574
18 A.a.O. S. 170
19 A.a.O. S. 39
20 A.a.O. S. 60
21 A.a.O.
22 A.a.O. S. 50
23 A.a.O.
24 A.a.O. S. 144
25 A.a.O. S. 145
26 A.a.O. S. 140
27 H. Cornelius, Agrippa von Nettesheim, De nobilitate et praecellentia foeminei sexus, Vom Adel und Vorrang des weiblichen Geschlechts, Würzburg 1997, S. 31
28 A.a.O. S. 33
29 A.a.O. S. 37
30 A.a.O. S. 39
31 A.a.O.
32 A.a.O. S. 43
33 A.a.O.
34 Childs, a. a. O. S. 294
35 II,220
36 A.a.O.
37 A.a.O.
38 A.a.O.
39 A.a.O.
40 A.a.O.
41 II,221
42 II,225
43 A.a.O.
44 II,228
45 II,242
46 II,246
47 II,249
48 II,254
49 II,272
50 II,275
51 A.a.O.
52 II,289
53 II,275
54 II,295
55 II,300
56 A.a.O.

5. Kapitel

1 II,305
2 II,310
3 A.a.O.
4 II,323
5 III,44
6 III,45
7 III,47
8 A.a.O.
9 III,50
10 A.a.O.
11 III,57
12 III,58
13 A.a.O.
14 A.a.O.
15 III,59
16 A.a.O.
17 III,63
18 III,61
19 III,66
20 III,68
21 III,70
22 III,72
23 III,80
24 III,81
25 III,94 f
26 III,96
27 III,105
28 III,109
29 III,110
30 A.a.O.
31 v. Sauter, a. a. O. S 23 f
32 Vivant Denon, Nur diese Nacht, Frankfurt am Main 1997, S. 13
33 A.a.O. S. 13 f
34 A.a.O. S. 19
35 A.a.O. S. 26
36 A.a.O.
37 A.a.O. S. 27
38 A.a.O. S. 25
39 A.a.O. S. 29
40 A.a.O. S. 31
41 A.a.O.
42 A.a.O. S. 42
43 A.a.O. S. 51
44 A.a.O. S. 31
45 A.a.O. S. 52
46 A.a.O. S. 61
47 A.a.O. S. 64
48 A.a.O. S. 6
49 III,328
50 III,333
51 III,343
52 I,320
53 I,342
54 I,322
55 I,331
56 II,246
57 II,191
58 I,186
59 I,70
60 II,191
61 III,70
62 III,98
63 III,111
64 II,101
65 III,161
66 III,186

6. Kapitel

1 III,192
2 III,206
3 Voltaire, Précis de Siècle de Louis XV, Paris 1957, S. 1318
4 III,207
5 III,250 f
6 J. Levron, Ludwig XV. – Der verkannte König, München 1987, S. 184
7 III,240
8 III,239
9 III,268
10 III,273
11 A.a.O.
12 III,301
13 III,304
14 III,305
15 III,307
16 III,305
17 III,315
18 III,332
19 A.a.O.
20 III,333
21 IV,25
22 IV,40
23 IV,41
24 IV,64
25 IV,66
26 IV,134
27 IV,135
28 IV,142 f
29 IV,144 f
30 Bernis, François Joachim de Pierre de, Mémoires du Cardinal de Bernis, Paris 1986, S. 15
31 A.a.O. S. 17
32 A.a.O. S. 14
33 A.a.O.
34 A.a.O. S. 150
35 A.a.O.
36 A.a.O. S. 154
37 A.a.O. S. 190
38 A.a.O.
39 A.a.O. S. 201
40 A.a.O. S. 199
41 A.a.O. S. 205
42 Zitiert nach Uwe Schultz, Madame de Pompadour oder die Liebe an der Macht, München 2004, S. 198
43 Bernis, a. a. O. S. 537
44 IV,203
45 IV,197
46 IV,199
47 A.a.O.
48 A.a.O.
49 IV,195 f
50 IV,210
51 A.a.O.
52 IV, 219

7. Kapitel

1 IV,238
2 IV,346 f
3 V,35
4 A.a.O.
5 V,38
6 V,42
7 A.a.O.
8 A.a.O.
9 A.a.O.
10 V,56
11 Pompadour, a. a. O. S. 213
12 V45
13 V,81 f
14 Zitiert nach Uwe Schultz, Große Prozesse – Recht und Gerechtigkeit in der Geschichte, München 1996, S. 150
15 A.a.O. S. 152
16 A.a.O. S. 154
17 Horst Karasek, Die Vierteilung – Wie dem Königsmörder Damiens 1757 in Paris der Prozeß gemacht wurde, Berlin 1994, S. 56
18 A.a.O. S. 31
19 A.a.O. S. 38 f
20 A.a.O. S. 84
21 A.a.O. s. 85
22 V,82
23 V,83
24 V,91
25 V,94
26 A.a.O.
27 V,97
28 V,109
29 V,124
30 V,134
31 V,139
32 V,146
33 V,148
34 V,150
35 V,163
36 V,199
37 V,204
38 V,209
39 V,237
40 V,261
41 V,264
42 V,275 f
43 V,284
44 V,288
45 A.a.O.
46 V,276
47 V,292
48 V,291
49 V,294
50 A.a.O.
51 V,296 f

8. Kapitel

1 V,144
2 A.a.O.
3 A.a.O.
4 A.a.O.
5 V,207
6 A.a.O.
7 V,144
8 Irene Tetzlaff, Unter den Flügeln des Phönix, Marschalkenzimmern, o.J, S. 23
9 V,300
10 A.a.O.
11 V,301
12 A.a.O.
13 VI,15
14 VI,17
15 VI,32
16 VI,33
17 A.a.O.
18 VI,35
19 A.a.O.
20 Tetzlaff, a. a. O. S. 53
21 A.a.O. S. 52
22 VI,44
23 VI,49
24 VI,58
25 VI,59
26 VI,70
27 VI,74
28 VI,73
29 VI,98
30 A.a.O.
31 A.a.O.
32 VI,318 Anm. 24
33 VI,98
34 A.a.O.
35 VI,104
36 VI,108
37 A.a.O.
38 VI,110
39 VI,116
40 VI,120
41 VI,118
42 VI,124
43 VI,147
44 VI,152
45 VI,159
46 VI,161
47 VI,163
48 VI,187
49 VI,165
50 VI,170
51 VI,204
52 VI,207
53 VI,208
54 VI,234
55 VI,234 f
56 VI,236
57 A.a.O.
58 VI;236 f
59 VI, 236
60 VI,237

9. Kapitel

1 VI,240
2 VI,244
3 VI,246
4 A.a.O.
5 VI,247
6 VI,262
7 A.a.O.
8 VI,263
9 VI,264
10 A.a.O.
11 VI,253
12 A.a.O.
13 VI,257
14 A.a.O.
15 A.a.O.
16 VI,259
17 VI,264
18 VI,265
19 VI,268
20 VI,272
21 VI,278
22 VI,284
23 VI,297
24 VI,302
25 VII,41
26 VII,45
27 A.a.O.
28 VII,50
29 Jean Orieux, Das Leben des Voltaire, Frankfurt / M. 1968, S. 356
30 VI,280
31 VI,281
32 A.a.O.
33 VII,73
34 VII,74
35 VII,96
36 A.a.O.
37 VII,113
38 VII,121
39 VII,183
40 A.a.O.
41 A.a.O.
42 VII,185
43 VII,161
44 VII,162
45 A.a.O.
46 VII,190
47 VII,199
48 VII,201
49 VII,203
50 VII,205
51 VII,190
52 VII,230
53 VII,234
54 VII,235
55 VII,242
56 A.a.O.
57 VII,251
58 VII,240
59 VII,239
60 VII,250
61 A.a.O.
62 VII,254
63 VII,257
64 VII,260
65 VII,262
66 VII,261
67 VII,268
68 VII,273
69 VII,274
70 VII,277
71 VII,280
72 VII,282
73 VII,287

10. Kapitel

1 VII,294
2 A.a.O.
3 A.a.O.
4 A.a.O.
5 VII,302
6 VII,289
7 VII,315
8 VII,319
9 A.a.O.
10 A.a.O.
11 VII,322
12 VII,328
13 VII,331
14 VII,348
15 VIII,9
16 VIII,15
17 VII,314
18 Lorenzo da Ponte, Mein abenteuerliches Leben – Die Erinnerungen des Mozart-Librettisten, Zürich 1993, S. 191
19 Childs, a. a. O. S. 291
20 Da Ponte, a. a. O. S. 191
21 VIII,28
22 VIII;29
23 VIII,32
24 A.a.O.
25 VIII,31
26 VIII,32
27 VII,331
28 VIII,11
29 A.a.O.
30 VIII,10
31 VIII,13
32 VIII,14
33 V,254
34 A.a.O.
35 VIII,255
36 VII,31
37 I,311
38 VIII,50
39 VIII,59
40 VIII,66
41 VIII,68
42 VIII,83
43 VIII,90
44 VIII,94
45 VIII,112
46 A.a.O.
47 VIII,104
48 VIII,105
49 VIII,106

50 VIII,129
51 VIII,175
52 VIII,291
53 VIII,291
54 VIII,199
55 VIII,297
56 IX,88
57 IX,95
58 A.a.O.
59 A.a.O.
60 IX,94

11. Kapitel

1 IX,102
2 IX,104
3 IX,103
4 IX,105
5 IX,106
6 IX,110
7 IX,125
8 IX,157
9 IX,165
10 A.a.O.
11 IX,163
12 IX,179
13 IX,447 Anm.
14 IX,217
15 A,a,O,
16 IX,218
17 X,20
18 III,207
19 A.a.O.
20 A.a.O.
21 Chevalier d'Éon, Mémoires, Bd. 1, Paris 1967, S. 125/6
22 A.a.O. S. 196/7
23 X,20
24 A.a.O.
25 A.a.O.
26 Cyran, a. a. O. s. 199
27 X,20
28 Cyran, a. a. O. s. 209
29 IX, 219
30 IX,244
31 IX,245
32 IX,282
33 IX,256
34 IX,294
35 IX,295
36 A.a.O.
37 X,324
38 A.a.O.
39 IX,370
40 IX,324
41 A.a.O.
42 IX,413
43 X,10
44 X,11
45 X,15 f
46 X,32
47 X,34
48 X,46
49 X,57
50 X,61
51 X,61 f
52 X,74
53 X,76
54 A.a.O.
55 X,77
56 X,79
57 A.a.O.
58 A.a.O.
59 X,87
60 A.a.O.
61 X,89
62 X,88
63 X,89
64 X,86
65 X,92

12. Kapitel

1 X,93
2 X,97
3 A.a.O.
4 X,111
5 X,125
6 X,131
7 X,129
8 X,131
9 X,130
10 X,131
11 A.a.O.
12 X,150 f
13 X,151
14 X,154
15 X,157
16 A.a.O.
17 X,154
18 X,163
19 X,170
20 X,164
21 X,166
22 X,167
23 X,179
24 X,184
25 X,190
26 X,190
27 A.a.O.
28 X,191
29 A.a.O.
30 Uwe Schultz, Richelieu – Der Kardinal des Königs, München 2009, S. 161
31 X,193
32 X,194
33 X,196
34 X,213
35 A.a.O.
36 X,228
37 Das Duell – Der tödliche Kampf um die Ehre, hrsg. von Uwe Schultz, Frankfurt am Main 1996, S. 30
38 X,193

39 X,197
40 X,199
41 A.a.O.
42 X,200
43 X,205
44 X,219
45 X,187
46 X,224
47 X,228
48 X,242
49 IX,310
50 X,244
51 X,248
52 X,286
53 X,203
54 X,298
55 X,309
56 X,310
57 X,317
58 X,318
59 X,319

13. Kapitel

1 X,321
2 A.a.O.
3 X,322
4 X,328
5 X,336
6 A.a.O.
7 A.a.O.
8 A.a.O.
9 X,337
10 X,340
11 X,346 f
12 XI,33
13 XI,54
14 XI,58
15 XI,57
16 XI,59
17 XI,68
18 XI,124
19 XI,129
20 XI,130
21 XI,132
22 XI,134
23 XI,134 f
24 XI,134
25 XI,144 f
26 XI,145
27 XI,162
28 XI,220
29 XI,181
30 XI,193
31 A.a.O.
32 A.a.O.
33 XI,203
34 XI,212
35 XI,213
36 A.a.O.
37 XI,195
38 XI,198
39 Cagliostro – Dokumente zu Aufklärung und Okkultismus, hrsg. von Klaus H. Kiefer, München 1991, S. 286
40 A.a.O. S. 7
41 XI,196
42 Cagliostro, a.a.O. S. 61
43 A.a.O. S. 39
44 A.a.O. S. 274
45 Uwe Schultz, Große Prozesse, a.a.O. S. 212
46 Cagliostro, a. a. O. S. 501
47 A.a.O. S. 596
48 A.a.O.
49 A.a.O. s. 19
50 A.a.O.
51 XII,143
52 XI,214
53 XI,215
54 XI,227
55 XI,231
56 XI,236
57 XI,242
58 XI,240
59 XI,241
60 A.a.O.
61 XI,250
62 XI,281
63 XI,320
64 XI,333
65 XI,304
66 XI,320
67 XI,329
68 XI,340
69 XI,349
70 XI,350
71 A.a.O.
72 XI,343
73 XI,209
74 XI,352
75 XI,359
76 XI,360

14. Kapitel

1 XII,31
2 XII,15
3 A.a.O.
4 A.a.O.
5 XII,17
6 XII,20
7 XII,67
8 XII,78
9 XII,87
10 XII,108
11 XII,110
12 XII,113
13 XII,112
14 A.a.O.
15 A.a.O.
16 XII,114
17 XII,117
18 XII,116
19 XII,117
20 A.a.O.
21 A.a.O.

22 A.a.O.
23 XII,139
24 XII,163
25 XII,146
26 XII,165
27 XII,173 f
28 XII,174
29 XII,174
30 A.a.O.
31 A.a.O.
32 XII,174 f
33 XII,198
34 XII,206
35 XII,213
36 XII,222
37 A.a.O.
38 Childs, a. a. O. s. 279
39 XII,174
40 Xii,253
41 Casanova, Vermischte Schriften, aus dem gelehrten und literarischem Werk, ausgewählt von Enrico Straub, Berichte an die venezianischen Staatsinquisitoren. Übers. von Heinz von Sauter und Enrico Straub, Frankfurt / Main und Berlin 1964, S. 23
42 A.a.O. S. 29
43 A.a.O. S. 33
44 A.a.O. S. 40
45 Childs, a. a. O. S. 283
46 A.a.O. S. 284
47 A.a.O.
48 Casanova, Vermischte Schriften, a. a. O. S. 81
49 A.a.O. S. 92
50 A.a.O. S. 65
51 A.a.O. S. 189
52 A.a.O. S. 188
53 A.a.O. S. 185
54 A.a.O. S. 184

15. Kapitel

1 Childs, a. a. O. S. 287
2 A.a.O. S. 288
3 A.a.O.
4 A.a.O.
5 da Ponte, a. a. O. S. 191
6 A.a.O.
7 A.a.O. S. 190
8 Childs, a. a. O. S. 293
9 da Ponte, a. a. O. S. 198
10 A.a.O. S. 199
11 Giacomo Casanova, Vermischte Schriftten, Gesammelte Briefe, Bd. 1. Aus der intimen Korrespondenz, übers. von Heinz von Sauter, hrsg. von Enrico Straub, Frankfurt / Main – Berlin 1964, S. 172
12 A.a.O. S. 216
13 Giacomo Casanova, Gesammelte Briefe. Bd. 2. Aus der gelehrten Korrespondenz, übers. von Heinz von Sauter, hrsg. von Enrico Straub, Frankfurt / Main – Berlin 1964, S. 273
14 Prince de Ligne, Fragment sur Casanova, Paris 1998, S. 9–11
15 A.a.O. S. 44–46
16 XII,322
17 Jean-Christian Petitfils, Louis XVI, Paris 2005, S. 915
18 XII,204
19 Casanova, Briefe, Bd. 1, S. 231
20 Casanova, Briefe, Bd. 2, S. 154
21 X,62
22 XI,200
23 Casanova, Briefe, Bd. 1, S. 306
24 A.a.O. S. 289
25 A.a.O. S. 338
26 A.a.O. S. 341
27 A.a.O. S. 344
28 A.a.O.
29 Casanova, Briefe, Bd. 2, S. 251
30 Alvise Zorzi, Venedig – die Geschichte der Löwenrepublik, Düsseldorf 1985, S. 614
31 Prince de Ligne, a. a. O. S. 48
32 Casanova, Briefe, Bd 1, S. 346
33 A.a.O.
34 Prince de Ligne, a. a. O. S. 48